财政部规划教材
全国财经类应用型本科院校通用教材

农业企业经营管理学

何忠伟　赵海燕　主编

中国财经出版传媒集团
中国财政经济出版社

图书在版编目（CIP）数据

农业企业经营管理学／何忠伟，赵海燕主编．--北京：中国财政经济出版社，2022.8（2023.2 重印）

财政部规划教材 全国财经类应用型本科院校通用教材

ISBN 978－7－5223－1392－4

Ⅰ.①农… Ⅱ.①何… ②赵… Ⅲ.①农业企业管理－高等学校－教材 Ⅳ.①F306

中国版本图书馆 CIP 数据核字（2022）第 070161 号

责任编辑：刘True泾 责任印制：张 健

封面设计：陈宇琰 责任校对：胡永立

农业企业经营管理学

NONGYE QIYE JINGYING GUANLIXUE

中国财政经济出版社 出版

URL：http：//www. cfeph. cn

E－mail：cfeph@ cfeph. cn

社址：北京市海淀区阜成路甲 28 号 邮政编码：100142

营销中心电话：010－88191522

天猫网店：中国财政经济出版社旗舰店

网址：https：//zgczjjcbs. tmall. com

北京财经印刷厂印刷 各地新华书店经销

成品尺寸：170mm×240mm 16 开 30 印张 459 000 字

2022 年 8 月第 1 版 2023 年 2 月北京第 2 次印刷

定价：95. 00 元

ISBN 978－7－5223－1392－4

（图书出现印装问题，本社负责调换，电话：010－88190548）

本社质量投诉电话：010－88190744

打击盗版举报热线：010－88191661 QQ：2242791300

编写委员会

主　编： 何忠伟　赵海燕

副主编： 桂　琳　赵连静　黄映晖　江　晶

前言

农业企业经营管理学是高等农林院校农业经济管理类必修课教材。全书共分十章，第一章对农业企业的概念、特征、类型进行了界定，介绍农业企业职能及农业企业管理的内涵、性质等；第二章介绍农业企业制度的演进、经营组织形式、结构设计以及登记与设立等；第三章对农业企业经营环境分析、经营战略及经营决策进行分析；第四章阐述了农业企业要素，其中：有形要素包括土地、物资、设备和人力资源，无形要素包括技术、信息和企业文化；第五章诠释了食品安全的内涵及重要性，介绍食品安全监管体制、农业企业产品质量管理等；第六章介绍企业物流的概念、主要模式及影响因素、我国农业企业供应链管理；第七章介绍农业企业营销管理概念、战略管理、营销策略及农产品网络营销等；第八章介绍农业企业资金管理、成本与利润管理以及经营效益评价等；第九章介绍农业企业经营风险、风险规避与处置等；第十章提出中国农业企业实现国际化的途径与方式。

本教材是北京市优秀教学团队“农林经济管理教学团队”在总结教学经验，吸收世界各国农业企业管理的优秀成果，梳理我国农业企业管理实践的基础上编写的。本书具体分工为：何忠伟负责设计与统稿，编写第一章；赵海燕编写第二章、第五章；黄映晖编写第三章、第四章；桂琳编写第六章、第七章；赵连静编写第八章；江晶编写第九章、第十章。

本教材是北京市精品课程“农业企业经营管理学”和“农林经济管理”国家级一流专业的建设成果之一。本教材既可作为全国高等农林院校农业经济管理专业相关课程的教材，也可供从事农业经济管理方面实际工作、理论研究和政策制定的人员参考。

在编写过程中，本教材借鉴了国内外许多学者的一些成果，得到了许多专家的指导与帮助以及出版社的大力支持，在此一并感谢。由于编者水平所限，因而教材中难免存在纰漏，恳请读者批评指正。

编者

2022 年 3 月

目 录

第一章　绪　　论

学习目标

1. 了解企业和农业企业的概念与特征；
2. 掌握农业企业的职能；
3. 理解经营与管理的区别及联系；
4. 掌握农业企业经营管理的内涵。

第一节　农业企业的概念和职能

▶ 案例导入：

中粮集团

——世界500强企业之一

中粮集团有限公司（COFCO）是世界500强企业，也是中国领先的农产品、食品领域多元化产品和服务供应商。该企业集农产品贸易、物流、加工和粮油食品生产销售于一体，将企业发展与整个世界的粮食、食品的供应和需求形势连在一起，通过国际化战略布局，创造全新商业模式，打造从田间到餐桌的全产业链。目前，中粮资产总额6698亿元，集团整体营业总收入5303亿元，利润总额206亿元。336个分公司和机构覆盖140多个国家和地区，全球仓储能力3100万吨，年经营总量近1.5亿吨，年加工能力8950万吨，年港口中转能力5400万吨。在中国拥有超过180家工厂，230万家终端售点遍布中国952个大中城市、十几万个县乡村。同时拥有包括种植、采购、仓储、物流和港口在内的全球生产采购平台和贸易网络，并在全球最大的粮食产地南美、黑海等国家及地区和拥有全球最大粮食需求增量的亚洲新兴市场间建立起稳定的粮食走廊。

同时，中粮集团在服务乡村振兴战略中积极发挥示范带动作用。依托涉农业务广、产业链条全的优势，开展了一系列探索实践，取得扎实成效。一是激发源头活力，让农业成为有奔头的产业。二是助力持续增收，让农民成为有吸引力的职业。三是保护绿水青山，让农村成为安居乐业的家园。集团还积极与银行等合作，形成战略合作伙伴，在落实金融支持政策、创新科技服务手段、探索扶贫合作模式等方面共同“服务三农”。2021 年 12 月 3 日，国资委、中央企业、中国农业银行（以下简称“农业银行”）共同服务乡村振兴战略合作协议签约仪式在北京举行。集团党组书记、董事长吕军出席签约仪式，并代表签约中央企业致辞。

资料来源：中粮集团官网，2021 年 12 月 4 日。

案例思考：

1. 什么是企业？
2. 农业企业具有哪些特殊职能？

一、企业的概念

企业通常是指从事商品生产、流通、服务等经济活动，通过商品或劳务交换去满足社会需要从而取得盈利，实行独立核算、自主经营、自担风险、自负盈亏的依法设立的经济组织。现代经济学理论认为，企业本质上是“一种资源配置的机制”，其能够实现整个社会经济资源的优化配置，降低整个社会的“交易成本”。

二、企业特征

企业是商品生产和商品交换发展到一定阶段的产物，具有如下特征。

（一）企业是从事生产、流通、服务等经济活动的协作组织

企业作为一个组织实体，是由投资人通过一定的方式把一定数量和质量的

劳动力和生产资料集合在一起，为特定的生产目的而组成的生产经营体系并进行协作劳动。企业区别于个体劳动的一个重要特征是，众多劳动者进行协作劳动的场所。

（二）企业是以盈利为目标的商品生产者

企业的生产不是为自己而进行的，而是为了以其产品或劳务同消费者通过等价交换去满足社会需要而获得盈利。商品性和营利性是企业的最重要特征，也是区别于其他非经济性组织的重要标志。获取盈利是企业存在的基本理由，但是企业的利润源泉或生存发展的机会并不取决于企业自身的盈利动机，盈利也并不必然表现为经营常态。企业只有以为消费者或顾客服务为宗旨，保持内部条件、外部环境和经营目标的动态平衡，才能获得更好的发展。

（三）企业是享有独立经营自主权的市场经济主体

企业作为投入各方为谋求一定利益结合而形成的利益共同体，只有实现其整体的发展和利润的增长才能满足和协调各方面的利益需要，所以必然要求企业拥有独立的经营自主权，实行自主决策、自主经营、独立核算、自负盈亏。

（四）企业一般是具有独立人格或法律主体资格的法人

企业作为一种社会经济组织，只要是按照相应条件依法登记设立，而且能够以企业的名义进行民事活动并承担责任，享有民事权利和义务，它就具备了成为法人的基本条件。企业法人是一种常见形态，但不是所有的企业都是法人企业。

三、农业企业的概念

农业企业（Agricultural Enterprise Agribusiness）是指从事农、林、牧、副、渔业等生产经营活动，具有较高的商品率，实行自主经营、独立经济核算，具有法人资格的营利性的经济组织。

四、农业企业的特征

（一）农业企业的经营对象是农作物和农产品

这是农业企业区别于其他工商企业的最显著特点。农产品生产涉及多种自然因素和经济因素，有些因素可以控制，有些因素则无法控制。农产品具有生产资料和消费资料的双重属性。作为生产资料，农产品一般是农业加工企业的原材料，农产品质量和品质至关重要，将直接影响加工企业下一个再生产过程中产品的质量和产量。

（二）农业企业的经济效益带有较大的不确定性

农业生产过程周期长，受客观因素尤其是自然条件的影响较大，不可控因素较多，加之市场风险的影响，自然风险和市场风险双重夹击致使农业经营风险较大，投入与产出的因果关联常受偶然因素的影响，经营结果难以准确测定，经济效益常有波动。

▶ 拓展阅读：

2019年中国玉米种植带动财政收入

国家粮食和物资储备局价格监测数据显示，截至2019年12月底，国内玉米价格区间1500—2200元/吨，平均价格1766元/吨。近年来，我国玉米播种面积总体呈逐年增长态势，2019年玉米播种面积4496.8万公顷，同比增长1.8%；单位面积产量为6.32吨/公顷，同比增长3.6%；玉米产量2.61亿吨，同比增长1.4%。在进口方面，2019年玉米进口量479.3万吨，同比增长36%。结合2019年玉米消费量27558万吨来看，我国玉米供需缺口较大。

东北地区是我国最大的玉米产区。2007年以来，黑、吉、蒙、辽玉米播种面积在全国的占比不断上升，仅在2016年出现短暂回调。目前，四省区在全国的比重已经超过了40%。其中，作为全国最大的玉米种植省份，黑龙江在全国播种面积的占比达到15%；吉林、内蒙古和辽宁的占比依次为10%、8.9%和6.4%。

2019年玉米产业总体情况，玉米种植业总产值5728亿元，较上年上涨

2.78%；行业利润总额为 -585 亿元；行业生产总体投入 6312 亿元，较上年下降 4.44%。从年度收入变化情况来看，2019 年玉米种植产业带来的农民的可支配收入较上年增加 448 亿元，考虑当年居民边际消费倾向为 0.83 测算，年度总需求增长 2634 亿元，占到年 GDP 的 0.27%和社会总需求额的 0.27%；考虑社会总需求的财政收入系数 0.20，可支配收入增长带来国家财政收入增长 519 亿元，带来非农产业利润增长 254 亿元，带来社会非农就业增长 18.68 万人。总体带来社会就业增长 247 万吨，影响社会总收入 1121 亿元；考虑劳动就业带来社会总需求 3.48 万亿的销售收入增长。

资料来源：国家粮食和物资储备局，2019 年 12 月。

（三）农业企业作为农业生产的基本单位，其组织形式可以灵活多样

农业企业的组织形式，可以是一个家庭，也可以是几个家庭的联合或公司等；可以是法人企业，也可以是非法人企业（业主制企业和合伙制企业）；其规模可大亦可小。其中，就规模而言，在经营规模十分狭小时，农业经营便会丧失规模经济效果，因此农业企业无论是何种组织形式，都必须讲究适度规模经营。

（四）农业企业经营成败的因素错综复杂

由产业的特性所决定，农业生产受自然因素制约而周期较长，农业生产决策以及产品结构调整对市场需求的变动的反应相对迟滞，加大了农业企业经营决策的难度，决定农业企业经营成败的因素错综复杂。

五、农业企业的职能

农业企业的职能是指农业企业在社会经济活动中所产生的功能或发挥的作用。与其他类型企业一样，农业企业既具有企业的共性职能又具有农业企业的特殊职能。

（一）农业企业的一般职能

1. 组织生产力方面

生产的过程就是创造价值的过程，就是创造财富的过程。在企业中，生产

力表现为劳动力、生产资料、生产工具、厂房和资本等。

企业组织生产力具体表现如下。

(1) 根据市场需求，把握企业发展方向，调整生产结构，规划生产布局，制订各种劳动定额、技术定额及生产操作规程；

(2) 依照农业生产过程的季节性、顺序性等特点，配置和合理利用企业经营资源，如劳动力、土地、机器设备、物质资料等，生产适销对路的产品，以及处理人与物的关系。

▶ 拓展阅读：

新希望六和：构建种养结合的生产模式，科学养殖、化废为能

2017年国务院发布《国务院办公厅关于加快推进畜禽养殖废弃物资源化利用的意见》，明确要求到2020年建立科学规范、权责清晰、约束有力的畜禽养殖废弃物资源化利用制度，构建种养循环发展机制，全国畜禽粪污综合利用率达到75%以上，规模养殖场粪污处理设施装备配套率达到95%以上。作为国内龙头农牧食品企业，新希望六和股份有限公司（以下简称“新希望六和”）采用种养结合的模式进行科学养殖，合理利用畜禽粪污。

倒逼鸭养殖模式创新，养殖有效面积提高30%

2019年公司在山东嘉祥的祥荣肉鸭养殖场，独创新型三层立体网养模式，开启了新一轮肉鸭养殖技术革新。近年来，随着生态环保力度不断加大，新希望六和抓住当前环保要求升级带来的机遇，通过环保改造、棚舍升级等措施，积极推进养鸭效率提升。嘉祥祥荣肉鸭养殖场鸭舍采用三层直立式立体网状构造，即使与目前行业新推出的立体笼养技术相比，养殖有效面积仍高出30%以上，养殖面积利用率优于笼养20%，每平方米存养量已接近肉鸡的养殖水平。面对日趋严格的环保监管，肉鸭产业首要解决的就是粪污处理。肉鸭粪便含水量比肉鸡高出30%，鸭粪中又含羽绒，成为传统粪污处理技术难以解决的顽疾。新希望六和通过技术手段将鸭粪含水量降低20%，鸭粪更干燥，处理起来更省水、省劲、省钱。通过与鸭粪有机肥发酵、粪肥商业模式等结合，肉鸭多层网养模式将把处理后的有机肥还田，发展绿色蔬菜种植，形成种养结

合的生态循环农业。

猪养殖推广“三全”发展模式，种养结合凸显环保成效

新希望六和积极响应国家战略导向，在发展养猪事业的过程中，形成全区域规划、全产业布局、全生态发展的“三全”模式。其中，全生态发展是在全产业链运营的基础上配套生态环保与生态种植，确保零排放、零污染，与全产业链运营模式契合形成生态闭环。公司为所有大型规模化猪场配套了国内先进的粪污处理设施，同时配套相应的消纳土地和大型的粪污还田设施，构建了种养结合的基本体系，形成合作种植与科学养殖有机结合的模式，实现了粪污消纳和资源化利用。固体废弃物通过全密闭智能好氧堆肥发酵系统，将固体废弃物快速无害化处理，生产出有机肥。气体废弃物通过水洗和生物除臭的方式进行有效去除，达标后的气体通过高空有组织排放。

资料来源：中国环境报，2020 年 3 月 12 日。

2. 调节生产关系方面

正确处理农业企业生产经营活动中所发生的人与人之间的关系，以调动人的积极性。它包括：企业内部的产权关系，分配关系，所有者、经营者与劳动者之间的责、权、利关系；与企业外部的协作关系，契约合同关系，商品交换关系，债权与债务关系以及与国家之间的经济关系等。

▶ 拓展阅读：

第一，沟通机制对员工高度开放。沃尔玛认为“接触顾客的是第一线员工，而不是坐在办公室里的官僚”。所以，公司鼓励每一位员工直言进谏，上至区域经理下至商店小时工，所有人都可以用书面或谈话形式与高层管理者进行沟通，甚至可以申请到总部直接找董事长山姆·沃尔顿。无论是提出改进工作的建议，还是倾诉自己遭受的不公平待遇，公司都会提供机会让员工畅所欲言。于是，在沃尔玛集团经常出现这种现象——董事长在总部亲自接见来自各地的基层员工，并把他们的中肯意见下发到所有的沃尔玛分店经理那里，要求他们认真执行。这使沃尔玛员工的主人翁意识比一般的企业员工更为强烈。

第二，让员工养成平等相待的思维习惯。每一位沃尔玛员工的工牌上都不

标注职务名称，哪怕最高总裁也是如此。在山姆沃尔顿看来，虽然存在管理与被管理的分工，但员工相当于合伙人，地位上是平等的。所以，大家见面时直呼其名，管理层不摆官架子，在日常交流中就淡化了等级观念，把彼此视为共同事业的合伙人。此外，在沃尔玛总部办公楼的停车场没有给任何人设置固定车位，无论是董事长、经理、还是普通员工的车，都被平等相待。

资料来源：搜狐网，2020 年 3 月。

（二）农业企业的特殊职能

农业的特点决定了农业企业有别于其他类型企业，具有其特殊职能。

1. 为社会提供基本的物质资料

①生活食用品，如粮、棉、油、蔬菜、水果等直接食用的农副产品；②生产加工用品，如各种可供生产加工的农副产品等初级原料，这是其他企业所不能替代的职能。

2. 保护自然生态环境

作为以生物有机体为劳动对象的农业企业，不仅要利用生物界和自然界生产各种产品，以满足社会物质需求，而且要依据系统内外环境的生态条件和经济条件，适时增加物质和能量的投人，实行集约化经营和科学化管理，不断改善农业生态环境，形成一个有利于农业生产稳定发展的生态基础和资源基础，使农业企业内部系统与外部系统协调统一。

3. 提高农民组织化程度

提高农民组织化水平，有利于提高农民收人、提高农产品质量水平、缩小城乡差距、发展现代农业。农业企业以其多样的组织化形式，能有效提高农民组织化水平，解决小农户与大市场的矛盾。从目前中国实践发展来看，主要有以下几种形式。

（1）龙头企业带动组合型。龙头企业带动组合型即“企业 + 农户”“企业 + 公司（协会）+ 农户”模式。该模式以农产品加工企业为龙头，通过订单等契约方式联结广大农户，形成产、加、销紧密衔接的产业组织体系。龙头企业外连市场、内连基地，变农产品的市场交易为组织体系内部交易，降低了交易成本，减少了农户的市场风险，既解决了农产品卖难问题、降低了企业成本，又提高了农业的综合效益。

（2）股份公司型。这是较高水平的集体经济组织形式。公司采取股份制，具体操作上，可将原有的集体资产经过权威机构评估，折价入股，集体资产可作为集体股参股，也可平均分配到农户个人名下，农民可凭现金、土地、机械、劳动等入股，成为共同股东。

（3）农民专业合作社模式。农民专业合作社模式即“企业＋农民专业合作社＋农户”模式。农民专业合作社以其成员为主要服务对象，提供农业生产资料的购买，农产品的销售、加工、运输、储藏以及与农业生产经营有关的技术、信息等服务。同时，农民专业合作社与企业通过订单等契约方式相联结。

▶ 拓展阅读：

泰华芦村种植专业合作社的“公司＋合作社＋农户”

由北京泰华集团出资、以农民为主体组建的北京泰华芦村种植专业合作社以土地承包经营权、资金入社，对种植骨干采取激励股权分配，为芦村及周边农户创造了就业岗位，解决了农民就业难的问题。以“放权不离地”保障农民的合法权益，以“科学种植促收益、三金收入保收益”为社员创造了可观的效益，提升了社员的科学、质量意识和综合素质。合作社以生态循环农业发展理念，建成了以绿色蔬菜种植为主，集种植、冷储加工、科技推广、科普教育等功能于一身的现代化产业基地，实现了经济、社会、生态等多项效益。

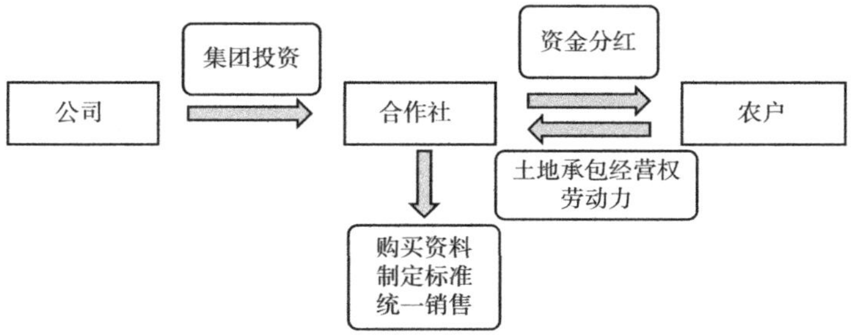

图1－1　泰华芦村种植专业合作社的“公司＋合作社＋农户”运作模式

合作社采用统一购买生产资料、统一种苗、统一技术指导、统一生产标准、统一包装销售、统一产品品牌的“六统一，六服务”现代管理模式，获得了国家级农民专业合作社示范社、农业部全国种植业产品质量可追溯制度建设暨良好农业规范（GAP）认证示范基地、农村实用人才教学参观示范点、科技套餐工程都市型现代农业示范基站，北京市京郊旅游特色业态采摘篱园等荣誉称号。同时，合作社注册的“燕都泰华”商标获得了农业部授牌的“一村一品”示范蔬菜品牌；通过订单产销合作、会员配送、电子商务等方式，将所有产品全部供给北京市场，得到了广大市民和会员的认可。

合作社自成立以来，成功引进30多个新品种新技术，实现总投资8000万元，稳定芦村及周边就业近500人，带动农户1000余户。

资料来源：北京华夏沃土技术有限公司，2022年2月14日。

动动脑：

1. 为什么企业要以营利为目标？
2. 农业企业有哪些本质特点？
3. 农业企业如何带动农民增收？

第二节 农业企业经营管理概述

▶ 案例导入：

温氏股份的经营管理

温氏所实行的全员持股、“公司＋农户”的生产模式等成功要素并不陌生，但能够30余年来推行得透明、彻底、各方利益均衡并成为企业动力源泉的企业却并不多见。归根结底，其经营管理的特点表现如下。

1. 充分授权技术部门研发自主权

温氏的科研分为两种：一是由集团总部的技术中心主导的研发成果应用于二级公司；二是二级公司的研发成果上报集团科研中心。两者的研发均会被纳入集团的科研成果评选体系中。集团技术中心负责大规模的研发，二级公司开展小范围的研发。

2. 科研基金解决成本之忧

近三年（2012—2014年），温氏股份平均用于研发投入的经费超过1亿元。二级公司在研发过程中产生的成本，将不会被计入本年度成本，即科研费用由集团承担。科研基金的资金保障，让技术人员无成本后顾之忧，激发分公司自主创新的热情。

3. 科研补贴鼓励各单位参与

应用新的科研项目可能会对生产造成影响，所以集团设立科研补贴。补贴的额度由科研管理室根据风险评估而定。对可估量的风险会精准计算成本损失，中间差值由集团公司补给二级公司。对于不可估量的风险，将按照预估最大值计算。

4. 多项奖励激发研发热情

温氏股份每年都会根据科研成果的应用价值评选出一、二、三等奖，并且可以申报公司专利。通过公司内部丰富的奖励形式，激发了公司自主创新的热情。

资料来源：华夏基石管理评论，2020年5月。

案例思考：

从上述案例中，你能总结出农业企业经营管理的主要内涵？

一、经营管理的内涵

（一）经营与管理的概念

经营（Business Operation）是企业通过对人、财、物资源的运作、提供产品及服务来满足客户有效需要的一系列经济活动而使企业获得经济效益的一种外向市场行为。

管理（Management）是企业通过计划、组织、授权、领导、控制等手段达到资源的有效合理配置而使组织目标高效率实现的一种内向协调行为。

（二）经营与管理的关系

1. 经营与管理的区别

（1）产生的根源不同。经营是市场经济的产物，萌芽于商品经济，形成于市场经济。在计划经济时期，企业没有经营，整个国民经济由国家在经营，但企业有管理。在市场经济时期，市场对资源的配置发挥着更大的基础性作用，企业经营的作用就越来越明显。管理是集体劳动和分工协作的产物，一个人不需要管理，但凡有集体劳动和分工协作就会产生管理。

（2）包含的基本内容不同。经营按照经营对象不同分为商品经营、资产经营、资本经营。商品经营，即组织商品的生产和流通；资产经营的对象是生产要素，既包括有形的生产要素也包括无形的生产要素；资本经营，其对象是产权，即对产权进行合理地流动与优化组合，从而能促进企业商品、资产经营更好地发展。企业管理的基本对象是企业的人、资产、质量等，一般会涉及企业人员、团队等方面的管理。

（3）解决问题的方向不同。经营是对外的，追求从企业外部获取资源和建立影响；管理是对内的，强调对内部资源的整合和建立秩序。经营追求的是效益，要资源，要盈利；管理追求的是效率，要节流，要控制成本。经营是扩张性的，要积极进取，抓住机会；管理是收敛性的，要谨慎稳妥，要评估和控制风险。

（4）反映的文化理念不同。经营的关键必须以客户为中心，以市场需求为导向，强调以满足顾客需求为核心，积极进行企业品牌建设，树立良好的企业公共关系与形象。企业管理的关键是强调以人为本，以企业的员工为中心，尊重和调动企业全体成员的积极性和创造热情，培养和树立员工的敬业创新精神、提高工作效率。

经营与管理的区别如表 1－1 所示。

表 1－1　　经营与管理的区别

区别	经 营	管 理
产生的根源	市场经济的产物，萌芽于商品经济，形成于市场经济	集体劳动和分工协作的产物
包含的基本内容	商品经营、资产经营、资本经营等	企业的人、资产、质量等
解决问题的方向	对外的，追求从企业外部获取资源效益和建立影响	对内的，强调对内部资源的整合效率和建立秩序
反映的文化理念	必须以客户为中心，以市场需求为导向，强调以满足顾客需求为核心，积极进行企业品牌建设	强调以人为本，以企业的员工为中心，尊重和调动企业全体成员的积极性和创造热情，培养和树立员工的敬业创新精神

2. 经营与管理的联系

（1）根本目标一致，必须共生共存，在矛盾中寻求统一。无论经营还是管理，其根本目标都是顾客满意并取得合理利润，从而实现企业价值的最大化，创造出更多的财富和价值。

（2）相辅相成，密不可分。经营与管理是企业唇齿相依的不可或缺的两个重要的不同领域。既外抓市场经营，又内抓规范管理，才能促进企业的健康发展。

二、农业企业经营管理的内涵

（一）农业企业经营与农业企业管理的概念

农业企业经营（Operation of Agribusiness）是指农业企业在国家的方针、

政策和计划指导下，为了达到企业外部环境、内部条件和经营目标之间的动态平衡，争取最佳经济效益而进行的决策性活动。

农业企业管理（Management of Agribusiness）是指为了实现企业的经营决策而进行的组织和指挥，包括对生产要素利用进行的控制和考核，对企业内外诸关系进行的协调和处理，对企业成员进行的教育和鼓励等。

（二）农业企业经营管理的概念

经营是管理的前提和向导，管理则是经营的基础和保证。在实际中，习惯上把经营管理作为一个概念来使用。

农业企业经营管理（Operation and Management of Agribusiness）是指对农业企业生产经营活动进行决策、计划、组织、控制、协调，并对企业成员进行激励，以实现其任务和目标的一系列工作的总称。其基本任务是，合理地组织生产力，维护和完善社会主义生产关系，适时调整上层建筑，使供、产、销各个环节相互衔接，密切配合，人、财、物各种要素合理结合、充分利用，以尽量少的劳动消耗和物质消耗，生产出更多的符合社会需要的产品。

三、农业企业经营管理的性质

与其他企业一样，农业企业经营管理的性质也具有二重性，即自然属性和社会属性。两者相互联系、相互作用，并寓于生产要素结合和供产销等环节运行当中。

（一）自然属性

自然属性是指农业企业要合理组织生产力，要处理人与自然的关系，故也称“经营管理的生产力属性”。马克思曾指出：“一切规模较大的直接社会劳动或共同劳动都或多或少地需要指挥，以协调个人的活动，并执行生产总体的运动——不同于这一总体的独立器官的运动所产生的各种一般职能。一个单独的提琴手是自己指挥自己，一个乐队就需要一个乐队指挥”。经营管理的这种自然属性是由生产力发展水平和人类活动的社会化程度决定的，是一种客观存在。它是社会协作过程本身的要求，是适应社会生产力发展和社会分工发展的表现。

（二）社会属性

社会属性是指农业企业要处理人与人之间的关系，要受一定生产关系、政治制度和意识形态的影响和制约，故也称“经营管理的生产关系属性”。从农业企业内部来看，包括管理者与管理者之间的关系、管理者与被管理者之间的关系、员工与员工的关系等；从农业企业外部来看，包括企业和其他企业、组织之间的关系，企业和政府的关系等。农业企业良好的社会属性将有利于推动其自然属性发展。

（三）经营管理具有二重性的原因

经营管理之所以具有二重性，直接原因是企业的生产过程具有二重性。一个是动植物、微生物的自然再生产过程，或者说是使用价值的再生产过程，靠合理组织生产力来维持；另一个是经济再生产过程，或者说是价值的再生产过程，也就是“价值的取得和回收的过程”，靠正确的维护和调节生产关系来维护。

（四）经营管理具有二重性的意义

学习经营管理二重性的现实意义在于以下两个方面。

（1）农业企业既要合理组织生产力，又要努力改善生产关系。发展生产力是社会进步的要求，也是管理的首要任务。但是，共同劳动是在一定的生产关系下进行的。如果忽视生产关系，就难以提高管理效率。

（2）农业企业经营管理人员既应具备组织生产力的技术知识和能力，又需要具备处理人际关系的知识和技能。只懂业务技术或只善于处理社会关系的管理者，都难以全面而顺利地完成组织目标。概括而言，一名优秀的管理者应该掌握以下三类技能：①技术技能，即执行特定任务必须具备的能力；②人际技能，即与人共事、激励或指导组织内各成员的能力；③概念技能，即洞察和驾驭复杂环境的能力。

如图 1－2 所示，对不同层次管理者所需具备三类技能的要求是：①对基层管理者而言，技术技能相对更重要；②对高层管理者而言，概念技能相对更重要；③人际技能对每层次管理者都同等重要。

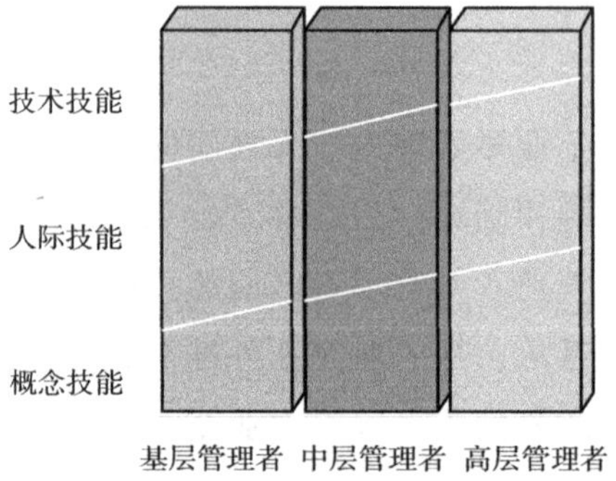

图 1－2　对不同层次管理者所需具备三类技能的要求

动动脑：

1. 如何实现经营和管理的有机统一？
2. 不同层次管理者拥有的三类技能应如何区分？

▶ 链接案例：

北京天安农业发展有限公司

北京天安农业发展有限公司成立于2006年，是蔬菜生产、初级加工、鲜切加工、物流、销售、科研全产业链发展企业。自2008年开始，公司陆续投资2000余万元自主研发生产管理、ERP管理、OA办公、质量追溯等11个全程信息化管理系统，形成了全产业链完善的体系和管理机制，是北京市第一个实现蔬菜全程安全追溯的公司。

天安农业“小汤山”蔬菜以高度标准化、全程可溯源而在业内知名，先后荣获全国优质农产品生产基地、北京市农业产业化重点龙头企业、北京市农业信息化龙头企业、科技部食品安全项目北京示范区示范单位、北京市扶贫协作奖社会责任奖、全国农产品质量安全与营养健康科普生产经营主体等奖项。

资料来源：北京天安农业发展有限公司。

一、示范应用情况

天安农业自主研发的“蔬菜全产业链信息化管理系统”（见图1－3）是全国首个集蔬菜生产种植、加工仓储、企业管理、物流配送、市场营销于一体的信息化解决方案，贯穿整个蔬菜产业的上游、中游和下游，具体应用情况如下。

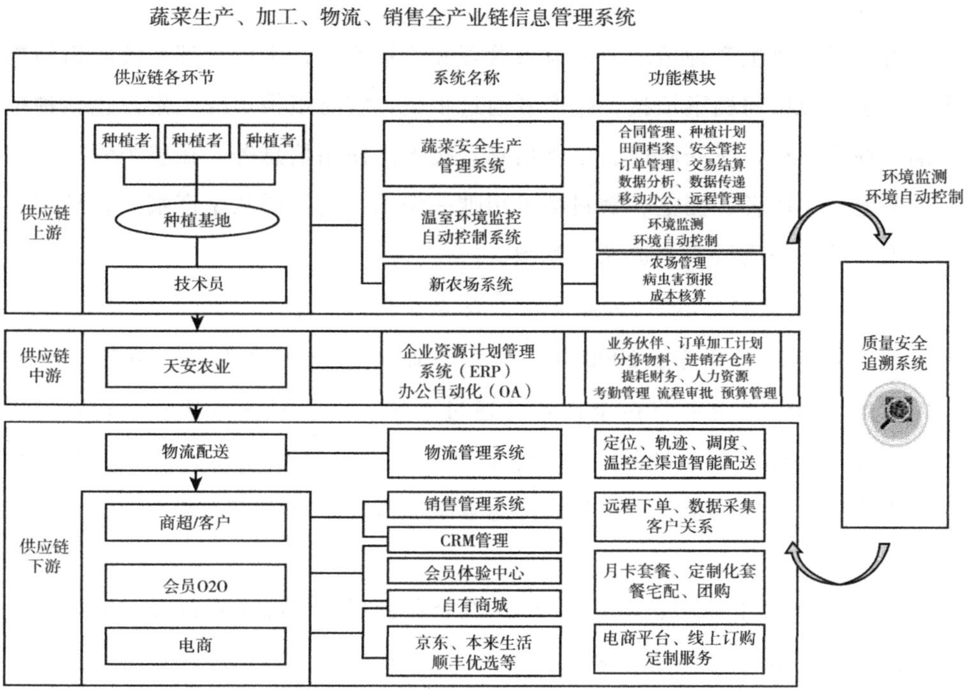

图1－3 蔬菜全产业链信息化管理系统

1. 蔬菜供应链上游——生产种植环节

在供应链上游，天安农业通过新农场系统、蔬菜安全生产管理系统、温室智能控制系统对蔬菜的生产种植环节进行管理和管控。

（1）新农场系统应用于自有农场，在生产种植、成本核算等方面起到了关键作用。在田间种植方面，生产者在线记录农事操作，形成电子田间档案，提高了安全管控的力度和精准度。

（2）温室智能控制系统，不仅仅是在大棚内安装传感器，记录棚内和土壤温湿度、二氧化碳等重要数据，更重要的是根据环境信息，对风口、棉被、灌溉等设施进行自动控制，以达到适应作物生长的最佳环境。

（3）生产管理系统广泛应用于“企业+生产基地+生产者”模式，可实现确认产量合同、智能排产、智能结算等功能。生产管理系统可以制定每个生产者的产量合同，并帮助生产者计算出完成产量合同建议的种植时间和种植面积。这种方式实现了订单生产，保证了产品的质量和新鲜度，极大程度上提高了工作效率。

为确保蔬菜生产种植环节的有效管理和质量安全，生产管理系统的田间档案实现了在线田间档案填报，生产者通过手机可实时填报田间档案，包括种植日期、种植面积、所处阶段、施肥信息、投入品使用信息等。在整个管理过程中、基地、生产者、棚室、物料都采用唯一编码，此编码从生产端一直到销售端，唯一编码是质量安全追溯的基础。

2. 蔬菜供应链中游——蔬菜加工及企业管理

（1）在供应链中游，2008年，天安农业与德国SAP合作，开发了企业ERP系统。ERP系统将公司全部业务通过系统完成，对业务伙伴、物料进行有效管理，实现了加工计划、拣配、进销存管理、仓库及损耗管理、财务管理、人力资源管理、企业决策等多项企业核心功能，将物流、现金流、信息流结合起来。

（2）2018年上线的自动化（OA）在企业管理，保障企业高效、高速运行上发挥了重要作用。OA系统将企业或者单位中每一个角色进行定义、分配权限，全部业务流程在线流转、在线审批，告别了纸质单据资源浪费、效率低下、签批困难的问题，并且每个环节都在系统上有清晰的记录，查找核对非常方便，对于事项的过程控制起到了关键作用。

3. 蔬菜供应链下游——物流管理和市场营销

（1）天安农业拥有自有物流车辆30余量，均安装有GPS定位、门磁开关、温度传感器。对车辆规范行驶、产品的品质和新鲜度提供保障。

（2）为发挥互联网优势，探索生鲜农产品电子商务，天安农业自主建立了B2C电子商务系统。该系统包括电子商务平台、移动电子商务平台、社区（集团）电子商务平台三个方面，为消费者提供更广泛、更方便的蔬菜购物体验。

(3) 会员管理系统(CRM)与客户形成互动,通过在线活动增强客户满意度,增加顾客黏性,从而产生复购,提升品牌形象,利用会员管理系统建立强大的数据分析体系,从多个角度对会员进行详细的分析,使业务发展方向更加聚焦、更加精准。

(4) 天安农业覆盖北京150余家商超,销售管理系统可以实现远程订货。商超促销员将销售终端的需求传递给中心,做到了信息的快速传递,使销售、加工、分拣、配送整体流程更加顺畅,为按时给消费者供应新鲜的蔬菜提供了保障。

(5) 质量安全追溯系统可将生产管理系统的定制档案和投入品使用等数据通过二维码和互联网展现给消费者。追溯系统的作用在于将生产者和消费者连接到一起,由消费者对生产者进行监督,保障了蔬菜安全生产,刺激了消费,促进了市场发展。

二、新冠肺炎疫情期间助力北京市"菜篮子"供给①

2020年初,为响应新冠肺炎疫情应急保障供应工作,北京天安农业除调用为春节期间备用的库存外,还紧急调动北京以及全国各地的自有基地和订单基地,加大采收量并启动周边农户、农场的紧急供应。每天保持有100多个品种的供应,保障市民菜篮子的丰富多彩。

在这一特殊时期,产销之间的信息有效沟通衔接是关键,首先按以往销售高峰期惯例启动"备货主责人响应机制"加工包装启动"简化精细包装机制"、启动"缩小品保主力品供应机制""销售终端动态日报机制"等多项特殊产销机制。期间,天安农业给盒马渠道供应的货量也成为主力供应商,每日供应量均达到1.5万—2万多份,合计大约7吨,平时是商标签和价签双标签,为节约时间,与盒马厂商协商决定,天安农业暂时自动取消每份上的商标签粘贴,将节约下的时间多加工包装一份菜到店。同样,京东供应渠道天安农业也是主力供应商,同样简化了多品包装方式,确保最大量的供应。

为了保障供应时效,使用空运紧急调运海南基地的蔬菜到京以最快的速度

① 资料来源:北京天安农业发展有限公司,2021年11月23日。

送到超市。除自有车辆增加出车次数外，紧急调动社会车辆，实现快速补货。同时，对社区会员渠道启动套餐机制，提高运营效率，为更多的市民实现“次日达”的极速服务。

— 复习思考题 —

1. 什么是企业？企业具有哪些特征？
2. 什么是农业企业？农业企业具有哪些特征？
3. 农业企业的职能有哪些？
4. 经营和管理的区别及联系分别是什么？
5. 什么是农业企业经营管理？

第二章 农业企业经营制度与经营组织

学习目标

1. 了解农业经营的几种形式；
2. 掌握农业企业经营组织形式及其相关内容；
3. 掌握农业企业组织结构设计的原则及内容。

第一节 企业制度的演进

▶ 案例导入：

简单协作—分散—集中

在英国，资本主义生产方式产生于毛纺织业。毛纺织业兴起之初，其生产组织在城市是行会作坊，在农村是家庭手工业。农村中没有行会的控制，手工业者的分化比较迅速。商人以各种方式控制分散的生产者，简单协作很快过渡到手工工场。早在15世纪，分散的手工工场就在英国农村出现。由商人先到市场上购买羊毛，交给各家纺工纺成毛线，他再收取毛线，分给各家织工织成毛呢，收取成品出售，付给纺工、织工以工资。这时生产分散进行，纺工织工多为农家妇女，她们还保有自己的一点生产资料，资本家的资金还不十分雄厚，没有集中的厂房设备。当时，北方约克郡的广大农村，这种手工工场很普遍。

到16世纪，集中的手工工场如雨后春笋般出现。伦敦西部纽伯里一个名叫约翰·温彻康布的纺织业商人，在16世纪初就拥有一个约千人的手工工场，其中男女织工、纺工和助手600人，梳毛、理毛工人250人，修整工50人，染工40人，研工20人。随着集中的手工工场的发展，越来越多的小生产者由于经受不住竞争，变为雇工。他们在1539年的一份请愿书中写道：“富有的呢绒商在他们的家里拥有织机，同时有织工和技工按日工作。由此，我们这些在自己家中做工的请愿者，包括妇女和儿童，时常失去收入……但是，我们这些贫苦的臣民为了避免失业和得到收入，只有被迫接受呢绒商所规定的工作。”就这样，英国的毛纺织业得到迅速发展，毛织品输出激增，而羊毛输出则大减。英国的呢绒逐渐在欧洲市场上占据首要地位，毛纺织业成了英国的“民族工业”。除毛纺织业外，玻璃、肥皂、火药、书写用纸等制造业也普遍采用手工工场的形式。

资料来源：百度百科，2015年8月19日。

案例思考：

手工工场经历了哪几个阶段？

一、企业制度形态

（一）企业制度

企业制度通常是指以企业产权制度为基础和核心，包括企业组织制度和管理制度在内的各种制度的总称。企业制度是维系企业作为独立组织存在的各种社会关系的总和。

（二）企业制度的构成

1. 企业产权制度

企业产权制度是以产权为依托，对企业财产关系进行合理有效的组合、调节的制度安排。它以法律制度的形式对企业财产在占有、使用、收益、处分过程中所形成的各类产权主体的地位、权责及相互关系加以规范。对企业来说，合理的产权制度能够清晰地界定各个产权主体及其权能，从而建立有效的激励和约束机制，保障企业资产合理流动。

2. 企业组织制度

企业组织制度是企业组织形式的制度安排，规定着企业内部的分工协调和权责分配关系，如企业的治理结构、领导体制等。

组织制度是企业组织的基本规范。它既是企业各项组织工作的基础和依据，也是企业制度的一项基本内容。实践证明，组织制度合理与否，会对企业的生存发展产生至关重要的影响。

3. 企业管理制度

企业管理制度是对企业管理活动的制度安排。它是由一整套企业管理活动的方式、标准和原则、理念等组成，如企业的劳动人事制度、分配制度和财务会计制度等。管理制度是企业管理工作的基础。

总体而言，产权制度是企业制度的基础和核心。它对企业制度的其他方面具有决定性的作用；同时组织制度和管理制度在一定程度上又反映着企业财产权利的安排，三者共同构成了企业制度。

（三）企业制度演变的四种形态

1. 家庭手工业制度

家庭手工业制度是指以“一家一户”为生产单位的手工业。在自己住宅经营，生产规模小，因此不用机械而全凭手工。开始是农民以自身农产品为原料加工成手工业品，自用有余而出售。在资本主义制度下，它又为大工厂加工零配件，成为附属于资本主义企业的家庭劳动，比如男耕女织、小行会、小作坊。因此，它们还不是典型的企业，而是介于家庭和企业之间的一种过渡组织，既保留着家庭经济的基本特征又初步具备企业的某些特征。

2. 工场手工业制度

由家庭手工业向工场手工业过渡是一个复杂的过程。在这个过程中，小行会、小作坊从家庭经营逐步转变成真正的企业经营，行东和小手工业者变成资本家，起决定性作用的还是靠原始积累形成的商人资本。他们通过剥夺手工业者的生产资料而变成工场主，或者直接购买设备、雇佣工人，对收购来的半成品或原材料进行加工，再投入市场。随着规模的扩大，这些商人的家庭作坊逐渐演变成最早的工业企业——资本主义手工工场。

这种家庭工业制度向企业制度的演变，属于生产组织方式的变革，创造了比家庭手工业更高的劳动生产率。但由于其技术基础仍是手工劳动和手工工具，因而对劳动生产率的提高十分有限。

3. 工厂制度

从18世纪后期起，西欧各资本主义国家先后进行产业改革。19世纪30至40年代，英国等欧洲国家各主要工业部门都采取了机器生产，手工工场逐渐被机器化的工厂所取代，与之相适应实施一种新的企业制度——工厂制度。工厂制度作为企业的一个发展阶段和一种具体组织形式，在制度内涵及其运作方式方面，与工场手工业有着很大区别（见表2-1）。

表2-1　工场手工业与工厂制度的区别

区别	工场手工业	工厂制度
运行的物质基础	以人畜的体力为动力，用手工方式进行简单的商品生产	以蒸汽、电能为动力，采用机器和机器体系进行大生产
依托的技术手段	建立在手工劳动和手工工具的技术基础之上	一些新型材料（如合金、聚合物等）在生产中大量使用
劳动的分工协作形式	以工人为起点，劳动资料的运动从工人出发，分工是纯粹主观的	机器是生产的主体，工人则是机器的附属物
管理活动复杂程度	一般采用直线式的个人等级管理	一般按照产品或工艺的要求分成若干车间、工段、生产小组，自上而下地形成一个完整的管理系统

4. 公司制度

公司制度萌芽于15世纪中后期地中海沿岸的航海合资贸易组织，起源于19世纪40年代的美国西部铁路公司，发展于20世纪50年代。公司制的出现是生产社会化的必然产物。

工厂制度与公司制度的区别如表2-2所示。

表2-2　工厂制度与公司制度的区别

区别	工厂	公司
适用范围	工业部门的企业	各行业和跨部门、跨行业组织起来的企业
两权结合程度	所有权与经营权密切结合	所有权与经营权相分离
企业性质	大多数工厂企业都是自然人的独资企业	属于法人企业

从历史角度看，企业制度遵循着“手工工场—工厂—公司”的规律演进发展，但由于社会生产力的多层次和社会需求的多样性，各种企业制度总是同时存在着。任何一个企业都处于不断地发展变化之中，其所采取的企业制度也呈现出由低级向高级形态转化的递进趋势。

二、现代企业制度

（一）现代企业制度概念

现代企业制度是指以完善的企业法人制度为基础，以有限责任制度为保证，以公司企业为主要形式，以产权清晰、权责明确、政企分开、管理科学为要求的新型企业制度，其主要内容包括企业法人制度、企业自负盈亏制度、出资者有限责任制度、科学的领导体制与组织管理制度。

（二）现代企业制度的内容

1. 现代企业产权制度

公司制是现代企业制度的载体，现代企业产权制度即公司法人产权制度。在公司法人产权制度下，出资者的所有权和法人财产权实现了分离。公司拥有独立的法人财产权，以法人的名义享有对公司的资产的占有、使用和依法处分的权利，并承担相应的民事责任。股东作为公司的出资人，享有投资收益权，可作出重大决策，但不能直接干预公司的生产和经营。公司法人产权制度使企业产权明晰化，公司可以作为独立的市场主体参与各类市场交易活动，是企业自主经营、自负盈亏的基础。

2. 现代企业法人治理制度

法人治理制度是现代企业制度的一项重要内容。独立的企业法人财产权要靠一定的治理结构来实现。在法人治理结构中，企业所有权和经营权分开。如图 2－1 所示，法人治理结构主要由股东大会、董事会、监事会和经理层等组成。其中，股东大会对公司的重大事宜进行决策，董事会是公司的管理机构，监事会对公司的财务和董事、经营者的行为发挥监督作用，由此实现决策权、执行权和监督权的三权分立。

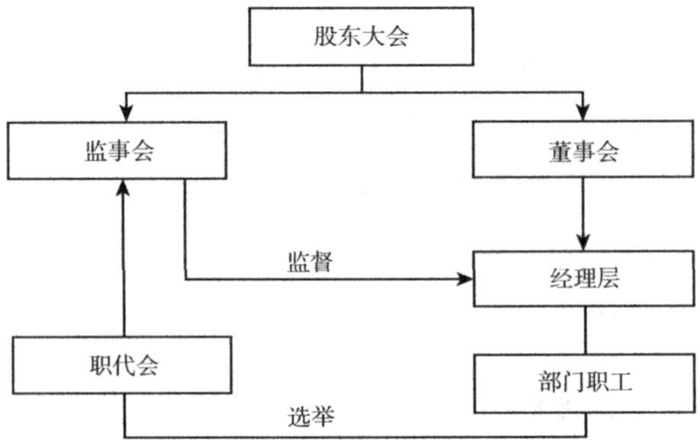

图 2－1　法人治理结构

3. 现代企业有限责任制度

企业有限责任制度是指企业出资人对企业债务只承担有限责任，主要是有限责任公司和股份有限公司。有限责任制度规定出资人以出资额为限对公司债务承担责任，降低了出资人的风险，使公司具备较强的筹资能力。有限责任制度有两层含义：①企业的出资人只以出资额为限承担企业的债务责任，不涉及出资人的其他财产；②企业以全部法人财产承担企业的债务责任。有限责任制度可以保护投资者的利益，有利于社会资本的募集和企业的发展。

4. 现代企业管理制度

现代企业管理制度是对现代企业整个管理活动总的安排和部署，主要包括现代企业人力资源管理、现代企业组织管理、现代企业财务管理、现代企业战略管理、现代企业信息管理和现代企业文化管理等。

（三）现代企业制度的特点

1. 现代企业制度是产权关系明晰的企业制度

企业的设立必须要有明确的出资者，必须有法定的资本金。出资者享有企业的产权，企业拥有企业法人财产权。企业除设立时有资本金外，在经营活动中借贷构成企业法人财产。但借贷行为不形成产权，也不改变原有的产权关系。产权制度的建立是我国在走向市场经济过程中的一大突破，是现代企业制度的一个重要特征。

2. 现代企业制度是法人权责健全的企业制度

现代企业制度的另一个重要特征就是使企业法人有权有责。出资者的财产一旦投资于企业，就成为企业法人财产，企业法人财产权也随之确立。这部分法人财产归企业运用，企业以其全部法人财产，依法自主经营、自负盈亏，照章纳税。但同时企业要对出资者负责，承担资产保值增值的责任，形成法人的权责统一。

3. 现代企业制度是承担有限责任的企业制度

企业的资产是企业经营的基础，出资者的投资不能抽回，只能转让。出资者以其投资比例参与企业利益分配，并以其投资比例对企业积累所形成的新增资产拥有所有权。当企业亏损以至破产时，出资者最多是以其全部投入的资产额来承担责任，即只负有限责任。

4. 现代企业制度是政企职责分开的企业制度

政府和企业的关系体现为法律关系。政府依法管理企业，企业依法经营不受政府部门直接干预。政府调控企业的工具主要是财政金融手段或法律手段，而不是行政干预。

5. 现代企业制度是一种科学组织管理的企业制度

科学的组织管理体制由两个部分构成。

（1）科学的组织制度。现代企业制度有一套科学、完整的组织机构。它通过规范的组织制度，使企业的权力机构、监督机构、决策和执行机构之间职责明确，并形成制约关系。

（2）现代企业管理制度。现代企业管理制度包括企业的机构设置、用工制度、工资制度和财务会计制度等。

▶ 拓展阅读：

顺鑫农业的科学管理体制

北京顺鑫农业股份有限公司位于具有“绿色国际港”之称的京郊顺义区，下设6家分公司、18家控股子公司。该公司成立于1998年9月21日，1998年11月4日在深圳证券交易所挂牌上市，是北京市第一家农业类上市公司。公司主营业务主要有生物酿造、营养肉食、安全农品、健康地产、环保水利、生态建筑等板块。

该公司采取两级管理模式，总部为资本经营决策、项目投资决策、高新技术研发和信息资源开发与利用四项工作的中心，重点研究中长期发展问题，各分公司、子公司为生产经营中心，即以经济效益为中心，重点研究市场营销和企业内部管理问题。该公司整体通过人事任免、资金调配、财务控制、绩效考核以及企业文化建设等途径继续合理有效地控制各下属公司的生产经营活动。按照现代企业制度要求，该公司对分公司授权经营，对控股子公司监督经营，明确权限，强化职责；通过服务、协调、指导、监督，实现公司与各分公司、子公司的有效沟通。公司总部通过战略发展部、资本运营部、投资管理部和产业发展部等部门协同合作、各司其职，对下属分公司和子公司进行综合管理。该公司每年对各分公司和子公司下达考核指标，对各单位的业务收入、利润以及产品的生产销售等提出具体目标，按季度对其进行考核，通过激励和约束机制将各分公司和子公司纳入公司总体发展战略，避免出现对分公司和子公司管理失控的情况。

资料来源：顺鑫农业官网，2021 年 5 月 29 日。

动动脑：

1. 企业制度演变的四大阶段的历史背景分别是什么？
2. 现代企业制度的本质特点是什么？

第二节　农业企业经营组织形式

▶ 案例导入：

多元化跨国集团

——正大集团

泰国正大集团由华侨谢易初、谢少飞兄弟于1921年在泰国创办，是一家以农牧食品、商业零售、电信三大核心事业为主，同时涉足金融、房地产、生物制药、汽车摩托车等10多个行业领域的多元化跨国集团公司，业务遍及全球100多个国家和地区，员工45万人，2021年全球销售额840亿美元。

作为中国改革开放后第一家在华投资的外商企业，1979年正大集团在深圳投资1500万美元，建成当时全国最大的年产8万吨的现代化饲料生产企业——正大康地有限公司，获得了深圳市人民政府“深外资证字0001号”营业执照，成为中国第一个外商独资企业。20世纪90年代，正大集团与中央电视台合办《正大综艺》节目，在全国引起广泛反响，至今依然作为央视品牌栏目全国热播。在中国改革开放40多年的历程中，正大集团不断加大在中国的投资力度，下属企业遍及除西藏、青海以外的所有省份，形成包括正大饲料、正大食品、正大种子、卜蜂莲花、大阳摩托、正大广场、正大制药等具有广泛知名度的企业、品牌和产品。

正大集团秉承“利国、利民、利企业”的经营宗旨，积极投身中国改革开放事业。截至目前，正大集团在中国设立企业600多家，员工近10万人，2021年总营业额预计1800亿元，是中国外商投资规模最大、投资领域最多的跨国企业集团之一。

资料来源：正大集团官网，2022年2月15日。

案例思考：

正大集团的经营组织形式属于哪一种类型？

一、农业经营形式

经营形式是企业经营方式和方法的总和。我国农村实行经济体制改革以来，按照生产资料所有权与经营权适当分离的原则，农业企业的经营形式由单一的集体经营形式转变为家庭经营与集体经营相结合的双层经营、承包经营、租赁经营、联合经营和国际化经营等多种形式。

（一）统分结合的双层经营

统分结合的双层经营是指统一经营（集体经营）与分散经营（承包制家庭经营）相结合的双层经营。

1. 家庭经营

集体经济组织中的分散经营（承包制家庭经营）是在坚持土地等主要生产资料公有制的基础上，在集体经济组织的统一管理下，将集体的土地发包给农户耕种，实行自主经营、包干分配。其责任是完成按家庭人口和劳力确定包干任务；其权利是在完成包干任务的前提下，获得土地的使用权和经营的自主权；其利益是完成包干任务后的生产收益，即“保证国家的，完成集体的，剩下就是自己的”。

2. 统一经营

统一经营是集体经济组织的另一个经营层次，是以生产资料集体所有制为基础的集体经营。它主要从事不适于家庭经营的以及为家庭经营提供产前、产中、产后的服务项目，如农田水利设施、农产品加工、储运、销售、农机修理、信息服务等。

统一经营具有两大特点：①共同协作劳动，统一经营核算；②按一定的形式计算劳动成果的数量和质量并以此分配劳动报酬。

3. 统一经营与家庭经营的关系

统一经营与家庭经营构成农业经营的两个层次，两者相互依存、相互补充、相互促进。这种经营形式把集体和家庭的优势有机地结合起来，把农业社会化生产同专业化管理有机地结合起来，既保留了家庭经营的长处、能调动农民生产和投入的积极性，又有利于在更大范围内合理配置生产资源，实行宏观决策和调控，弥补了小生产的局限性；既克服了过去集体管理过分集中的缺点，又发挥了集体统一经营的优势。双层经营符合农业生产的特点，适应当前我国农业生产力发展和农业企业管理水平。

（二）承包经营

1. 概念

承包经营是在所有权与经营权分离的前提下，企业投资主体把所有的资产经营权按约定条件，承包给承包人经营的一种特定经营形式。承包经营由发包方和承包方构成，发包方把自己所拥有的一部分生产资源交给承包方经营；承包方对承包经营的资源和财产安全负责，并按承包合同规定的责任、指标，完成上缴任务。

承包经营方式在目前相当普遍。无论是国有经济中农牧场的“大套小”形式或是集体经济中的双层经营形式，都是以这种经营方式为基础的。

2. 特点

（1）按照所有权与经营权分离的原则，以承包合同形式，确定发包方与承包方的权责利关系，使承包者能按约定条件自主经营、自负盈亏。

（2）在承包合同中必须规定双方的责任、权力和利益三个方面内容，以便共同遵守和执行。

（3）由于通过合同明确了双方的经济关系，因此有利于调动承包者的生产经营积极性，所不足的是短期行为比较严重。

承包方的责任：①对承包资产进行合理使用，保证资产不受侵犯，保护资产安全；②全面完成承包任务指标；③遵纪守法，合法经营。

发包方的责任：①赋予承包人以经营自主权、生产指挥权、用人自主权和利益分配权等各种权力；②为承包方提供各种有效服务。

（三）租赁经营

1. 概念

租赁经营是指在不改变财产所有权的前提下，资产所有者将其资产出租给承租者使用，并定期收取租金的一种经营方式。

2. 特点

（1）通过签订租赁合同，在一定时期内，出租人将资产经营权有偿让渡给承租人自主经营。

（2）租赁以后，原有法人代表应让位于承租人，由承租人任法人代表。

（3）原有资产仍归出租方，但承租期间，承租者享受充分的经营自主权，人事制度和分配办法全由承租者自行确定。

（四）联合经营

1. 概念

联合经营是指把不同所有制性质的单位共同投资组成新的经济实体，从事经营活动。

2. 特点

（1）参加经营的单位基本上保持原有的独立经营者的地位，不改变各自所有制性质，按平等、自愿、互利的原则联合经营。

（2）联营的内容有生产联营、产销联营、购销联营、科技生产联营等；联营的对象有劳力、资金、技术、设备和土地等。

（3）联营的方式有紧密联营和松散联营等。

▶ 拓展阅读：

宁夏神聚农业科技开发有限公司成立于2011年，是集农副产品的研发、种植、收购、加工、冷藏保鲜、城乡配送、销售和农业社会化综合服务等为一体的科技型农业龙头企业。神聚农业积极运用供应链模式，并融入电子商务，以此发展自营农副产品及助力农村扶贫。自2019年开始，以神聚自营产品和中卫扶贫产品为基础，与中杞集团、中卫优品、顺丰速运、丰农科技等多企业达成战略合作，整合仓储、包装、物流、售后等资源，搭建“供应链＋农村电商”模式，打造中卫优质农副产品供应链运营体系。公司将中卫名优农副产品，如硒砂瓜、枸杞、藜麦、红枣等作为优质农副产品供应链主体，提供给中小优质电商渠道。如为拼多多、京东、天猫提供价优产品，为新零售、社区、企业提供高端产品进行销售。拼多多、小当家等则被作为农村电商销售主要渠道，来打造农户的电商运营能力，搭建农村电商运营体系。在此过程中，神聚重点参与中卫优质农副产品品牌化运营工作，在产品运维、设计、推广等方面起到核心作用，以神聚主体来带动中卫中小电商企业共同发展，实现线上线下一体、农户参与电商销售的创新模式。

资料来源：宁夏智慧旅游网，2020 年 11 月 20 日。

（五）股份合作经营

1. 概念

股份合作经营是融合作制因素和股份制因素为一体，实行劳动联合和资金联合，以财产共同占有和个人所有相结合为基础而形成的一种经济组织形式。股份合作经济组织是由两人以上的劳动群众或其他经济组织自愿组合，以资金、实物、技术等入股，按照股份合作制原则运行，并依法登记，取得法人资格的经济实体。

2. 特点

股份合作型的本质特点是实行劳动联合与资本联合相结合、按劳分配与按股分红相结合。与其他类型的农民合作经济组织类型不同的是，资本在股份合作企业的生产经营活动和收益分配中占有比较重要的地位。

▶ 拓展阅读：

黑龙江北大荒农业股份有限公司（以下简称“公司”）是黑龙江北大荒农垦集团总公司独家发起，将其下属的友谊、宝泉岭、八五四、八五九等十六家农场和浩良河化肥厂的优质资产进行重组，经国家经贸委批准设立的股份公司。公司于 1998 年 11 月 27 日在黑龙江省工商行政管理局注册登记，注册资本 146996 万元。

2002 年 3 月 29 日 9 时 26 分，经中国证券监督管理委员会证监发行字〔2002〕19 号文核准和上海证券交易所上证上字〔2002〕34 号《关于黑龙江北大荒农业股份有限公司人民币普通股股票上市交易的通知》同意，北大荒以网上累计投标询价方式成功公开发行了 30000 万股人民币普通股（A 股），每股面值 1.00 元，每股发行价格 5.38 元，总股本 14699.6 万股。

2002 年上市以来，公司通过 IPO、发行可转债合计募集 31.1 亿元，累计现金分红 79.4 亿元，对股东的累计回报已经超出募集资金的 155.3%，出色履行了回报股东的使命。截至 2020 年末，公司资产总额 80.94 亿元，拥有 17 家分公司、7 家子公司、参股 6 家公司。主要从事土地发包经营；水稻、玉米等粮食作物的生产和销售；与种植业生产相关的技术、信息及服务等；化肥零售（仅限分支机构经营）以及房地产开发与销售。

资料来源：北大荒农业股份有限公司官网，2022 年 2 月 16 日。

（六）集团化经营

集团化经营是在生产力发展到一定水平，企业经营规模进一步扩大，向多元结构、多角化经营、多功能性质、国际化方向发展的基础上，建立起来的一种开发性的经济联合体。其典型的集团化经营形式是企业集团或集团公司。

企业集团一般是以生产要素为纽带，以扩大生产能力为着眼点，由规模不等的多个法人企业联合组成，实行资产一体化经营。

拓展阅读：

北京首农食品集团有限公司是经北京市委、市政府批准，于 2017 年 12 月由北京首都农业集团有限公司、北京粮食集团有限责任公司、北京二商集团有限公司三家企业联合重组成立。

首农食品集团在畜禽良种繁育、养殖、食品加工、生物制药、物产物流等方面具有行业明显优势，业已形成从田间到餐桌的完整产业链条。目前，集团资产、营收双超千亿，拥有员工近 6 万人，下属企业 500 余家，其中中外合资合作企业 30 余家，境外公司 10 余家，上市公司 2 家，农业产业化国家重点龙头企业 7 家，位列中国企业 500 强。

集团以质量为本、以文化立根、以营销拉动，逐渐构建起了母子品牌上下联动、相映成辉的局面。集团现持有 13 家中华老字号，19 家北京老字号，15 个中国驰名商标，24 个北京著名商标。2020 年首农品牌价值提升至 626.85 亿元。首农食品集团秉承“食安天下、惠泽万家”的企业使命，整合、重塑、激活品牌价值，带动产业发展，引领消费升级，推动中国食品生态的发展，全力打造具有国际竞争力、引领健康美好生活的现代食品集团。

资料来源：首农集团官网，2022 年 2 月 16 日。

二、农业企业经营组织形式

现代企业经营组织形式，包括既相互联系又相互区别的法律上的经营组织形式和管理上的组织形式。本部分主要讨论法律意义上农业企业经营的主要组织形式以及基本特点。

（一）独资企业

1. 概念

独资企业是指企业完全由投资人所有和控制。这是一种最古老、最简单的企业组织形式。独资企业主要盛行于零售业、手工业、农业、林业、渔业和服务业等。

2. 特点

（1）独资企业仅由一个自然人投资设立。这是独资企业在投资主体上与合伙企业和公司的区别所在。

（2）独资企业的全部财产为投资人个人所有。投资人（也称“业主”）是企业财产（包括企业成立时投入的初始出资财产、企业存续期间积累的财产）的唯一所有者。个人独资企业就财产方面的性质而言，属于私人财产所有权的客体。

（3）独资企业的投资人以其个人财产对企业债务承担无限责任。这是在责任形态方面独资企业与公司（包括一人有限责任公司）的本质区别。①企业的债务全部由投资人承担；②投资人承担企业债务的责任范围不限于出资，其责任财产包括独资企业中的全部财产和其他个人财产；三是投资人对企业的债权人直接负责。

（4）独资企业不具有法人资格。尽管独资企业有自己的名称或商号，并以企业名义从事经营行为和参加诉讼活动，但它不具有独立的法人地位。①独资企业本身不是财产所有权的主体，不享有独立的财产权利；②独资企业不承担独立责任，而是由投资人承担无限责任。

（二）合伙企业

1. 概念

合伙企业是指两人以上按照合伙协议、共同出资、共同经营、共负盈亏、共担风险的企业。合伙企业与独资企业基本相同，不是法律主体，负有无限责任，取得的收益由出资人（习惯上称为“合伙人”）按个人所得缴纳个人所得税。

2. 特点

（1）合伙企业是不具备法人资格的营利性经济组织。合伙企业的非法人性，使得它与具有法人资格的市场主体相区别；合伙企业的营利性，使它与其他具有合伙形式但不以营利为目的的合伙组织相区别；合伙企业的组织性，使它与一般民事合伙区别开来，从而成为市场经济活动的主体和多种法律关系的主体。

（2）全体合伙人订立书面合伙协议。合伙企业是由全体合伙人根据其共同意志而自愿组成的经济组织。该组织的设立、活动、变更、解散等一系列行为都必须符合一定的行为规则，而合伙协议就是合伙企业的行为规则。

（3）合伙人共同出资、合伙经营、共享收益、共担风险。合伙企业的资本由全体合伙人共同出资构成。共同出资的特点决定了合伙人原则上均享有平等地参与执行合伙事务的权利，各合伙人互为代理人。此外，对于合伙经营的收益和风险，由合伙人共享、共担。

（4）全体合伙人对合伙企业的债务承担无限连带清偿责任。当合伙企业财产不足清偿合伙企业债务时，各合伙人对不足的部分承担连带清偿责任。这样的规定可以使合伙人不仅能够谨慎、勤勉地执行合伙企业的事务，而且能使合伙企业债权人的合法权益能够得到保障和实现。这一特征是合伙企业与其他企业最主要的区别。

（三）公司制企业

1. 概念

公司制企业也称“股份制企业”，是指由两个以上投资人（自然人或法人）依法出资组建，有独立法人财产，自主经营、自负盈亏的法人企业。它是现代企业的基本形式。

2. 种类

在国际上，现代公司种类很多，根据股东所负责任不同，可分为无限责任公司、有限责任公司、股份有限公司、股份两合公司等。在我国主要是有限责任公司和股份有限公司两类。

(1) 有限责任公司。有限责任公司是指由两个以上股东共同出资，股东仅以自己所认缴的出资额为限对公司承担责任，公司以其全部资产对其债务承担责任的企业法人。有限责任公司是现代企业中数量最多的一种公司组织形式。

根据《中华人民共和国公司法》（以下简称《公司法》）规定，注册有限责任公司，应当具备下列条件。

1. 股东符合法定人数

法定人数是指法定资格和所限人数两重含义。法定资格是指国家法律、法规和政策规定的可以作为股东的资格。所限人数依《公司法》规定为有限责任公司由五十个以下股东出资设立。

2. 有符合公司章程规定的全体股东认缴的出资额

3. 股东共同制定章程

制定有限责任公司章程，是设立公司的重要环节，公司章程由全体出资者在自愿协商的基础上制定，经全体出资者同意，股东应当在公司章程上签名、盖章。

有限责任公司章程应当载明下列事项：

(1) 公司名称和住所；

(2) 公司经营范围；

(3) 公司注册资本；

(4) 股东的姓名或者名称；

(5) 股东的出资方式、出资额和出资时间；

(6) 公司的机构及其产生办法、职权、议事规则；

(7) 公司法定代表人；

(8) 股东会会议认为需要规定的其他事项。

4. 有公司名称、建立符合有限责任公司要求的组织机构

设立有限责任公司，除其名称应符合企业法人名称的一般性规定外，还必须在公司名称中标明“有限责任公司”或“有限公司”。建立符合有限责任公

司要求的组织机构，是指有限责任公司组织机构的组成、产生、职权等符合《公司法》规定的要求。公司的组织机构一般是指股东会、董事会、监事会、经理或股东会、执行董事、1—2 名监事、经理。股东人数较多，公司规模较大的适用前者，反之适用后者。

5. 有公司住所

（2）股份有限公司。股份有限公司是指注册资本由等额股份构成，通过发行股票筹集资本，股东以其所持股份为限对公司承担责任，公司以其全部资产对其债务承担责任的企业法人。

股份有限公司的设立，可以采取发起设立或者募集设立的方式。发起设立，是指由发起人认购公司应发行的全部股份而设立公司。募集设立，是指由发起人认购公司应发行股份的一部分，其余股份向社会公开募集或者向特定对象募集而设立公司。

根据《公司法》设立股份有限公司，应当具备下列条件：

1. 发起人符合法定人数（2—200 人），其中半数以上应在中国境内居住

2. 有符合公司章程规定的全体发起人认购的股本总额或者募集的实收股本总额

3. 股份发行、筹办事项符合法律规定

股份有限公司在设立过程中，许多行为要依照法律的规定，经法定机关批准、审核。如股本须全部认购或发行，注册资本的增减要在公司章程中修改，向社会公开募集资金要经政府有关部门批准等。

4. 发起人制定公司章程，采用募集方式设立的经创立大会通过

股份有限公司与有限责任公司一样，必须有章程，这是公司设立的必经程序。由于公司不是发起设立便是募集设立，股东的介入时间很难固定，所以，公司章程的制定人不是股东，而是公司的发起人。但其后可对章程进行修改，且这些修改是在创立大会进行的，整个章程以创立大会通过的为准。公司章程的规定，不得与《公司法》的内容规定相抵触及违反社会公共道德、风俗。

股份有限公司章程应当载明下列事项：

（1）公司名称和住所；

(2) 公司经营范围;

(3) 公司设立方式;

(4) 公司股份总数、每股金额和注册资本;

(5) 发起人的姓名或者名称、认购的股份数、出资方式和出资时间;

(6) 董事会的组成、职权和议事规则;

(7) 公司法定代表人;

(8) 监事会的组成、职权和议事规则;

(9) 公司利润分配办法;

(10) 公司的解散事由与清算办法;

(11) 公司的通知和公告办法;

(12) 股东大会会议认为需要规定的其他事项。

5. 有公司名称，建立符合股份有限公司要求的组织机构

设立股份有限公司，既要有符合规定的规范名称，同时要按股份有限公司的特殊要求设立组织机构。

6. 有公司住所

3. 特点

有限责任公司和股份有限公司是两种常见的公司形式，它们都是股份制企业，具有企业法人资格，股东承担的是有限责任，公司以盈利为目的，依法设立。这些是主要的共同之处，同时，它们又各有一些特点，主要表现在以下几个方面。

(1) 筹资能力不同。有限责任公司股东人数是有限制的，股份有限公司股东人数是无限制的，因而除个别有限责任公司外，股份有限公司的筹资能力强于有限责任公司。

(2) 组成因素不同。股份有限公司以资本联合为基础而组成，这是其显著特点，而有限责任公司除资本的联合之外，还考虑了人的因素，即股东之间相互了解并有一定的信任。

(3) 规模不同。一般而言，股份有限公司规模较大，而有限责任公司则规模较小。

(4) 出资形式不同。有限责任公司对股东的出资以占公司的出资比例来

表现，不发行股票；股份有限公司将其资本划分为等额股份，以发行股票来表现。

（5）转让出资条件不同。有限责任公司股东转让出资受较多限制，而股份有限公司的股票流动性较强，易于变现。

（6）公开性程度不同。股份有限公司公开程度较高，有较多的公开义务，而有限责任公司则比较封闭。

（7）规范化管理要求不同。股份有限公司管理的规范化程度较高，而有限责任公司则相对较低，这与其筹资状况、公司规模等相联系。

此外，有限责任公司和股份有限公司还各有一些特点，投资者应当根据这些公司的特点和投资需要，以经营的实际来选择适宜的公司形式。在法律上，投资者也是有权选择公司形式的，可以比较各种因素，作出有利于投资、有利于经营的决策。

动动脑：

1. 农业企业经营形式有哪些，它们有何特点？
2. 农业经营组织形式有哪些，它们有何特点？

第三节　农业企业组织结构设计

▶ 案例导入：

广东新安大农业集团有限公司

广东新安大农业集团有限公司创立于2008年，总部位于广东惠来，是以种鸭、种鸡繁育，肉鸭、肉鸡饲养为主营，集屠宰加工、饲料生产、水产养殖、有机农产品种植和销售于一体的大型现代化养殖集团；借助“公司+基地+农户”的发展模式，在广州、陕西、山西、河南、云南、江西等省市设有8个分子公司和50个规模化养殖基地，总面积超过10000亩，总投资5亿余元；年出栏鸡苗3500万羽，鸭苗5000万羽，肉鸡500万只，肉鸭250万只，年销售额达到3亿多元。

集团作为农业龙头企业，秉承“科技兴农、产业带动”的经营宗旨，坚持“绿色农业、无抗养殖”的发展道路，谨记联农带农的责任与使命，务实推进各项益农惠农工作。借助“公司+基地+农户”的发展模式，在省内外带动农户参与现代化家禽养殖产业，通过“五个统一”，即统一禽苗、统一饲料、统一疫苗、统一技术、统一回购，最大程度扶持养户发展，保障养户效益；农户还能通过新安大的有机肥种植特色农作物，打造当地绿色品牌，真正走出一条变“粪”为宝的好路子，切实提高农户的收入，推进乡村振兴进程。

该企业的组织机构如图2－2所示。

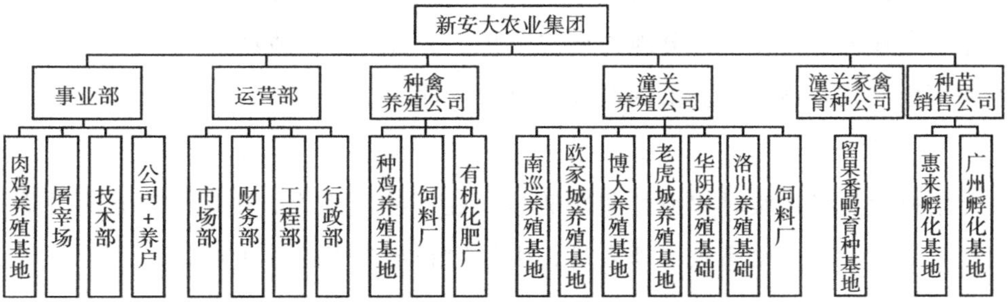

图2－2　广东新安大农业集团有限公司组织结构

资料来源：广东新安大农业集团有限公司官网，2022年2月16日。

案例思考：新安大农业集团的组织结构有哪些特点？

一、企业组织结构特性

企业组织结构是决定企业能否有效运行、经营活动能否取得成功的重要物质基础。"组织职能的目的是设计和维持一种职务结构，以便人们能为实现组织的目标而有效地工作"。[①] 所以，组织结构设计对于农业企业而言，也极其重要。

（一）企业组织结构的概念

企业组织结构是指企业内部组织机构按分工协作关系和领导隶属关系有序结合的总体。它的基本内容包括明确组织结构的部门划分和层次划分以及各个结构的职责、权限和相互关系，由此形成一个有机整体。企业能否实现其预期目标和组织效能，在很大程度上取决于组织结构的完善程度。

（二）企业组织结构的特性

1. 复杂性

复杂性是指组织分化的程度。复杂性一般包括垂直分化、水平分化、空间分化三个表现形式。一个组织越是进行细致的劳动分工，具有越多的纵向等级层次，组织单位的地理分布越是广泛，则协调人员及其活动就越复杂。

2. 规范化

规范化就是组织依靠规则和程序引导员工行为的程度。规范化可以使组织有序、高效地运转，但过分地强调规范化，又可能会束缚员工的手脚，影响员工的积极性，并不利于员工创造性的有效发挥。

3. 集权化

集权化是指决策时权力的集中程度。在一些组织中，决策是高度集中的，问题自下而上传递给高级经理人员，由他们制定合适的行动方案。

① 哈罗德·孔茨. 管理学原理（第10版）. 北京：经济科学出版社，1998.

二、企业组织结构的设计

（一）组织结构设计的原则

1. 任务与目标原则

企业组织设计的根本目的，是为实现企业的战略任务和经营目标服务的。这是一条最基本的原则。组织结构的全部设计工作必须以此作为出发点和归宿点，即企业任务、目标同组织结构之间是目的与手段的关系；衡量组织结构设计的优劣，要以是否有利于实现企业任务、目标作为最终的标准。

2. 专业分工和协作的原则

现代企业的管理工作量大、专业性强，分别设置不同的专业部门，有利于提高管理工作的质量与效率。在合理分工的基础上，各专业部门只有加强协作与配合，才能保证各项专业管理的顺利开展，达到组织的整体目标。贯彻这一原则，在组织设计中要十分重视横向协作问题。

3. 有效管理幅度原则

有效管理幅度不是一个固定值。它受职务的性质、人员的素质、职能机构健全与否等条件的影响。这一原则要求在进行组织设计时，领导人的管理幅度应控制在一定水平，以保证管理工作的有效性。由于管理幅度的大小同管理层次的多少呈反比例关系，这一原则要求在确定企业的管理层次时，必须考虑到有效管理幅度的制约。因此，有效管理幅度也是决定企业管理层次的一个基本因素。

4. 集权与分权相结合的原则

企业组织设计时，既要有必要的权力集中，又要有必要的权力分散，两者不可偏废。集权是大生产的客观要求。它有利于保证企业的统一领导和指挥，有利于人力、物力、财力的合理分配和使用。而分权是调动下属积极性、主动性的必要组织条件。合理分权有利于基层根据实际情况迅速而正确地做出决策，也有利于高层管理者摆脱日常事务，集中精力抓重大问题。

5. 稳定性和适应性相结合的原则

稳定性和适应性相结合的原则要求组织设计时，既要保证组织在外部环境和企业任务发生变化时，能够继续有序地正常运转；又要保证组织在运转过程中，能够根据变化的情况做出相应的变更，组织应具有一定的弹性和适应性。

（二）组织结构设计基本过程

1. 岗位设计

岗位设计是指将实现组织目标必须进行的活动划分成最小的有机相连部分，以形成工作岗位。其实质是工作的专门化，即按工作性质的不同将工作进行划分。

2. 部门化

部门化是指将工作按某种逻辑合并成一些组织单元，如任务组、部门、处室等，以明确各单元的责任和权力。其实质是工作的归类。

部门化包括如下三种主要表现形式。

（1）职能部门化。职能部门化即根据业务活动的相似性来设立管理部门。如图 2－3 所示，根据业务活动的相似性，公司可分别成立生产部门、营销部门和财务部门。

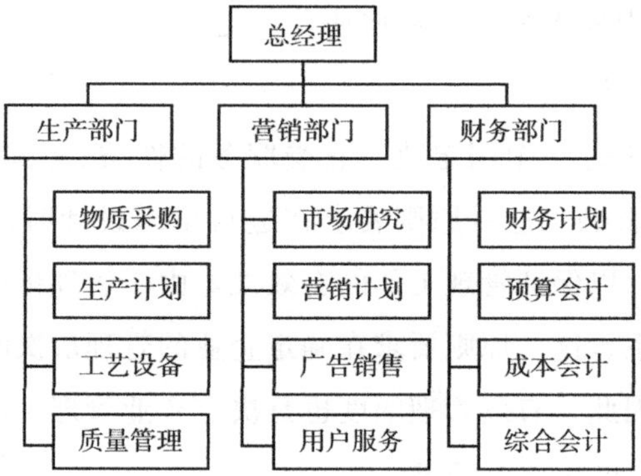

图 2－3　职能部门化示意

职能部门化的优缺点如表 2－3 所示。

表 2－3　职能部门化的优缺点一览表

优　点	缺　点
①可带来专业化分工的益处 ②有利于维护最高行政指挥的权威，有利于维护组织的统一性 ③有利于工作人员的培训和技术水平的提高	①不利于指导企业产品结构的调整 ②不利于高级管理人才的培训 ③易导致部门之间的活动不协调，影响组织整体目标的实现

(2) 产品部门化。产品部门化即将同一产品的生产或销售工作集中在相同的部门组织进行。如图 2－4 所示，根据产品的同类性，公司可分别成立洗衣机部门、冰箱部门和空调部门；并在每个部门下再分设不同的职能科室。

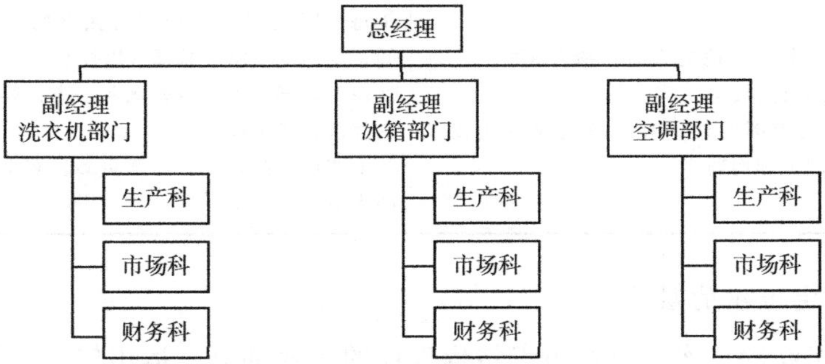

图 2－4　产品部门化示意

产品部门化的优缺点如表 2－4 所示。

表 2－4　　产品部门化的优缺点一览表

优　点	缺　点
①能使企业将多元化经营和专业化经营结合起来 ②有利于企业及时调整生产方向 ③有利于促进企业的内部竞争 ④有利于高级管理人才的培养	①对管理人员要求较高 ②产品部与企业总部某些职能机构的重叠增加了管理费用 ③各部门主管易过分强调本部门利益，影响企业的统一指挥

(3) 区域部门化。即根据地理因素来设立管理部门，把不同地区的经营业务和职责划分给不同部门的经理。如图 2－5 所示，根据地理区域，公司可分别成立北美地区部、亚洲地区部和欧洲地区部。

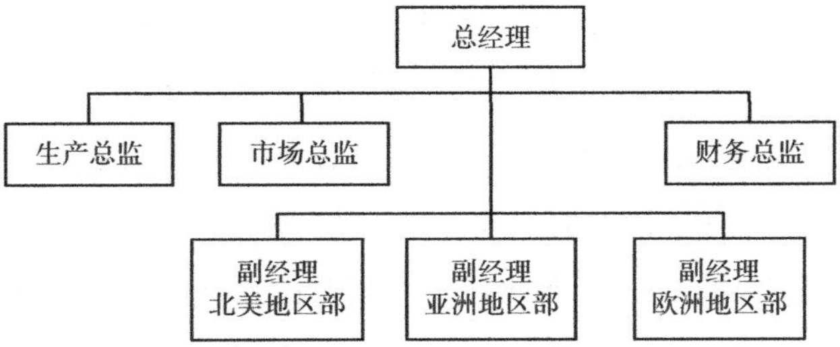

图 2－5　区域部门化示意

区域部门化的优缺点如表 2－5 所示。

表 2－5　　区域部门化的优缺点一览表

优　点	缺　点
①有利于充分利用本地的人力、物力和财力，以便获取区域经营的效益 ②有利于区域内部协调，对区域内顾客比较了解，有利于服务和沟通	①每个区域都是一个相对独立的单位，加上时间、空间的限制，总部难以控制 ②由于总部与各区域是天各一方，难以维持集中的经济服务工作 ③随着地区的增加，需要更多具有全面管理能力的人员

3. 确定组织的层次

确定组织的层次是企业组织结构设计的主要部分，运用较多。简单来说，其内容就是纵向的分层次、横向的分部门。

管理层次的划分，是在组织目标逐级分解的基础上，设计和确定组织内从事具体工作所需要的层次数及其对应的职务类别、责任权限和应该具备的条件。根据各层次职务所从事工作内容的性质以及各职务之间的相互关系，按照“分工合理，责权明确”的原则，将各个职务组成一个个“部门”。

（1）管理幅度。管理幅度也称“管理跨度”，是指一名领导者直接领导的下级人员的人数。从形式上看，管理幅度仅仅表示了一名领导人直接领导的下级人员的人数，但由于这些下级人员都承担着某个部门或某个方面的业务，所以，管理幅度的大小，实际上意味着上级领导人直接控制和协调的业务活动量的多少。

（2）管理层次。管理层次亦称“组织层次”。它是描述企业纵向结构特征的一个概念。从构成企业纵向结构的各级组织来定义，管理层次是指从企业最高一级组织到最低一级组织的各个组织等级。每一个组织等级即一个管理层次。企业有多少个领导职务等级，就有多少级管理层次。

由于企业各级组织的管理者职务，其往往既有全面负责本部门工作的主管人员（即正职），又有协助主管人员工作的管理者（即副职）。所以，按管理者职务划分的管理层次，一般要比按组织划分的层次多一些。为了从概念上较为清楚地反映这种差别，避免因划分标志不同而产生的矛盾，我们也可以把按组织定义的管理层次形象地称为“大层次”或“组织层次”；而把按管理者职务等级来定义的管理层次称为“小层次”，或“职务层级”。

（3）管理层次与管理幅度的关系。管理层次和管理幅度是决定组织结构的两个重要参数，而且管理层次与管理幅度密切相关。

①一个组织的管理层次多少，受到组织规模和管理幅度的影响。在管理幅度给定的条件下，管理层次与组织的规模大小成正比。组织规模越大，包括的成员数越多，其所需的管理层次就越多。

②在组织规模给定的条件下，管理层次与管理幅度成反比。每个主管所能直接控制的下属人数越多，所需的管理层次就越少。

③较宽的管理幅度有利于降低管理成本。假设有两个组织，它们的作业人员约为4100人。如图2－6所示，如果一个组织的管理幅度各层次统一为4；另一个组织的幅度为8。幅度大的组织就可减少两个管理层次，大约精简800名管理人员。假如管理人员的平均年薪为3.5万元，则加宽管理幅度后将使组织在管理人员工资上每年节省280万元。

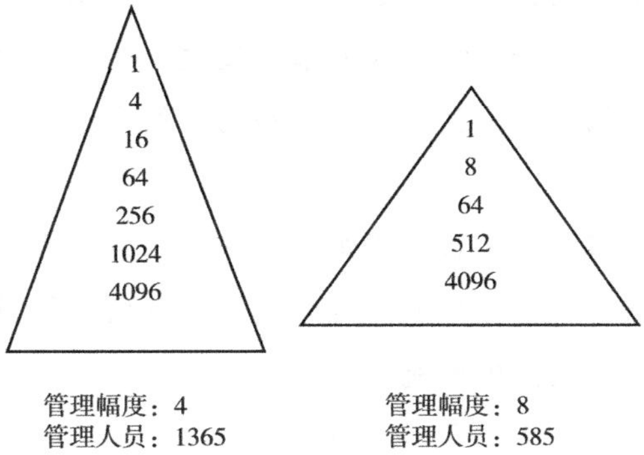

图2－6　管理幅度与管理人员数量

（4）影响管理幅度的因素。有效管理幅度的大小受到管理者本身的素质与被管理者的工作内容、能力、工作环境与工作条件等诸多因素的影响，每个组织都必须根据自身的特点，来确定适当的管理幅度、相应的管理层次。

①工作能力。主管的综合能力、理解能力和表达能力强，则可以迅速把握问题的关键，对下属的请示提出恰当的指导建议并使下属明确理解，从而可以缩短与每一位下属接触所占用的时间。同样，如果下属具备符合要求的能力，受到良好的系统培训，则可以在很多问题上根据符合组织要求的主见去解决，从

而可以减少向上司请示的频率。在这样的情况下，管理的幅度可适当放宽。

②工作内容和性质。主管所处的管理层次。主管的工作在于决策和用人，处在管理系统中的不同层次，决策与用人的比重各不相同。决策的工作量越大，主管用于指导、协调下属的时间就越少。所以，越接近组织的高层，主管人员的决策职能越重要，其管理幅度较中层和基层管理人员就越小。

下属工作的相似性。下属从事的工作内容和性质相近，则对每个人工作的指导和建议也大体相同。这种情况下，同一主管指挥和监督较多的下属时问题和困难将会相对较少。

计划与控制的明确性及其难易程度。下属的任务多数是由计划规定并依据它来实施的。因此，如果制订得详细具体、切实可行，下级人员就容易了解自己的具体目标和工作任务，就可以通过计划来指导业务活动，而不必事事请示领导。否则，上级的指导就将是大量的、不可缺少的。另外，计划的实施离不开控制，需要上级对下级的实际执行情况进行检查。如果用以衡量工作绩效的标准是具体的、定量化的，偏离计划的情况就容易显示出来，既便于上级及时采取措施加以纠正，也便于下级自我调节。反之，工作绩效标准不明确、不具体，领导者就要为计划的实施付出更多的精力。所有这些都会影响管理幅度的大小。

非管理性事务的多少。主管作为组织不同层次的代表，往往需要花费相当多的时间去从事一些非管理性事务。处理这些事务所需的时间越多，对管理幅度的扩大就会产生越多的消极影响。

③工作条件。助手的配备情况。助手可以协助甚至代替领导者做一些工作，因而给领导者配备的助手越多、助手越得力，领导者本人的工作量就越小，其管理幅度就可以越大。

信息手段的配备情况。掌握信息是进行管理的前提。利用先进的技术去收集、处理、传输信息，不仅可帮助领导者更快、更全面地了解下属的工作情况，从而及时提出建议；而且可使下属更多地了解与自己工作有关的信息，从而更好地自主处理自己分内的事务。这就有利于扩大管理者的管理幅度。

下级人员工作地点的相近性。下属工作岗位在地理上的分散，会增加下属与领导以及下属与下属之间的沟通困难，加大管理的难度，从而影响管理幅度。

④组织环境。组织环境是否稳定，会在很大程度上影响组织活动内容以及政策的调整频率与幅度。环境变化越快、变化程度越大，组织中遇到的新问题就越多，下属向上级的请示就越经常、越有必要；而此时上级能用于指导下属工作的时间和精力却越少，因为他必须花更多的时间去关注环境的变化，考虑应变的措施。因此，环境越不稳定，管理幅度就越受限制。

从成本角度来看，采用较宽的管理幅度要明显低于较窄的管理幅度，但管理幅度是有一个界限的，在某一点上宽幅度会导致管理效率降低，管理幅度与管理效率的关系如图 2－7 所示。

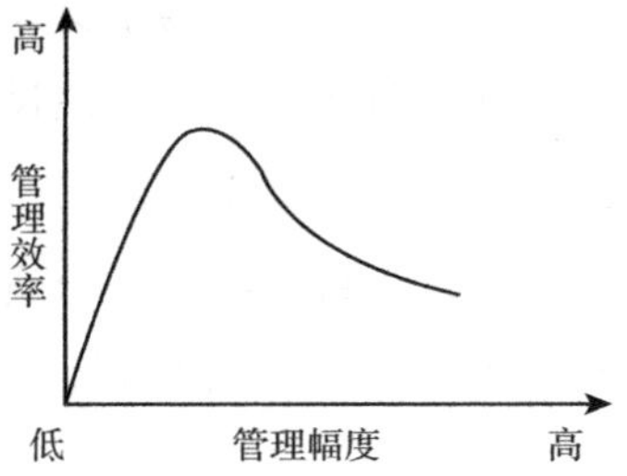

图 2－7 管理幅度与管理效率的关系

因此，任何组织在进行结构设计时，都必须考虑这样的问题，即每个主管人员直接指挥与监督的下属人数应以多少为宜。如何确定管理跨度，这一直是研究人员和管理者感兴趣的问题。美国的管理理论家格兰库纳（V. A. Graicus）在他的《组织内的关系》一书中对管理跨度问题进行了探索，提出了一个领导者与其下级之间发生联系的关系总数与下级人数之间的关系的数学表达式为：

$$I = N(2^{N-1} + N - 1) \tag{2-1}$$

式（2－1）中，I 表示领导者与其直属下级发生联系的关系总数（包括直接单独联系、直接团体联系和交叉联系）；N 表示直接下级的数量。

格兰库纳斯虽然没有得出直接计算管理幅度的公式，但从格兰库纳斯建立的关系式可以看出，当领导的直属下级人数以算术级数增加时，领导者与其下级发生联系的工作量将呈几何级数增加。

后来人们对这一问题的研究表明，影响管理幅度的因素来自两个方面。一是主观方面的因素，是由领导者的素质决定的。二是客观方面的因素，即由客观条件和下属人员素质决定的因素。主观因素主要表现在领导者能否减少花在下级身上的时间。哈罗德·孔茨和海因茨·韦里克在他们合著的《管理学》一书中总结影响管理跨度的主观因素时指出，一个管理人员到底能够有效地管理多少下属，"……除去理解快、善于与人相处、博得人们忠诚和尊敬等这些个人品格之外，最重要的决定因素是管理人员减少花在下级身上的时间的能力。"这一结论告诉我们，要扩大管理幅度，减少管理层次，领导者就应抓大事，避免在下级身上花费太多的时间。

4. 人员配备

人员配备就是管理人员的设计。企业结构本身设计和规范设计，都要以管理者为依托，并由管理者来执行。因此，按照组织设计的要求，必须进行人员设计，配备相应数量和质量的人员。管理学中的人员配备是指对主管人员进行恰当而有效的选拔、培训和考评，其目的是配备合适的人员去充实组织机构中所规定的各项职务，以保证组织活动的正常进行，进而实现组织的既定目标。人员配备的程序如下。

(1) 制订用人计划，使用人计划的数量、层次和结构符合组织的目标任务和组织机构设置的要求；

(2) 确定人员的来源，即确定是从外部招聘还是从内部重新调配人员；

(3) 对应聘人员根据岗位标准要求进行考查，确定备选人员；

(4) 确定人选，必要时进行上岗前培训，以确保能适用于组织需要；

(5) 将所定人选配置到合适的岗位上；

(6) 对员工的业绩进行考评，并据此决定员工的续聘、调动、升迁、降职或辞退。

三、农业企业组织结构的类型

(一) 直线制

1. 概念

直线制组织结构又称"垂直式"或"连队式"结构，是一种集权式的组织结构（见图2-8）。

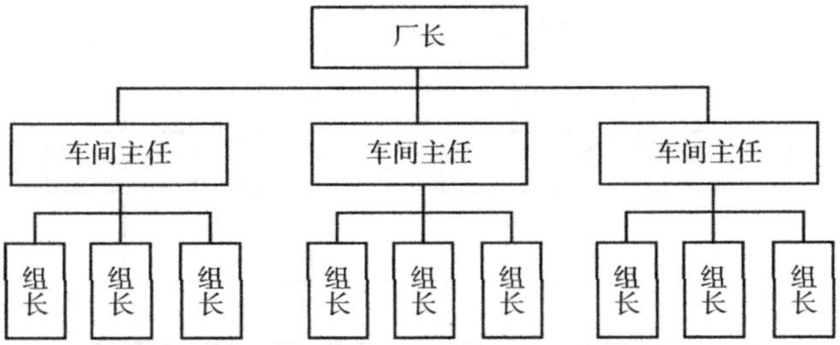

图 2-8　直线制组织结构

2. 特点

管理的全部职能由各级主管人员负责，少数职能人员协助工作，但不另设职能或参谋管理机构；下级直接受上级指令，上级对下级进行综合管理。

3. 优点

（1）机构简单、权力集中，便于统一领导指挥，决策迅速，工作效率高。

（2）责任和职权明确，每个人都明白应向谁报告工作和接受谁报告工作。

（3）容易维持组织纪律，确定组织秩序；结构简单、管理费用低。

4. 缺点

（1）只注意上下层次间的沟通，缺乏横向的协调关系。

（2）没有职能部门充当领导的助手，要求管理者是全能型的，不利于培养接班人。

（3）由于直线指挥高度集权，组织的命运完全掌握在上层管理者手中，管理者必因经验、精力不及而顾此失彼，进而导致决策的正确性难以把握。

5. 适用范围

直线制只适用于规模较小、生产技术比较简单的企业，对生产技术和经营管理比较复杂的企业并不适宜。

（二）职能制

1. 概念

职能制组织结构是在各级行政领导人之下，按专业分工设置相应的职能机构，各级行政领导仍保留直线指挥权，同时，职能机构在各自的业务范围之内也有权向下级下达命令（见图 2-9）。

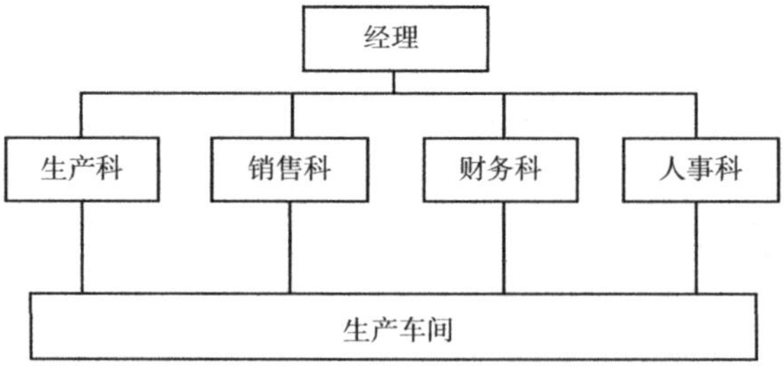

图 2－9　职能制组织结构

2. 特点

（1）各级管理机构和人员实行高度的专业化分工，各自履行一定的管理职能。因此，每一个职能部门所开展的业务活动将为整个组织服务。

（2）实行直线——参谋制。整个管理系统划分为两大类机构和人员：一类是直线指挥机构和人员，对其直属下级有发号施令的权力；另一类是参谋机构和人员，其职责是为同级直线指挥人员出谋划策，对下级单位不能发号施令，而是起业务上的指导、监督和服务的作用。

（3）企业管理权力高度集中。由于各个职能部门和人员都只负责某一个方面的职能工作，唯有最高领导层才能纵观企业全局；所以企业生产经营的决策权必然集中于最高领导层，主要是在经理身上。

3. 优点

（1）能适应现代生产技术比较复杂和管理分工较细的要求，有利于促进技术进步。

（2）提高了管理专业化程度，减轻了各级行政负责人的工作负担，同时便于发挥职能专长、提高管理效率。

4. 缺点

（1）下级除接受上级行政领导的指挥外，还要接受职能部门的指挥，形成多头领导，使下级无所适从，不符合统一领导原则。

（2）滋长了本位主义，部门间的协调比较困难。

（3）不利于在管理队伍中培养全面的管理人才，因为每个人都力图向专业的方向发展自己。

5. 适用范围

这种结构只适合于组织规模小，整个组织集中在同一地点和提供的产品或服务不超过3—4种的组织。

（三）直线职能制

1. 概念

直线职能制又称“直线参谋制、生产区域管理制”。这种结构是直线制与职能制相结合的产物，是既按企业生产工艺特点或产品对象以及区域分布来建立的指挥系统，又根据管理需要，设立必要的职能机构作为助手和参谋的一种组织机构（见图2－10）。

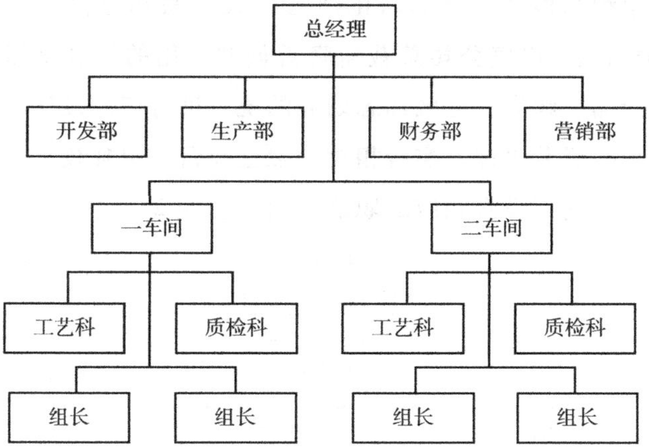

图2－10　直线职能制组织结构

2. 特点

直线主管人员拥有对下级的指挥和命令的权力，并实行逐级负责，高度集权。职能主管人员起参谋和助理的作用，可对下级进行业务指导、提出建议，但无权向下级发布命令。

3. 优点

（1）既保证了集中统一领导，又充分发挥了职能机构的作用。

（2）分工细密，职责明确。

（3）使直线主管人员能够对本部门的各项活动进行有效的组织和指挥。

4. 缺点

（1）领导人易于强调直线指挥，忽视职能作用，协调工作量大。

（2）职能部门间的横向联系较差，容易产生脱节和矛盾、决策缓慢。

5. 适用范围

由于这种组织结构形式具有以上的优点，使它在各国的组织中被普遍地采用，而且采用的时间也较长。我国目前大多数企业，甚至机关、学校、医院等，一般也都采用直线职能制的结构。

（四）事业部制

1. 概念

事业部制组织结构又称“部门化结构”或“联邦分权化组织”，是 20 世纪 20 年代由美国通用电气公司总裁斯隆首创并采用的。事业部制是在公司统一领导下，按产品、顾客、地区标志划分的统一进行产品设计、采购、生产和销售活动的半独立经营单位。实行相对的独立经营、单独核算，拥有一定的经营自主权，事业部内部没有相应的职能部门（见图 2－11）。

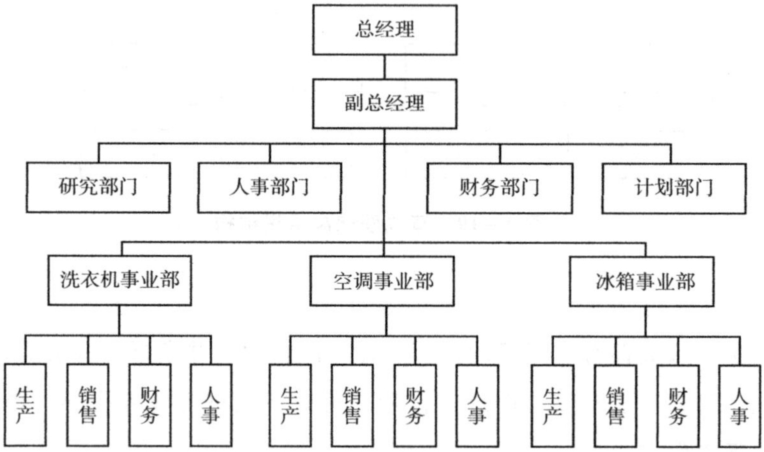

图 2－11　事业部制组织结构

2. 特点

按照“集中政策、分散经营”的管理原则，公司最高层掌握着预算、人事任免和重大问题的决策等权力、并通过利润等指标对事业部进行控制。

3. 优点

（1）决策分权，提高了管理的灵活性和适应性。

（2）有利于最高管理层摆脱日常行政事务，集中精力作好有关企业大政方针的决策。

（3）便于组织专业化生产，便于采用流水作业和自动线等先进的生产组织形式，有利于提高生产效率，保证产品质量，降低产品成本。

4. 缺点

（1）增加了管理层次，造成机构重叠，管理人员和管理费用增加。

（2）由于各事业部独立经营，各事业部之间人员互换困难，相互支援较差。

（3）各事业部经常从本部门出发，容易滋长不顾公司整体利益的本位主义和分散主义倾向。

5. 适用范围

事业部制组织结构一般适用于大型企业、跨国公司和多元化经营企业。

（五）矩阵制

1. 概念

矩阵制组织结构是按管理职能设置纵向垂直组织体系，按规划目标（产品、工程、项目）设置横向组织系统，将两者相结合便组成了一个矩阵，故称“矩阵制组织结构”（见图 2－12）。

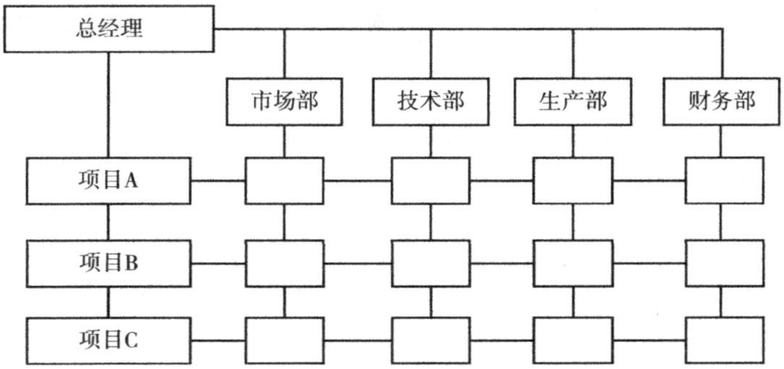

图 2－12　矩阵型组织结构

2. 特点

在矩阵制组织结构中，三类矩阵角色根据其不同定位，发挥不同作用。

（1）高层管理者，即图2－12中的“总经理”，其主要职能是维持职能经理和项目管理者之间的平衡。

（2）矩阵主管，即图2－12中的“项目管理者”，其主要职能是控制和协调下属工作。

（3）雇员，横向系统按规划目标将所需人员从各职能部门或单位抽调出来，这些人员既受原单位领导又受规划任务组领导，具有服从双重管理的特点。

3. 优点

（1）将组织纵向联系和横向联系很好地结合起来，有利于加强各职能部门之间的协作和配合，及时沟通情况、解决问题。

（2）它具有较强的机动性，能根据特定需要和环境活动的变化保持高度民主的适应性。

（3）把不同部门、具有不同专长的专业人员组织在一起，有利于互相启发、集思广益，有利于攻克各种复杂的技术难题，更加圆满地完成工作任务。

4. 缺点

（1）小组成员受双重领导，易使人无所适从。

（2）从职能部门看，由于临时性项目的需要经常调动人员，因而对原部门的正常工作会形成一定的冲击。

（3）项目组成员因任务而结合在一起，其成员完成任务后要回到原单位，若没有足够的激励与惩治手段，则易影响其对工作认真负责的态度。

5. 适用范围

矩阵制组织结构适用对象包括以下几类。

（1）重大工程与项目；

（2）单项重大事务的临时性组织；

（3）环境多变、创新性强、工作任务需要多种技术的组织。

（六）网络制

1. 概念

网络组织是一个由独立总部形成的临时性网络（包括供应商、销售商等）。它们通过计算机信息网络技术以契约的方式连接起来，共享知识，共担成本，共享市场（见图 2-13）。

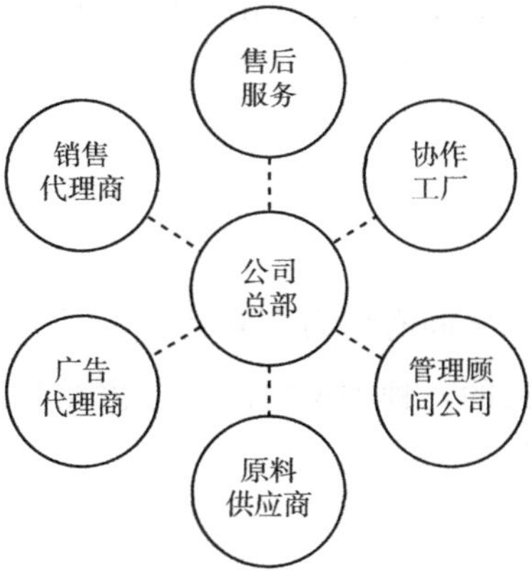

图 2-13　网络型组织结构

2. 特点

由于网络制组织结构建立在信息技术之上，使各项优势得以集中，能保证各组织成员机会至上。有利于独立公司与供应商、销售商等建立起相互信任、相互合作的稳定关系。

3. 优点

（1）灵活迅速，能根据特定需要和环境活动的变化而变化。

（2）增强能力，不仅能提高独立公司的运营管理能力，而且能提升子公司的生产销售能力。

4. 缺点

（1）可控性太差。这种组织的有效合作是通过与独立的供应商广泛而密切地合作来实现的，因为存在着道德风险和逆向选择性，一旦组织所依存的外部资源出现问题，组织就会陷入非常被动的境地。

（2）外部合作组织具有临时性。如果组织中的某一合作单位因故退出且不可替代，组织将面临解体的危险。

（3）员工对组织的忠诚度也比较低。由于项目是临时的，因而员工随时都有被解雇的可能。

5. 适用范围

网络型组织结构并不是对所有的企业都适用的。它比较适合于玩具和服装制造企业，需要相当大的灵活性以对变化做出迅速反应。网络组织也适合于那些需要低廉劳动力的制造型企业。

动动脑：

1. 部门化的三种形式之间有何内在联系？
2. 农业企业组织结构的六种类型之间有何内在联系？

第四节　农业企业的登记与设立

▶ 案例导入：

浙农现代农业有限公司注册成立

这几天，杭州西湖区转塘街道的龙井茶园里来了一群炫酷的“助手”——几架长约1.5米、宽约1米的无人机。它们盘旋在绿油油的茶园上空，喷洒下一片片白色的雾幕——这样高效的统防统治服务来自浙江浙农飞防科技服务有限公司，通过为7000余亩茶田提供茶树叶面主要病虫监测、茶园无人机飞防植保作业及防效评价测定等服务，这片龙井茶园的病虫种群数量大大减少，近三年来化学农药累计减量了58%。

科学推动浙江农业产业高品质发展，离不开肥药双减工作。为落实浙江省“肥药两制”（化肥和农药实名制和限额制购买）要求，不久前，浙农现代农业有限公司注册成立。该公司由浙农集团股份有限公司控股，将以普惠的农业生产服务为切入点，逐渐延伸产业链，介入涉农全程化服务和个性化服务。

组建浙农现代农业有限公司，是浙江省供销社融入浙江省农业特色产业布局及产业农合联发展浪潮的重要举措，也是浙农集团强化为农服务职能、探索涉农产业转型升级的关键一着。聚焦农资主业，浙农股份上市后着力构建现代农业社会化服务体系，2021年上半年，浙农股份主要经营指标再创新高，营业收入176.6亿元，同比增长33.72%；利润总额5.46亿元，同比增长112.13%。其中农业综合服务营收76.81亿元，同比增加35.85%。公司农资流通服务已连续10年位列中国农资流通企业综合竞争力百强榜单前三。

资料来源：浙江日报，2021年8月30日。

案例思考：你知道浙农现代农业有限公司是如何注册成功的吗？

一、企业的登记

（一）企业登记的类型

企业登记是指企业依照法定程序，将法定事项申报企业登记主管机关注册登记的一种法律制度。

1. 设立登记

设立登记是指设立企业时必须向工商行政管理部门申请办理的登记，主要是确认企业享有企业法人资格或营业资格。

2. 变更登记

变更登记是指经开业登记已取得合法资格的企业要改变原登记事项，名称、住所、法定代表人、经营范围、注册资金以及增设或撤销分支机构时办理的变更手续。

3. 注销登记

注销登记是指经开业登记已取得合法资格的企业在歇业、被撤销、被宣告破产或因其他原因终止营业时办理的注销手续。企业经注销登记后，登记主管机关应收缴《企业法人执照》或《营业执照》，收缴公章，并将注销登记情况告知被注销登记企业的开户银行。应办理注销登记而未办理或办理注销登记后仍从事生产经营活动的，均属于违法活动，应依法受到制裁。企业因违法经营，被工商行政管理部门吊销营业执照时，由工商行政管理部门直接注销其登记。

（二）企业登记的内容

1. 企业名称

企业名称是企业法人地位的标志，由企业自行申请，报工商行政管理部门核定。企业名称在核准登记以后，在一定范围内享有专有权，其他任何人不得侵犯。

2. 住所和经营场所

住所是指企业主要办事机构的地址。经营场所主要是企业生产经营的地址、面积和位置等。

3. 法定代表人

企业的法定代表人一般是指董事长。企业与企业之间、企业与国家之间以及企业与企业之外发生的一切涉及法律的事项，均由法定代表人出面解决，并承担责任。

4. 经济性质

企业的经济性质是由主管登记注册机关根据企业的财产所有权归属、资金来源、分配方式及有关规定审定的。

5. 经营范围和经营方式

经营范围是指企业生产经营活动的行业和项目，经营方式是指企业生产经营活动所采取的方式，如来料加工、批发、零售、代购代销等。

6. 注册资金

注册资金是指企业在登记注册机关登记注册的实有资金数额。资金是企业从事生产经营活动的保证，企业能否获准登记开业、能否获得法人地位，与资金数量的大小以及资金来源有密切的关系。

7. 经营期限

经营期限是企业章程、协议或合同所确定的企业合法经营的时限。主管登记机关核定经营期限后，在核发的营业执照上注明有效期，有效期自核准登记日起计算。经营期限可以依法延续。

8. 分支机构

分支机构是指企业法人设立的附设的公司、分店、销售门市部、加工厂等。这些附属单位一般不独立核算，但可以直接从事生产经营活动。

二、农业企业的设立

（一）农业企业设立的含义

农业企业的设立是指为使农业企业成立、取得合法的主体资格而依据法定程序进行的一系列法律行为的总称。

（二）农业企业设立的条件

1. 有符合法律规定的名称

农业企业名称是农业企业人格特定化的标志，是表明农业企业的行踪并与其他企业相互区别的标志。它包括以下内容。

（1）农业企业登记注册机关的行政级别和行政管理范围。

（2）商号是农业企业名称的核心内容，是唯一可以由当事人自主选择的内容，由两个以上汉字或少数民族文字组成。

（3）农业企业的营业或经营特点，农业企业的名称应该显示出农业企业的主管业务和行业性质。

（4）农业企业的法律性质。公司企业在名称中表明“有限责任公司”或“股份有限公司”字样；个人独资企业在名称中表明“个人独资”性质，合伙企业中应表明“合伙”字样。

▶ 案例导入：

袁隆平农业高科技股份有限公司（简称“隆平高科”）1999年成立，2000年上市，是由世界杂交水稻之父——袁隆平院士作为主要发起人设立的现代种业高科技集团，并以袁隆平院士的名字命名，第一大股东为中信集团。公司始终以践行国家粮食安全战略为初心，以“推动种业进步，造福世界人民”为使命，在推进种业振兴行动中发挥主力军作用。2020年，公司实现主营业务收入32.9亿元，综合实力国内领先、位列世界前十强。

公司主营业务涵盖种业运营和农业服务两大体系，其中水稻、谷子、食葵种子业务全球领先，玉米、黄瓜、辣椒种子业务中国领先。领先的商业化育种体系是公司的核心竞争力，并创造了良好的经济和社会效益。公司构建了国内领先的商业化育种体系，组建了国际先进的生物技术平台，每年研发投入占营业收入比稳定在10%左右，目前已在全球建有育种站50个，试验基地总面积1.3万亩。2020年度全国主要农作物前十大品种中，公司杂交水稻品种独占七席，玉米品种独占四席。2018—2020年公司自主研发的水稻、玉米品种累计推广2.5亿亩，累计增产粮食100亿斤以上，农户累计增收110亿元。

资料来源：隆平高科官网，2022年2月16日。

2. 有企业章程协议

根据我国有关法律规定，法人企业必须有企业章程；独资企业、合伙企业没有企业章程的法定要求，但合伙企业必须有书面的合伙协议；外商投资企业除必须制定企业章程外，中外合作经营企业还必须依法订立合营合同或合作合同。

（1）企业法人章程。企业法人章程是企业法人自己制定的，规定企业法人权利和义务以及调整企业内部关系准则的基本法律文件。外商投资企业的合营合同和章程按《中华人民共和国中外合资经营企业法》《中华人民共和国中外合作经营企业法》《中华人民共和国外资企业法》的有关规定制定。

企业法人章程的内容应当符合国家法律、法规和政策规定，并载明下列内容：

①宗旨；

②名称和住址；

③经济性质；

④注册资金数额及其来源；

⑤经营范围和经营方式；

⑥组织机构及其职权；

⑦法定代表人产生的程序和职权范围；

⑧财务管理制度及利润分配形式；

⑨劳动用工制度；

⑩章程修改程序；

⑪终止程序；

其他事项如果是联营企业，在章程中还应载明下列内容：

①联营各方出资方式、数额和投资期限；

②联营各方成员的权利和义务；

③参加和退出的条件、程序；

④主要管理机构的产生、形式、职权及其决策程序；

⑤主要负责人任期具备企业法人条件的私营企业，其章程应按《中华人民共和国私营企业暂行条例》的规定制定。

（2）合伙协议。合伙协议是指合伙人为设立合伙企业而达成的，并规定合伙人之间权利和义务之间的协议。合伙协议作为合伙企业成立的基础，是确定合伙人之间权利义务的基本依据。根据我国《中华人民共和国合伙企业法》的规定，设立合伙企业必须有书面合伙协议，它是成立合伙企业的法定要件之一。

3. 有符合法律规定的资本

企业的资本是企业投资人认缴的出资总额。企业投资人的基本义务是向企业出资。这既是其是否拥有企业投资人身份的标志，也是企业得以进行生产经营的物质基础，各投资人的出资是企业财产的原始构成部分。根据不同法律的规定，不同企业的形态的法律地位不同，法律对各类企业资本的要求也不同。

4. 建立符合法律规定的组织制度

企业组织制度涉及的是企业内部治理结构问题。公司是企业法人，拥有法律上的独立人格，其独立性可以从很多方面体现出来。但必须通过一个自然人的组织系统来实施其行为和实现其目标。

5. 有符合法律规定的经营范围

企业的经营范围是企业从事经济活动的业务范围，企业在工商行政机关注册登记时其经营范围体现在营业执照中。如果企业欲从事法律、行政法规规定须报经有关部门审批的业务，应当在申请设立登记时提交有关部门的批准文件。

(1) 个人独资企业的经营范围由投资者个人选定，但其不得从事法律、行政法规禁止经营的业务。

(2) 合伙企业的经营范围由合伙人签订的合伙协议约定。

(3) 公司企业的经营范围由公司章程规定。公司可以修改公司章程，改变经营范围，但是应该办理变更登记。

6. 有自己的住所

企业以其主要办事机构所在地为住所，主要办事机构所在地由企业在工商机关登记时确定。企业的住所只能有一个，须在企业登记的主管机关管辖范围内。申请企业的住所必须提交能够证明其拥有该住所使用权的文件，如该住所的产权证或房屋租赁协议（须有两年以上的租赁期限）。

动动脑：

1. 农业企业如何顺？
2. 农业企业如何登记？

链接案例：

走进“新希望”

新希望集团有限公司是一家以现代农牧与食品产业为主营业务的民营企业集团，由著名民营企业家刘永好先生于1982年创立，随改革大潮奋斗至今，已拥有世界第二、中国第一的饲料产能，中国第一的禽肉加工处理能力，是中国最大的肉、蛋、奶综合供应商之一。在近40年的发展历程中，新希望集团立足农牧行业并不断向上、下游产业延伸，形成农牧食品、乳品快消、智慧城乡、金融投资等相关产业，在全球拥有分子公司超过600家，员工超13.5万人，集团资产规模超3000亿元，2020年销售收入超2100亿元，荣登2021年世界500强榜单第390位。集团主体信用等级由“中诚信”评定为AAA级。

资料来源：新希望集团官网，2022年2月16日。

一、历史沿革

1982年，刘永言、刘永行、陈育新（刘永美）、刘永好四兄弟一道辞去公职，到川西农村创业。在极其困难的条件下，他们变卖手表、自行车等家产，筹集1000元资金，开始了艰苦的创业历程。1986年，时任国务委员、国家科委主任宋健视察育新良种场，并题词“中国经济的振兴寄希望于社会主义企业家”，于是刘氏兄弟将育新良种场改为四川新津希望饲料厂，从此“希望”成为刘氏兄弟事业的品牌。1990年，希望集团初具规模，刘氏兄弟大胆调整产业，致力于饲料产品的研发和生产。1992年，希望集团注册成立。1995—1997年，在南方希望资产的基础上，刘永好先生组建了四川新希望集团公司，在以后的约十年时间里，新希望集团进行了大量的规范和创新，成为农业产业化国家重点龙头企业。

新希望集团从种植业、养殖业起步，历经艰难，自强不息，终于获得成功，并使企业持续地发展，成为中国最有代表性的民营企业之一。1995年，新希望集团依靠先进的技术、过硬的产品质量、创新的营销手段和带动广大农民致富的决心，使企业发展成为20亿元销售收入的大型民营企业，是四川省政府评定的全省最大规模民营企业十强第一位，并成为中国饲料企业100强第一位，连续6年入围中国饲料企业500强，2010年列第134位。现在，新希望集团已成为中国最大的农牧集群。

在产业发展上，新希望集团由小到大，从单一饲料产业逐步向上、下游延伸，在农牧领域不断做大做强以猪、禽、奶牛为主的产业链建设（包括饲料、饲养、屠宰、种畜、兽药、乳品、肉食加工等），同时抓住机遇，投资了金融、化工等行业，取得了很好的回报，成为集农、工、贸、科一体化发展的大型农牧业民营集团企业，再反哺农牧业。

在集团法人治理上，新希望集团将家族以外的成员进入集团董事会，同时聘请有国际背景的、专业水准很高的职业经理人担任集团高级管理职务，形成了强大的经营团队。新希望集团立足于基业长青，致力于正向、规范、阳光的企业治理架构；在企业发展同时，致力于产业提升，促进企业持续发展；新希望以开阔的视野，坚韧的毅力，积极走出国门。

二、集团化的组织架构

新希望集团的管理制度随着企业发展战略调整而不断完善。如今，新希望集团以现代企业管理制度为基准建立了规范的法人治理结构，设立董事会，并聘请有独立董事，构建比较完善的“两权分离”管理体系，集团总部与各专业事业部之间严密分工，充分授权，体现了科学、严谨、专业、高效的特色。

标准化运作、专业化管理。新希望集团在投资与运营、财务与审计、品牌与宣传、人力与文化等方面，形成了一套较为成熟的、与国际企业管理逐步接轨的标准化管理程序。在管理模型及工具方面提倡专业化，一方面，集团现已引入ERP（企业资源规划）、E－HR（企业人力资源管理）、CRM（客户管理）、E－CASE（资金集中管理）、P6（工程项目管理）等比较先进的信息化手段，畅通信息传送渠道，提高管理效率；另一方面，集团也积极采用全面预算管理、多纬度绩效管理、全方位对标管理、精益化管理等先进管理模型，通过多年的持续推进，软硬实力齐头并进，有机结合，提升组织系统竞争力。

新希望集团采取集团化管理模式，即：由集团统一管理下属各实业公司，并明确产权人，各级管理机构的责、权、利，为实行科学管理提供组织保障。

集团董事会是集团最高决策机构，主要负责集团发展战略的制定与修改，经营管理机制的确立和完善，经营管理策略的配套和修订。

集团总部定位为战略投资型和风险管控型，是集团最高管理机构，由行政管理部、人力资源部、财务部、经营管理部、战略发展部和审计监察部以及机要中心、发展研究中心、信息中心 9 个部门组成。集团总部主要负责为董事会经营决策提供信息支撑和科学依据，及时准确地把董事会决策变成执行规划，组织相关资源，指导和协调各事业部抓落实，并在执行过程中，监控和反馈决策执行情况，调控和协调解决执行政策过程中的矛盾。

新希望集团下设四个事业部，分别是农牧事业部、化工事业部、地产与基础设施事业部和金融投资事业部。各事业部直接对集团总裁班子负责，指导所属企业研发、推广、宣传和销售本专业产品，并根据授权实施本专业板块的其他经营和管理工作。

各实业分公司是集团经营实体，直接负责集团产品的生产、运输和销售工作。

新希望集团组织结构如图 2 - 14 所示。

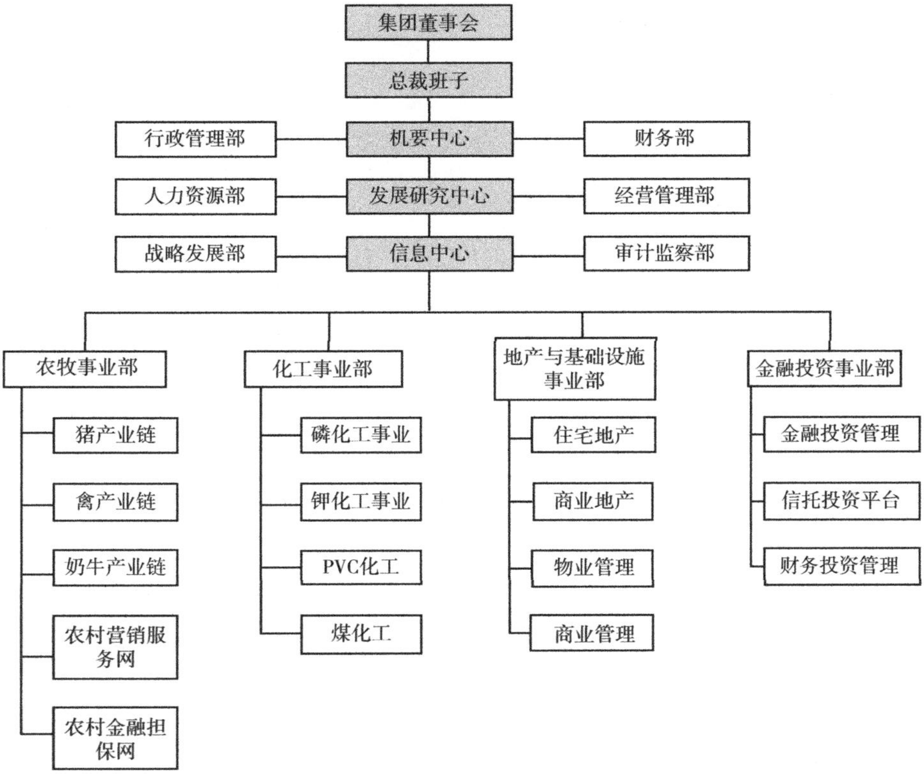

图 2 - 14 管理组织结构

— 复习思考题 —

1. 简述企业制度形态和企业制度的构成。
2. 简述农业企业经营组织形式。
3. 简述企业组织结构的概念及特征。
4. 简述组织结构设计的原则。
5. 论述组织结构的基本类型及其优缺点。
6. 简述农业企业的登记与设立的流程。

第三章　农业企业经营战略

学习目标

1. 理解农业企业环境分析的内容与方法；
2. 掌握农业企业经营战略的类型、制订步骤与实施的内容；
3. 了解农业企业经营战略的特点、经营决策的种类和方法。

第一节　农业企业经营环境分析

▶ 案例导入：

内蒙古伊利实业集团股份有限公司

奶源基地是乳业生产的第一车间，内蒙古伊利实业集团股份有限公司地处中国最大的牛奶输出地内蒙古，天然地拥有优质而丰富的奶源。呼市地处北纬39.58°~41.36°的地理位置，正好处于世界上公认的饲养奶牛带上，天然无污染的内蒙古大草原，适宜的自然环境，富饶的天然牧场，悠久的奶牛饲养历史。

伊利集团创始于1993年，是中国规模最大、产品品类最全的乳制品企业。它是中国唯一一家符合奥运会标准，为2008年北京奥运会提供服务的乳制品企业；也是中国唯一一家符合世博会标准，为2010年上海世博会提供服务的乳制品企业。2017年8月30日，伊利集团成为北京2022年冬奥会和2022年冬残奥会官方唯一乳制品合作伙伴。伊利成为中国首家唯一同时服务夏季奥运和冬季奥运的健康食品企业。2021年4月28日，伊利披露2020年年报，公司实现营业总收入968.86亿元，归母净利润70.78亿元，逆势实现高位双增长，显示出公司主营业务的健康增长态势以及优秀的盈利能力。

改革开放以来，政府对经济的干预度随着市场经济的发展逐步降低，也随着乳制品对国民健康起到了重要作用越来越明显，在居民对乳制品需求大幅度增加的同时国家也加强了对这个行业的重视与扶持。“十三五”时期，伊利集团贯彻“新发展理念”，致力于“成为世界一流的健康食品集团”的愿景，不断进取，坚持以世界领先的标准要求自己，以全球化视野、国际化胸怀竭诚满足不同区域消费者的健康需求，成就消费者的健康生活。伊利集团董事长潘刚提出：“不创新、无未来”。在他带领下，伊利以创新为引领，整合全球优势资源，为推动中国乳业发展贡献着源源不断的动力。2007 年，伊利建成中国首个母乳研究数据库。通过持续的中国母乳研究，伊利将研究取得的母乳研究数据库成果运用于配方研发，打破国外奶粉的强势垄断地位，为中国婴幼儿配方奶粉的不断精进，走出了一条属于国人的科技发展之路，引领中国乳业迈向发展黄金期。而且作为全国工业旅游示范点，伊利集团以总部工业园区为依托，以乳制品的现代化生产车间、先进的生产工艺、心灵的天然牧场和深厚的企业文化等为资源，大力开发工业旅游项目。让参观者在亲眼目睹伊利“放心奶”的生产全过程中，全面品鉴民族乳业的爱国情怀，真切感受草原乳文化的深厚底蕴。

资料来源：伊利集团网站。

案例思考：

通过伊利集团的发展，请思考农业企业经营环境包括哪些因素？

环境是指对组织管理绩效起着潜在影响的外部机构或力量。任何企业的生产经营活动都是在一定的环境条件下进行的，而且各种环境因素总是不断变化的。农业企业作为一个开放的系统，都存在着与它的外部环境之间的物质、信息的交换，农业企业的生存和发展与其现实的环境及环境的未来变化有着密切的关系。因此，对农业企业来说，把握环境的现状和将来的变化趋势，利用有利于农业企业发展的机会，避开威胁因素，是谋求生存和发展的首要问题。农业企业战略环境分析包括对外界因素和内部条件的分析。

一、农业企业经营环境分析的内容

（一）农业企业经营的外部环境

农业企业经营环境是一个多因素、多层次且不断变化的系统。农业企业经营环境是一个多因素、多层次且不断变化的系统。从宏观角度分析，企业外部环境包括政治法律环境、经济环境、社会文化环境、科技环境、国际环境和自然环境等。

1. 政治法律环境

政治法律环境是指对农业企业经营活动具有现实的和潜在的作用与影响的政治力量、政治制度、体制、方针政策以及法律和法规等。对于农业企业而言，政治法律环境因素一旦影响到农业企业，就会使农业企业发生十分迅速和明显的变化，尤其是影响农业企业较长期的投资行为，而这一变化农业企业是驾驭不了的。因此，这是农业企业战略必须考虑的一个重要因素。

2. 经济环境

经济环境主要由社会经济结构、经济发展水平、经济体制、宏观经济政策、社会购买力、消费者收入水平和支出模式、消费者储蓄和信贷等要素构成。农业企业作为经济组织，其行为直接受到经济环境的制约。所以，经济环境对农业企业经营战略的影响是最直接、最明显的，它是影响农业企业生存、经营和发展的重要因素。管理者应当了解国民经济目前处于什么阶段，是产业结构调整时期、经济低速增长时期或是高速增长时期，并具体分析有关的经济指标，如国民生产总值、国民收入、国家预算收入水平及其分配的状况等。这对于制定企业发展战略至关重要。

拓展阅读：

绽放品牌风采传承品牌基因三元食品亮相中国品牌日

新常态下的中国经济的发展趋势离不开质量与社会效益。食品安全问题与每一个人息息相关，是关系国计民生的大事。作为食品安全的重灾区，我国乳制品企业一直在经受着严峻的考验。随着国家两会对于食品安全问题的关注，婴幼儿奶粉再一次被推上风口浪尖。实现婴幼儿食品的透明化，追溯奶粉的根源，保证每一罐奶粉的质量是各大乳制品企业面临的重中之重。

为了满足国人对优质婴幼儿配方奶粉的需求，近年来，三元持续推进“国家母婴乳品健康工程技术研究中心”“母乳研究技术创新中心”“母乳益生菌研究联合实验室”等平台国际化与产学研协同创新，围绕母婴营养与健康，抓住肠道微生态、母乳成分等研究热点和大健康的市场需求，凝聚跨领域团队与技术优势，不断打造创新产品。比如这次参展的72℃巴氏杀菌鲜牛乳，充分发挥了三元技术和产业链优势，鲜牛乳以更低杀菌温度保留更多活性营养，同时还保持牛奶的原始风味和纯正口感。正是通过不断创新，使三元历经70年发展依然保持品牌活力。

资料来源：环球网，2021年5月11日。

3. 社会文化环境

社会文化环境包括一个国家或地区的社会思想意识、人们共享的价值观、文化传统、生活方式、人口状况、教育程度、风俗习惯、宗教信仰等各个方面。这些因素是人类在长期的生活和成长过程中逐渐形成的，其变化也是缓慢渐进的，人们总是自觉不自觉地接受这些准则行动的指南。社会文化环境对农业企业的影响是间接的、潜在的和持久的。

拓展阅读：

以东西方国家文化差异为例，它将影响东西方企业的经营战略与策略方式。风靡全球的可口可乐包装，在世界其他地区销售采用的都是黑白相间的色彩搭配，而在阿拉伯地区，却变成了绿色包装，因为那里的人民酷爱绿色，对于他们，绿色意味着生命和绿洲。再如，红色在中国人的观念里象征着热烈、吉祥、美好，但有些国家却有不同的理解，认为红色是一种危险、令人不安的颜色。由于这种观念上的差别，我国出口到德国的鞭炮曾被要求换成灰色的外包装，才被接受。

资料来源：豆丁网，2020年8月18日。

4. 科技环境

科技环境包括科学技术的发展情况及商业化程度，可供选择的机器装备、工艺、材料的种类及性能，良种的培育，生产技术可能造成的环境破坏，技术及管理咨询业的发展情况。农业企业的发展在很大程度上受到科学技术方面因素的影响，包括新材料、新设备、新工艺、新良种等物质化的硬技术和体现新技术新管理的思想、方式、方法等信息化的软技术。科技因素对农业企业的影响是双重的。一方面，它可能给某些农业企业带来机遇，尤其是现代生物技术对农业企业的生产经营活动影响深远；另一方面，科技因素会导致社会需求结构发生变化，从而给某些农业企业甚至整个行业带来威胁。科技的发展，新技术、新工艺、新品种、新材料的推广应用，对农业企业产品的成本、定价等都有重要影响。这种影响就其本质而言，是不可避免和难于控制的，农业企业要想取得经营上的成功，就必须预测科技发展可能引起的后果和问题，可能带来的机遇或威胁。

拓展阅读：

民以食为天。作为人口众多的发展中大国，中国在众志成城，坚决打赢疫情防控的人民战争、总体战、阻击战的同时，正一如既往地狠抓粮食生产，确保粮食安全。中国把饭碗牢牢端在自己手中的底气不仅源自充足的粮食战略储备，而且在于不断增强的农业科技实力。经过多年不懈奋斗，中国逐渐打造了先进的现代农业科技集群，包括种业科技、农机科技、植保科技等。随着北斗导航系统在农业生产上应用，随着信息技术特别是“互联网＋”“智能＋”在农业领域的不断渗透，中国传统农耕正加速向现代“智慧农业”转型嬗变。

资料来源：环球网，2020年4月7日。

5. 国际环境

随着经济全球化进程的加快，以及近年来中国农业“走出去”战略的加快实施，特别是“一带一路”沿线国家和地区丰富的农业资源，为中国农业“走出去”更是带来了广阔的市场。“一带一路”倡议是新时代我国应对全球化的一个重要构想。目前，我国农产品的进口集中度比较高，主要农产品前5位进口来源国在总进口量中所占比重普遍在百分之八九十以上。据统计，2021年1—3月，我国企业在“一带一路”沿线对52个国家和地区非金融类直接投资286.6亿元，同比下降2.2%（折合44.2亿美元，同比增长5.2%），占同期总额的17.8%，较上年同期上升0.5个百分点。我国是14亿人口的大国，体量大，未来农产品进口还会不断增长。这就要求我们通过进口来源多元化分散风险，“一带一路”倡议的实施能促进农产品进口来源的多元化。“一带一路”沿线国家和地区有不少是农业资源禀赋比较好的，而且一些具有潜力和优势的产品恰恰是我们缺乏比较优势的产品。通过“一带一路”倡议的实施会从战略上在沿线国家和地区培育更多的农产品来源地，这对我国和沿线国家和地区是一种双赢的选择。

6. 自然环境

自然环境包括土壤、空气、水等自然资源以及地理位置、地质地貌、气候等因素。由于农业生产是自然再生产和经济再生产相交织，因此农业企业的生产受自然条件影响较大、生产周期长往往会直接影响农业企业的产品品质。只要农业企业的经营依赖于稀缺的自然资源，它的活动就必然要受到自然物质环境的限制。

总之，环境对于任何组织来说都是一种客观存在，农业企业的外部环境大多是其自身不可控制的因素。一般来讲，绝大多数农业企业不可能采取有效措施去改变社会环境，但可以通过各种方式和渠道去认识、了解和掌握企业所处的社会环境，认真研究其变化的规律，预测其变化的趋势及可能对组织产生的影响，从而制定出相应的目标和战略。

（二）农业企业经营的内部条件

农业企业经营的内部条件一般包括企业形态、企业资源、企业文化、企业核心能力等内容。

1. 企业形态

农业企业形态是指农业企业在创建之初向政府有关机构登记注册时就确定下来的资产所有权关系。不同的产权关系，对经营管理者的约束程度有很大的差别。相对而言，独资农业企业对经营管理者的约束较强，股份公司对经营管理者的约束则较弱，这种不同的约束力会导致农业企业在决策时的偏重有所不同，从而体现出所有制形式对农业企业经营的影响。此外，不同产权关系的农业企业，其利益分配方式不同，行政管制的宽严也有区别，在资金筹措方式和能力上也有很大差异。这些差异会造成对农业企业经营活动的影响，包括影响企业对外部环境的反应、企业对企业内部要素的动员等，致使有的企业充满活力，应变能力强，有的企业则缺乏活力，对外部环境变化反应迟缓。

2. 企业资源

农业企业的资源包括有形资源和无形资源。

（1）有形资源。有形资源主要包括财务资源、物质资源、人力资源和组织资源。其中，财务资源表现为农业企业的借款能力、资金的再生能力等；物质资源包括农业企业的位置、土地的数量及肥沃程度、良种的培育方法、设备的精良程度、原材料的获取途径等；人力资源包括农业企业的经理人员、科技人员、管理人员和操作人员以及其科学文化素质、技能、经历、承担的义务和忠诚等；组织资源包括农业企业的机构设置及正式的计划、控制和协调机制等。

（2）无形资源。无形资源既包括技术资源如专利、商标、版权和商业秘密等及成功运用其所需要的知识，又涉及信誉、品牌，对产品质量、耐久性、可靠性的认识和对供应商的信誉、有效率和效益的相互支持的互惠互利合作关系等。因为无形资源不具有实物形态，竞争对手难于掌握和模仿；所以它们是持续竞争优势的可靠来源，是农业企业核心能力的基础。

▶ 拓展阅读：

余姚市农业加工企业首例商标权质押诞生

“我们从提出申请到拿到商标专用权质权登记证，只花了一个多月时间，公司的6个商标估值3799万元。在两年时间内，我们可以凭这本登记证从银行获得商标权质押贷款，从而减轻企业生产经营中面临的资金压力。”4月28日，浙江备得福食品有限公司董事长阮银福高兴地对记者说。据悉，这是余姚首例农业加工企业商标权质押，也是目前宁波市农业加工企业中估值金额最高的商标权质押。

2020年12月，余姚市市场监管局工作人员在浙江备得福食品有限公司走访时了解到，企业在每年的榨菜收购季节经常遇到资金缺口，于是建议该公司申请商标权质押贷款。在余姚、宁波两级市场监管部门及建设银行余姚支行的帮助指导下，该公司将不同商品种类中注册的6个“备得福”商标打包，提出了商标权质押申请，并很快通过了有关部门的审核，顺利拿到了国家知识产权局颁发的商标专用权质权登记证。建设银行余姚支行对该公司6个商标的估值为3799万元，根据相应的授信额度，公司随时可以从银行获得商标权质押贷款。“推行商标权质押贷款，让企业无形的知识产权变成实打实的真金白银，既为企业解决融资难问题开辟了新途径，也有利于企业更好地保护和利用知识产权，打造企业品牌。”余姚市市场监管局相关负责人表示。

浙江备得福食品有限公司是位于黄家埠镇的一家蔬菜加工企业，主打产品为小包装榨菜，年加工各类新鲜蔬菜12万吨，产值约2.5亿元，是浙江省规模最大的榨菜加工企业，曾获得浙江省商标品牌示范企业、浙江省著名商标、宁波品牌百强企业等称号。

资料来源：余姚时报，2021年4月29日。

3. 企业文化

企业文化是指农业企业在长期的实践活动中所形成的，并且为组织成员普遍认可和遵循的，具有本组织特色的价值观念、团体意识、行为规范和思维模式的总和。企业文化的核心内容包括企业价值观、企业精神和伦理规范。农业企业的经营战略以及实施过程无不受企业文化的影响。外部环境和内部条件差不多的两个企业，往往是企业之间文化传统的差异导致在产品的质量、经济效益等方面的很大差别。管理者要充分认识企业文化对于增强员工的凝聚力、激发员工的积极性和创造性等方面的巨大作用，努力改变长期发展所形成的、落后的企业传统文化，建立与现代市场经济相适应的崭新的企业文化，树立良好的企业风貌。

4. 企业核心能力

核心能力是农业企业依据自己独特的资源（自然资源、技术资源或其他资源以及各种资源的综合），培育创造本企业不同于其他企业的最关键的竞争能力与优势。这种竞争能力与优势是本企业独创的，也是企业最根本、最关键的经营能力，凭借这种最根本、最关键的经营能力，企业才能拥有自己的市场和效益。越来越多的企业把拥有核心能力作为影响企业长期竞争优势的关键因素。企业在某一产品或某一方面具有一定的优势，并不代表企业就一定具有较强的核心能力，只有这种产品和技术使竞争对手在一个较长时期内难以超越而得以保持时，才是企业真正的核心能力的体现。

▶ 拓展阅读：

数字农业新风口：从盒马村、盒马县到盒马市

两会前，阿里巴巴集团副总裁、盒马总裁侯毅曾断言，中国将从农业大国变成数字农业大国。

更早之前，2020年1月农业农村部、中央网信办联合印发了《数字农业农村发展规划（2020—2025）》。这对推动信息技术与农业农村全面深度融合，引领驱动乡村振兴具有重要意义。侯毅的断言来自实践。新冠肺炎疫情中，数百吨湖北秭归脐橙秒光、价值10亿元的小龙虾通过包机运出湖北。更早之前，四川丹巴县连续两年滞销的黄金荚通过盒马火遍全国。

这背后，是农产品供应链在短时间内被数字化重构，盒马村作为阿里巴巴数字农业基地的代表，发挥了作用。盒马村指的是，根据订单为盒马种植农产品的村庄，是当下农村转型、发展的新样本。通过阿里巴巴建设的“产—供—销”三大中台，让农村从分散、孤立的生产单元升级为现代农业数字产业链的一部分，农民成为数字农民，可以用新的办法，种出好东西，卖出好价格。

“新基建”是过去数月间的热词。作为农业的新型基础设施建设，过去一年，盒马村成了各地乡村振兴新基建的首选。

据不完全统计，全国31个省、市、自治区中，已有上海、浙江、湖北、四川、重庆、山东、江苏、河北、广东、云南、陕西、新疆、海南13省市，建了盒马村。疫情也没有挡住盒马村的蓬勃生长。4月17日，上海宣布，在浦东新区与盒马共建一批盒马村。5月13日，上海市首家盒马村——崇明翠冠梨数字农业基地亮相。数字农业在上海生根后，很快有辐射全国之势。5月，深圳第一家盒马村亮相。过去，深圳在公共视野里，并不以农业见长。在山东淄博市有意建设盒马市之后，四川丹巴县县委书记何文才，面对记者时，提出决意建设盒马县，谋求县域经济换道超车。全国首个盒马村出现在四川丹巴。依靠盒马村，当地一度濒危的黄金荚产业，在三周内被拯救。目前全县已孵化出5个盒马村。在安吉，通过与盒马深度合作，当地已手握10个盒马村，已然有了盒马第一县的骨架。“新基建”对于实际困难的解决能力更强。新冠

肺炎疫情中，全国各地农产品普遍滞销的时候，盒马村的农产品，供不应求。这样的数字化实践，大大加快了数字农业在农村地区的渗透和积淀。也由此，盒马村被认为是面向未来中国农村的样子，是数字农业的创新之举。

随着中国数字经济规模稳居世界第二，中国的数字化能力已然上了一个新台阶。在这样的背景下，农业数字化进程作为各地核心竞争力之一，愈发引人关注。

资料来源：环球网，2020 年 5 月 29 日。

二、农业企业经营环境的分析方法

（一）PEST 分析法

英国学者格里·约翰逊（Gerry Johnson）和凯万·斯科尔斯（Kevan Scholes）在其著作《公司战略教程》中，将企业经营环境概括为政治法律环境（Political Environment）、经济环境（Economic Environment）、社会环境（Social Environment）和技术环境（Technological Environment）四个方面，故称为“PEST 分析法”。应用这种方法主要是对企业的过去、现在和将来的经营环境进行时间序列分析。第一，分析上述四个方面因素，在过去对企业产生了哪些影响及其竞争对手的影响程度；第二，在确认关键影响因素的基础上，进一步分析对企业将来发展的影响程度及其变化趋势，据此确立企业的经营战略。

（二）SWOT 分析法

SWOT 是优势（Strength）、劣势（Weakness）、机会（Opportunities）和威胁（Threats）的缩写。SWOT 分析法主要是分析经营环境中的关键性竞争因素，确认企业当前的优势和劣势，认识外部环境变化所提供的机会和可能面临的威胁。所谓优势，是指企业较之竞争对手在某些方面具有的不可匹敌、不可模仿的独特能力。所谓劣势，是指企业较之竞争对手在某些方面的缺点和不足。所谓机会，是指对企业将来发展富有吸引力的领域，在这一领域中，企业将拥有竞争优势。所谓威胁，是指发展环境中相对不利的发展趋势对企业所形成的挑战。如果不采取果断的战略行为，这种不利趋势将导致企业的竞争地位受到削弱。

拓展阅读:

北京顺鑫农业股份有限公司鹏程食品分公司是集种猪繁育、生猪养殖、屠宰加工、肉制品深加工及物流配送于一体的国家级农业产业化龙头企业。1998年完成股份制改造，成立了北京顺鑫农业股份有限公司的分公司。2008年公司被指定为奥运会猪肉产品独家供应企业。2009年圆满完成60周年国庆阅兵村猪肉产品的供应任务和国家猪肉储备任务。顺鑫鹏程是北京地区最大的安全肉食品生产基地，目前该公司生猪屠宰量位居全国第四。

图3-1为鹏程食品公司经营环境SWOT分析。

S优势 ①区位优势 ②食品安全保障 ③良好的市场形象	W劣势 ①产品创新不足 ②全国市场地位不大，市场布局不合理
O机会 ①“一带一路”倡议与京津冀一体化 ②冷鲜肉市场缺口 ③国内猪肉消费的增长	T威胁 ①猪源区的疫情风险 ②新项目达产进度达不到预期的风险

图3-1 用SWOT模型对鹏程食品的经营环境进行分析

1. 区位优势

鹏程食品分公司坐落在北京顺义区。北京作为全国的政治文化中心，有雄厚的科技金融人才优势，顺义又是北京重点建设的新城、临空经济高端产业功能区和现代制造业基地，中国最大的航空港——首都国际机场坐落境内，发达的交通网络成为顺义区联通全国乃至世界的通道。

(1) 食品安全保障。鹏程食品分公司构建了最完善的食品安全可追溯体系，引进国内外一流的肉制品研发人才，技术上采用智能化低压麻电屠宰法，保证最有效的击晕效果和最稳定的肉品品质。采用821以上热水清洗消毒，高效、环保，无血迹、污迹等残留。自动化分割系统杜绝二次污染。

(2) 良好的市场形象。1999年，鹏程食品在全国首家提出了“放心肉”的承诺，并率先通过了ISO 9001质量管理体系认证和ISO 22000食品安全管理体系认证，首批获得全国工业产品生产许可证、无公害农产品认证，国内首批出口卫生注册企业等。近年来，“鹏程”商标荣获中国驰名商标，鹏程牌鲜冻分割猪肉被评为中国名牌产品，鹏程品牌荣获全国三绿工程畅销品牌、北京影响百姓生活十大品牌等百余项荣誉。

2. 劣势分析

鹏程食品分公司产品创新能力还有待提高，全国市场覆盖面小，市场布局不合理。公司在北京的冷鲜肉市场份额能占到45%以上，辐射全国的2000多家销售网点，在全国的市场份额却不大。

3. 机会分析

随着“一带一路”倡议的实施和京津冀一体化的深入发展，鹏程食品分公司可以将眼光放在外埠地区的市场拓展上，在河北等地建立自己的养殖基地，并着眼于建立完整的产业链条。在国家越来越重视食品安全的现状下，拥有完整的产业链条不仅能极大地增强鹏程食品分公司的实力，更是将生猪养殖从源头把控食品安全的优势发挥得淋漓尽致。冷鲜肉市场缺口以及国内猪肉消费的增长，这些都会给企业发展带来机会。

4. 威胁分析

由于我国的畜禽疾病防治和检疫工作滞后以及过去对疫情公布不及时，加之饲料和饲养管理中安全性保证体系运转不良，近年来我国生猪疫病频发，这将严重地制约着我国猪肉及畜产品的出口。再加上北京目前悉力打造高效节水农业，调减畜禽养殖总量，对于鹏程食品分公司的发展有极大的制约影响，需要及时调整公司战略方向，把握住市场动向。

资料来源：北京顺鑫农业股份有限公司鹏程食品分公司网站。

（三）波特模型分析法

波特模型分析法是1979年由哈佛大学教授迈克尔·波特提出来的。他认为，影响企业经营战略形成的因素有政治、经济、法律、科技、文化等方面。影响企业盈利能力或竞争能力的关键因素有五种：现有竞争者的威胁、潜在进入者的威胁、替代产品或服务的威胁、顾客的讨价还价能力和供应商的讨价还价能力等（见图3－2）。波特模型通过对五种竞争力的分析，找出关键性影响因素，具体勾勒出企业与外部环境的关系，并由此指导企业经营战略的制定。

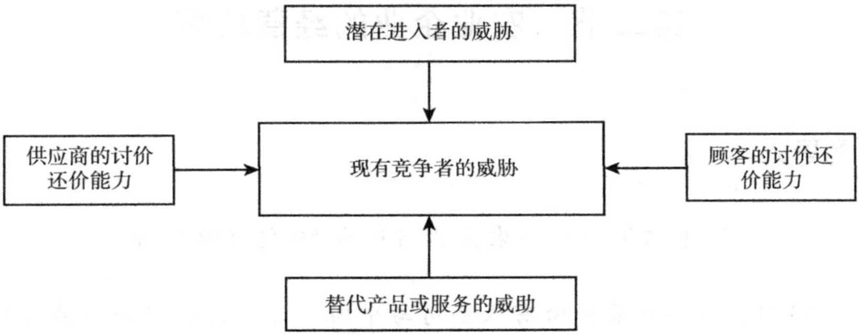

图 3－2 波特模型

动动脑：

1. 农业企业经营的外部环境和内部条件之间有何关系？

2. 请运用一种农业企业经营环境的分析方法，分析你所熟知的企业其经营环境如何。

第二节　农业企业的经营战略

▶ 案例导入：

鲜丰水果与中国农业银行达成50亿战略合作

6月23日，鲜丰水果股份有限公司与中国农业银行杭州分行签署战略合作协议，中国农业银行向鲜丰水果提供合计50亿元综合金融授信额度。未来，双方将在信贷融资、资金结算、线上金融业务、扶贫助农及赋能小微企业等方面展开深度合作。此次与中国农业银行战略协议的签署，将为鲜丰水果和重要产业合作伙伴的经营发展提供强有力的资金保障。鲜丰水果创始人韩树人表示：“希望通过与农业银行的深度合作，为乡村脱贫和农户增收贡献一份力量，帮助更多的小微企业渡过难关，赋能加盟商更好开拓新市场。携手中国农业银行积极践行乡村振兴战略，共促中国水果产业高质量发展”。

2020年是全面建成小康社会收官之年，是脱贫攻坚决战决胜之年，鲜丰全力以赴，积极响应中央提出的乡村振兴和精准扶贫战略，打造“一县一品”工程。鲜丰水果先后到贵州黄平、湖北恩施、新疆阿克苏、浙江常山、陕西富平进行扶贫，设立1亿元专项扶贫基金，累计带动23000多农户实现增收4600多万元，不断提升水果产业供给侧改革深度，不断增加重要产业合作伙伴的经营效益。鲜丰水果董事会秘书冯得心表示：鲜丰水果始终铭记“以果为业，产业报国”的企业理想，深知给广大果农和顾客带来实实在在的好处才是企业的立足之本。在不断壮大企业的同时，需要切实履行社会责任，积极在防疫抗疫、社会公益服务、精准扶贫与乡村振兴等方面不断加大投入力度。

受新冠肺炎疫情等客观因素影响，国内零售服务业和小微企业等受冲击较大。此次鲜丰水果与中国农业银行达成深度战略合作，将在鲜丰水果重点合作的产业链上下游开展创新服务，对优质种植基地、冷链物流和加工仓储及零售门店进行一系列的经营性金融支持，全面赋能产业链重点合作伙伴，实现全国加盟门店逆势扩张。鲜丰水果与中国农业银行未来将在线上商城互相引流，强强联合，共同提升双方品牌价值。作为农业产业化国家重点龙头企业，鲜丰水果一直响应党和国家号召，积极扶贫助农，不断开拓全国市场，此次与中国农业银行达成全面深度战略合作，将更加高效地服务顾客，助力中国水果产业转型升级，实现高质量发展。

资料来源：中国网，2020 年 6 月 28 日。

案例思考：

在当前背景下，鲜丰水果采取了什么经营战略？为什么采取该战略？

农业企业通过制定经营战略，可以使其对当前和长远发展的经营环境、经营发展方向、企业经营实力有一个正确的认识，可以使企业领导者从长远的、全面的角度研究分析企业的发展问题，从而不失时机地把握机会、避开风险、发展自己，使企业能够在竞争中求得生存和发展。

一、农业企业经营战略的类型及内容

农业企业经营战略是指企业为适应未来环境的变化，对生产经营和持续与稳定发展中的重大问题进行全局性、长远性、纲领性的谋划和决策。它是企业高层管理者指导和控制其生产经营行为的最高行动纲领。如图 3 – 3 所示，按企业战略态势可以分为发展型战略、稳定型战略和紧缩型战略。

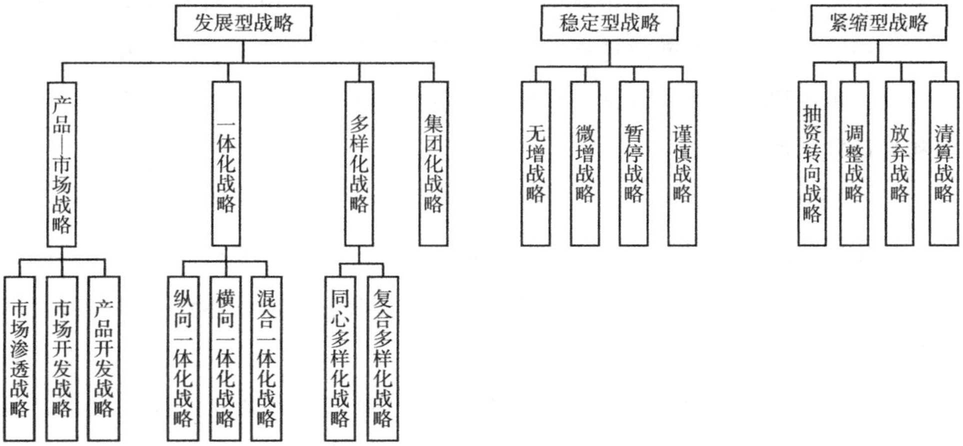

图 3 – 3　农业企业经营战略类型

（一）发展型战略

发展型战略是一种使企业在现有的战略基础水平上向更高一级的目标发展的战略。该战略以发展为导向，引导企业不断地开发新的产品，开拓新的市场，采用新的生产方式和管理方式，以扩大企业的产销规模，提高企业的竞争地位，增强其竞争实力。

发展型战略一般包括：产品—市场战略、一体化战略、多样化战略、集团化战略。

1. 产品—市场战略

产品—市场战略具体分为市场渗透战略、市场开发战略和产品开发战略三类。

（1）市场渗透战略。它是指企业在现有产品和现有市场的基础上，通过改善产品和服务等经营手段、方法，逐步扩大销售，以占领更大的市场面。这种战略的核心是提高原有产品和市场占有率。市场渗透战略适用于那些处于成长期或刚刚进入成熟阶段的产品，产品一旦进入成熟期，这种战略就不适用了。

（2）市场开发战略。它是发展现有产品的新顾客或新的地域市场从而扩大产品销售量的战略。市场开发战略的核心是为现有产品寻找新用户、新市场。

（3）产品开发战略。它是以不断改进原有产品或开发新产品的方法巩固企业原有市场的战略，它是企业创新的一个基本战略。由于人们的需求不断变化和提高，企业只有不断改进产品，以新的外观包装、质量和性能来满足人们的需要，巩固原有市场，并进一步扩大市场占有率。这一战略一般适用于成熟期和衰退期的产品。

2. 一体化战略

一体化战略是从企业经营业务的角度，将若干个部分有机地结合在一起组成一个整体的战略。一体化战略的基本形式有三种：纵向一体化战略、横向一体化战略和混合一体化战略。

（1）纵向一体化战略。这是指在同一个行业内扩大企业的经营范围，包括把企业的业务范围后向扩大到供给资源和前向扩大到最终产品的直接使用者。实行纵向一体化战略的主要目标是提高企业的市场地位，提高竞争优势，增强企业实力。

（2）横向一体化战略。这是指企业通过购买与自己有竞争关系的企业或者与之联合及兼并来扩大营业，获得更大利润的发展战略。该种战略的目标是扩大企业的实力范围，提高其竞争能力，一般是企业在竞争比较激烈的情况下进行的一种战略选择。这种选择既可能发生在产业成熟化的过程中成为增加竞争力的重要手段，也可能发生在产业成熟之后成为避免过度竞争和提高效率的手段。

（3）混合一体化战略。混合一体化战略就是上述两种一体化战略同时运用的一体化战略。这种战略主要适用于一些特大型农业企业，只是它在造就大企业方面虽有明显作用，但实施起来难度较大、风险较大，因此必须更加谨慎。

3. 多样化战略

多样化战略是指企业通过开发新产品、占领新市场相配合而扩大经营范围的战略，通常适用于规模庞大、资金雄厚、市场开拓能力强而适应能力差的大型农业企业。其作用主要是分散风险和有效利用经营资源。多样化战略是企业产品——市场化战略中最复杂、最难掌握、误区最多、最容易失误，但一旦成功收效也是最大的一种战略。多样化战略分为同心多样化战略和复合多样化战略。

（1）同心多样化战略。它是指企业以现有设备和技术能力为基础，增加或生产与现有产品或服务相类似的新产品或服务。虽然经营种类众多，但各种经营在某些方面是相互配合的，是以某些共同的要素为基础，如相关的技术、共同的分销渠道、共同的供应商和原材料来源、类似的经营方法、相仿的管理技巧、互补的市场营销渠道等。这是对企业很有吸引力的一种扩大经营领域的战略。因为它不仅能保持经营业务在生产技术上的同一性，充分利用生产技术、原材料、生产设备的类似性，节约成本，增加利润，分散风险；而且能把企业原有的经验运用到新的领域，通过资源共享和经营匹配迅速建立比单一经营企业更强的竞争优势以获得更高的利润。

（2）复合多样化战略。它是指企业增加与现有产品或服务、技术、市场等都没有直接联系或间接联系的不同的新产品或服务的一种战略。实行复合多样化战略可以通过向不同行业渗透或向不同的市场提供产品或服务，可以分散企业的经营风险。企业可以在各种经营业务之间进行平衡，并逐步向具有更优经济特征、更大市场的行业转移，以改善企业的整体盈利能力和灵活性，从而提高企业的应变能力。但是，经营领域介入不同的行业会导致企业资源的分散，难于形成重心，也不可能在各类市场上都取得领先地位，同时带来企业组织规模的膨胀，加大了管理的难度，并且需要的投资也较大。因此，复合多样化战略一般适合于规模大、资金雄厚或资金筹措能力较强、市场开拓能力强的大型企业。

4. 集团化战略

企业集团是由有关企业在平等互利基础上结合而成的多功能经济实体。集团化经营是当前和今后相当长时期内我国政府鼓励的企业发展形势。我国现有的企业集团通常以一个或几个实力雄厚的大型骨干企业为核心，以名优产品为龙头，联合生产、技术、金融、原材料供给、产品营销、经营管理等方面的企业而组成，其联合紧密程度互有差异，形式多种多样。集团化经营有利于企业通过相互协调、相互渗透和相互扶助，扬长避短，挖掘资源潜力，获得规模效益，实现经营稳定，增强企业后劲，提高企业综合经济效益。

拓展阅读：

光明食品（集团）有限公司的前身为上海农工商（集团）总公司。该公司是在1994年9月上海市农场管理局（上海农垦）的建制撤消后，以该局所属国有资产为基础建立起来的。2004年完成重组后，更名为上海农工商（集团）有限公司。2006年8月8日，农工商与上海益民食品一厂（集团）有限公司、上海市糖业烟酒（集团）有限公司和锦江国际（集团）有限公司进行战略重组，光明食品集团正式成立。经过多年发展，该集团已成长为一家集现代农业、食品加工制造及食品分销为一体，具有完整食品产业链，综合性的大型食品产业集团。该集团整合了上海食品及相关行业资源，形成了从农场到餐桌的“一条龙”的食品行业全产业链，这个食品产业链包括三大环节：第一是现代农业，从食品最基本的原料开始，包括大米、蔬菜、鲜花、猪肉、禽蛋、奶牛饲养等；第二是食品加工业，包括光明乳业、大白兔糖果、冠生园蜂蜜、光明牌冷饮、金枫酒业的石库门老酒、和酒以及东方先导糖业和梅林罐头食品业等；第三是食品分销业，包括食品的批发、零售和代理，如农工商超市、好德便利、可的便利、五缘折扣、光明便利、第一食品商店、捷强连锁店、南浦食品以及网络购物公司等。截至2021年5月27日，光明集团一共拥有20家子公司，其中5家子公司为中国A股上市公司，分别是：光明乳业股份有限公司、上海梅林正广和股份有限公司、上海金枫酒业股份有限公司、光明房地产集团股份有限公司、开创国际海洋资源股份公司。同时拥有6家国家级和13家上海市农业产业化龙头企业。2020年集团资产总额超过2961.15亿元，实现营业收入1557.48亿元，利润总额49.87亿元，2020长三角百强企业榜单发布，光明食品（集团）有限公司位列第29名，是上海乃至全国食品行业名副其实的"超级航母"。

资料来源：百度百科，2021年5月27日。

（二）稳定型战略

稳定型战略是指受内外环境的约束，企业在战略期基本维持原有经营领域或略有调整，保持现有的市场地位和水平，或仅有少量的增减变化。

采用稳定型战略的企业经营风险相对较小。由于企业基本维持原有的产品和市场领域，从而可以用原有的生产领域、渠道，避开开发新产品核心市场的巨大资金投入、激烈的竞争抗衡和开发失败的巨大风险。由于经营领域主要与过去大致相同，因而稳定战略不必考虑原有资源的增量或存量的调整，相对于其他战略态势而言，相对较容易。稳定型战略能给企业一个较好的修整期，使企业集聚更多的能量，以便为今后的发展做好准备。从这个意义上说，适时的稳定型战略将是发展型战略的一个必要的酝酿期。

稳定型战略的实施是以市场需求、竞争格局等内外条件基本稳定为前提的。一旦企业的这一判断没有得到验证，就会打破战略目标、外部环境、企业实力之间的平衡，使企业陷入困境。稳定型战略也会使企业的风险意识减弱，甚至形成害怕风险、回避风险的文化，这就会大大降低企业对风险的敏感性、适应性和冒风险的勇气，从而增加风险的危害性和严重性。

采用稳定型战略的农业企业，由于其所面临的外部环境和企业资源条件及竞争地位的不同，在战略目标、战略重点、战略对策等方面也存在不同的选择，从而使稳定型战略有不同种类。

1. 无增战略

无增战略是指企业在经过各种条件的分析后，只希望能保持在现有战略的基础水平上的一种战略。对于经营活动希望按照原有方针在原有经营领域内进行，而且对其在同行业所处的市场地位、产销规模、效益水平等也都希望维持现已达到的状况，保持不变。

2. 微增战略

微增战略是企业在保持稳定的基础上略有增长与发展的战略，其中包括小幅度地提高市场占有率，改善市场地位，或者随着市场的稳步增长而扩大产销规模，保持适当的市场占有率，也包括谨慎地推出新产品和扩大市场面。

3. 暂停战略

暂停战略是指在一段较长时间的快速发展后，企业可能会遇到一些问题使效率下降，这时就可以采用暂停战略，即在一定时期内降低企业的目标和发展速度，使企业的发展速度、企业资源、管理力量保持一致。暂停战略是企业进行临时性休整，可以充分达到让企业积聚能量，为今后的发展做准备的战略。

4. 谨慎战略

谨慎战略是指企业根据外部环境中某一重要因素的变化或由于难以预测环境，而有意识地降低实施进度、步步为营、谨慎实施的一种战略。

（三）紧缩型战略

紧缩型战略是指企业从目前的战略领域和基础水平收缩和撤退，且偏离战略起点较大的一种经营战略。与稳定型战略和发展型战略相比，紧缩型战略是一种消极的发展战略。例如，削减某些产品的市场面，放弃某些产品的系列，甚至完全退出目前的经营领域；逐步缩小企业的产销规模，降低市场占有率，同时相应地降低某些经济效益指标水平；在资源的运用上，采取严格控制和尽量削减各项费用支出，只投入最低限度的经营资源的方针和措施。

一般来说，企业实行紧缩型战略只是短期性的，有时企业身陷困境，只有采取收缩和撤退的措施，才能抵御对手的进攻，避开环境的威胁和迅速地实行自身资源的最优配置。其基本目的是使自己摆脱困境、度过危机、保存实力，或者消除效益差的项目、集中资源，转而采取其他战略。因此，紧缩型战略是一种以退为进的战略。

紧缩型战略的类型有以下几种。

1. 抽资转向战略

抽资转向战略是指企业在现有的经营领域不能维持原有的产销规模和市场的情况下，采取缩小规模和减少市场占有率，或者企业在存在新的更好的发展机遇的情况下，对原有的业务领域进行压缩投资，控制成本，削减人员，目的是逐步收回资金和抽出资源用以发展新的经营领域，在新的事业中找到出路，从而推动企业更快地发展。

2. 调整战略

调整战略是指企业试图扭转财务状况欠佳的局面，提高运营效率，而对企业组织结构、管理体制、产品和市场、人员和资源等进行调整，使企业能度过危机，以便将来有机会再图发展的一种战略。实施调整战略可调整企业组织，在组织内部重新分配责任和权力等；降低成本和投资，压缩日常工作开支，实施更严格的预算制度，减少一些长期投资的项目等；减少资产，关闭或出售生产线、资产，加速回收企业资产等；降低企业存货量，加速收回应收账款等。

3. 放弃战略

放弃战略是指转让、出卖或停止经营企业的一个或几个战略经营单位、一条生产线或者一个事业部，将资源集中于其他有发展前途的经营领域，或保存农业企业实力寻求更大的发展机遇。

4. 清算战略

清算战略是指企业受到全面威胁、濒于破产时，通过拍卖企业的资产或停止整个企业的运行而终止全部经营活动的一种战略。对于企业管理者，清算是其最不期望、最不愿意做的选择，通常只有在其他战略全部失效时才会采用这种战略。在特定的情况下，及早地进行清算较之追求无法挽回的事业对于企业也是一种明智的战略。

二、农业企业经营战略的特点与目标

（一）农业企业经营战略的特点

1. 方向性

战略管理的中心在于方向指导，即首先要把握住企业发展的大方向。对于农业企业，确定企业的经营范围或者活动领域属于战略决策。企业的经营或活动范围是战略决策的根本问题，因为这涉及高层管理者对企业活动边界的看法，也牵涉他们希望把企业办成什么类型或什么业务范围的问题。

2. 全局性

企业经营战略是以企业全局为对象，根据企业总体发展的需要而制定的。它所规定的是企业在一定时期内的总体行动，追求的是企业总体效果。企业的人、财、物组合，以及供、产、销运作等局部活动，都是企业经营战略总体行动的有机组成部分。这样也就使企业经营战略具有综合性和系统性。战略决策的全局性要求把企业管理作为一个完整的系统来考虑，企业所有部门所有员工都以一系列共同的基本认识为主线，相互联系、相互制约。战略的出发点是强调企业整体效益，而不是只顾局部效率。

3. 风险性

战略决策要解决企业与其所处环境的适应性问题。外界环境是企业自身不能控制的力量，却是决定企业盛衰的关键因素。战略是针对企业未来复杂环境所做出的反应。对未来的预测充满着不确定性因素。战略管理的本质在于如何动员可用资源承担一项其结果还不能肯定的未来事业。战略的制定是创新活动，任何企业战略都伴随高风险。

4. 可行性

企业战略是建立在现有的主观因素和客观条件基础上的。战略不是孤立地探讨抵消环境带来的威胁和利用环境赐予的机会，战略必须研究企业采取任何战略行动的资源能力问题。即使有良好的盈利机会，如果企业没有财力去投资、没有专业技术能力去掌握需要的技术，那么这种机会对该企业也是没有意义的。通常在一个企业面前存在许多有利机会，但企业必须根据自己的投资能力排出优先顺序，再逐步实行。企业的任何战略只有在比较了解企业能力与主要竞争对手的实力后才能正确地实施。

5. 复杂性

战略决策在本质上是复杂的。战略决策和其他一般管理决策的一个重要区别就是复杂性。复杂性的来源至少有三个方面。

（1）战略决策的不确定性，决策者们要基于自己对未来的设想做出决策，而任何人对未来的判断都不可能是肯定的。

（2）战略决策需要对企业用一个整体的观点来经营管理，而任何一个部门的专家、经理和决策人员都不能独立完成，基于一个部门的观察也不能解决战略问题，而具有不同背景、利益、责任和观点的管理人员必须达成一致。这种跨部门的协调问题在战略决策中特别突出。

（3）战略决策还往往包含组织结构的变化，这是最为困难的一项工作。

以上因素决定了战略决策的复杂性是一般管理决策所不能比拟的。

6. 竞争性

企业经营战略是关于企业在竞争中如何与竞争对手抗衡的行动方案，也是针对来自各方面的许多冲击、压力、威胁和困难，所制订和实施的行动方案。它与那些不考虑竞争、挑战，而单纯为了改善企业现状、增加经济效益、提高管理水平等为目的的行动方案不同。市场如战场，在激烈竞争的市场条件下，企业研究并制定经营战略就是为了取得优势地位，战胜对手，保证自己的生存和发展。

（二）农业企业经营战略的目标

企业战略目标是企业战略思想和经营宗旨的具体化，反映企业自我定位和发展方向。它涉及企业拟达到的水平，比近期经营目标更强调长远性和方向性。企业战略目标一般应包括以下内容。

1. 获利能力

利润是企业生存和发展的基本条件，又是市场目标的必然结果和衡量经营效益的重要尺度。任何企业长期经营能力的大小都取决于其获得利润的多少。因此，获利能力是应以盈利为目的的企业目标中不可缺少的部分。其衡量指标有利润额、投资利润率、资本收益率、销售利润率以及职工的工资、奖金和集体福利水平等。

2. 生产能力

生产能力是企业获利能力的保证。一般可以用每单位投入量所生产的产品量或提供的服务量来表示。在单位产出量不变的情况下，成本的降低意味着利润的增加。所以，也可用成本降低目标来表示。

3. 竞争地位

衡量企业是否成功的标志之一是企业在市场上的相对地位。大企业常用竞争地位目标来衡量自身发展和获利的相对能力。其衡量指标主要是市场占有率或总销售量。市场占有率是指企业某种产品的销售量占该种产品市场总销售量的百分比，它是反映市场竞争能力的主要指标。一般来说，随着市场占有率的提高，销售收入也随之增加。

4. 人力资源开发

企业的发展在很大程度上依赖于员工的素质。注重对企业各类人员的培训，为职工提供良好的发展机会，既可以提高员工的积极性，又有利于企业综合素质的提高。因此，人力资源开发应作为现代企业长期发展目标之一。其衡量指标有战略期内企业培训人数及培训费用、技术人员在全体员工中比例的增长、各种技术职称比例的增加、员工技术水平的提高、人员流动率等。

5. 技术改进与发展

企业制定战略目标时，必须从现在行业中的实际技术水平出发，预先确定自己在未来战略期内应达到的技术水平。其衡量指标有企业用于投入研究开发的资金量或应完成的开发和创新项目数、新产品开发费用占销售额的百分比、新产品获利的能力专利数等。

6. 财务状况

企业财务状况是企业经营实力的重要表现。其衡量指标有资本结构、现金流量、营运资本等。

7. 企业建设与发展

企业发展必须适应内外环境变化，因此企业应制定战略期建设与发展目标。其具体指标有年产量增长速度、企业生产规模的扩大、生产能力的扩大、生产用工面积的扩大以及生产自动化、数控化、计算机水平的提高等。

8. 社会责任与贡献

现代企业已不再是单纯追求利润的唯利性组织，而是越来越注重树立良好的信誉形象、对用户和社会的责任以及对国家的贡献等。其衡量指标有提供商品的质量与数量、缴纳各种税款、承担有关社会负担和环境保护等（见表3－1）。

表 3－1 农业企业战略目标及其指标一览表

序号	企业战略目标	衡量指标
1	获利能力	利润额、投资利润率、资本收益率、销售利润率以及职工的工资、奖金和集体福利水平等
2	生产能力	每单位投入量所生产的产品量或提供的服务量
3	竞争地位	市场占有率或总销售量
4	人力资源开发	战略期内企业培训人数及培训费用、技术人员在全体员工中比例的增长、各种技术职称比例的增加、员工技术水平的提高、人员流动率等
5	技术改进与发展	企业用于投入研究开发的资金量或应完成的开发和创新项目数、新产品开发费用占销售额的百分比、新产品获利的能力专利数
6	财务状况	资本结构、现金流量、营运资本
7	企业建设与发展	年产量增长速度、企业生产规模的扩大、生产能力的扩大、生产用工面积的扩大，以及生产自动化、数控化、计算机水平的提高等
8	社会责任与贡献	提供商品的质量与数量、交纳各种税款、承担有关社会负担和环境保护等

事实上，并不是所有的企业都涉及这些目标领域。企业可以根据自己的业务特点和环境条件，有选择地利用相关指标。

三、农业企业经营战略的制定与实施

（一）农业企业经营战略的制定

一个农业企业经营战略的制定过程一般包括识别和鉴定现行的战略方案、分析企业的外部环境、评价企业内部实力、拟订各种战略方案、评价和比较战略方案和选择战略方案等步骤。农业企业经营战略制定步骤如图 3－4 所示。

1. 识别和鉴定现行的战略方案

任何农业企业的经营战略都要随着企业的发展和外部环境的变化而不断地调整和修改，尤其是如果企业面对的市场变化程度较大，则相应的企业战略需要具有较大的灵活性。因此，识别和鉴定现行的战略方案，判断其是否有改变的必要，是制定新战略的前提。

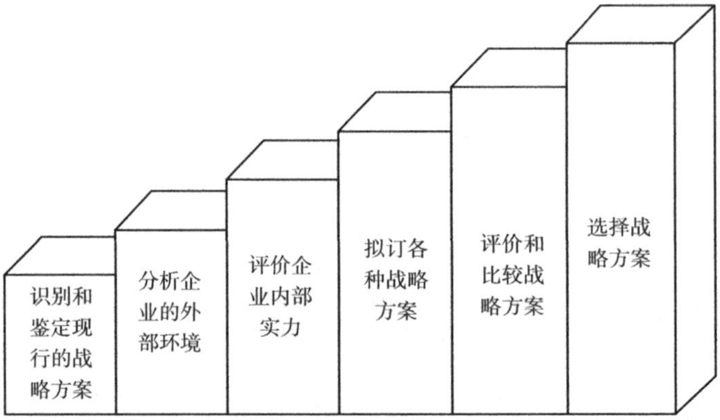

图 3－4 农业企业经营战略制定步骤

2. 分析企业的外部环境

社会化的企业，从社会上获得资源又为社会而生产或提供服务，其生存完全依赖社会是否接受。外部环境是影响企业经营战略发生改变的主要因素，这些因素如此复杂，以致没有任何办法可以列举全部可能的影响因素并全部把握影响的形式和程度。环境分析的核心问题，就是要抓住影响企业生存及发展的竞争力量来源，并从而把握环境因素发挥作用的方式，确定出关键的机会和威胁。

3. 评价企业内部实力

通过对企业资源拥有状况、核心竞争能力以及企业价值链的分析和评价，明确企业在该行业所处的地位，实事求是地评价企业的实力状况。

4. 拟订各种战略方案

拟订方案是战略决策的基础。拟订战略方案要求具备两个条件：第一，整体的详尽性，所有的拟订方案应当尽可能包括到达战略经营目标的所有方案；第二，相互排斥性，不同的方案必须相互排斥，以利于比较。

一个完整的企业经营战略方案，应包括如下内容。

（1）企业经营战略思想。企业经营战略思想即指导企业为实施经营战略目标的基本思路和观念，具有着眼于未来、开拓创新的思想。

（2）企业经营战略重点。企业经营战略重点是指事关战略目标的重要的项目和部门。只有突出重点，才能保证战略目标的实现。

（3）企业经营战略步骤。企业经营战略步骤即明确战略目标的实施阶段。

战略具有长期性，需要划分为若干阶段，以便有计划、有步骤地实现总体目标。

（4）企业经营战略对策。企业经营战略对策即保证战略目标实现的一整套方式、方法和措施，必须具有实际的可操作性。

5. 评价和比较战略方案

如何判断和评价一个战略方案的优劣，是理智地选定一个战略的关键。战略评价要回答：战略的合理性如何；战略是否利用了企业面临的机会，是否发挥了企业的优势，是否有力地抵消了恶劣环境因素的威胁、避免了企业的弱点；战略是否与产业环境和企业资源能力相适应；战略的可行性如何等。评价的另一项内容是战略的可接受性。评价和比较战略方案即战略是否能为与决策有关的主要成员所接受，是否体现了大多数人的利益等。

6. 选择战略方案

一个战略的优点与缺点往往不是一清二楚的，优缺点会相伴而生，巨大的收益伴随着巨大的风险。因此，战略方案的选择与作业层决策的选择的最大差异就在于前者的选择往往不是一次的，而是谨慎、综合地考虑方案实施过程中的多种复杂因素之后，进行多方面的权衡，逐步加以确定的。如前所述，企业总体战略分为发展型战略、稳定型战略和紧缩型战略，而每种战略的适用范围是不同的，具体介绍如下。

（1）发展型战略适用范围。

①扩张能使企业获得更大的社会效益，如扩大企业的社会影响力、受到政府的重视等。

②希望获取规模经济效益，增强企业的市场竞争地位。

③当外部环境存在新的发展机会与企业的内部条件基本吻合时，企业一般会采取扩张战略。

④企业已在同行业经营领域处于优势地位。

⑤当企业所在行业发生剧烈变化，为了保证企业在变动中不致处于被动地位。

▶ 拓展阅读：

“飞鹤向月”以航天标准打造飞鹤品质

2020 年 11 月 24 日 4 时 30 分，我国探月工程嫦娥五号任务在中国文昌航天发射场成功实施发射，这是时隔34年后人类首次发射的以月球采样为目标的可返回式探测器，也是我国航天领域迄今最复杂、难度最大的任务之一。值此举国欢庆的特殊时刻，国家航天局探月与航天工程中心在海南文昌举办授牌仪式，确认中国飞鹤成为“嫦娥五号”婴幼儿配方食品官方合作伙伴，这体现了中国探月工程对中国飞鹤高标准、高品质的充分认可。

嫦娥五号任务着眼人类未来，体现的是中华民族对人类命运共同体的责任和担当；中国飞鹤作为国内婴幼儿配方食品行业龙头企业，为中国宝宝提供高品质、可信赖的产品，服务的是国家和民族的希望，理念的契合打开了双方未来广阔的合作空间。后续中国飞鹤将在多个方面与中国探月工程开展深入合作，不断自我革新，以探月精神融合飞鹤理念，以航天标准打造飞鹤品质，健全和完善全产业链发展模式，将中国宝宝的口粮牢牢掌握在中国人手中。

中国飞鹤表示，探月工程是我国伟大的民族工程，是中华民族走向伟大复兴的重要里程碑，通过牵手探月工程，让中国飞鹤有机会参与中国探月这样的民族事业，倍感荣耀。在过去的58年里，中国飞鹤正从一家企业变成行业领军企业，“民族”是实现这一转变的重要关键词。作为一个地地道道的民族企业，飞鹤始终专注于中国宝宝体质和母乳营养研究，为中国宝宝和中国家长服务，是飞鹤的不变初心和立身之本。新冠肺炎疫情当前，国家需要时，中国飞鹤第一时间投入其中，前后累计捐赠了2亿元的现金和物资。2020年，是我国打赢脱贫攻坚战的关键年，中国飞鹤始终参与其中，以“尽己所能、反哺社会”的公益理念，形成了“立足产业、立体扶贫、精准担当”的独有模式，并取得了坚实成果。

作为中国婴幼儿配方食品行业龙头企业，近年来中国飞鹤持续推进供给侧结构性改革，进行产业集群布局、产品打造、科研升级等方面全方位创新，实现了高质量、跨越式发展。早在2001年，中国飞鹤率先构建“农牧工”三位一体专属产业集群、引进WCM世界顶尖制造管理体系，实现了品质全程可控可追溯。同时，飞鹤立足中国母乳与中外宝宝体质差异，研制“更适合中国宝宝体质”的高品质婴幼儿配方食品，以“更适合”理念扭转了国人选购婴幼儿配方食品的标准，赢得万千消费者信赖。不仅在“量”上实现了较快增长，更在“质”上取得了显著突破，干出了中国企业的“精气神”！

此次探月与航天工程中心授予的“嫦娥五号婴幼儿配方食品官方合作伙

伴”，体现了中国探月工程对中国飞鹤的充分认可。今后，双方将在多个方面开展深入合作，用“飞鹤向月”这个新起点，推动更高标准的制定，更适合中国宝宝体质的技术创新，向航天品质看齐，为中国宝宝提供更安全、更高品质的产品。

资料来源：环球网，2020 年 11 月 25 日。

（2）稳定型战略适用范围。

①企业所面临的外部环境较稳定，而企业感到自己是成功的。

②企业最高领导一时不愿冒风险，而对企业现行的战略进行重大修改。

③企业实力较弱，且满足于以往的经营业绩，希望继续保持与过去大体相同的业绩和目标。

④企业经营者感到对新产品或新市场缺乏足够的认识和必要的准备。

⑤不适于采用多元化或一体化扩张的企业。

（3）紧缩型战略适用范围。

①企业以前执行的战略失败，要立即采取新扩张战略又缺乏资金和其他资源，只有通过紧缩而重新积蓄力量。

②企业处境困难，市场占有率下降，利润在减少，但又缺乏足够的力量予以扭转。

③环境中存在较大的威胁因素，如普遍性的经济萧条、市场需求不足、银根紧缩，或遇到强大竞争对手，而企业内部条件不足以克服这些威胁。

④本行业所处环境已无发展机会，而其他行业却能发挥自己的优势，通过紧缩现有业务，准备进入新的行业。

（二）农业企业经营战略的实施

农业企业经营战略的实施是企业通过一系列行政的和经济的手段，组织企业为实现企业的战略目标所采取的一切行动。在把制定的战略转化为实际行动的过程，企业必须开展多方面的工作。

1. 建立适应战略实施要求的企业组织

企业战略实施的成功主要取决于企业的组织是否适应战略实施的要求。组织结构必须服从战略，因此要根据新制定的战略来调整企业原有的组织机构，并配备适当的人员，明确其相应的责任和权力，建立各种规章制度。

2. 合理配置资源，制定预算和规划

企业必须搞好预算和规划，把相应的资源配置到下属单位，以便使其完成战略目标。各下属单位要根据自己承担的战略任务，规划各项业务活动，制定战略实施规划等。一份详细的战略实施规划应包括详细的战略项目和行动技术、资金资源的筹措和市场开拓计划、预算实施计划等。

3. 调动群体力量，实现战略计划

通过激励机制（如增加工资、奖金、津贴，分享股份，晋升、表扬等），必要时也可实施惩罚措施。应鼓励企业员工投身实现战略目标的工作，并建立支持战略实施的企业文化。

4. 建立行政支持系统，实行有效的战略控制

在战略实施过程中，行政系统的主要任务是制定战略实施的政策和方法，及时获取有关的重要战略信息，保证组织按照战略规划要求行动。同时，对战略实施的状况进行全面的评价，及时发现偏差并纠正偏差。

动动脑：

1. 发展型战略、稳定型战略和紧缩型战略分别适应的农业企业类型是什么？

2. 请举实例说明农业企业经营战略如何制定。

第三节 农业企业的经营决策

案例导入：

中化农业MAP战略打造农业生产经营新模式

雷州半岛位于位于北回归线以南，地处亚热带。这里四季如春，适宜多种热带水果及蔬菜生长。可是，在过去的很多年里，这里的农业种植水平并不高，当地农产品品质和产量均有待提升。对此，中化集团农业事业部通过建立MAP技术服务中心，为规模种植者提供生产全程科学种植方案。

记者了解到，目前中化农业已经在线上搭建起MAP智慧农业平台。该平台集成了现代农场管理系统、技术服务中心服务系统和精准种植决策系统，可依托线下MAP技术服务中心和示范农场服务网络以及技术服务、农业生产和产品等海量数据，通过移动互联网和物联网等技术手段，全程跟踪、解决服务中心运营和规模种植者农场管理效率问题。

中化农业经济作物MAP副总经理郭宗军表示，通过推行科学种植方案和高性价比的农业生产资料，MAP模式较普通种植模式可降本增收15%以上。同时，减量施用化肥农药、推广节水农业和秸秆还田等技术的运用，还可以大幅减少农业生产对环境的影响。

中化集团新闻发言人张宝红表示，作为中化农业板块的创新转型，中化现代农业平台战略（MAP）的初衷就是顺应供给侧结构性改革和消费升级。他说："我们的目标只有一个——种出好品质、卖出好价钱。"

作为农业现代化发展的技术传播者、资源组织者和效率提升者，中化农业的MAP模式以提质增效为核心，落实"三农"政策和"乡村振兴"战略，推动我国农业现代化转型，助力打造绿色农业和品牌农产品，以科技力量实现美好农业，确实值得拭目以待。

资料来源：新华网，2019年4月30日。

案例思考：

1. 中化集团为什么要发展 MAP 经营新模式？

2. 农业企业怎样才能做出正确的经营决策？

一、农业企业经营方向决策

制定正确的经营决策关键在于选择正确的经营方向。选择正确的经营方向应做好行业分析、可行性研究等方面的工作。

（一）行业分析

行业分析的目的就是要选择企业进入的行业，即在各行业中选择创办机会。行业分析的内容如下。

（1）该行业的地位和作用；

（2）该行业的结构、规模和增长率；

（3）该行业产品需求预测；

（4）可得到的原料来源；

（5）支持该行业发展的金融、财政、外贸和其他相关政策；

（6）着手进行生产能力、生产总投资，投入品所需要资源的供应条件、成本、收益、盈亏估计及分析。

（二）可行性研究

选择企业经营方向时还必须对企业准备经营的所有项目和主要影响因素进行分析、测算、综合评价。

1. 技术可行性

从生产、技术角度研究经营方向的可行性，主要包括如下内容。

（1）综合技术的利用。例如：实行纵向一体化的农业企业，从种植、运输、加工到销售。这一整个运作过程中，不同技术组合的成本、效益多大，所选用的设备是否配套、是否适用当地条件。

（2）规模是否经济。例如：能否充分扩大生产规模，临界规模是多大等。

（3）资源等制约因素。例如：原料是否有保证，生产经营中的用水、用电的保障程度等，尤其是人力资源的保障程度等。

2. 财务可行性

财务是伴随企业的生产经营过程随时发生的。财务可行性分析的要点如下。

（1）投资规模及其保证程度；

（2）总成本的估算，包括对所需原材料、燃料、动力、劳动力等成本方面的分析；

（3）全部投资的回收分析；

（4）盈利分析。

3. 社会可行性

社会是企业生存的空间。社会可行性分析应考虑的主要因素如下。

（1）国家的政治体制；

（2）支持企业所在的行业的政策法令；

（3）该行业的投资结构、社会经济结构；

（4）传统习俗、消费习惯等。

农业企业应通过对各方面情况综合分析研究，才能确定企业正确的经营方向。

二、农业企业经营规模决策

农业企业经营规模是指一个企业提供产品或服务的能力。不同行业、产品因其技术、市场容量等条件不同，对企业经营规模的要求也不同。农业企业要想在保持好的经济效益的前提下，开拓更大的市场，不断地扩大企业生产规模，就必须按投入要素最佳组合的要求，按比例增加所有生产要素的投入量，确保在增加企业规模的同时生产要素组合仍处于最佳状态。

企业经营所要解决的问题就是如何确定规模，即生产多少的问题。生产多少能使企业获取最大利润。这是生产经营所必须解决的问题。

（一）农业企业经营规模的内在经济与外在经济

企业经营规模的确定要考虑其内在经济性与外在经济性两个方面。

1. 内在经济

内在经济是指企业在生产规模扩大时从自身内部所引起的产量与收益的增加。产生内在经济的原因有以下几个方面。

（1）由于固定资本具有不可分性，只有规模较大的企业才有财力购置大型、先进的机器设备，并能在经营中得到充分利用。

（2）生产规模越大越利于进行精细的分工，实行专业化劳动。专业化分工可以在劳动者人数不变的情况下，增加产品数量，改进产品质量，提高劳动生产率。而在规模不大的条件下，采用过细的劳动分工，则可能造成无法充分负荷的后果，带来生产要素的损失。

（3）规模较大企业的用户会比较多，而较多熟练用户的总体行为会更加趋于稳定，因此企业的存货不必与它的规模成比例增加。同时，大批量的采购和销售可以减少流通费用，从而减低成本。

（4）较大的企业便于实行科学管理，提高管理效率。各种规模的生产都需配备必要的管理人员，但生产规模扩大后可以缩小和降低管理人员在全部员工中的比重，节约管理费用。同时，大企业的管理部门工作量大，有条件进行专业分工和分散决策，并能使用专门的管理设备，可以提高管理效率。

（5）企业规模越大，越容易对副产品进行综合利用。在小规模生产中，许多副产品往往被作为废物处理，但在大规模生产中就可以对这些副产品进行再加工，做到“变废为宝”。

（6）实力雄厚的企业有能力聘请专家，从事生产技术和产品质量的改造。

总之，在一定的条件和限度内，企业规模越大（即全部生产要素都增加），生产量越大，各项开支越节省，单位产品的成本就越低，也就是成本递减、收益递增。

2. 外在经济

外在经济是指整个行业规模扩大和产量增加后，给个别企业带来的产量与收益的增加。产生外在经济的原因有以下几个方面。

（1）整个行业规模扩大之后，有关该产业的知识量也会增加，这些知识表现在商业报刊或其他消息来源中，很容易为各个生产单位所采纳，这样可以减少企业收集经济、技术市场信息的成本。

(2) 行业形成一定的规模之后，可以联合设置维修服务等方面的机构，节省相应的费用。实际上，即使没有有形的联合服务，消费者也可以预期消费品会有便利的维修等条件，从而增大对某种已经形成产业规模的产品的消费。

(3) 行业的繁荣会使该行业的产品或服务更容易进入国际市场，使产品市场空间得到进一步扩展。

(4) 当产业产出的增长集中在特定地区时，会创造出熟练劳工的市场，先进的附属企业或产生专门的服务性行业以及带来基础设施的改善等。这些经济效果的传播会改变接受效果的企业的产出和投入之间的技术关系。

(二) 农业企业经营规模的内在不经济和外在不经济

企业经营规模的确定受制于其内在不经济性与外在不经济性。

1. 内在不经济

当一个企业由于本身经营规模过大，从自身内部引起产出和收益减少时，就称为内在不经济。内在不经济的情况有可能出现，存在以下原因。

(1) 当经营规模超过一定的资源约束限度时，资源的供给有可能发生困难，投入成本有可能增加，产品的销路也会受到市场的限制。

(2) 当经营规模过大时，会出现机构庞大、层次过多、不易协调等问题。这一方面会使管理费用加大的速度超过产量上升的速度，另一方面会因决策的复杂性增加使管理效率下降。

(3) 劳动的分工总是有一定限度的，生产效率的提高也是有限度的，超过了既定的技术条件下分工所带来的限度，将会导致生产效率下降。

(4) 由于收益递减规律发生作用，在经营规模的扩大过程中，总会出现某一生产要素的功能发挥到极限的情况，从而也会导致规模收益递减。

(5) 有证据表明，在大企业中，个人的努力程度、工作实绩和劳动报酬之间的联系不像在小企业中那样直接而明显，这使大企业往往比小企业缺乏效率，从而使企业随着规模的增大而收益递减。

(6) 产出的增加可能会带来销售上的困难，增加销售机构和人员的支出，导致产品成本增加。

2. 外在不经济

如果一个行业规模扩大使一些企业收益减少，这就是外在不经济。其原因有以下几个方面。

（1）行业生产规模扩大会引起竞争加剧，使销售变得困难，造成生产能力闲置，产品成本增大。

（2）行业规模达到一定限度，可能会使市场中某种必要的生产要素短缺，增大产品的生产成本。

（3）随着整个行业规模的扩大和产出的增加，可能会引起交通运输紧张、地价上涨等不利后果，从而增加经营成本。

（三）企业规模收益与成本

规模收益递增原理可以作为农业企业经营规模分析中的一个重要模型。

1. 规模收益的变动

所谓规模收益是指企业采用一定的生产规模而能获得经济上的利益，即由于生产规模变动而引起的收益变动。随着经营规模的扩大，规模收益会发生变动。这一变动大致要经过三个阶段。

（1）规模收益递增。当规模扩大后，收益增加的幅度大于规模扩大的幅度。如生产要素投入量增加收入20%，而获得的产出却增加了30%。在这种情况下，企业所获利润呈递增趋势，表明企业可以继续增加投入，扩大生产规模，降低生产成本。同时，这也表明企业生产处于经济状态。

（2）规模收益不变。当规模扩大后，收益增加的幅度等于规模扩大的幅度，如生产要素投入增加20%，产出也增加20%，在这种情况下，企业所用的资本投入所构成的生产规模呈最佳状态。

（3）规模收益递减。当规模扩大后，产出增加的幅度小于规模扩大的幅度，甚至收益绝对减少。如生产要素投入增加20%，而产出增加不到10%，这时企业生产处于不经济阶段。

上述规模收益的三种情况，也可以用代数式表示。

设生产函数 $Q=f(X_1, X_2, \cdots, X_n)$，并假定生产出特定产量 Q^* 所需要素是 $X_1^*, X_2^*, \cdots, X_n^*$，即 $Q^*=f(X_1^*, X_2^*, \cdots, X_n^*)$。

假设所有投入要素都增加到K倍，产量就增加到 HQ^*，那么 $HQ^*=f(KX_1^*, KX_2^*, \cdots, KX_n^*)$。这样，可能有三种情况。

①如果 H > K，即为规模收益递增；

②如果 H = K，即为规模收益不变；

③如果 H < K，即为规模收益递减。

假定技术条件不变，则规模收益递增、不变和递减三个阶段相应表现为平均成本递减、不变和递增三个阶段。规模收益的变动如图 3－5 所示。

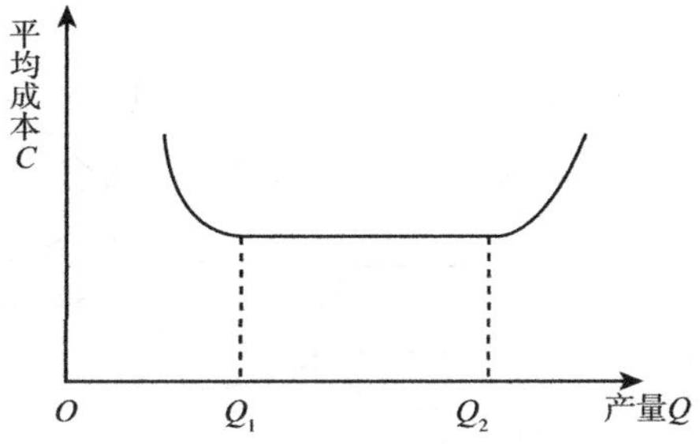

图 3－5　规模收益的变动

只有在产出量介于 Q_1 与 Q_2 间时，生产的投入才有利可图。

2. 规模收益与等产量曲线

可借助等产量曲线分析收益与规模之间的关系，如图 3－6 所示。假设在生产过程中，每投入 5 个单位时间的劳动必须投入 1 个单位时间的机器使用。图 3－6 中，OC 射线描述了固定投入比例中进行生产的各种劳动和资产的组合。

在较低的产出水平上，企业的生产函数显示了递增的规模收益，如图 3－6 中从 O 到 A。在投入组合为 5 小时劳动与 1 小时机器使用时，产出为 10 个单位（图中最低的等产量线所示）。当所有的投入品都增加 1 倍时，产出由 10 个单位增至 30 个单位；当投入再增加一半（劳动时间由 10 小时增至 15 小时，机器使用时间由 2 小时变为 3 小时），产出增加了 1 倍，由 30 个单位增至 50 个单位。

在产量适中的情况下，生产函数显示了不变的规模收益，如从图 3－6 中 A 至 B 在投入组合为当投入增加 1/3，即劳动由 15 小时增至 20 小时，机器使用时间由 3 小时增至 4 小时，产出也增加了 1/3，即由 50 单位变为 80 单位。

在较高的产出水平上，生产函数又显示了递减的规模收益，如图 3－6 中 B 至 C，当投入增加 1/4，即劳动由 20 小时增至 25 小时，机器使用时间由 4

小时增至 5 小时，产出的增加不足 1/4。

从图 3－6 中可以看出，在规模报酬递增时，随着投入的等比例增加，等产量线之间的距离变得越来越近；当规模报酬不变时，等产量线之间是等距的；当规模报酬呈递减趋势变化时，需要越来越多的投入品，等产量线之间会离得越来越远。

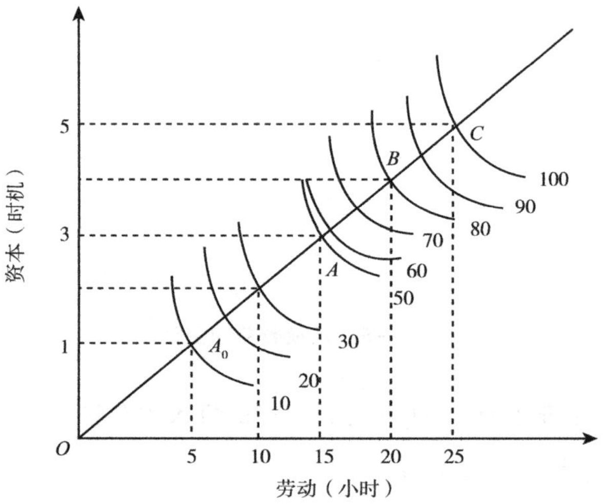

图 3－6　规模报酬图示

3. 规模经济与企业的短期成本和长期成本

规模经济是指在既定技术条件下，随着产出的增加，企业单一产品或一定量某种服务的平均成本，在某一区间内递减的现象。它通常是用成本—产出弹性（Ec）来计量的。Ec 表示单价产出变动百分率所引起的平均生产成本变动（其中 C 是总成本，Q 是产出量）：

$$Ec = (\Delta C/C)/(\Delta Q/Q) \tag{3-1}$$

成本—产出弹性小于 1 时，说明小于 1 倍的成本增加能够带来 1 倍产出增加，因而存在规模经济；成本—产出弹性大于 1 时，必须有大于 1 倍的成本增加才能带来 1 倍产出增加，因而存在规模不经济；成本—产出弹性等于 1 对应了有效规模产出点。

变换式（3－1）可以看出成本—产出弹性是边际成本与平均成本比率：

$$Ec = (\Delta C/C)/(\Delta Q/Q) = (\Delta C/\Delta Q)/(C/Q) = MC/AC \tag{3-2}$$

即：边际成本小于平均成本因而边际成本与平均成本比率小于1时，存在规模经济；边际成本大于平均成本因而边际成本与平均成本比率大于1时，存在规模不经济；边际成本等于平均成本因而边际成本与平均成本比率等于1时，对应的产出量为有效规模产出量。

（二）盈亏平衡分析

对生产经营进行盈亏分析，就是根据产品的销售量、成本和利润三者之间的关系，分析各种方案对企业盈亏的影响，从中选择出最佳的经营规模方案。其中，企业从事生产经营活动投入的人力、物力等的货币表现就是成本，将生产出的产品销售出去的所得就是销售收入。

设：Q为产量；R为销售收入；C为总成本；F为固定成本；V为变动成本；P为产品单价；Q_b为盈亏平衡点产量。

当销售收入等于总成本时，即R=C时，企业不盈利也不亏损，这时的产量称为盈亏平衡产量，也叫作临界产量Q_b。表现在盈亏平衡图上就是收入R=PQ和成本C=F+VQ两直线的交点（见图3-7）。则$Q_b=F/(P-V)$。由图3-7可以看出，当产量$Q>Q_b$时，企业可以盈利，当$Q<Q_b$时企业亏损。所以企业要想获得盈利，就必须使产量大于盈亏平衡点Q_b。但是，产量究竟应当多大才能保证企业达到目标利润？

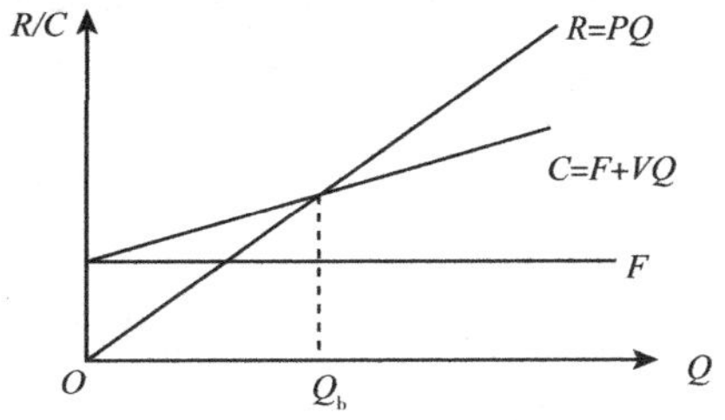

图3-7　盈亏平衡图

设目标利润为P_f，则：

$$P_f=R-C=PQ-F-QV \quad (3-3)$$

解这个方程所得Q值，我们设其为Q_f，则$Q_f=(P_f+F)/(P-V)$，即当目标利润为P_f时，生产量应大于或等于$(P_f+F)/(P-V)$。

例：在某生产制造过程中，固定成本为10000元，每件产品的可变成本为

0.6元，售价为0.8元。试求：

（1）盈亏平衡点产量；

（2）若目标利润为10000元，应生产多少？

解：已知：F = 10000元，V = 0.6元/件，P = 0.8元/件，P_f = 10000元

则：

$Q_b = F/(P - V) = 10000 \div (0.8 - 0.6) = 50000$（件）

$Q_f = (P_f + F)/(P - V) = (10000 + 10000) \div (0.8 - 0.6) = 100000$（件）

动动脑：

1. 企业规模收益与成本之间如何互动？
2. 盈亏平衡分析法的要点是什么？

▶ 链接案例：

大北农的“智慧化”战略

“智慧化”是信息化发展到一定阶段的重要特征之一。伴随着互联网经济从单纯的IT行业开始走向传统企业，传统企业的经营也开始变得越来越“智能化”，当智能化的应用与企业的战略相结合，演变成超前的商业模式的时候，企业的智能化就可以说是“智慧化”了。2010年成功上市后的大北农就在这一思潮的指引下，开始实施他们雄心勃勃的“智慧大北农”计划。

一、大北农的“智慧化”战略

“全面颠覆传统的竞争规则，利用信息化的力量在集团内外大规模普及信息化、智能化的商务模式，创造性地提高大北农在传统业务领域的非传统竞争力。”这是2007年初制定的《大北农信息化战略》中对大北农信息化目标的描述，也是“智慧大北农”最初步的构想。

那时的大北农集团还未完全实现信息一体化，但这不妨碍其对信息化的高级阶段——智慧化提前作出合理构想。

2010年，大北农在信息化建设第一阶段成果ERP基础之上，完成了集团级。A系统建设，在集团内部实现了各系统数据信息的标准化、统一化的同

时，也开始在集团外部向上下游企业、合作伙伴普及和大北农相一致的信息化解决方案，取得信息化建设第二阶段的成功。自此开始，大北农正式启动智慧大北农工程，拉开了信息化建设第三阶段的序幕。根据规划，这一阶段要完成的目标亦即大北农信息化的最重要的目标：颠覆传统作业下的流程和习惯，在集团内外大规模普及信息化的流程和游戏规则，彻底提高大北农在传统业务领域的非传统竞争力。

智慧管理、智慧养猪和智慧金融是智慧大北农第一个蓝图的三大板块。

智慧管理（见图3－8）将利用大北农在管理与信息化方面的优势，全面导入标准化、专业化、职业化管理理念，应用信息化的力量颠覆性改变原来赖以存在的业务流程、工作程序、信息传导方式，直接改变与客户的关系，在传统的农牧企业中获得非传统竞争力，亦称不对称竞争力。

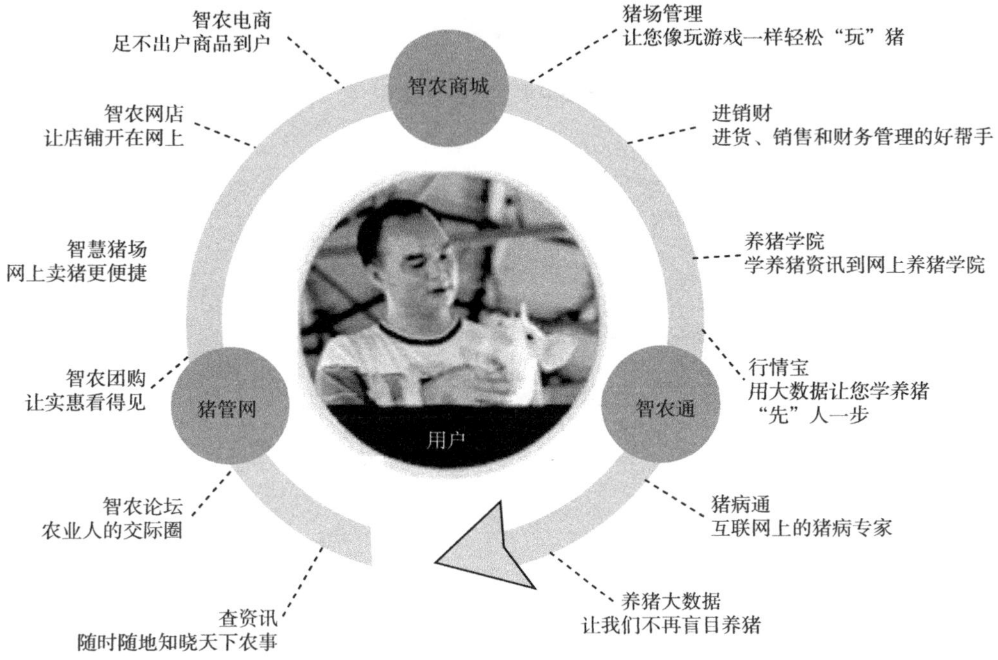

图3－8 智慧管理

智慧养猪系统是大北农“智慧农业”的一个子计划，将提供围绕“猪”产业链，建立的集产品、服务、资讯、管理、财务、推广为一体的360°养猪综合服务平台。

图3－9　智慧养猪

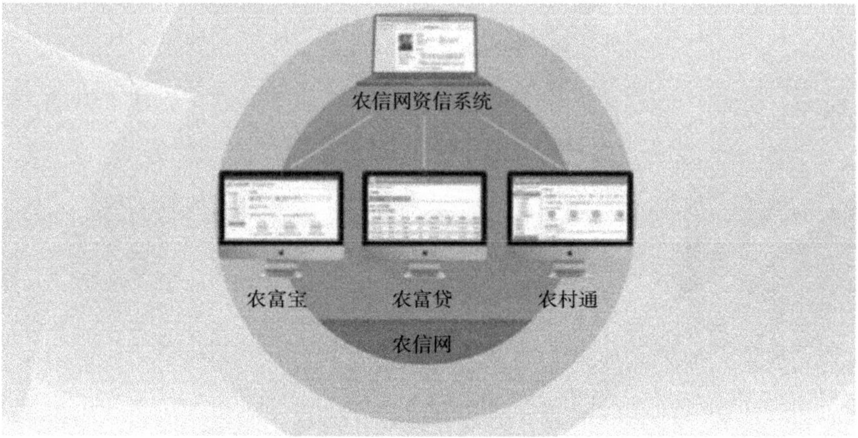

图3－10　智慧金融

智慧金融系统是基于互联网，利用合作伙伴和养猪企业日益积累的信用数据形成一个既不同于商业银行，也不同于传统资本市场的第三种金融运行模式，建立行业内第一个可持续性的、普惠制的农村商务金融服务新体系。

二、文化土壤

在《农经》记者采访过程中，大北农副总裁薛素文一再强调，特殊的企业文化是大北农信息化建设之所以不断取得成功的关键因素。

结合在大北农的自身经历和整个信息化建设过程，薛素文说，基于大北农企业文化之上的充分授权体系，在整个大北农信息化建设过程中的作用至关重要。

相对于大多数企业实施信息化的“一把手工程”不同，大北农实施的是“一把手授权工程”，这是大北农以企业文化为核心的管理体制下的一个缩影，具体到大北农的信息化的建立和实施，无疑起到了至关重要的作用，集团董事长兼总裁邵根伙博士是农业企业里最早提出信息化战略的企业家之一，但他这个信息化的战略构想不是由他亲自推行的，而是给出了一个框架性的思维，剩余的就充分授权给公司的财务和信息部门去执行，这是大北农信息化能够走到现在的关键。

三、战略思维

在薛素文看来，做信息化一定不能从纯技术的角度出发，仅仅以信息化的技术去做，而要从跨行业的视角，以企业管理的思路、理念、方法去做。

他说，“一名优秀企业家或者是管理层绝对不会是就事论事，沉溺在行业传统的竞争模式或自己的专业里头出不来，而必须具备一种跨行业、跨专业的复合型思维能力。比如我们饲料行业，现在看起来同质化的竞争很严重，大家更热衷于打产品价格战，这样对产品品质的提升和扩展产品的附加值是没有多大好处的，而邵博士的思维里头是尽量用做高科技产品的概念来做传统的饲料产品，也就是说把产品的性能、品质提高到极致，把饲料产品当成人吃的营养品来经营，并将现代服务业的先进理念引入到产品服务中来，这样可以把产品的附加值越做越高，同时行业的发展之路也越来越宽广。受这个启发，我们做财务工作的，也应该超越传统的账册思维，应用服务业、IT 业和金融业的理念来做财务，通过服务客户的方式或以提高客户价值的方式来间接实现大北农价值最大化的目标，这种跨专业的思维模式才有大北农现在的智慧大北农框架。”

资料来源：《农经》，2013 年 09 期，总第 270 期。

— 复习思考题 —

1. 如何理解农业企业经营战略？它有什么特点？
2. 农业企业经营环境分析包含哪些内容？
3. 简述农业企业经营环境分析的方法。
4. 农业企业在什么情况下会采取一体化战略？
5. 农业企业经营战略类型主要有哪些？
6. 农业企业在规模经营上有何特点？

第四章　农业企业要素管理

学习目标

1. 了解农业企业要素的构成与特点；
2. 理解企业有形要素和无形要素如何进行有效管理；
3. 掌握企业要素管理的相关理论和方法；
4. 理解农业企业要素管理的问题及其解决办法。

第一节　农业企业要素的构成及特点

案例导入：

新时代下的首农食品集团

北京首农食品集团有限公司是经北京市委、市政府批准于2017年12月由北京首都农业集团有限公司、北京粮食集团有限责任公司、北京二商集团有限公司三家企业联合重组成立。2018年12月，经北京市批准改组为国有资本投资公司。2019年1月，对北京菜篮子集团有限公司实施托管。

联合重组后的首农食品集团，集食品生产商、供应商、服务商于一体，资产、营收双超千亿，员工近6万人，所属企业500余家，其中中外合资合作企业30余家，境外公司10余家，上市公司2家，农业产业化国家重点龙头企业7家，位列“中国企业500”强，在首都食品供应保障服务中发挥着主渠道、主载体、主力军作用，肩负着“首都食品供应服务保障重要载体，首都食品安全行业表率，首都食品产业发展核心主体”的重要责任。

目前，集团已建成贯穿育种、种植养殖、产品加工、贸易流通、终端销售等环节的全产业链，涵盖乳业、粮食、油脂、肉类及水产品、糖酒及副食调味品等品类。培育出一系列深受消费者青睐的中华老字号和知名品牌，持有13个中华老字号，19个北京老字号，15个中国驰名商标，24个北京著名商标。“月盛斋酱烧牛羊肉制作、六必居酱菜制作和王致和腐乳酿造”3项技艺入选国家级非物质文化遗产保护名录。首农品牌价值为626.85亿元，上榜世界品牌实验室2020“中国500最具价值品牌”排行榜，总排名位列500强的第81位，三元、古船、大红门分别以328.26亿元、186.52亿元、97.32亿元位列500强品牌第199、319、419位。

集团拥有3家国家级工程技术研究中心，4家市级工程技术研究中心，3家部级加工技术研发中心，2家市级以上重点实验室，3家院士专家工作站，4家博士后科研工作站，22家国家高新技术企业，持有专利超过600件，与平谷区、中国农业大学共同打造北京平谷农业科技创新示范区。

联合重组以来，集团坚持党建统领、战略纲领、文化引领“三位一体”治理模式，连续3年实现收入利润双增长，企业发展进入高质量快车道。“三位一体”治理模式荣获2020年第七届中国管理科学奖。

面对突如其来的新冠肺炎疫情，集团牢牢抓住疫情就是命令，防控就是责任，保供就是担当，发展就是使命，党建就是统领这一工作主线，坚决贯彻习近平总书记“六稳”“六保”指示精神，坚决落实市委市政府、市国资委党委“保供稳价”和国家质监总局“三保行动”部署，迅速成立“1+6+1”疫情防控工作组织架构，同向发力组织保供、加强防控安全保供、节日无休全力保供、外埠调运集中保供、库存充足应急保供、创新服务安心保供、民生工程发展保供，在非常时刻发挥了“压舱石”“稳定器”的重要作用。在此基础上，集团按照上级总体部署，探索创新“前置采购点蔬菜购销新模式”，迅速在河北高碑店、平谷马坊、河北廊坊万庄设立“首农·应急蔬菜进京协调办公室”，协调进京蔬菜的货源组织、物资中转、物流保障，全力推进应急蔬菜进京工作，为稳住首都“菜篮子”作出了贡献。

作为首都市民的“菜篮子、米袋子、奶瓶子、肉案子”，首农食品集团以“食安天下、惠泽万家”为使命，聚焦首都食品安全、城市生活保障，积极履行政治责任、经济责任、社会责任，不断加强资源整合优化，构建首都食品全产业链优势；坚持科技和品牌双轮驱动，强化食品安全管控体系建设；加快商业模式创新，推进产业优化升级；围绕首都“四个中心”建设，承担好“四个服务”保障职能，不断提升服务质量和水平；主动融入京津冀协同发展、推进供给侧结构性改革、落实疏解整治促提升专项行动、打赢扶贫攻坚战，加快构建以“一体两翼三平台”为核心的开放型产业生态体系，加速推进“立足北京、依托京津冀、布局全国、走向国际”的产业布局，以市场化、专业化、资本化、数智化、国际化为发展方向，在疫情防控常态化下，牢牢把握稳中求进工作总基调，全力将企业打造成为具有国际竞争力、引领健康美好生活的现代食品集团。

资料来源：北京首农食品集团官网，2021 年 5 月 11 日。

案例思考：

通过以上案例试分析农业企业要素有哪些？

一、农业企业要素及其构成

农业企业要素是指直接或间接为农业企业经济活动服务的生产力要素，它包括有形要素和无形要素两大类。

如图 4－1 所示，有形要素包括土地、物资、设备、劳动力和资金，无形要素包括技术、信息和企业文化。其中，土地是农业企业最基本的生产要素，物质和设备是农业企业生产经营活动的基础，人力是农业企业财富的创造者。资金是农业企业的重要要素之一，是企业用于生产经营活动的资产的货币表现，可以具体反映土地、物质、设备、劳动力等要素，资金有其独特的运行规律，本教材第八章会详细阐述。信息也是农业企业生存之本，技术是农业企业获得竞争优势的有力手段，企业文化是推动企业发展的不竭动力。

- 农业企业要素
  - 有形要素
    - 土地
    - 物资、设备
    - 劳动力
    - 资金
  - 无形要素
    - 技术
    - 信息
    - 企业文化

图 4－1　农业企业要素结构

二、农业企业有形要素的构成及特点

（一）土地的概念及其特点

1. 土地的概念

土地是指地球表面陆地和水面的总称，它是由土壤、气候、地貌、岩石、水文和植被等构成的自然历史综合体，并包含人类活动的成果。土地是农业生产中无法取代的最基础的生产资料。作为农业生产要素的土地资源，它是指在现在或可以预见的未来，能被人们所利用并能产生经济效益的那部分土地。

土地对于农业生产具有特殊的重要意义和作用。它在农业生产中的作用在于：为农业生产提供生产经营活动的场所；为作物制造、储存和输送生长、发育所需要的养分；充当劳动对象和劳动手段。

2. 土地的特点

土地的特点包括自然特点和经济特点，其经济特点以自然特点为基础。

（1）土地资源的自然特点。

①位置的固定性。土地资源不像其他生产要素，可根据生产需要变换位置或搬迁。它一旦形成，位置就相对固定，不能移动，只能利用。而且不同位置的土地具有特定的气候、土壤、水文、地貌等自然条件和不同的社会经济条件，其开发利用的形式和效益必然不同。

②数量的有限性。土地资源是自然历史过程的产物，土地的面积受到地球表面积的限定，在地球陆地大小不变的情况下，土地资源的数量是有限的。人类的生产活动和先进的科学技术只能影响土地的形态，而不能创造土地、消灭土地，或用其他生产资料来代替它。因此，农业企业在经营管理中必须使有限的土地得到充分利用，不断提高集约化水平，使有限的土地产出更多的农产品，以满足整个社会的需要。

③质量的差异性。土地资源是自然生成的，不同地块所处的地形、地貌不一样，气候、水文、土壤地质状况也有很大差异。由于土地自身条件及相应的气候条件的客观差异，造成土地质量的差异性。人们只有因地制宜地利用各类土地资源，才能取得土地利用的最佳效益。因此，农业企业的生产经营活动必

须从企业自身条件出发，结合土地的自然经济条件，因地制宜地利用土地，宜农则农、宜林则林、宜牧则牧、宜渔则渔。

④功能的永久性。土地在被利用的过程中，土壤养分和水分虽然不断地被植物吸收、消耗，但通过施肥、灌溉、耕作、作物轮作等措施，可以不断地得到恢复和补充，从而使土壤肥力处于周而复始的动态平衡中。土地只要合理利用和保护，用养结合，地力不仅不会下降，反而会不断提高；相反，如果土地资源利用不科学，就会发生沙化、腌渍化，肥力衰退，生产率大大降低。这就为企业合理化利用和保护土地提出了客观要求。

（2）土地资源的经济特点。

①供给的稀缺性。土地数量的有限性决定了土地资源供给的稀缺性，其稀缺性不仅表现为土地资源总量的有限性，还体现为不同地区、不同用途的土地数量的有限性，从而反映在某特定土地市场上土地资源供不应求的矛盾，并引发一系列的经济问题。由于土地资源的稀缺性的存在，加上在土地上进行农业生产时投入一定的劳动量，使土地供给具有价值，并形成了土地价格。由于各地区土地稀缺程度的不同，以及农业生产中投入的劳动量的不同，使不同区位的土地价格存在明显差异，其中土地稀缺程度会对土地价格差异产生更大的影响。

②利用方式的相对分散性。由于土地位置的固定性，对于土地的利用，只能就地利用，因此土地利用的方式是相对分散的。这一特性，要求人们利用土地时，要进行区位选择，并注意搞好地区间的交通运输联系，以提高土地利用的综合治理效益。

③利用方向变更的困难性。土地有多种用途，当土地一经投入某项用途后，想改变其利用方向，一般是比较困难的。这一特性，要求人们在确定土地利用方向时一定要详细勘察，做好周密的规划。

④报酬递减的可能性。由于土地报酬递减规律的存在，在既定条件下，土地的使用超过一定的限度，便产生报酬递减的现象。这一特性，要求人们在对土地增加投入时，必须寻找投入的适合度。

⑤利用后果的社会性。由于土地是一个自然综合治理整体，其利用的结果，不仅影响本地区内的自然生态环境和经济效益，而且可能影响邻近区域甚至整个国家和社会的生态环境和经济效益，产生巨大的社会效果。这一特性要求企业都要以社会身份来管理、利用土地资源。

▶ 拓展阅读：

土地变股权 农民当股东 促进农业规模化经营

肖邢王村党支部书记高振河说："合作社流转了全村 647 亩耕地，将土地变成股权，让村民成为股东。村民既能享受规模种植的分红，又能从土地解放出来，多一份收入。"

2016 年以来，围绕"土地谁来种，怎么种"等问题，德州掀起了农村党支部领办、创办土地股份合作社热潮，如今这一模式在德州乡村落地生根、开花结果，"碎片化"土地集中起来，分散的农户组织起来，激活了土地、劳动力等生产要素，实现了小农户和现代农业的有效衔接。

德州市是传统农业大市，但农业大而不强，农产品多而不优；农民组织化程度低、农业效益不高；年轻人不愿种地、留守老人种不了地，"谁来种地"等问题凸显。

德州市委采用"先试点、然后逐步推开"的办法，探索由党支部牵头把农民群众组织起来，蹚出一条农业规模化经营的道路。2016 年 4 月，临邑县林子镇苗甫庵村土地股份合作社成立，探索实施"以地入股、按股分红"的土地股份化、集约化运营模式，成为全市先行先试的党支部之一。

"党支部领办、创办土地股份合作社，就是在群众自愿的基础上，推进和服务农业适度规模经营，提供耕、种、管、收、售全程统一服务，形成'村党支部 + 土地股份合作社 + 乡镇为农服务中心'的模式，实现富民强村互融并进。"德州市委组织部负责同志介绍，2017 年，这一创新办法在德州市推开，德州市委市政府出台《关于推进农村党支部领办创办土地股份合作社服务农业适度规模经营的实施意见》。

资料来源：中华人民共和国农业农村部。

（二）物资的概念及其特点

1. 物资的概念

物资，即物力资源，有广义和狭义之分。广义的物资，是指物质资料的总称，具体包括生产资料和生活资料。狭义的物资，是指企业在生产经营活动中所利用的生产资料，即在企业的生产经营活动中被当作劳动手段和劳动对象利用的一切物质资料，具体包括设备、原料、材料、辅助材料、燃料、动力、小型工具、零配件和其他低值易耗品等。本教材中的物资是指狭义的物资。

2. 物资的分类

物资种类繁多，各具特点，在管理上也就有不同的要求。对物资进行适当的分类，利于对物资进行科学的管理。如图 4－2 所示，农业企业的物资一般可按以下标准进行分类。

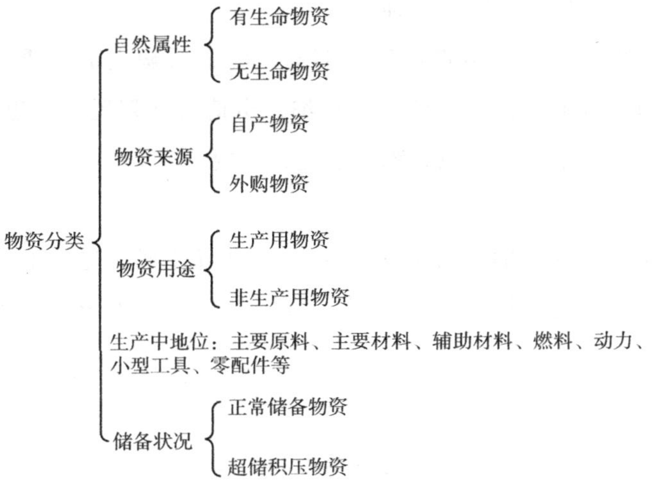

图 4－2　物资分类示意

（1）按物资的自然属性分为有生命物资和无生命物资。前者是指生物性的物资，如种子、种蛋、育肥畜禽等；后者是指非生物性物资，如机械、设备、化肥、农药等。这种分类突出了农业生产的特殊性，以便物资的利用管理。

（2）按物资的来源分为自产物资和外购物资。前者是指本企业自己生产留用的各种物资；后者是指企业用货币从市场上购买的物资。这种分类有利于编制物资供应计划，组织好物资的供应，满足企业生产的需要。

（3）按物资的用途分为生产用物资和非生产用物资。前者是指企业直接为生产产品进行作业活动而使用的物资；后者是指进行基建、管理、科研所使用的物资。这种分类便于对物资进行专项预算、控制和使用，避免相互占用。

（4）按物资在生产中的地位分为主要原料、主要材料、辅助材料、燃料、动力、小型工具、零配件等。其中，主要原料是指采掘业，农业所提供的用于生产、加工的初级产品；主要材料是指经过一定程度加工的原料；辅助材料是指在生产中不构成产品实体，有助于产品形成所必须消耗的材料；燃料是指用于生产、运输动力和调节温度等方面的油料、煤炭、液化气等；小型工具是指用于生产过程的小型农具、量具等；零配件是指机械设备和中小农具修理所需要的各种备品配件。这种分类有利于企业制定科学的物资消耗定额，计算各种物资的需要量和储备量，并为核定资金定额提供依据。

（5）按物资的储备状况分为正常储备物资和超储积压物资。这种分类便于根据物资的特点属性，区别管理。

超储积压物资形成的主观原因主要有：物资采购人员素质较低，盲目采购；物资计划质量不高，审核计划不仔细，申请与计划脱节；思想观念落伍，忽视市场的调节作用，储备观念陈旧僵化；忽视信息效益，对产品更新换代反应迟钝。

超储积压物资形成的客观原因主要有：申请计划在先，生产任务确定在后；设计变更，改变了原有的需要量；供应与生产产生矛盾，造成暂时性的超储。

3. 物资的特点

物资属于劳动对象的范畴，是劳动力和劳动工具作用的对象。其特点有以下几个方面。

（1）一次消耗。物资在使用过程中，其价值转移的特点体现为一次消耗，价值一次转移到新产品中去，是产品成本的主要构成部分。

（2）不断更新。物资需要不断地补充更新，以保证生产的顺利进行。

（3）储存管理。物资有一定的储存量，加强对库存周转量的管理，是提高要素利用率和资金周转率的重要措施。

（4）质量至上。物资的质量状况直接影响企业的生产效率和最终产品的质量，因此质量至上。

（三）设备的概念及其特点

1. 设备的概念

设备作为企业的有形要素，是企业可供长期使用的、单位价值较高的、使用中基本保持原有实物形态的劳动资料和其他物资资料的总称。设备是企业进行生产经营活动的物质基础，是固定资产的重要组成部分，如大型拖拉机、收割机、运输工具、饲料传送机等。设备是科学技术的物化，在一定程度上反映着生产力发展水平。因此，设备状况作为企业生产经营的物资条件，反映了企业的能力和生产水平。

2. 设备的特点

（1）专用性。农业企业中机器设备的主要工作对象是动植物，机械作业必须符合动植物的生物学特征和生长发育规律，具有较强的专用性。

（2）价值高。设备的价值一般较高，购买设备需要较大的金额投入。

（3）损耗性。农业企业的机器设备多在露天旷野工作，而且使用还有很强的季节性，损耗较为严重，形成有形损耗。此外，由于技术进步，设备还会发生无形损耗。因此，应提高机器设备的使用率。

（4）更新性。机器设备的试用期较长，使用到一定时候需要更新，由于其价值较大，需要一次性投入、逐步补偿，所以需要逐年提取折旧费用以备设备更新。

（四）人力资源的概念及其特点

1. 人力资源的概念

农业企业的人力资源，也称“劳动力资源”，是指农业企业所拥有的劳动力数量和质量。劳动力的数量是指能参加劳动的人数。劳动力的质量是指劳动者的智力、体力、技术水平、劳动熟练程度、经营管理能力等。

2. 人力资源的特点

（1）能动性。人力资源是农业企业生产经营活动的主体。企业生产，即人力资源支配和利用其他资源，进行创造性的生产活动。诸如土地资源、信息资源、物资资源等的开发利用程度，在很大程度上取决于人力资源的开发利用状况。

（2）潜力可开发性。潜力可开发性是指劳动力可以通过不断的经验积累、自主学习和参加培训后，其潜在的能力将得到提高。

有研究显示：

①一般情况下，按时计酬的职工每天一般只需发挥20% ~30%的能力用于工作就足以保住饭碗；

②如果能充分调动其积极性，那么他们的潜力能发挥到80% ~90%；

③两者的差额用于提高劳动生产率，效果极为可观，而这需依靠有效的激励！

（3）相对时效性。由于受生理条件的限制，人力资源的劳动力能力不能储存，而且劳动力超过一定的年龄，劳动能力就会衰退甚至丧失。但物质资源（如土地资源）在未被利用时仍以物质形态存在于自然界中，可供未来生产利用。因此，要及时充分利用人力资源。

三、农业企业无形要素的构成及特点

无形要素包括技术、信息和企业文化。技术是农业企业获得竞争优势的有力手段，信息是农业企业生存之本，企业文化是企业的灵魂。

（一）技术的概念及其特点

1. 技术的概念

技术是人类为了实现某一目的共同协作而组成的各种工具和规则体系。它不仅包括劳动者的操作技巧，而且包括相应的生产工具、生产工艺流程、作业程序、管理方法等；不仅包括以自然科学知识、原理和经验为基础的硬技术，更是包括以管理技术、决策技术等自然科学和社会科学为基础的软技术。

2. 技术的特点

（1）地域性强。我国地跨热、温、寒三带，地形复杂，农田小气候也各不相同。一项农业技术不可能适用于所有地域，各地都有最适宜的农业技术。因此，农业技术的研制、开发和利用都必须遵循因地制宜的原则。

（2）保密性差。生物生产的重要特征在于可以自我繁殖。农业生产由于在大田进行，这种公开作业的条件使科技成果的保密成本加大，即使已物化成种子、苗木、畜禽幼仔，也很难防止偷盗丢失。作为较易控制的杂交品种，其丢失亲本也屡见不鲜。

(3) 成果更新成本低、周期短。由于农业生产是一项千家万户的生产，农业生产的技术更新主要是原材料（如种子、农药等）的更新，所需要花费的成本低、时间短。因此，要求农业技术能尽快地推广到其最适宜的地区，加快推广速度，扩大推广面积，降低技术推广成本，提高技术推广组织的自身生存能力。

(4) 风险大。由于农业生产对气候的变化依赖性很强，我国又处于旱涝交替的季风气候带，灾害性天气发生频率高，技术采用除市场风险和技术风险外，还有较大的自然风险。加速农业技术推广要求有一套行之有效的技术推广风险防范制度和措施。

（二）信息的概念及其特点

1. 信息的概念

信息是指依据一定需要而收集到的，经过加工整理后具有使用价值的图形、文字、公式、方法、数据、图表等知识元素的总称。信息可以是无形的，也可以表现为文字、图表等有形形式。信息是知识的原料。有价值的信息会给企业带来无限商机，甚至可以使企业起死回生。

2. 信息的特点

(1) 客观性。信息是事物变化和状态的客观反映，其实质内容具有客观性。信息的客观性特征是由信息源的客观性决定的，信息一旦形成，本身具有客观性。

(2) 普遍性。信息无处不在、无时不有，信息和阳光、空气一样普遍存在于自然界的人类社会中。

(3) 时效性。从信息利用的角度看，信息仅在特定的时刻才能发挥效用，即信息生成后，它提供的时间越短，使用价值就越大；反之，它提供的时间越长，使用价值越小。一条及时的信息可能会挽救濒临破产的企业，实现扭亏为盈，甚至成为行业巨头。

(4) 共享性。由于信息在利用中不被消耗不会消失，不会因交易、利用而失去或减少，在一定程度与范围内可以分享，提供给众多的用户利用。并且由于信息的传递、反馈、利用，信息的内容会不断丰富。

（5）相对性。由于人们的观察能力、认识能力和目的不同，即使是从同一事物所获得的信息，其信息的价值量和信息量也不同。

（三）企业文化的概念和特点

1. 企业文化的概念

企业文化是指农业企业在长期的实践活动中所形成的，并且为组织成员普遍认可和遵循的，具有本组织特色的价值观念、团体意识、行为规范和思维模式的总和。

2. 企业文化的特点

成功的企业文化对外具有一定的引力作用，对内要具有一定凝聚力。总体而言，优秀的企业文化应具备以下六大特点。

（1）广泛认同。员工认同企业文化才是真正的文化。在实际企业管理工作中，本公司的企业文化要由本公司的相关负责人首先认同和执行，再扩散到各级员工当中获得认同。

（2）始终践行。企业所树立的价值观要以时间为检验依据并严格按照所制订的企业文化践行；不能将所树立的企业文化形同虚设，例如在企业中树立的是“质量是第一道关，客户的利益至上”，但在企业生产环节中却频频出现产品质量瑕疵，出现多起客户退货投诉现象，显然这样的企业就与自己所设立的企业文化背道而驰。

（3）激励员工。优秀的企业文化不仅能使员工产生使命感和责任感，而且能激励员工积极地工作，使员工对未来充满憧憬。反之，则会使员工产生消极和悲观。

（4）心悦诚服。企业文化的核心主张一定要简洁明了。国内外著名的企业文化，都可以精简成一句话或一个词，例如：海尔的诚信文化——“真诚到永远”，飞利浦的进取文化——“我们一直在努力”。

（5）提高企业竞争力。企业文化实质上是一种具有不可复制的竞争文化。而现代企业的竞争，归根到底是企业文化的竞争，或者说是品牌文化的竞争。优秀的企业文化将是企业最有力的竞争武器。

（6）赋予强烈情感。企业文化不仅能提高员工主人翁意识和员工的高尚情操，而且能使员工对企业产生深厚感情。无论走到哪里员工对企业的一草一木总是充满怀念，听到或看到企业代表人物、标志、广告、产品等总是有一种亲切感。

▶ 拓展阅读：

中粮集团的企业文化

集团使命

我们奉献营养健康的食品和高品质的生活服务，建立行业领导地位，使客户、股东、员工价值最大化。

奉献：体现“先天下之忧而忧”的境界。

营养健康的食品，高品质的生活服务：是中粮需要奉献的具体内容，是各方对中粮的要求，是中粮必须要实现的经营任务。

建立行业领导地位：中粮的使命和企业地位，要求集团不是一般，性地参与某一个行业，而是要在所进入的主营行业具有竞争力、影响力、控制力和市场占有率。

实现价值最大化：既体现了中粮运作的效率、目的性，也是中国社会主义市场经济对国有企业的必然要求。

企业精神

诚信团队专业创新

诚信：倡导“公开公平公正”的做人做事准则，是中粮发展的基石和中粮人的道德规范。

团队：倡导“阳光、透明、真诚、协作”的个性品质，是中粮人在共同使命、愿景下的团结奋斗精神。

专业：蕴涵了对事业尽善尽美的追求和不断提高的专业水准，是中粮人应该具备的基本素质。

创新：强调富有激情和创造力、进取心，是中粮发展的不竭动力。

集团文化

诚信、业绩、专业、团队、学习、创新、公开、公正、透明、简单、处以公心、与人为善。

创新驱动

创新是中粮集团的企业精神之一。它强调富有激情、创造力和进取心，并将其注入技术、产品研发、企业管理、企业文化、渠道发展等领域，不断提升中粮的核心竞争力，为全产业链商业模式价值的实现提供驱动力。

中粮践行“五步组合论”、6S管理体系，并推进组织结构扁平化，解决战略与执行、过程与结果、管人与管事、目标制订与风险控制等多重问题，赋予业务板块更多经营自主权，实现集团对资源的有效配置和各项业务的有效管控，为全产业链成略及其价值的实现提供管理动力。

中粮倡导诚信、团队、专业、创新的企业精神和“高境界做人，专业化做事”的企业文化，为创新提供宽容的氛围，并从考核评价、企业文化上来引导和推动集团内部、上下游之间、品牌渠道、产业园之间的协同，形成高境界、“大中粮，无边界”的协同文化，为全产业链战略及其价值的实现提供文化动力。

中粮整合过去以产品线作为划分方式的渠道，变为以区域为划分方式的渠道，彰显“规模优势”，节约企业成本，为全产业链战略及其价值的实现提供渠道支持。

资料来源：中粮集团有限公司官网。

动动脑：

1. 农业企业要素与一般企业要素相比特殊性有哪些？
2. 在互联网时代下哪些农业企业要素显得尤为重要？

第二节 农业企业有形要素管理

▶ 案例导入：

上海市乡悦华亭“农旅综合体”乡村建设新形态

开发形式

在保证永久基本农田、优质耕地不减少、建设用地总量不增加的前提下，农旅综合体建设通过农用地的复合化、基础设施提升和农村住房优化提升区域整体条件，促进产业用地布局、人居环境和生态环境优化；并通过旅游项目的渗透，实现产业链的拓展和多业态复合型产业融合发展的目标，实现乡村振兴。

农旅综合体的概念主要基于国内外对诸如田园综合体、旅游综合体和农业综合体的研究，是在尊重农业产业基础上，更加注重农业和旅游的融合互促，增加土地价值，推动衍生产业，形成农旅融合的综合休闲集聚区。

土地利用模式

华亭镇位于上海市嘉定区北部，是嘉定区北部典型的农业小镇，也是上海市郊野乡村的典型代表。现状基地区位条件优越，规划 S7（外环切线）城市快速道路、霜竹公路、浏翔公路、沪太公路位于基地周边；农田资源丰富，休闲农业旅游已有初步基础。

规划原则——为保障生态安全、尊重村民主体地位和坚持土地利用集约，乡悦华亭项目确定了“土地不转性，村民不上楼，建设用地不增加”的总原则。

发展目标——通过深入思考上海大都市乡村特点和发展方向，结合乡悦华亭地区农村传统文化和自然禀赋特点，将乡悦华亭建设成为上海新型城镇化示范、华东农旅集聚区样板、国家田园综合体试点。

规划结构——根据项目总体定位，结合现状基础，形成“一廊、四心、八园”的空间布局。“一廊”为十里乡愁画廊，一条依托乡村道路的农业旅游集聚带；“四心”为由十里乡愁画廊串联的农旅休闲中心、现代农科中心、文化体验中心和运动颐养中心；“八园”为以产业主题分类的八个农旅主题园区。

启动区建设——在满足规范及规划审批基础上，近期重点完成启动区市民农庄、安置房建设、农业产业、休闲农旅四大版块设计与建设。该四大板块分别以村民、农庄、农业、农旅为主体，通过板块的完善与提升，共同带动区域的整体升级。

发展走向

在全国推进乡村振兴战略的背景下，上海市以锚固生态、彰显品质、展现乡愁为目标，积极推进乡村建设行动。其中，农旅综合体是实现田园生产、田园生活、田园生态的有机统一与一产业、三产业深度融合的有效手段。嘉定区华亭镇乡悦华亭项目，作为落地项目的典型，在规划设计、开发模式、后续保障方面，因地制宜提出以农业、农旅、社区三元驱动的农旅综合体建设路径，强化田园、林地、河流与休闲农业载体提升；以政府搭台、企业参与、市场化运作的开发路径，共同建设农业产业集群，稳步发展创意产业，开发农业多功能性，促进地区软件提升；以资金配套与收益保障措施，推进多种产业和谐共生、有序发展以及村民创收。为未来大都市近郊乡村振兴战略的研究与实践提供多种路径支持。

资料来源：大城市近郊“农旅综合体”乡村建设新形态——以上海市乡悦华亭乡村振兴项目为例。

案例思考：

通过以上案例试分析土地资源的合理利用对农业企业经营的作用？

企业有形要素管理包括土地资源管理、物资管理、设备管理和人力资源管理。

一、土地资源管理

土地资源管理，从宏观而言，是指国家为了维护土地所有制，调整土地关系，保护和开发土地资源，合理利用土地而采取的行政的、经济的、法律的、工程技术的综合性手段和措施。它是一项政策性、综合性、专业性、技术性和实践性很强的管理工作。从微观上看，它是指企业为了开发、利用土地而采取的行政的、经济的、法律的、工程技术的综合性手段和措施，其目的是提高土地资源的利用效率和生产率。

（一）土地资源管理的原则

1. 维护社会主义土地公有制

我国土地是公有的，国家为了社会公共利益的需要，可以依法对农民集体所有土地实行征用，但必须依照法律规定的程序和条件行使，并对被征地单位进行适当补偿。被征地单位不得妨碍和阻挠土地征用。国家建设使用国有荒山、荒地以及其他单位使用国有土地的，应按国家建设征用土地的程序和审批权限，经批准后才能划拨。土地使用权有偿出让和转让，也应按有关法规办理。

2. 坚持农业用地优先

企业各生产部门分配和调整土地时，必须把质量最好的土地优先用于农业，优先保证农业生产所需要的土地。

3. 坚持节约用地

由于我国耕地面积有限、人地矛盾突出，因而节约用地显得尤为重要。国家建设与城乡建设必须节约用地，严格按照国家规定的审批权限和程序履行征地审批手续，严防多征、早征，以免浪费土地。农村居民住宅建设，乡村企业建设等也都应严格执行审批手续，严格控制用地面积。

4. 坚持合理用地

国家要对土地加强统一规划管理，严禁盲目毁林毁草和陡坡开荒。同时，要调整工业的不合理布局，综合利用“三废”，进行化害为利的技术治理，做到经济效益、社会效益和生态效益的统一。农业生产单位要采取有效措施，调动农民合理利用、保护、改良土地的积极性，增加土地投入，加强土地的经营管理，避免掠夺式经营，防止土地资源退化。

（二）土地资源管理的内容

1. 土地权属管理

（1）土地经营权的获得。在社会主义制度下，实行土地公有制，不许任何单位或个人以任何方式买卖土地。在我国农村，农业生产经营者可以通过承包、租赁、股份经营或转包等形式，获得对土地资源的经营权，从而实现土地使用权与经营权的分离。

①土地承包经营。农村土地承包经营权是指农村土地承包人对其依法承包的土地享有占有、使用、收益和一定处分的权利。

2015 年 7 月 30 日出台的《国务院办公厅关于加快转变农业发展方式的意见》明确指出，在农村改革试验区稳妥开展农户承包地有偿退出试点，引导有稳定非农就业收入、长期在城镇居住生活的农户自愿退出土地承包经营权。

“两田制”，是在坚持土地集体所有和家庭承包经营的前提下，将农户承包的土地划分为口粮田（按人口平均分配，只负担农业税）和责任田（按劳承包或按人承包，承担农业税和农产品定购任务和各项提留）两个部分。

投标承包，即把竞争机制引进承包，先由集体定出底标，再公开招标、投标，由中标者承包经营，一般分为现金投标承包和实物投标承包两种形式。

双向承包，在家庭承包经营的基础上，实行双向承包责任制，围绕农业生产各个环节，在县、乡、村、户之间，层层明确目标责任，签订合同，自上而下承包农业生产资料供应和技术、资金服务，自下而上承包农业产量、订购任务和其他经济指标的完成，并制订奖惩制度，按时兑现。

②土地租赁经营。土地租赁经营是指某一土地的所有者与土地使用者在一定时期内相分离，土地使用者在使用土地期间向土地所有者支付租金，期满后，土地使用者归还土地的一种经济活动。

其具体形式包括：招标出租，即集体经济组织将一定规模的土地，实行公开租赁招标，用竞争的方式分配土地资源。“四荒”地租赁经营，主要是荒山、荒地、荒滩、荒水的租赁经营，通过评估作价、组织投标、签订合同、依法公证、加强服务的程序来运作“四荒”地的租赁经营。

③土地股份经营。土地股份经营是指以土地入股方式组成由入股者（股东）参加的土地股份有限公司，在不改变土地公有制的前提下，把承包户的土地使用权作为股东，由公司委任给善于经营的种田能手，由其担任公司经理，负责土地经营事宜。

土地股份经营可以广泛吸收离土农民和无力或不愿经营土地的农户入股，使他们按入股土地分红，由善于经营者经营使用。这样，既能实行按股分配，又能实现按劳分配的同时实现利益共享、风险共担。此外，土地集中有利于合理利用农业资源、提高土地规模效益、促进农村产业结构调整和农业经营企业化。

▶ 拓展阅读：

土地股份经营助力农民增收

第一个把全村土地集中起来，流转给鲁望农业集团，提起这件事，平原县桃园街道吴家庄村党支部书记赵建平依然很得意。“村里成立合作社把地集中起来，再入股到鲁望农业集团农业示范区，不仅有流转费，年底还有二次分红。平时还可以打工挣钱，收入高多了。”赵建平说，赵建平不仅是农业示范区的田间管理员，还义务当起了公司的宣传员，逢人就说企业的好。

“公司有专家坐镇，播种时间、种苗密度都有科学依据，比咱这些老把式强得不是一点半点。”赵建平说，去年，鲁望集团的7000亩糯玉米丰产又丰收。

2017年，平原县在桃园街道与鲁望农业集团成功合作，探索实施农业综合开发项目。双方约定，桃园街道通过党支部“领创办”合作社，整合土地2万亩，依托鲁望集团的资本、人才优势，打造集现代农业、特色小镇、三产融合、综合服务为一体的乡村综合发展样板。

党支部领办、创办合作社，让小农户与大市场有机衔接，推动了农业结构调整。随着这项工作的不断完善与深化，产业振兴迅速破题，工商资本进军农业领域发展“新六产”也有了很大变化。许多合作社主动对接农业龙头企业，发展订单农业，收入有了大幅提高。

资料来源：中华人民共和国农业农村部。

(2) 土地经营权的变更。根据《中华人民共和国农村土地承包法》，土地承包经营权采取转包、出租、互换、转让或者其他方式流转，当事人双方应当签订书面合同。采取转让方式流转的，应当经发包方同意；采取转包、出租、互换或者其他方式流转的，应当报发包方备案、土地承包权变更方式对比详见表4－1。

表 4－1 土地承包权变更方式对比

变更方式	含　义
转让	转让是指承包方有稳定的非农职业或者有稳定的收入来源，经承包方申请和发包方同意，将部分或全部土地承包经营权让渡给其他从事农业生产经营的农户，由其履行相应土地承包合同的权利和义务；转让后原土地承包关系自行终止，原承包方承包期内的土地承包经营权部分或全部灭失
转包	转包是指承包方将部分或全部土地承包经营权以一定期限转给同一集体经济组织的其他农户从事农业生产经营；转包后原土地承包关系不变，原承包继续履行原土地承包合同规定的权利和义务；接包方按转包时约定的条件对转包方负责；承包方将土地交他人代耕不足一年的除外
互换	互换是指承包方之间为方便耕作或者各自需要，对属于同一集体经济组织的承包地块进行交换，同时交换相应的土地承包经营权
入股	入股是指实行家庭承包方式的承包方之间为发展农业经济，将土地承包经营权作为股权，自愿联合从事农业合作生产经营；其他承包方式的承包方将土地承包经营权量化为股权，入股组成股份或者合作社等，从事农业生产经营
出租	出租是指承包方将部分或全部土地承包经营权以一定期限租赁给他人从事农业生产经营；出租后原土地承包关系不变，原承包方继续履行原土地承包合同规定的权利和义务；承租方按出租时约定的条件对承包方负责

2. 土地资源的利用管理

（1）主要内容与步骤。土地资源的利用管理主要包括：农用地的开发、利用与保护；建设用地的开发、利用与保护；未利用土地的开发、利用与保护；对各类土地的开发、利用和保护进行管理。

首先，通过编制和实施土地利用总体规划、土地利用中期和年度计划，合理确定和调整土地利用结构和布局。其次，对土地利用总体规划和实施过程进行监督，以保障土地资源能按规划进行开发、利用、整治和保护。最后，对各类土地的开发、利用与保护状况开展经常性的检测、调查和调控，以保证土地利用的科学性和可持续性。农业企业应对其所拥有的土地进行全面清查、测量，对土地及其利用情况进行分类逐块登记归档，并把土地登记和土地归档中间断的零散的资料系统化、条理化，建立完整的土地台账，为土地资源的利用和管理提供依据。

(2) 主要方式。土地资源的利用管理主要包括粗放经营与集约经营两种方式。其中，粗放经营是指在一定土地面积上，投入较少的生产资料和劳力，实行浅耕粗作、广种薄收的经营方式。这种经营方式造成土地重用轻养，地力下降，生产率低下。集约经营是指在一定土地面积上投入较多的生产资料和劳动力，对土地精耕细作、科学种植的经营方式。这种经营方式可以不断提高地力，进而提高土地单位面积产量，增加农产品总量；同时，土地集约经营方便投入现金的农用机械和农用工业品，提高农业生产抵抗自然灾害的能力。

土地集约经营的类型主要有劳动集约型、投术集约型、资金集约型。劳动集约型，是指在单位面积的土地上投入更多的活劳动，从而获得较高的产量和收入的集约经营形式；技术集约型，即通过采用较多的先进技术，在单位面积土地上获得较高的产量和收入的集约形式；资金集约型，是指通过在单位面积土地上投入更多的资金，使用更多的能量、动力、化肥、农药等物化劳动来提高土地生产率的集约经营方式。

二、物资管理

农业企业的物资管理是指对农业企业生产经营活动所需各种物资的采购、供应、保管、合理使用等各项管理工作的总称，主要包括物资消耗定额的制订、物资储备定额的制订、物资采购、仓库管理等工作。

（一）物资消耗定额管理

1. 物资消耗定额的概念

物资消耗定额是指在一定的生产技术和组织条件下，生产单位产品或者完成单位工作量的物资消耗数量标准。它是编制物资供应计划、组织物资采购、合理使用物资的依据。

科学的物资消耗定额应具有技术上的先进性和经济上的合理性。其中，技术上的先进性，是指应符合先进技术措施的要求，能提高单位面积产品的数量和质量或提高单位时间作业的数量和质量；经济上的合理性，是指应能提高物资的利用率和经济效益。

2. 影响物资消耗定额的因素

影响物资消耗定额的因素很多，即使是同一产品、同种设备，在不同的企业和地区，其消耗定额也往往不同。一般有以下几个方面。

（1）企业员工素质，是指员工的业务技术水平、劳动熟练程度和劳动态度等。

（2）生产技术条件，是指生产装备和技术水平等。

（3）自然环境条件，是指气候、季节等条件对物资消耗定额的影响等。

（4）物资质量状况，是指物资的质量、规格、型号是否与其生产需要相适应等。

（5）企业管理水平，是指企业管理人员素质、生产工艺流程的划分、作业质量的监控手段等，对物资消耗定额的影响。

3. 物资消耗定额的制订方法

（1）经验估计法：根据长期的生产经验，确定出合理的物资消耗定额。

（2）统计分析法：根据以往某种物资实际消耗量的记载资料，计算出平均水平，并按照变化的情况，确定物资消耗定额。其计算公式为：

$$物资消耗定额 = 实际平均消耗量 \times (1 - 降低率) \qquad (4-1)$$

（3）技术计算法：在一定的生产技术和组织条件下，按照农艺、工艺的要求，通过分析、设计、测定和计算，来确定物资消耗定额。

以上方法，各有其优缺点，在实际工作中应根据具体情况来选用。农业企业的物资消耗定额，通常按主要材料、辅助材料、燃料、动力、工具和零配件等分类制订。

（二）物资储备定额管理

1. 物资储备定额的概念

（1）物资储备定额是指在一定的条件下，为保证生产顺利进行所必需的、经济合理的物资储备数量标准。

（2）合理的物资储备定额是正确组织物资供应、合理控制物资库存量的基础，也是核定流动资金、仓库面积、储存设备数量和仓库管理人员的重要依据。

2. 物资储备定额的制订

(1) 经常储备定额的制订。经常储备定额是指在两批物资供应间隔期内，为满足正常生产需要而确定的物资储备量。计算公式为：

$$经常储备定额 = 平均日耗量 \times 供应间隔日数 \qquad (4-2)$$

$$供应间隔日数 = 供应或采购日数 + 在途日数 + 整理与准备日数 \qquad (4-3)$$

(2) 保险储备定额的制订。保险储备定额是为了预防物资供应误期、品种规格不符合要求和发生严重的自然灾害等原因，影响正常生产而确定的物资储备量。计算公式为：

$$保险储备定额 = 保险储备日数 \times 平均日耗量 \qquad (4-4)$$

由于保险储备是在供应过程出现意外时才使用的，事先很难准确核定保险储备日数，因此，一般是通过统计资料，求得平均误期日数和临时订货所需日数等方法，确定保险储备日数。

(3) 季节性储备定额的制订。季节性储备定额是适应物资消耗和供应的季节性而确定的物资储备量。计算公式为：

$$季节性储备定额 = 季节性储备日数 \times 平均日耗量 \qquad (4-5)$$

根据农业生产特点，在以下三种情况下应建立季节性储备：由于生产的季节性影响，供应间隔期延长的物资；日平均消耗量增加的物资；全年一次性供应和消耗的物资。

3. 物资储备量的控制

每种物资储备定额都有其最高储备量和最低储备量。以上三种储备定额之和即物资最高储备量，超过最高储备量的部分就是超储物资，应立即处理、减少积压，以避免浪费。

保险储备定额是物资储备的最低限额，当物资储备低于此限额时，企业应立即组织采购以免缺料停产。正常情况下，经常性消耗物资的储备量总是在最高限额和最低限额之间变动。物资储备量控制的目的是掌握物资储备量的变化动态，适时适量地采购物资，既能保证生产的需要又不产生超储积压。

如果是批量进货，陆续消耗的物资，库存量则显锯齿形变化：当该物资第一批入库时，储备量达到最高限度，随着生产的耗用，储备量逐渐下降到最低限度，此时，正该第二批货入库，如此不断循环。

储备量控制的基本方法有两种：一是定量库存控制法；二是定期库存控制法。物资储备分类控制详见图4－3。

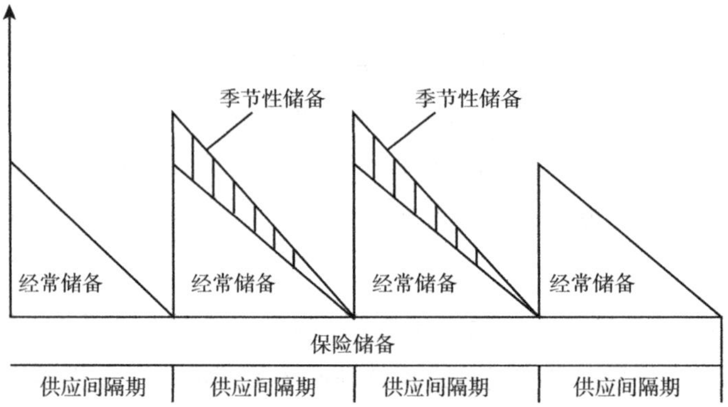

图4－3　物资储备分类控制

（三）物资供应管理

1. 物资供应计划

物资供应计划，是指计划期内企业对各种物资所需数量和供应量及其平衡的一种安排。通常用“物资平衡表”和“物资采购供应计划表”来反映。具体内容详见表4－2和表4－3。

表4－2　物资平衡表

序号	物资种类	规格	计量单位	需要量				供应量				平衡量		备注
				生产	基建	期末库存	合计	期初库存	自产	采购	合计	余（＋）	缺（－）	

表4－3　物资采购供应计划表

序号	物资名称	规格质量	计量单位	数量	单价	金额	各季度需要量				备注
							1	2	3	4	

在物资供应计划所列的各项指标中，最重要的是“需求量”的测算。物资需求量的测算可用两种方式。

（1）直接计算法。直接计算法也称“定额计算法”，是直接根据物资消耗定额和生产任务，计算物质需求量的一种方法。计算公式为：

$$某种物质需求量 = 计划产量 \times 物资消耗定额 \times (1 + 物资损耗率) \quad (4-6)$$

（2）间接计算法。间接计算法以企业历史的实际物资消耗水平为依据，考虑计划期物资消耗的变动影响因素，利用一定的比例或者系数，对上期物资实际消耗进行修正，以确定计划期物资需要量的一种方法。计算公式为：

$$某种物资需求量 = 上期物资实际耗用量 \times 计划期产品产量 \div 上期产品产量 \times (1 - 计划期物资消耗降低率) \quad (4-7)$$

2. 物资采购

物资采购是指为取得企业生产经营所需的物资而进行的购买行为。采购活动应根据物资供应计划，以最低的成本，定时购进一定数量、质量的物资。

（1）物资采购的内容。①寻找物资供应来源，分析市场供求态势；②搜集采购价格及运输费用；③决定购货点，到什么地方的某供货厂家签订供货合同；④组织物资运输、验收入库、货款结算等。

（2）经济采购批量的确定。采购批量是指每次采购的数量。物资订购批量大，可以减少订购次数，从而节省订购费用，但可能会造成库存物资的积压、占用过多的流动资金。物资订购批量过小，则会影响企业生产过程的顺利进行。因此，必须合理地确定经济采购批量。所谓经济采购批量，就是采购费用与库存费用之和最小时的采购批量。

影响经济定购批量的主要因素包括以下几点。

①采购费用，即在采购、订货过程中发生的除物资价款以外的全部费用，包括采购人员的差旅费、通信费、物资的搬运、验收入库及有关跟踪订单系统的成本费用等。采购费用与采购次数成正比，与每次采购数量成反比。

②库存费用，即物资在仓库保管期间所发生的全部费用，包括物资占用资金的机会成本、存储设施的成本、搬运费、保险费、折旧费、仓库管理

费、物资储备中的损耗费等。库存费用与每次采购数量成正比，与采购次数成反比。

③总费用，即物资的采购费用与保管费用之和。三者的关系如图 4-4 所示。

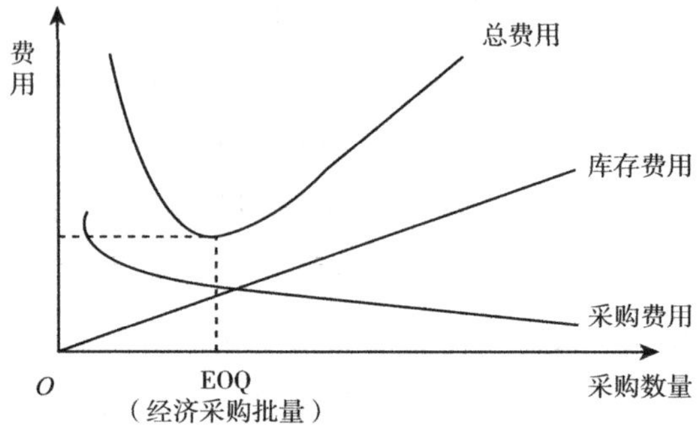

图 4-4　经济采购批量

从图 4-4 中可以看出，采购费用和库存费用，是随采购批量的变化呈反方向变化，采购费用曲线与库存费用曲线的交点，使购储总费用最小。这个交点对应的采购批量就是经济采购批量（EOQ）。

（3）经济采购批量模式。

①理想的经济定购批量。理想的经济定购批量即不考虑缺货、数量折扣等问题的经济定购批量。其库存物资的年总费用（TC）= 采购成本 + 订货成本 + 仓库保管费用，即：

$$TC = DP + \frac{DC}{Q} + \frac{QK}{2} \tag{4-8}$$

若使您最小，将式（4-8）对 Q 求导并令其等于 0，得到经济定购批量 EOQ，即：

$$EOQ = \sqrt{\frac{2CD}{K}} \text{或} \sqrt{\frac{2CD}{PF}} \tag{4-9}$$

式（4-9）中：

D——某物品的年需求量（件/年）；

P——单位采购成本（元/件）；

C——单位订货成本（元/次）；

Q——每次订货批量（件）；

K——单件库存平均年保管费用（元/件·年）；

F——单件库存保管费用与单件库存采购成本之比。

例1：某食品加工厂年需物资1200单位，其销价为10元/单位，年保管费率20%，每次订货成本为300元。试计算经济采购批量EOQ。

$$EOQ=\sqrt{\frac{2\times1200\times300}{10\times20\%}}=600\text{ 单位}$$

$$\text{总库存费用}=1200\times10+\frac{600\times10\times20\%}{2}+\frac{1200\times300}{600}=13200\text{（元）}$$

即每次订购数量为600单位时，总库存费用最小，为13200元。

②允许缺货的经济定购批量。在实际生产经营活动中，订货达到时间或物资日耗量不可能稳定不变，因此有时会出现缺货现象。允许缺货的经济批量即指订购费、保管费和缺货费最小时总费用最小的批量，计算公式如下：

$$EOQ=\sqrt{\frac{2C_3D}{C_1}}\times\sqrt{\frac{C_1+C_2}{C_2}} \qquad (4-10)$$

式（4－10）中：

C_1——保管费用；

C_2——缺货费用；

C_3——订购费；

D——需求量。

例2：如例1中其他条件不变，允许缺货，且年缺货损失费0.3元。允许缺货的经济批量是多少？

依据上述公式可知：

$$EOQ=\sqrt{\frac{2\times300\times1200}{10\times20\%}}\times\sqrt{\frac{10\times20\%+0.3}{0.3}}=1661\text{ 单位}$$

③有数量折扣的经济定购批量。除了考虑缺货费用以外，还应考虑由于批量不同而带来的采购价格、运输价格等的差异。考虑采购数量折扣的经济批量，为鼓励买方大批量购买，供应商在订购数量超过一定量时便提供优惠的价格。在这种情况下，买方就要进行比较，以确定是否要增加订货量去获得折扣。

例 3：如例 1 中，供应商给出的数量折扣条件是：若物资订购量小于 650 单位时，每单位为 10 元，若订购量大于或等于 650 单位时，每单位为 9 元。如果其他条件不变，最佳采购批量是多少？

分析如下：

按享受折扣价格时的批量（650 单位）采购，其总成本：

$$TC = DP + \frac{DC}{Q} + \frac{QK}{2} = 1200 \times 9 + \frac{1200 \times 300}{950} + \frac{650 \times 9 \times 20\%}{2} = 11938 \text{ 元}$$

按折扣单价计算的经济批量：

$$EOQ = \sqrt{\frac{2 \times 1200 \times 300}{9 \times 20\%}} = 632 \text{ 单位}$$

按折扣单价（9 元/单位）计算的经济批量为 632 单位，小于可享受批量折扣的 650 单位，不可能享受 9 元的优惠单价。也即 632 单位的批量但按 650 单位采购的总成本要低于按每单位 10 元采购时的经济批量 600 单位的总成本（13200 元），所以经济批量计算无效。因此应以 650 单位作为最佳批量采购。如按折扣单位计算的经济批量大于可以享受批量折扣的 650 单位，则应按经济批量采购。如折扣单价为 8 元时，经济批量为 670 单位，大于可以享受批量折扣的 650 单位，故应按 670 单位的批量采购。

（4）采购方式的确定。物资采购有定期采购和定量采购两种方式，各有利弊，企业应根据实际情况加以选用。

①定量采购，即批量固定、日期不同的订货方法。订货点是从提出订货到入库这一期间，所需要的最低限度物资库存量。订货点库存量的计算公式为：

$$\text{订货点库存量} = \text{保险储备量} + \text{平均日需要量} \times \text{平均订货所需日数} \quad (4-11)$$

其中，订货所需日数，包括办理订购、发运、验收、入库等所需的全部时间。

②定期采购，也称“定期盘点法”，即每隔一段固定的时间即进行订货。订货时间固定，每次订货批量不定。采用定期订货法，关键在于要预先掌握每个时期内订货点的库存量。其计算公式为：

$$\text{定期订货量} = \text{经常储备定额} + \text{保险储备定额} - \text{实际库存量} \quad (4-12)$$

（四）物资库存管理

1. 物质库存管理的概念

库存管理是指对企业的物资储备量和采购量所作的决定和选择。从这两个方面来权衡比较，从中选择最优的库存方案。农业企业所需要的物资品种繁多，各种物资的资金占用比例差异很大，库存管理尤显重要。

2. 物质库存管理的方法

库存管理一般采用 ABC 分类法。该方法是意大利经济学家帕雷托（Paret）提出的“关键的少数和次要的多数”原理，即根据单价高低、用量大小、资金占用、采购难易等条件，将库存物资划分为 A、B、C 三类，分别采取不同的管理方式，并以 A 类物资为管理重点。

（1）A 类物资。品种虽不多（约占 10%），但占用资金很多（约占 75%），是企业的重点物资，应按品种实施管理，严格控制库存量。一般采用定期订货方式，使库存量尽可能地低，在库时间尽可能地短，以提高资金周转率。

（2）C 类物资。品种多（约占 60%），资金占用量小（约占 10%），属于价值比较低的一般物资，宜采用定量订货或者金额控制方式。即订购量固定不变，而订货的周期长短是变化的，当库存量下降到一定的数量时，就按最优订购批量订货，以保证生产需要。

（3）B 类物资。介于上述两类物资之间，品种较多（约占 30%），资金占用量不多（约占 15%），属于次要物资，可按类别进行适当控制，采用定期订货和定量订货相结合的方式，定期检查库存量，按订货点的要求订货。

各类物资的管理程度如表 4－4 所示。

表 4－4　　各类物资的管理程度

管理程度	A	B	C
制订储备定额的对象	按品种	按小类	按综合定额
制订消耗定额的对象	技术测定法	统计分析法	经验估计法
预计库存周期的方法	回归预测法等	加权平均法	经验统计法
库存检查情况	经常进行	定期进行	按年或季度进行

续表

管理程度	A	B	C
统计工作对象	按品种统计	按小类分别统计	按大类定额统计
库存控制情况	按品种严格控制	按小类一般掌握	控制总金额
保险库存量的确定	按低限	按中限	按高限

然而，ABC 分类法也有不足，主要是 ABC 各类之间界限的数量标准不一，一旦划分标准发生变化就要进行调整，尤其是在市场竞争激烈、市场变幻莫测的情况下，如不经常检查和适当调整，ABC 分类法就失去了意义。

（五）物资利用经济效果评价

物资利用经济效果考核，是以物资利用经济效果理论分析为基础，以指标形式表述其效果和评价。物资利用经济效果考核指标具体有以下几个。

1. 物资利用率

在正常情况下，物资利用率的高低表明了计划供应与生产实际相结合的紧密程度。计算公式为：

$$物资利用率=\frac{实际消耗的物资}{实际采购的物资}\times 100\% \tag{4-13}$$

2. 物资（资金）周转速度

物资（资金）在一年内周转的次数越多，每周转一次所需要的时间越少，表明物资利用比较充分，经济效益可能良好。计算公式为：

$$物资(年周转次数)=\frac{全年物资消耗量(金额)}{年平均库存物资(金额)} \tag{4-14}$$

$$物资(资金)周转期(天数)=\frac{365}{物资(资金)年周转次数} \tag{4-15}$$

3. 物资损耗率

物资损耗率是反映运输和保管质量的指标。计算公式为：

$$物资运输损耗率=\frac{托运数量-实收数量}{托运数量}\times 100\% \tag{4-16}$$

$$物资库存损耗率=\frac{期初库存量+入库量-出库量-期末库存量}{期初库存量+入库量}\times 100\% \tag{4-17}$$

对库存损耗的物资要作具体分析，有些存在自然损耗的物资，其损耗不得超过国家规定的标准。

4. 主要原材料占用产量或产值率

主要原材料占用产量或产值率是用物资利用形成的最终产品成果来表示物资利用的综合经济效果指标。计算公式为：

$$\text{主要原材料占用产量或产值率} = \frac{\text{某产品产量(或产值)}}{\text{某原材料库存平均占用额}} \times 100\% \tag{4-18}$$

三、设备管理

（一）农业设备的购置

农业设备管理是指从设备的调查研究开始，经过计划、设计、制造、选择、评价、安装、调试、使用、维护、润滑和修理，直到报废为止的全过程，最大限度地发挥设备的效能，以提高生产效率和生产力水平为内容的各种管理活动的总称。随着农业现代化进程的加快，农业企业采用的先进设备越来越多，对设备的管理也就原来越重要。

1. 农业设备购置要求

农业设备购置是指新设备经过选购、运输、安装、调试等一系列活动的总称。选购农业设备的总体要求是：生产适用、技术先进、经济合理、安全可靠、保证提高经济效益并实现企业技术进步。因此，农业设备购置应满足以下具体要求。①选择生产效率高的设备，即单位时间内完成较多工作量或生产较多产品。②选择精密度高、能满足先进工艺要求的设备。这能完成高质量的工作，生产出高质量的产品。③选择成套供应的设备，是指设备要配备成套、机组配套和项目配套。④选择组合性好的设备。选用标准化水平高、通用性强、互换性好的设备，并选用易于操作、检查和修理的设备。⑤选择安全可靠的设备。设备应使用方便，能保证生产安全；能适应生产技术的要求，可靠地保证和提高作业质量或产品质量。⑥选择节能性好的设备。如对热能利用率高，能源消耗少，亦包括原材料消耗少的设备。⑦选择使用寿命长的设备。每年分摊的折旧费越少，使用就越经济。⑧选择有利于环保的设备。设备应配备有预防和治理“三废”的附属设施，能控制噪声。

2. 农业设备购置经济评价

具体评价方法主要有投资回收期法、临界值分析法、年费法、净现值法等。

（1）投资回收期法：

$$设备投资回收期(年)=设备投资费(元)\div采用设备后的年节约额(元/年) \tag{4-19}$$

设备投资费包括设备的价格、安装运输费。

采用设备后的年节约额是指使用新设备后由于提高劳动生产率和产品质量，降低能源消耗和原材料消耗以及减少停工损失的节约。

一般应优先选择投资回收期短的设备。

（2）临界值分析法。临界值分析法是指根据不同型号机械设备的作业费用与生产量或作业量之间的数量关系，确定一个临界值，再按照生产量或作业量的大小来选择机械设备。

性能相同而型号不同的机械设备，其生产效率和日常作业费用是不同的。一般而言，生产效率比较高的机械设备，单位工作量所需的燃料、人工等可变费用较少，但每年所需的维修、折旧和管理等固定费用较多。生产效率较低的机械设备则正好相反。

C：机械设备的年总费用；F：年固定费用；V：单位变动费用；Q：工作量或作业量。则机械设备的年总费用（C）与单位变动费用（V）和工作量（Q）呈线性相关关系如下：

$$C=F+VQ \tag{4-20}$$

假定有A、B两种性能大致相同的机械设备。从图4-5可以看出：A、B两种机械设备的作业费用相交于P点，对应的工作量为Q_P，则在这个工作量时，A、B两种机械设备的年总作业费相等，工作量Q_P就是判断机械设备经济性的作业量的临界值。

当作业量大于Q_P时，A型机械的年总作业费用较少，选A型机械较为有利；当工作量小于Q_P时，则B型机械的年总作业费用较少，选B型机械较为有利。

$$Q_P = \frac{F_A - F_B}{V_B - V_A} \tag{4-21}$$

故：$F_A + V_A \cdot Q_P = F_B + V_B \cdot Q_P$

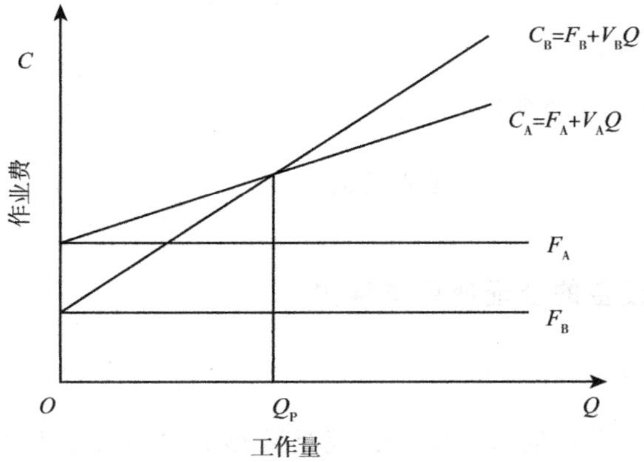

图 4-5 费用与工作量关系

（3）年费法。年费法是指把购置设备一次性支出的投资，先依据设备的寿命周期，按复利利率计算，换算成相当于每年费用的支出，再加上每年的使用费用，得出不同设备每年的总费用，据此进行设备的评价和选择。其计算公式为：

$$A = K_0 \frac{i(1+i)^n}{(1+i)^n - 1} + C_t \tag{4-22}$$

式（4-22）中：

A——设备每年的总费用；

K_0——设备的初始投资；

i——基准利率；

n——设备的估计寿命周期；

$\frac{i(1+i)^n}{(1+i)^n - 1}$——资本回收系数；

C_t——设备每年使用费用。

一般情况下，通过代入相关变量数值计算并比较，选择更有利于节省费用开支的设备。

（4）净现值法。净现值法要求将设备每年的使用费用，通过复利年金现值系数换算成相当于最初投资的数额，而最初投资不变，据此进行总值的比较，选用设备现值总额低的比较有利。

其计算公式为：

$$NV = K_0 + C_t \times \frac{(1+i)^n - 1}{i(1+i)^n} \tag{4-23}$$

式（4－23）中：

NV——使用设备的现值总额；

$\frac{(1+i)^n - 1}{i(1+i)^n}$——复利年金现值系数。

（二）农业设备的合理使用与维护

1. 农业设备的合理使用

合理使用机械设备的基本要求，就是要做到“安全、优质、高效、低耗”地完成各项生产任务。合理使用农业设备的途径主要有以下几个。

（1）建立机械设备使用的相关制度。例如：责、权、利相结合的责任制度；技术操作规程、作业质量标准、安全生产规程、预防性维修等一系列规章制度，并严格执行。

（2）正确地配备操作人员。企业应注重操作人员的培训，使其充分掌握相关的技术和技能，从而能有效操作机械设备。

（3）创造良好的设备工作环境。保证设备整洁的工作环境和正常的工作秩序，合理地安排设备负荷，以保持设备的正常运转。

（4）提高机械设备的完好率。机械设备的完好率是指一定时期内技术状态完好的机械设备，占机械设备总量中的比重。提高机械设备完好率的关键在于做好日常的保管、保养和维护工作，严格执行操作规程。

（5）提高机械设备的工作效率。机械设备的工作效率，通常是指机械设备的班次工作效率，即每个工作班次完成的工作量。为此，应进行机械设备的合理配套，尽量消除停歇时间，缩短辅助工作时间、准备工作时间，尽量增加工作班次内的基本工作时间。

2. 农业设备的合理维护

为了预防农业机械设备及零件的早期磨损和发生故障，使设备经常保持良好的技术状态、延长使用寿命、节约维护费用，应加强对农业设备的维护。即定期对农业设备的各个部分进行系统地检查、清洗、润滑、防腐、调整和更换某些易损零件的维护措施。

（三）农业设备的更新与改造

农业设备更新是指用新的农业设备替换使用寿命完结的旧的农业设备；农业设备改造则是对现有的农业设备的某些结构和性能加以完善、提高。

1. 农业设备的更新

由于科学技术进步和社会劳动生产率的提高，机器设备的无形损耗更加突出；因此，要求企业正确判断、科学决策，对农业设备进行及时更新。

（1）农业设备更新条件的分析。

①农业设备的损耗经济界限。其计算公式为：

$$\alpha = \frac{R}{K_1} \tag{4-24}$$

式（4－24）中：

α——设备损耗的经济界限系数；

R——恢复设备性能的全部维修费用；

K_1——设备的再生产价值（或现时设备的市场价格）。

若 $\alpha > 1$，则说明恢复设备性能的维修费用超过了现时该设备的购买费用，此时应进行机械设备的更新。

②农业设备的使用经济界限。判断公式为：

$$D - (C_1 - C_2) < 0 \tag{4-25}$$

式（4－25）中：

D——使用旧设备生产单位产品的经营收入；

C_1——旧设备生产单位产品成本；

C_2——新设备生产单位产品成本。

当 $D - (C_1 - C_2) < 0$ 时，这说明使用旧设备已无经济效益，必须予以更新。

（2）最佳更新期的确定标准。确定农业设备更新期主要有三种标准：

①自然寿命，是指设备从投入使用到不能修复而报废为止所经历的时间；

②技术寿命，是指机器设备从投入使用到由于科学技术进步而被淘汰所经

历的时间；

③经济寿命，是指机器设备从投入使用到年总费用（机器设备的年折旧费和年维修费之和）最低时所经历的时间，即在经济上合理的使用年限。

总体而言，机器设备更新期的下限（最长期限）是自然寿命，其上限（最短期限）是技术寿命，经济寿命则介于上限和下限之间。也就是说，机器设备的最佳更新期应根据技术寿命或经济寿命来确定。

（3）最佳更新期的确定方法。从经济效益的角度上讲，机械设备的最佳更新期是由设备的经济寿命所决定的。当经济寿命终结时，机器设备就应及时进行更新。

机器设备使用的时间越长，磨损就会加快，技术性能下降，维修费、能耗随之增加，这种现象称为机器设备的低劣化。

低劣化数值，是指由于使用年限增加而不断增加的费用值，包括维修保养费、动力能耗费、停工损失费等，一般也称“经营费”或“维持费”。

年维持费与年折旧费之和就是机器设备使用的年总费用。

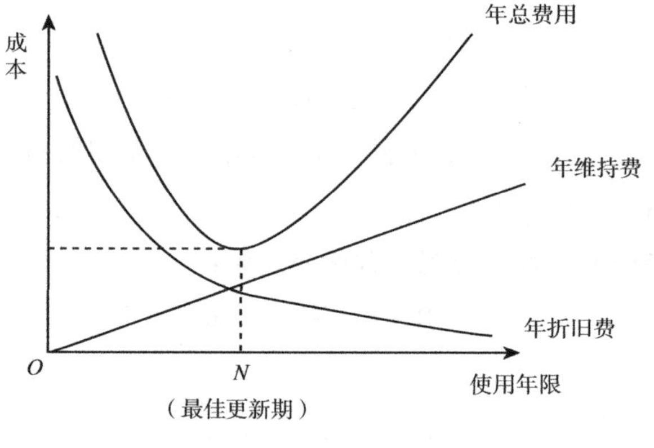

图 4-6　年总费用示意

从图 4-6 中可看出，年维持费同使用年限正相关，年折旧费同使用年限负相关，这两种费用曲线变动的相互作用，使年总费用曲线随着使用年限的增加呈现由高到低再由低到高的变化。因此，机器设备的经济寿命就是年总费用最小值相对应的年份。其计算公式如下：

$$T_\lambda = \sqrt{\frac{2(K_0 - W)}{\lambda}} \tag{4-26}$$

式（4－26）中：

λ——每年增加的维持费（低劣化值）；

K_0——设备的原始投资；

W——设备的净残值；

T_λ——设备的最佳更新期。

（4）农业设备的更新方式，主要有简单更新和技术更新两种方式。

①简单更新。简单更新也称“形式更新”，指以新的同类型的农业设备更换已损坏的、老旧的农业设备。这种方式可以不增加机械设备的机型，并能保证原有的产品或作业质量。但它不具备技术更新的性质，不利于企业的技术进步和生产能力的提高。

②技术更新。以技术更先进、结构更完善、效率更高、能耗更少、性能更好的农业设备，替代原有的、落后的、陈旧的农业设备，促进企业技术进步，提高生产能力。

2. 农业设备的改造

农业设备的改造是指应用科学技术新成果，对原有的农业设备进行技术改造，以改善和提高机械设备的性能与生产效率。农业设备的改造必须坚持科学态度，一切从实际出发，保证生产经营的需要，做到技术上具有先进性和可能性，经济上具有合理性。改造的内容和途径主要有两个。

（1）对原有机械设备的改造，主要是对大型机器设备进行现代化改造，通过改造设备结构、功能，使其达到或局部达到现代新设备的技术水平。

（2）对一般通用设备的改造，可采用数控技术、数显技术、自动化技术等进行改造，以提高设备的生产自动化水平；有的可改造为高效专用设备，以提高专业化生产水平。

四、人力资源管理

人力资源管理是指通过一定的手段，调动人的积极性，发挥人的创造力，将人力资源的潜能转变为财富的活动总称。具体包括企业人力规划与配置、激励、教育和培训等。随着知识经济的到来，许多农业企业管理者已经意识到人力资源管理日益成为企业管理的核心，并将管理的重点从物本管理转向人本管理。

（一）人力资源规划

企业人力资源规划，是企业为实现其组织目标，对未来人员的需求和供给做出的估计，或企业依照有关人力资源政策、程序和惯例，所进行的确保有适当数量的合格人才，在适当时候担任适当职务的计划活动。它主要通过科学的预测与分析，确保在环境变化的情况下组织能够获得必须数量、质量与结构的职工，并配合相应的政策措施，以期实现人力供给与需求的平衡。

1. 企业人力资源规划的内容

（1）岗位职务规划，主要解决企业定员定编问题，也就是明确组织机构、岗位职级与职数、岗位的具体职责、岗位人员相应的权利。

（2）员工补充规划，就是企业为使在中长期内的岗位职务空缺能从质量上和数量上得到合理的补充，所作的相应规划。

（3）教育培训规划，依据企业发展的目标预期，兼顾员工个人的发展需要，制订各种形式的教育与培训计划。

（4）职业发展规划，主要是规划个体职业生涯，将个人发展与企业发展有机结合，让员工在企业发展过程中充分施展才华、体现自我。

▶ 拓展阅读：

河南双汇投资发展股份有限公司

员工概况及员工发展

双汇发展严格遵守《中华人民共和国劳动法》《中华人民共和国劳动合同法》《中华人民共和国工会法》《中华人民共和国社会保险法》等国家法律法规，切实管理员工从招聘、晋升到薪酬福利、社会保险、休假等人力资源领域的方方面面，不断完善人力资源管理制度，保障员工劳动权益，促进劳资关系和谐。双汇承诺杜绝强制劳动，依法签订劳动合同，公司已制定年度休息计划及检举机制，充分保障员工进行集中休息或轮休。同时，公司始终坚持公平公正的用人态度，杜绝任何因员工的性别、种族、国籍、身体状况、宗教、婚姻状况等实行差别待遇或产生歧视的情况。截至 2019 年 12 月 31 日，公司共有正式员工 43245 人，其中少数民族员工 1788 人，退伍军人 785 人，残疾人员工 232 人，女性高级管理人员 29 人，占高级管理人员 243 人的 11.9%，工资发放执行同工同酬的原则，不同的岗位之间，工资有一定差异。

具体员工分类情况如下所示：

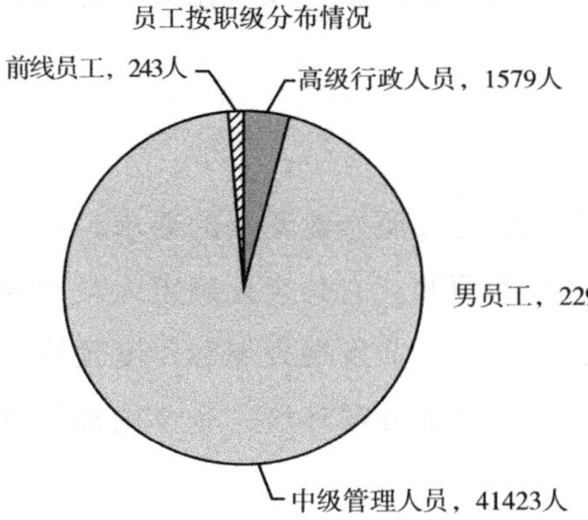

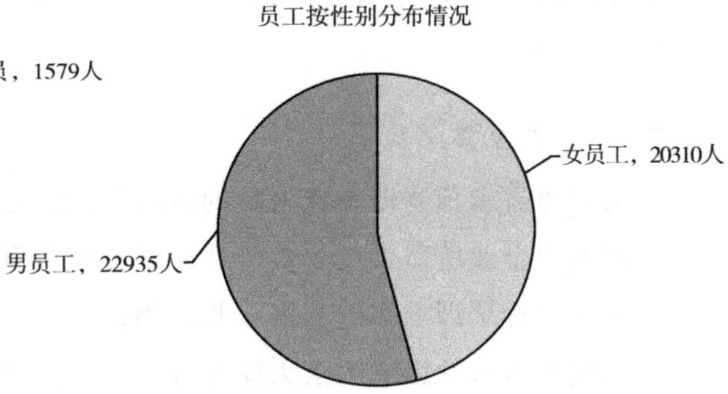

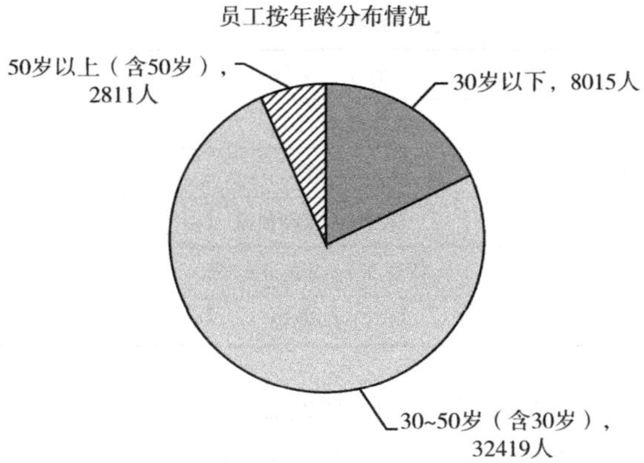

雇佣管理

双汇本着“人人皆人才，赛马不相马”的用人理念，以“公平、公开、公正”的用人原则，按照“三看三讲一不讲”的用人标准，通过“公开选拔、综合评价、内聘为主、内外结合”的方式，为广大人才提供广阔的舞台和发展空间。

经过多年的发展，双汇在人才培养上不断总结经验，形成了适合人才发展、适应公司需求的独特用人文化：除部分专业岗位（如财务、设备、基建、安全等）根据需求对外直接招聘，其他绝大部分岗位通过内部招聘从生产一线“大学生企业管理储备人员”中进行选拔，并遵循“竞争上岗、目标管理、绩效考核、述职评价、优胜劣汰”的用人原则。采用“阶梯制晋升、后备式培养、分级分段培训”的模式，为人才发展夯实基础、指明方向，为企业管理培养人才、搭建梯队。使想干事的人有机会、能干事的人有平台、干成事的人有地位，最终实现个人和企业的共同发展。

资料来源：河南双汇投资发展股份有限公司《2019年度环境、社会责任及公司治理报告》及双汇官网。

2. 人力资源需求预测

人力资源需求预测即企业人员的需求预测，是按照企业发展的要求，对将来某个时期内企业所需人员的数量和质量进行的预测。它是企业确定人员补充计划、实施教育培训方案的依据。其预测的基础是企业发展规划和年度预算。

人力资源需求的影响因素大体可分为三类：企业外部环境、企业内部因素及人力资源情况（见表4-5）。

表4-5 人力资源需求影响因素

企业外部环境	企业内部因素	人力资源情况
经济	战略计划	退休
社会、政治法律	预算	辞职
技术	生产、销售预测	合同终止解聘
竞争者	新建部门或企业扩张	死亡
—	工作设计	休假

人力资源需求预测方法包括经验判断法、统计预测法（包括比例趋势法、回归分析法、经济计量模型法等）以及电脑分析法等。

3. 人力资源供给预测

企业人力资源供给预测，就是为满足企业对人员的需求，而对将来某时期内企业从其内部和外部所能得到的人员的数量及质量进行的预测。

（1）企业内部人力资源供给预测。

①鉴定企业人力资源的存量。即摸清企业人力资源现有数量、质量、结构与分布情况并做出鉴定。鉴定方法主要有以下内容。

一是员工方法。员工方法包括建立“人事档案库”“人才信息库”和绘制

“人力置换图”（见图 4－7）。人事档案即一个人经历和德才表现的历史记录。“人才信息库”即专门详细记载具有特殊才能的现职人员资料。

绘制“人力置换图”是指绘制企业管理岗位结构图，依据人事资料确定各岗位的可能人选，并将可能人选者的姓名填写到“企业管理岗位结构图”的相应岗位上，分别标明候选人的年龄、绩效表现和晋升可能性。这样就能直观地显示出重要岗位的内部人力供给状况，以此确定哪些候选人现在可以上岗、哪些候选人须经过培训后才能上岗。

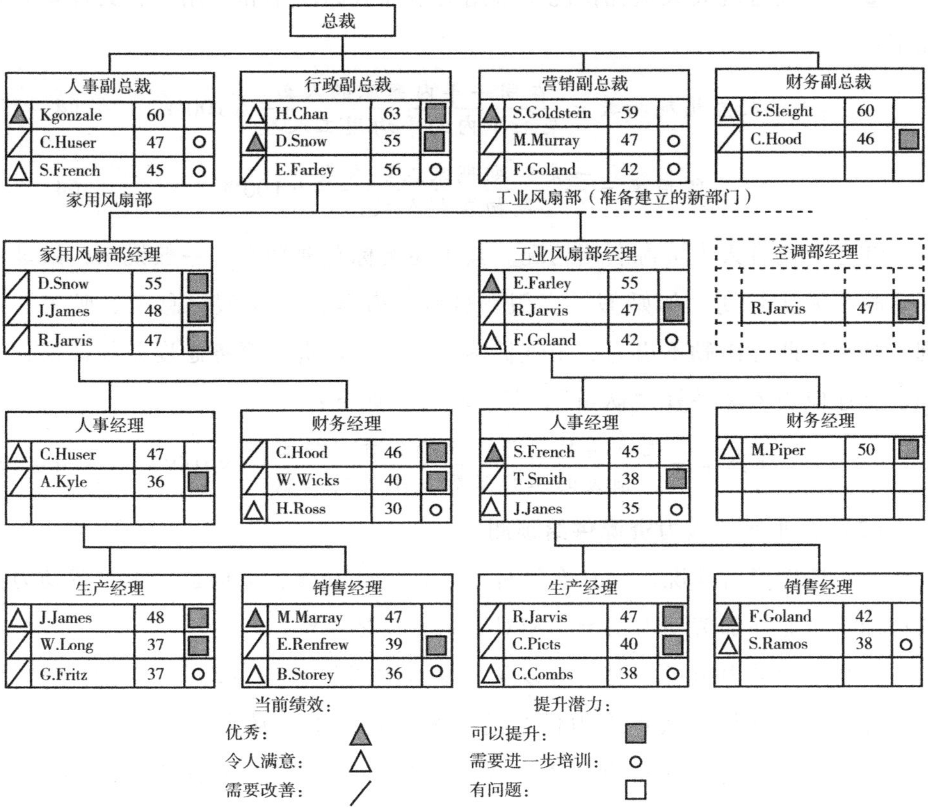

图 4－7　人力置换图

编辑一种阶层组织的图形设计，可以根据在职者的年龄、阶层、工作表现、升迁机会、个人潜能、健康状况、候补人选等资料，预先整理妥当。当企业员工特别是高层管理人员，突然辞职或离开时，企业内的职位空缺，能适时地有恰当的人选递补。

二是电脑软件法。发达国家的大公司广泛运用电子计算机技术。例如：IBM公司推出一套“IBM招募资讯系统”（IRIS）。其做法是：先让每个员工填写回答一份资料（描述背景与经验）问卷；再将这些问卷资料输入电脑。如果经理需要一名人员，他就依据该空缺岗位的工作规范所规定的任职者资格条件来描述岗位，并将这一资料输入计算机，计算机便对人事资料进行搜索，IRIS就会找印一份合格者名单。通过电脑系统，可随时查询企业内部人力资源供给状况。

②分析人力流失或损耗情况。常用的指标有离职率和留用率，其计算公式如下：

$$\text{人力损耗指数}=\frac{\text{在同一年内离职的人数}}{\text{某一年内的平均用工人数}}\times 100\% \tag{4-27}$$

$$\text{留用率}=\frac{\text{一定时期期末在职人数}}{\text{期初在职人数}}\times 100\% \tag{4-28}$$

③考查现有人力资源利用情况。其主要指标是缺勤率。一般说来，缺勤包括有薪或无薪假期，如婚假、产假、丧假、事假、探亲假，怠工、旷工、迟到、早退，此外出勤不出力、士气低落、工作不负责、服务态度差等都视为缺勤，企业应当考虑替补“队员”。其计算公式如下：

$$\text{缺勤率}=\frac{\text{因各类缺勤原因而损失的工作日数}}{\text{损失的工作日数}+\text{工作的日数}}\times 100\% \tag{4-29}$$

（2）企业外部人力资源供给预测。

①一般性经济状况。如社会经济繁荣、生产发展、市场扩大等对劳动力需求增加，企业外部劳动力供给则相对紧张；反之亦然。

②当地劳动力市场状况。可以从国家政府部门，如劳动部门、人事部门、教育部门及统计局，获得人力供给的预测资料；也可从人才市场、劳动力市场、职业中介机构等获得有关人力供给的信息。依据上述信息资料，可进行预测。

企业外部人力供给预测方法，可采用人力需求预测和人力供给预测的方法，如管理人员判断法、德尔菲法、马尔可夫链法等。

（二）企业员工培训

企业员工培训是指由企业人力资源主管部门负责规划、组织，通过教学或经验的方式在知识、技术、态度、道德、观念等方面改进职工的行为方式，以达到期望的标准或水平。

1. 培训内容

一般而言，员工培训的内容包括技术能力培训、人际关系能力培训、创新决策能力培训三个方面（见表4-6）。

表4-6　　企业员工培训的内容

技术能力培训	人际关系能力培训	创新决策能力培训
	工作态度	职业生涯
专业技术	团队精神	管理知识技能
辅助技术	组织发展	调查力
优化工作方法	工作关系	战略决策与管理
安全生产	冲突处理	解决问题的能力
质量控制	激励与压力	技术创新与制度创新
	法律政策	资源开发

就管理人员而言，如表4-7所示，对高层管理人员而言，特别重视创新能力，对基层管理人员，特别重视技术能力，而人际关系能力对每个层次的管理人员都相对很重要。

表4-7　　管理人员培训内容结构

结构	内容构成（%）		
	技术能力	人际关系能力	创新能力
高层管理人员	18	43	39
中层管理人员	35	42	23
基层管理人员	50	38	12

2. 培训方法

企业员工培训的方法主要有以下两种。

（1）直接传授式，包括专题讲座和个别指导。前者是向众多培训对象同时讲授一个专题。后者类似于“师傅带徒弟”，在“师傅”指导下，清楚地知道培训内容，较快地适应工作。

（2）员工参与式，即参加者亲身参与培训活动，从中获得知识、技能的一种培训方法。

①模拟训练：将参加者置身于仿真模拟的现实工作环境之中，让其反复操作、思考和解决实际工作中可能出现的各种问题，侧重于操作技能的培训。

②角色扮演：即将参加者置身于现实工作环境当中，按其在实际工作中应有的权责来担当与其实际工作类似的角色，模拟处理工作事务。

③工作轮换：即受训人员通过不同岗位的轮换，承担不同的工作，了解不同的业务技能。

④参观访问：即企业有组织地、有计划地安排员工到外单位进行参观访问，以拓展员工视野，激发其工作兴趣和创新意识。

此外，还可以采用函授、业余进修、远程教育、程序化教学等培训方法。

▶ 拓展阅读：

蒙牛集团员工培训与开发

培训对象

小胜凭智，大胜靠德。在企业里，培训其实是最性命攸关的大事。在蒙牛的企业文化里有这么一句话："培训是最大的福利。"蒙牛就特别注重人员的培训，将员工培训大体分成了五个层次：第一层，基层员工的培训；第二层，基层管理人员的培训；第三层，厂长经理级、中心主任级的培训；第四层，高层管理团队的培训；第五层，董事会成员的培训。蒙牛不仅培训员工，也培训股东、培训经销商、培训合作伙伴。这主要是告诉企业生态圈里的全部成员，在记住自身利益的同时，始终不要忽略轻视别人的利益。

培训者

蒙牛真的是以培训员工的方式，了解企业的文化，作为选择、提高人才的一个非常重要的权重。每年都有大量的员工通过培训，从而形成良性循环，让每个人主动加入、学习、提高。讲师内部化是蒙牛培训者的一大特色。除了一些尖端技术和特殊需求外，蒙牛还聘请了外部讲师，蒙牛商学院的讲师绝大部分都是启用蒙牛内部素质相对优秀、且通过了严格的考察测验的年轻人。这样做主要是由于这些人在基层工作过，既具备扎实的理论功底，又拥有丰富的实践经验。他们在培训师岗位上工作一段时间后，每每成为内部各个业务单位格外抢手的储备干部，归根于他们的综合素质全局认识、对企业的忠诚度都非常高。

培训内容

在传统必要的培训内容的基础上，蒙牛增添了危机教育培训和企业文化与思想道德教育这两项内容。蒙牛深知危机教育的重要性，在企业里面实行了全员危机教育蒙牛能走到今日，全员的危机意识起了基石的功用。除了危机教育，蒙牛还重视企业文化和道德教育。蒙牛团体中上下皆知的用人原则——有德有才破格重用，有德无才培养使用，无德有才限制使用，无德无才坚决不用。由此可以看出，蒙牛对员工的任用与培训教育最注重“德”“才”。自创业以来，蒙牛就一直以此理念作为经营和思想教育的根蒂，培训活动也牢牢与其相符，建设树立“企业人”观念，以培育员工的使命感和责任感，保证对企业的忠诚度。

培训方式

(1) 作为中国近几年来增长最快的乳制品企业中国近几年来，蒙牛在人才上的选拔和培养上自然走在行业的前线。2002 年初，蒙牛成立了一所企业商学院，其最核心的职能便是实施企业内训，配合企业文化的宣传执行，牛根生亲自担任商学院的院长，其在培训开始阶段与专业机构协作，花了一年工夫搭建商学院的运作体系，对内部培训师的梦想，蒙牛进行了几十场企业文化专题培训。

(2) 蒙牛商学院整个培训体系中有一个特色活动——每周学习例会。蒙牛是从事乳制品的行业，人员素质并不高。因此，蒙牛自成立之初就定了一个规矩，整个公司管理人员都要去参与这个学习例会。

(3) 蒙牛不仅有高级管理层和中级管理层的“学习日”，还有普通员工的学习。除了内部讲师培训外，商学院还会依据各个业务部门或蒙牛总体发展的需要安排外部培训师讲课，我国很多著名学者、企业家都曾经为蒙牛员工传道授业。蒙牛商学院被邀请谈论内容和理念的人都是跟蒙牛、牛根生思想统一的人。

资料来源：论蒙牛集团的员工培训与开发，刘之琳。

（三）企业员工的激励

企业员工激励是指企业领导者运用激励理论与方法，对员工需求予以满足或限制，以引起其心理状况变化，达到激发动机、引起行为的目的，使员工朝着所期望的组织目标做出持久努力等一系列活动过程。

1. 员工激励的原则

（1）个人目标与企业目标相统一。企业员工激励目标既要体现企业总体目标的要求，又要满足员工个人的需求。因此，企业员工激励机制，一定要建立在充分尊重员工个人利益的基础上，即员工激励目标应是企业目标和个人目标的统一，使企业成为员工心目中真正认可的“利益共同体”，否则达不到满意的激励强度，效果也不会理想。

（2）物质激励与精神激励相匹配。物质激励是基础，精神激励是根本。这就要求企业在设计价值分配形式时，必须以满足员工多元化个人心理需求为基础，逐渐将支付薪金、授权、提供个人发展机会、员工持股分红、保险福利、参与培训等多种激励因素纳入企业激励机制，使物质激励与精神激励相互补充，科学分配，让持有不同心理需求的各类员工都能获得满足。

（3）正强化激励与负强化激励相结合。正强化激励主要是对员工符合组织目标的期望行为予以肯定和奖励，使这种行为更多地出现，提高员工积极性；负强化激励，主要是对员工违背组织目标的非期望行为予以否定和惩罚，使这种行为不再发生，使员工积极性向组织期望方向转移。负强化具有一定的消极作用，因此对员工实施激励应以正强化激励为主，以负强化激励为辅。

（4）按需激励与人才考核市场化相协调。既要根据员工需求层次及需求结构的变化趋势开展有针对性的激励，又要通过外部化市场标准来考核员工，使企业利益和市场经济需要一致，更有助于员工和经理人员的使用和成长。

2. 员工激励的方法

（1）劳动报酬激励。劳动报酬是员工为企业提供劳动而获得的物质利益，包括工资、奖金、津贴、保险及福利待遇等。劳动报酬决定了员工的物质生活条件、社会地位及其他投资，因此，劳动报酬是企业最基本的激励手段。公平合理的报酬对调动员工积极性影响很大。

（2）制度激励。制度是目标实现的保障。一套稳定的制度可以减少不必要的内耗，使组织成员都以最佳效率为实现组织目标多做贡献。对员工激励作用较明显的制度包括职工守则、用工制度、责任制度及考勤制度等。制度既为职工提供行为规范，又能约束职工的消极行为。

拓展阅读：

激励制度

1. 行为导向制度

它是组织对其成员所期望的努力方向、行为方式和应遵循的价值观的规定。在组织中，由诱导因素诱发的个体行为可能会朝向各个方向，即不一定都是指向组织目标的。同时，个人的价值观也不一定与组织的价值观相一致，这就要求组织在员工中间培养统驭性的主导价值观。行为导向一般强调全局观念、长远观念和集体观念，这些观念都是为实现组织的各种目标服务的。勒波夫（M. Leboeuf）博士在《怎样激励员工》一书中指出，世界上最伟大的原则是奖励；受到奖励的事会做得更好，在有利可图的情况下，每个人都会干得更漂亮。

2. 行为幅度制度

它是指对由诱导因素所激发的行为在强度方面的控制规则。根据弗鲁姆的期望理论公式（$M=V\times E$），对个人行为幅度的控制是通过改变一定的奖酬与一定的绩效之间的关联性以及奖酬本身的价值来实现的。根据斯金纳的强化理论，按固定的比率和变化的比率来确定奖酬与绩效之间的关联性，会对员工行为带来不同的影响。前者会带来迅速地、非常高而且稳定的绩效，并呈现中等速度的行为消退趋势；后者将带来非常高的绩效，并呈现非常慢的行为消退趋势。通过行为幅度制度，可以将个人的努力水平调整在一定范围之内，以防止一定奖酬对员工的激励效率的快速下降。

资料来源：中培网，关于岗位轮换的思考。

（3）目标激励是指通过设置振奋人心、经过努力才能实现的奋斗目标，来激励员工的积极性。目标激励就要把组织目标和个人目标有机结合，使员工认识到自己的价值，而努力达成目标获得满足感，同时有利于员工之间的沟通，减少目标实现的阻力。

（4）榜样激励，即利用榜样的号召力，说服力强，易于引起员工们感情上的共鸣，从而激发他们的积极性。利用榜样激励，应使榜样来源于群众，且榜样的先进事迹应真实可靠。

（5）感情激励，即企业领导者要注重对员工进行感情投资，在工作上和生活上给予员工关怀，增强领导和员工之间感情上的联系，不断密切融合度，从而激发员工积极性，并能有效地产生持续效应。

▶ 拓展阅读：

格力给员工分房

董明珠曾经明确表示自己永远不会涉足房地产，但是却要拿出300亿元给员工盖房子。

董明珠的个性就是说干就干，不玩虚的，找好了地皮直接买下来，就开始盖第一期房子，小区命名格力康乐园，可容纳3000户，而如今随着格力康乐园的竣工，董明珠豪掷的300亿元资金花完了，格力员工的宿舍区也建成了，她真的做到了！

人总要解决一个归属感的问题，那就先解决了自己员工的住房问题，她就说格力的员工不需要公积金，不需要买房，格力给员工分房子，让八万员工人人有房住。

很多人最开始觉得董明珠在画大饼、在吹牛，但是人家已经建起来了，虽然规模还没有达到8万员工人人有房的规模，但起码开了一个比较好的先例：企业自己解决员工房子问题，就等于给社会创造了稳定的发展环境，也进一步遏制了房地产的无序泡沫。她深知房子是人心稳定的基石，必须让员工有一个温暖的家，但是这个房子不能用牺牲30年的幸福感来交换，既要有幸福感还要有房子住，这只能企业出手，为员工解决后顾之忧。

资料来源：网易，董明珠：房地产已经没有支撑点了，以后格力员工人人分房。

（6）员工持股计划，也称“股票期权计划”，是指企业以股票作为支付员工部分劳动报酬的方式，或利用信贷手段将股票转让给企业员工。企业主动吸收员工作为股东，筹集部分长期运用的股权资本；员工以提供劳动为享受股权的依据，获得长期的资本收入。这种激励方法，使员工和企业之间真正形成利害关系的共同体，从而对员工发挥着持久的激励作用。

▶ 拓展阅读：

员工持股：激励与约束之间

星巴克公司高级副总裁兼星巴克亚太区总裁王金龙揭秘星巴克的成功秘诀

在于，“在进入门槛其实很低的咖啡连锁业，星巴克构建了以员工持股的DNA独特的竞争门槛，最终实现了超越顾客期待的满意度”。

这让“员工持股”的概念再次引发关注。事实上，在此以前，无论是国美的控制权之争，还是双汇的管理层收购，无论是建行的全员持股计划，还是华为100%员工持股的公司治理结构，包括金融危机前后国际金融业所实施的不同的股权激励计划，在所有这些案例背后，如何有效发挥员工持股的激励与约束作用一直都是公司管理的一项重要课题。不难想象，在这样的经营管理者的带领下，还有办不好的企业吗?!

资料来源：网易财经频道，员工持股：激励与约束之间。

动动脑：

1. 试分析人才如果想要进入农业企业需要具备哪些条件?

2. 试分析与其他企业相比，农业企业需要在哪些方面独具特色地吸引人才?

第三节　农业企业无形要素管理

▶ 案例导入：

国家地理标志保护制度

国家地理标志保护产品是指产自特定地域，所具有的质量、声誉或其他特性本质上取决于该产地的自然因素和人文因素，经审核批准以地理名称进行命名的产品。

地理标志产品包括：来自本地区的种植、养殖产品；原材料全部来自本地区或部分来自其他地区，并在本地区按照特定工艺生产和加工的产品。经审核批准以地理名称进行命名的产品。

国家质量监督检验检疫总局（以下简称“国家质检总局”）统一管理全国的地理标志产品保护工作。各地出入境检验检疫局和质量技术监督局（以下简称“各地质检机构”）依照职能开展地理标志产品保护工作。申请地理标志产品保护，应依照本规定经审核批准。使用地理标志产品专用标志，必须依照本规定经注册登记，并接受监督管理。

申请人应提交以下资料：

（一）有关地方政府关于划定地理标志产品产地范围的建议。

（二）有关地方政府成立申请机构或认定协会、企业作为申请人的文件。

（三）地理标志产品的证明材料，包括：

1. 地理标志产品保护申请书；

2. 产品名称、类别、产地范围及地理特征的说明；

3. 产品的理化、感官等质量特色及其与产地的自然因素和人文因素之间关系的说明；

4. 产品生产技术规范（包括产品加工工艺、安全卫生要求、加工设备的技术要求等）；

5. 产品的知名度，产品生产、销售情况及历史渊源的说明；

（四）拟申请的地理标志产品的技术标准。

国家地理标志商标是指由对某种商品或者服务具有监督能力的组织所控制，而由该组织以外的单位或者个人使用于其商品或者服务，用以证明该商品或者服务的原产地、原料、制造方法、质量或者其他特定品质的标志。

资料来源：百度百科，国家地理标志保护。

通过以上案例试分析国家地理标志保护制度，要求农业企业具备哪些要素条件？

一、技术管理

农业企业技术管理是指农业企业在生产经营过程中，对生产技术活动进行计划、组织和控制等活动的过程。其内容主要包括技术开发、技术引进、技术改造、技术创新等方面。技术管理是农业企业成功和可持续发展的关键，加强技术管理无疑具有十分重要的作用。技术管理能够提高企业产品和服务的竞争能力，不断满足消费者需要；能够提高劳动生产率；促进企业技术进步，在知识经济时代，农业企业竞争力的核心是产品竞争力，而产品竞争力又依赖于企业的技术进步。因此，现代企业应加强企业的科研开发和技术改造，重视科技人才，促进产学结合，形成创新机制，走集约化和可持续发展的道路。

（一）技术开发

1. 技术开发的含义

技术开发就是将科学研究的成果转化为新的设备、工具、工艺等应用于生产实践的过程，把科学发明转变为现实的生产力。其内容主要包括生产设备和工具的开发、生产工艺和操作技术的创新、新能源和新材料的开发、科技信息开发和改善生产环境和劳动保护。

2. 技术开发的方式

（1）自主型技术开发是指农业企业根据现有产品在市场上的销售状况及消费者的需求，依靠其自身的技术力量，独立完成技术开发项目，研制出新产品。农业企业可获得技术开发成果的专利，享有自主的垄断性的技术成果。然而，这种方式仅适用于具备较强的科研能力和技术力量、资金实力雄厚的农业企业，由于开发周期长，须承担较大的开发风险。

（2）引进型技术开发是指在引进技术的基础上进行技术的改进。即农业企业亟须开发某种产品，但自身技术力量和技术资料缺乏或完全没有，部分或全部依靠向国外或外地同类企业引进技术和装备来开发新产品。这种方式风险较小、见效快，但企业在引进时需付出一定的经济代价，而且难以掌握其核心技术，一般适用于开发能力弱而有一定经济实力的农业企业。

（3）委托型技术开发是指农业企业提供技术开发费用，借助外部科研院所、大专院校的科研资源和技术力量，进行技术开发并取得技术开发成果，借此弥补农业企业技术开发资金的不足。

（4）共同研究开发是指农业企业在自力更生的方针指导下，与其他企业或研究机构，共同或合作进行技术开发。一般是农业企业具有一定的技术力量，但不能独立完成技术开发项目，需要借助合作者比较成熟的新技术，通过实现技术开发目标。合作双方建立长期交易关系，共同承担风险。

（二）技术引进

1. 技术引进的含义及内容

技术引进是指农业企业为了较快地解决生产中存在的技术问题，通过贸易、合同、交流等各种途径，从企业外部（主要是从国外）引进先进的技术知识、管理知识、管理经验以及生产设备的活动。

从具体内容来看，目前我国技术引进的内容包括：引进设备或配件、部件；引进新型材料或优质材料；引进先进的产品设计、制造工艺、测试方法、技术规范、技术资料等；引进专有技术原理、数据、设计图纸和配方等；引进先进的质量控制和经营管理方法；培训新技术人员，如派人到技术输出方学习或者请输出方专家来我国进行指导；委托外国咨询公司和外国企业提供技术咨询、技术服务等。

2. 技术引进的原则

技术引进工作涉及政治、经济、技术、生产、贸易、外交和法律等各个方面。因此，做好技术引进工作，必须坚持以下原则。

(1) 实事求是原则。目前，我国农业企业生产力水平还不发达，科学技术水平较低，资金实力有限。因此，在技术引进时，必须从农业企业实际出发，量力而行。引进的技术要同我国的资源情况、技术水平和管理食品相适应，尽量引进花钱少、质量高、技术先进、效益明显的适用技术，以取得最佳的技术引进效果。

(2) 学习创新原则。学习创新原则是学习和创新相结合。对引进的先进技术，采取边学习、边利用、边改造、边创新的方针，坚持引进技术为我所用。在引进关键设备时，一定要引进制造技术，在消化、吸收的基础上，做到既不损害引进技术的专利权，又能做好仿制、创新，逐步形成自己的技术体系。

(3) 平等互利原则。在引进技术时，坚持维护国家主权，平等互利，使合作双方在经济上都能得到合理的利益。

(4) 讲求效益原则。提高农业企业经济效益是技术引进的根本目的。因此，引进的技术和设备要与我国产品的系列化、标准版相结合，注意技术的连续性、先进性、配套性，逐步形成自己的产品系列。

3. 技术引进的方式

(1) 引进设备。通过购买设备引进技术，只是引进生产能力，时间短，见效快，能迅速形成生产能力，但它只解决了生产手段问题，未能解决设备的制造技术问题。一旦农业企业的吸收、创新工作跟不上，则难以摆脱对国外技术设备的长期依赖，且要花费更多的外汇。

(2) 许可证贸易。它是指技术的输出方将制造技术和工业产权的使用权许可证作为商品，出售给输入方的一种交易方式。其具体内容如下。

①购买专利使用权。专利是对发明人的发明、创造的一种法律保护，属于工业产权。通过购买专利，企业便有权使用某项发明、创造的原理、结构和技术。

②购买专有技术使用权。专有技术是指不申请专利、不公开的专有知识。其主要包括设计图纸资料、制造工艺、材料配方以及相应的经营、管理、销售方法等。引进专有技术是技术引进的实质内容。

③购买商标使用权。通过购买商标使用权，企业可以按外国技术生产产品，打上外国厂家的品牌和商标，并可以利用该产品的销售网络、技术服务网络，从而提高产品的市场占有率。

（3）租赁贸易。一般是由租赁公司购买机器设备并出租给引进方，收取租金。租期结束，承租方可承购该设备。

（4）学术交流。通过从国外聘请专家、引进人才，或派出人员学习深造、技术咨询和服务等方式，引进先进的科学技术，促进科学技术的转移。

（5）其他贸易形式。具体包括“三来一补”，即补偿贸易，来样加工、来料加工、来件装配。

合作研究是一种技贸结合的引进方式，通常是引进方与输出方分工合作，共同生产一套设备或研究一个课题。

合资经营，即双方按照统一的协议，共同投资，共同经营，共负盈亏，共担风险，一般由国外提供先进技术和关键设备，中国企业提供土地、劳动力和一般设备。

（三）技术改造

技术改造是采用先进的技术成果，改造企业现有的产品、原材料、能源、技术装备、劳动条件以及厂房等，使企业产品在性能上、质量上保持先进水平。

1. 技术改造的内容

技术改造不同于新建项目，主要是通过补偿基金，对企业原有的生产技术条件、生产设施和产品品种进行更新、改造，从而实现以内涵为主的扩大再生产。其具体内容有以下几个方面。

（1）改造产品品质，促进产品更新换代。农业企业生产的目的就是不断地生产出社会需要的各种农产品及其加工制品。企业通过技术改造，可以提高产品品质、质量和性能，实现高产、优质和高效。同时，有利于产品的更新换代，增强市场竞争力。

（2）改进工艺流程，推广先进的操作技术。工艺过程是直接消耗物化劳动和活劳动的过程。生产工艺的先进与落后，对于产品质量、性能、消耗、成本等起着决定性的作用。农业企业要不断改进工艺流程，推行先进的操作方法，如优化耕作制度、采用地膜覆盖和抛秧技术等。

(3) 创新工具设备，改善劳动条件。改进原有的工具设备，制造新的工具设备，不断提高农业企业的生产技术装备水平。即对手工操作的简易工具设备，改造成机械化的工具设备，并向生产过程自动化、智能化方向发展，以改善企业劳动条件，提高生产效率。

(4) 降低能源和原材料的消耗。这是企业的一项多环节的技术改造，已成为企业技术改造的重点。企业要采取各种节能措施，积极采用代用材料、新材料、新能源，以节约单位产品的物资消耗。

(5) 改造企业生产环境。农业企业特别要注重环境污染问题，应采用相应的技术措施，改造陈旧落后的、高污染的生产环节和作业方式，降低对环境的污染，如降低和消除化肥、农药、废气、废水对环境的污染等，以不断改善生产环境。

2. 技术改造的原则

(1) 技术互补原则。现代农业企业技术改造的手段多种多样，如机械技术与工程技术、有机技术与生物技术等。机械技术与工程技术，在改善农业企业生产条件、推进规模经营、提高劳动生产率和实现农业现代化方面有着巨大的作用，是农业企业技术改造的重要手段。但是，它所需资金量大、资源消耗多、生产成本较高，且容易导致生态环境恶化。生物技术和有机技术则可有效地提高土地生产率，减少物质耗费，维护生态良性循环，有利于发展绿色食品生产。因此，在农业企业技术改造过程中，应区别情况、正确选择，使各种技术相互补充，有机结合。

(2) 技术兼顾原则。技术兼顾原则主要是指实行提高劳动生产率技术和提高土地生产率技术相结合。不断提高劳动生产率是农业企业技术改造的一项基本要求。只有劳动生产率极大提高，才能改善农业企业的经济结构，提高农业企业的规模经济效益。但是我国农业劳动力资源丰富，耕地资源严重不足。因此，在技术改造过程中，必须重视提高土地生产率，应把那些既能提高劳动生产率又能提高土地生产率的技术措施并作为技术改造的基本手段。

(3) 技术提升原则。随着传统农业向现代农业的转变、粗放经营向集约经营的转变，农业企业的技术改造也应以劳动密集型技术为主，逐步向以资金密集性技术为主转变，加大科技投入，提升产品的科技含量。也就是说，农业企业的技术改造应该注重技术密集和技术提升。

(4) 技术可行原则。农业企业的技术改造，更强调应用型技术，注重技术的先进性和技术实用性相结合。应用型技术突出的特点，在于技术的先进性、生产的可行性、经济的合理性。因此，农业企业在技术改造过程中，应重视应用那些有明显的增产增收效果，在当地又切实可行的适用技术，并在此基础上创造条件充分发挥现代科技的优势，以取得良好的经济效益。

(四) 技术创新

技术创新是指企业应用创新的知识和新技术、新工艺，采用新的生产方式和经营管理模式，提高产品质量、开发生产新的产品、提供新的服务，占据市场并实现市场价值。技术创新是企业科研成果的商业化应用，是一个有别于企业常规生产经营活动的行为过程。其中，企业是技术创新的主体，技术创新是现代企业生存与发展的基础。

二、信息管理

(一) 信息管理的含义

1. 狭义的信息管理

狭义的信息管理认为信息管理就是对信息本身的管理，即以信息科学理论为基础，以信息生命周期为主线，研究信息的“采集、整理、存储、加工(变换)、检索、传输和利用”的过程。其目标就是要掌握信息的运动规律，并充分利用信息进行管理决策。

2. 广义的信息管理

广义的信息管理认为信息管理不单单是对信息的管理，还包括对涉及信息活动的各种要素，如信息、技术、人员、组织进行合理组织和有效控制。在广义的信息管理概念中，信息被当作一种资源，信息管理则包括信息资源的管理和信息活动的管理。在比较信息资源管理和信息活动管理之前，有必要先明确信息资源和信息活动的概念。

本教材中的信息管理采用广义的信息管理概念，是农业企业中信息人员围绕信息资源的形成与开发利用，以信息技术为手段，对信息资源实施计划、组织、指挥、协调和控制的社会活动。

（二）农业企业信息与信息管理

1. 农业企业信息的内涵

农业企业信息主要包括内部信息和外部信息（见图 4－8）。

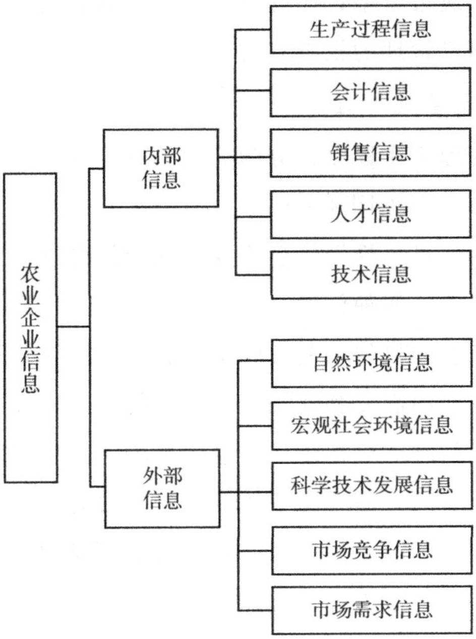

图 4－8　农业企业信息构成

2. 农业企业信息管理的内涵

农业企业信息管理是指利用现代信息技术，对农业企业生产经营过程中各环节涉及的信息进行收集、整理、分析和提供可利用信息的过程，其目的是改进企业经营管理提供咨询服务，为企业经营管理提供决策依据。

加强农业企业信息管理，有利于企业充分开发和有效利用信息资源作出正确的发展决策，增进农业企业运行效率，降低其生产成本，提高其服务水平，最终提高其竞争力，促进农业企业稳定持续发展。

3. 农业企业信息管理的原则

（1）必须把信息看作企业的战略性资源，看作组织赖以生存和发展的智力财产。

（2）必须把业务活动和信息管理活动结合起来，组织中的业务活动必须与信息处理、交流、分析研究结合起来，才能进行有效的信息管理，为企业带来效率和效益。

（3）必须体现信息增值的活动目标，信息增值体现为信息内容能帮助人们提高他们的行为和决策效率；因此必须把提高信息质量奖、促进信息交流和实现信息效用作为信息管理的根本宗旨。

4. 农业企业信息管理的程序

农业企业信息管理工作程序，分为规划信息、收集信息、分析处理信息和提供信息产品四个阶段（见图4-9）。

第一阶段，规划信息。规划信息主要是规划信息收集的过程或界定信息方向，也就是明确企业需要何种信息、收集信息的范围和目的等；包括了解企业各部门需要和使用信息的目的、制订收集信息的行动计划和让工作用户了解工作进展、了解企业各部门需要和使用信息的目的。

第二阶段，收集信息。根据规划信息的要求，收集原始信息。信息主要来源于一级信息和二级信息。前者源于年度报告、政府文件、领导讲话、电台采访直播等获得的公开性的、未经过加工的事实；后者源于报纸、杂志、书籍、电视和广播节目、评员的报道等景观加工过的信息。

第三阶段，分析处理信息。分析处理信息主要是把企业收集到的大量的、无序的信息经过集中、分类和筛选后，将基本信息转换成商业情报的过程。这是信息管理中最关键的一个环节。分析处理信息的方法包括比较分析法、推理分析法、专家调查法、文献计量法、层次分析法、回归分析法、时间序列法、模糊数学法等。

第四阶段，提供信息产品。以口头汇报或书面报告的形式提供信息，作为农业企业科学决策、R&D和市场开拓的重要依据，以便企业管理者迅速做出反应并抓住市场先机。

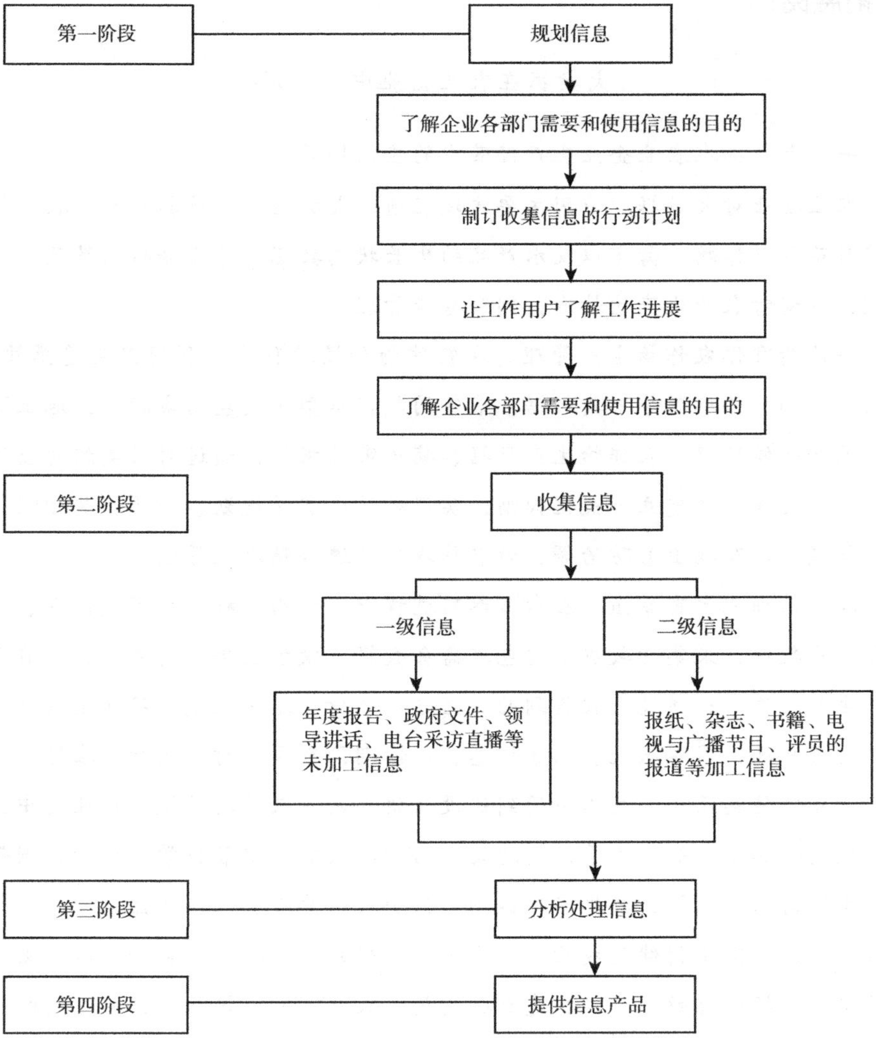

图 4－9　农业企业信息管理的工作程序

5. 农业企业信息管理的组织

农业企业信息管理由其信息管理组织来承担。

信息管理要顺利进行，必须建立相应的信息管理系统。现代企业信息管理系统一般由计算机网络系统、数据库及相应的数据信息、信息管理人员、信息管理软件以及系统运行的各类文件和规范等，利用计算机的巨大优势，迅速、准确地处理大量数据和信息。

▶ 拓展阅读：

大数据在农业企业中的应用

一、大数据在农业企业生产经营中的应用场景

农业企业对大数据的应用主要体现在通过大数据、云计算以及物联网等技术随时获取农作物、禽畜以及水产品的生长状态数据，基于分析结果及时实施干预，实现对农业生产的精准控制和智能管理。

一是精准化农作物生产管理。在农作物种植过程中，利用卫星遥感技术、无人机航拍、传感器等采集数据，采集的数据类型主要包括实时的土地土壤数据、天气气候数据、农作物生产数据、病虫害数据等；通过对采集到的数据进行分析、处理，并建立可视化模型，实现种植适宜区规划、作物长势预测、作物产量预测以及病虫害防治等，对农作物生产进行精准化管理。

二是精细化禽畜养殖。在禽畜养殖过程中，利用耳标、可穿戴设备、摄像头等采集数据，采集的数据主要包括禽舍数据、饮水数据、清粪数据、典型行为、生长数据等；通过对收集到的数据进行分析，运用深度学习算法判断畜禽产品健康状况、喂养状况、位置信息、发情期预测等，对其进行精准管理。例如，青岛宝佳集团将大数据应用到建设生猪养殖—农作物种植全产业链中，形成了完整的养殖—绿色体系，通过大数据精准投喂，以最科学的投量比例保障生猪生理需求；根据大数据实时监测与预警生猪健康状况、居住环境、生长特征等情况，确保生猪健康成长；将养殖中获得的排放物作为肥料科学喷洒至农作物中；依托种植数据库，构建土壤质量、农业环境、植物保护等完整的评估体系，保障农产品的茁壮生长。

三是精细化水产养殖。在水产养殖过程中，利用水下传感器、监控器等智能感知设备采集数据，采集的数据主要包括水的溶解氧、pH值、温度等水质指标，水产品的喂食、活动和死亡情况等；通过对采集到的数据进行处理、加工转化为可视化图形、图表，实现对水质和水产品生长情况的远程、实时监控，实现精细化水产养殖。

四是智能化农业生产设备。在农业生产管理过程中，通过将新型技术搭载到传统生产工具和材料，实现对农作物生产的智能化管理。例如，无人机植保

应用就是通过无人机搭载先进的传感器设备，根据地形、地貌搭配专用药剂对农作物实施精准、高效的喷药作业，通过人（植保队）、机（无人植保机）、药（农药）三位一体达到节水节药的作用；农机自动驾驶应用就是利用卫星导航实现农机沿直线作业功能，主要利用角度传感器获取农机偏移数据、摄像头获取周围作物生长数据以及导航卫星实时定位跟踪车辆信息数据，将三者获取的数据经过无线网络传输到控制端，对数据进行分析后，利用车载计算机显示器实时显示作业情况以及作业进度等。目前，农用车辆导航系统主要应用于拖拉机、收割机、小麦机和青贮机等农用机械上。

二、大数据在农业企业生产经营中的作用

农业企业利用大数据可以创新农业生产经营方式，降低生产成本，提高农产品质量和企业生产效率。大数据在农业企业生产经营中的应用，可以打破传统农业生产经营的局限性。例如，江西省信丰县共有脐橙种植面积 1.3 万公顷，产量 20 多万吨，过去传统的农业生产经营模式既增加劳动成本又无法实行科学管理，效益不明显。为了提升传统优势产业的效益和品质，江西省信丰县现代农业产业园打造了农业物联网云平台、农产品质量安全监管追溯平台、农产品电商平台，分别瞄准脐橙的生产、质量监管和销售三个环节。大数据平台使脐橙生产标准化、智能化、便捷化，通过各基地和加工线传输回来的信息，按照设定的程序标准，指挥生产、加工机械智能应用，可以提高脐橙产量和质量。在推行果园水肥药一体化应用上，可保证用肥用药准时准量，实现机械智能操作；在果品加工上，利用大数据平台，可以智能分选出不同颜色、大小、酸甜以及各种口感口味的脐橙果品。大数据技术的应用，大大提升了农业企业的生产效率。又如，青岛宝佳集团通过大数据对畜禽养殖、动物疫病、作物种植、害虫防疫、农产品质量等方面进行监控和分析，做到了精准喂养和科学种植，大幅降低了农业生产成本，较大范围地降低了天灾或人为导致的减产，提高了种养殖效率，实现了粮食牲畜增产增收。

资料来源：大数据在企业生产经营中的应用，许宪春、王洋。

三、企业文化管理

农业企业文化管理是指在企业文化的引领下，匹配公司战略、人力资源、生产、经营、营销等管理条线、管理模块。它是农业企业文化的梳理、凝练、深植和提升的过程。优秀的企业文化能够带动员工树立与组织一致的目标，并在个人奋斗的过程中与企业目标保持步调一致，能为员工营造一种积极的工作氛围、共享的价值观念和管理机制，从而产生鼓励积极创造的工作环境，也会对企业的绩效产生强大的推动作用。

企业文化的核心要素见图 4－10。

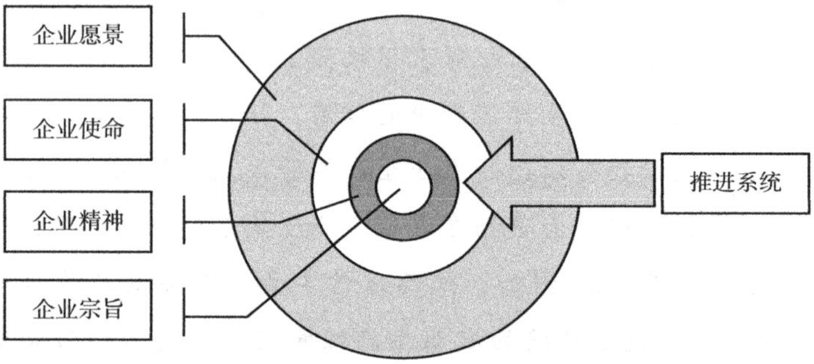

图 4－10　企业文化要素

1. 企业愿景

企业愿景是企业成员共同希望创造出的未来景象与企业蓝图。

2. 企业使命

企业使命是企业存在的理由和它对企业成员的价值与意义。其中，企业价值观是在实现愿景和完成使命过程中成员的一切思想和行为的依据和准则。

3. 企业精神

企业精神是在实现愿景和完成使命过程中成员的精神特征。

4. 企业宗旨

企业宗旨是企业存在的目的或对社会发展等作出的贡献。

德鲁克认为企业要思考三个问题：“我们的企业是什么？”“我们的企业将是什么？”“我们的企业应该是什么？”。

企业文化的核心五要素就必须回答以上问题，告诉人们：企业要到哪里去，未来是什么样的，目标是什么？将企业自己的本质、为什么从事这个行业以及未来何去何从，写进自己的企业使命、愿景和价值观及宗旨和精神。只有当企业努力为消费者、社会及内部员工作出正面贡献时，毫无疑问，消费者、员工以及社会力量才会支持你，一个企业才能得到最大的认同，获得最快的发展。

▶ 拓展阅读：

老字号的魅力——北京二商王致和食品有限公司

“王致和”品牌始创于清康熙八年（公元1669年），距今已有340余年的历史，企业几经传承和演变，于2009年9月29日顺利实现整合、接转工作，成立了北京二商王致和食品有限公司，是一家具有独立法人资格的国有企业。

企业占地面积60多亩，生产车间面积8000多平方米，拥有员工500余人。“王致和”产品包括腐乳、料酒、花色酱、调料、香油、芝麻酱等80余个品种，均为百姓佐餐佳品。

近年来，企业及时洞悉市场动态，经多次研究实验推出了低盐腐乳、木糖醇腐乳、白菜辣腐乳等新型产品，迎合了消费者追求健康、营养、安全产品的需求，拥有了一批庞大、忠实消费群体，产品不仅行销全国31个省市自治区，而且还远销美国、日本、加拿大、澳大利亚、中国香港等国家和地区，深受消费者喜爱。

341年的悠久历史和独特的传统配方使王致和腐乳产品以细、软、鲜、香的特点和上乘的品质被消费者所认同。作为腐乳行业的领头羊，为了保证产品质量、提升产品形象，王致和公司不断自主创新，提升传统生产的自动化、机械化水平，进一步促进其工业化、现代化和规模化，真正实现标准化生产，提升企业核心竞争力。凭着创新的产品理念和近乎苛刻的品质标准，王致和产品在激烈的市场竞争中脱颖而出。企业已取得“出口食品生产企业卫生注册”证书，并先后通过ISO9001：2008质量管理体系、ISO22000食品安全管理体系、ISO14001环境管理体系和GB/T28001职业健康安全管理体系认证，使传统的管理方式由粗放型管理向科学化、标准化管理模式转变。各项管理体系的建立一步步地规范着企业的管理。

341年的沧桑岁月，经过数代人的不懈努力，王致和已从手工式作坊发展成为以生产酿造调味品为主的科工贸一体化跨行业经营的公司。企业被商业部评为“中华老字号”“王致和”品牌被公众认定为“最具影响力品牌”，“王致和”商标被认定为“中国驰名商标”，王致和腐乳被评为“中国名牌产品”，王致和系列产品多次被评为“消费者信得过产品”。2008年6月“王致和腐乳酿造技艺”被正式列入国家级非物质文化遗产保护名录。

如今，王致和已经成长为一家有着雄厚实力和卓著信誉的一流企业，企业以一流的管理水准、现代化的生产设备、大型的研发机构守护着王致和产品高品质的承诺，面对机遇与挑战，王致和人将继续弘扬民族文化精神，将安全、健康、卫生的传统食品推向市场，在发扬光大中华老字号的道路上扬帆远航！

资料来源：北京二商王致和食品有限公司官网。

动动脑：

1. 试分析农业企业的企业文化对消费者行为会有怎样的影响？
2. 试想什么样的企业文化会将农业企业的特色凸显出来？

农业企业科技发展
——“大北农”

大北农集团在全国共有10000多个基层科技推广服务网点，由2000余名员工组成，现有核心研发人员1635人，其中博士97人，硕士753人。1999年，大北农集团建立了大北农农业科技研究院，此后相继组建了动物营养、生物饲料、生物育种、动物保健等研究中心和科研团队。此外，大北农集团于2006年建设的以农业生物技术为方向的中关村科技园海淀区博士后工作站分站专门培养高层科技人才，现有在站博士后11名；2010年建立院士专家工作站，现有在站院士14名。

科研机构组建和合作

促进现代科技型农业企业发展的核心力量是其自主研发的能力，农业企业应更加重视科研机构的建设。例如，大北农集团则一直坚持“报国兴农”的理念，一方面加强科研团队建设，另一方面相继建立了饲用微生物工程国家重点实验室、作物生物育种国家地方联合工程实验室等科研机构。此外，大北农集团2003年成立的大北农动物医学研究中心，位居中国大型商业化猪用疫苗和宠物用疫苗研发及检测诊断中心前列；成立的绿色农华研究院被认定为北京市科学技术研发机构2006年、2010年分别建立的中关村科技园区海淀园博士后工作站分站和企业院士专家工作站在培养高级人才、新产品研发方面发挥了极大的作用。

“创建世界级农业科技企业”是大北农集团成立至今的发展愿景，为了加快自身发展进程和增强核心竞争力，集团将发展重心定为发挥社会各方在农业企业科研中的优势、增加协同作用，积极加强与各方的合作与联系，强化企业在技术创新中的主体地位。大北农集团不但在国内建立了多个良好合作关系，在国际也达成了不少优质高校的合作项目。

加大科研投入

持续的科研投入是大北农集团的重要战略之一，近5年来年均科研经费投入约5亿元，集团的科研投入主要在动物营养与饲料、作物育种、动物遗传育种等方面。此外，大北农还拥有多个国家重点实验室，其面积达20000m^2以上，科研仪器设备价值超3.5亿元，集团在2010年成立的饲用微生物工程国家童点实验室还加入了科技部的“973计划”“农业科技成果转化资金”“十二五课题”等10余项科研项目。其中，饲用微生物实验室能够最大程度满足生物饲料产品开发、分析检测及产业化过程中的小试、中试、动物功效评价实验的需要。

大北农集团成立的集高科技兽用生物制品研发、中试、生产、经营于一体的大北农动物医学研究中心还与福州大北农生物技术公司、南京天邦生物科技公司联合形成了完善的产业化推广链条。此外，该中心还打造了一支以流行病学为主要目标导向的配有5名博士、40余名硕士和1500余台国际先进设备设施的十万级研发团队，为各类动物疫苗的研发及病毒检测等科研活动提供了人才技术与资金保障。

研发的重点领域

大北农集团旗下的北京金色农华种业科技股份有限公司，主营玉米、水稻等大田良种作物，为贯彻差异化经营战略，集团聘请各领域多位学者为首席专家。其中，玉米育种领域权威学者许启凤教授为玉米研究首席专家；国家“863”课题主持人杨振玉研究员为水稻研究的首席专家；我国印水型杂交水稻的创始人张慧廉研究员为三系水稻研究首席专家，同时成立了专家委员会。目前已建立了2个分子育种实验室、6个亲本鉴定中心、8个育种中心（站）、8个试验站、近400个试验点，实现对育种资源的创新和有效利用，实现分子育种技术与常规育种技术的高效结合。

1. 玉米

大北农玉米种业是大北农集团作物科技产业的重要板块之一，在全国玉米主产区均建有育种基地，目前已有4个育种中心站、近200个品种测试点，每年7万~8万个品种测试小区。

大北农集团通过削减无效投入和以市场需求为导向的两大举措，进一步细分市场，不但提升了运营效率，还不断推出区域化的优质新品种，增强公司在未来竞争中的核心竞争力。如今，大北农集团的五大生态区都已具备极强区域优势的结构化玉米新品种。产品“中单808”连续9年被列为农业农村部主导玉米品种。此后，“农华5号”在2017年黄淮海玉米新品种博览会评比中夺得第四名并参与“改革开放40周年成就展”，展现了大北农玉米种业公司的强劲实力。

2. 水稻

大北农水稻种业目前已有“作物生物育种国家地方联合程实验室”“国家农业科技创新集成示范基地”等国家级创新平台。据全国农技中心数据显示，2017年作物科技产业的水稻品种“C两优华”在全国推广面积达400万亩，连续2年成为全国杂交水稻第一大品种，2019年水稻种业集团在全国杂交水稻育种领域位列前三。

3. 动保—疫苗产业

动物保健与疫苗产业是大北农集团四大支柱产业之一，该产业集研发、生产、销售等环节为一体，并且还形成了以专利、商标等标准为支撑的大北农动保品牌。大北农集团于2002年组建了动保事业部，此后还成立了以北京大北农动物保健科技有限公司为代表的生物科技有限公司，为CMP的全面改造升级打下基础。大北农兽药市场推广进展顺利，获发明专利6项、注册商标29项、新兽药证书3项、科学技术奖励3项，同时还承担5项省部级科研项目。大北农集团不仅是北京市专利试点先进单位，还是中国兽药50强企业，更是北京兽药行业协会理事长单位和湖南省动保协会副会长单位，同时大北农动保是中国食品土畜进出口商会会员，拥有为肉食品出口企业提供动保产品的资质。

大北农集团动物保健产业的成就不但得益于与国内外众多高校、科研单位和知名企业建立了广泛的合作关系，还归功于组建了遍及全国的由专业兽医组成的科普服务队伍。为发挥其科普服务营销的优势，在河南、山东等20多个省份的农村加大了市场推广力度，通过举办培训会、研讨会、推广会等科普活动进行市场推广，在活动现场举办技术、产品使用讲座，发放《大北农技术与服务报》《大北农疾病防治手册》等科普资料，并深入圈舍为牲畜诊治疾病，受到养殖户的好评。

强化农业企业科技并非易事，需要新时期政策的支持和企业的积极探索，从大北农集团的成功可以得到以下经验。一要重团队建设，打造由高新技术人才所组成的优质团队。二要强化科研机构组建和合作，在合作交流中提升科研水平和技术。三要加大科研投入，以更加有力的激励政策吸引优质人才。四要确定研发的重点领域，实现产品差别化，从而增加行业竞争力。

资料来源：农业企业科技发展的研究——基于“大北农”案例分析，陈巧。

— 复习思考题 —

1. 农业企业要素构成包括哪些？分别有何特征？
2. 简述农业企业技术管理的内容。
3. 简述农业企业信息管理的重要意义和程序。
4. 什么是物资消耗定额、物资储备定额？
5. 论述物资管理的内容与方法。
6. 论述设备管理的内容与方法。
7. 简述物资ABC分类管理方法及其运用。
8. 结合具体案例分析农业企业如何进行人力资源管理。

第五章　农业企业产品质量及环境管理

学习目标

1. 理解食品安全和食品安全的政府监管的内涵与方法；
2. 掌握农业企业产品质量管理的含义、特点以及方法；
3. 理解和掌握环境管理的含义与方法。

第一节　食品安全与政府监管

▶ 案例导入：

永辉超市屡现食品安全问题

2021 年一季度永辉超市在福州、莆田、龙岩等多地多家门店共有 15 批次食品抽检不合格，几乎是在同一时间，永辉超市还因食品抽检不合格登上了河南、安徽省市监局的“黑榜”。

然而，面对食品安全问题频出的现状，4 月 12 日永辉超市董秘张经仪却在接受媒体采访时回应称，“近 30 万次的检测中，出现 15 批次的不合格，你说多不多？”随即，该回应冲上微博热搜，“为什么可以如此理直气壮？”有网友评论道。

中国食品产业分析师朱丹蓬向雷达财经表示，永辉超市多次出现食品安全问题说明其在整个质量、内控体系上存在一定纰漏，如若永辉对此不重视，没有将人民食品安全放在首位，那么未来定会使自身整体发展受限。

新华社发表文章指出，“刻意避开消费者真正关心的食品安全问题不谈，有意模糊概念，用一堆数字来回应关切，用轻飘飘的态度对待食品安全这样的大事，永辉超市如此敷衍、辩解让人不满，也令人心惊。永辉超市想要‘永辉’，请首先保护好消费者的身心健康，面对不合格的产品，不论比例有多少，都要自检漏洞。”

资料来源：新浪网，2021年4月17日。

案例思考：

从上面的案例中，你怎么理解食品安全和食品安全的意义？

一、食品安全的内涵及食品安全的意义

（一）食品安全的内涵

在美国，食品安全这一概念反映在《食品、药品、化妆品法》中的Delaney条款，原文如下：“that no additive shall be deemed to be safe”。日本学者在使用食品安全性时，也是基于损害（Hazard）危险性的反义词而使用的。

1996年，世界卫生组织（WHO）在其发表的《加强国家食品安全性计划指南》中，把食品安全解释为“食品按期原定用途进行制作和（或）食用时不会使消费者受到危害的一种担保”。

在世界卫生组织文件的基础上，很多研究人员认为食品安全即食品中不应含有一切威胁人体健康的有毒有害因素。这一观点将食品安全绝对化。实际上，饮食中不可能存在零风险，并且食品安全具有相对性，即每个人的体质和饮食习惯不同。关键在于消费者能接受什么样的风险，如何在可能的风险和收益之间取得平衡。

由于不能确定什么样的食品绝对安全，所以食品安全的定义应当从不安全性方面入手。按照联合国粮食与农业组织（FAO）和世界卫生组织（WHO）颁布的《保障食品的安全和质量：强化国家食品控制体系指南》（*Assuring Food Safety and Quality*：*Guidelines for Strengthening National Food Control Systems*）的定义，不安全的食品包含那些会使人患急性或慢性病的风险，这些风险中值得政策制定者关注的有：微生物病原、人畜共患病、寄生虫、抗生素残留、杀虫剂残留、重金属残留、转基因技术等。

（二）食品安全与食品质量安全的关系

国际标准组织（ISO）提出的关于产品质量的定义是指某一产品或服务所具有的能够满足既定需要的全部特征。

食品质量和食品安全存在着明显的区别。食品质量是指影响食品价值的所有品质的总和，包括食品安全属性、营养属性、价值属性、包装属性；而食品安全是指食品中可能对人体健康造成损害的属性，是食品质量的一个组成部分（见表5－1）。

表5－1　　　　食品品质属性的分类

食品安全属性	食品营养属性	食品价值属性	食品包装属性
食品自身的病原菌	热量	纯正度	包装材料
重金属	脂肪和胆固醇	完整性	质量标签
残留农药	钠	大小	其他方面信息
食品添加物	碳水化合物和纤维	外观	
自然毒	蛋白质	味道	
残留兽药	维生素	调理的简便性	
	矿物质		

二、食品安全的政府监管

（一）含义

食品安全的政府监管是指食品安全监管主体，即政府有关部门根据国家的食品安全法律法规和食品安全技术标准，对各环节的食品进行检验和监督，有效控制食品安全，以保护消费者、生产者和社会公共利益。

食品安全的政府监管是政府对国家经济和社会发展进行宏观调控和微观管理的措施和手段。政府监管作为一种政策工具，是政府治理的手段之一，是为实现政策目标而经常采用的具体治理方式。

（二）食品安全的政府监管的重要性

1. 维护食品生产者和消费者的合法权益

一直以来，有些食品生产者由于认识、管理、技术以及市场供求关系等原因，在利益的驱使下完全忽略食品安全，使劣质食品进入市场。甚至有些不法商贩制造和倾销大量不安全食品，在侵犯合法生产者正当权益的同时，严重危害了人们的生命安全和身心健康。加强食品安全政府监管，有利于提高我国食品安全水平和政府公信力，是社会稳定和谐的重要保障。

▶ 拓展阅读：

海南省深入推进食品安全源头综合治理

近日，海南省食品安全委员会印发《2021年海南省食品安全重点工作安排》，从进口冷链食品监管、推进源头综合治理等多方面明确今年食安工作重点。文件提出，持续强化进口冷链食品安全监管。加快完善进口冷链食品追溯平台，建立健全追溯体系，加快构建现代化冷链物流体系，持续做好检疫工作，落实进口冷链食品“三专、三证、四不”要求，严格做好接触感染风险高的人员保护。

深入推进食品安全源头综合治理。聚焦涉镉等重金属重点行业企业，做好污染源排查整治工作；持续抓好耕地土壤污染防治；严把粮食收储质量安全关，督促粮食收储企业严格落实出入库检验制度；加快推行食用农产品合格证制度；持续推进农药减量增效。

严厉打击食品安全违法犯罪。开展“昆仑2021”行动，始终保持对食品安全犯罪高压态势；严厉打击各类禁限用药物使用和非法添加行为；持续开展农村假冒伪劣食品三年整治行动；推动制修订农产品、食品领域行政执法与刑事司法衔接工作办法和相关规定，完善协同工作机制。

聚焦重点领域重点问题监管。开展农产品质量安全“治违禁促提升”行动、农村婴幼儿配方乳粉质量安全整治行动、餐饮质量安全提升行动，聚焦人民群众反映突出的高风险食品开展专项整治，探索建立博鳌乐城国际医疗旅游先行区进口保健食品、特殊医学用途配方食品先行先试相关政策。

资料来源：海南日报，2021年5月16日。

2. 有利于贯彻落实有关食品安全法律法规和食品技术标准

食品安全监管体系的基本特征是以法律这种典型的正式制度安排为基础，因此其能否得到有效的落实就成为监管工作是否有效的关键所在。食品技术标准是衡量食品安全最重要的依据。只有严格按照食品技术标准进行生产，才能保证食品安全。我国一些企业存在重产量轻质量、重经济效益轻社会效益的思想，因此，必须加强监管才能使食品法律法规和技术标准得以顺利贯彻执行。

拓展阅读：

为实现“到 2035 年我国食品安全标准水平进入世界前列”的目标，国家食品安全风险评估中心标准一室主任朱蕾表示，“十四五”期间将重点开展 4 个方面工作。

一是加强食品安全标准规划顶层设计。通过制定最严谨的标准，提高从农田到餐桌全过程的食品安全风险控制能力，提升食品全链条质量安全保障水平。二是深入贯彻食品安全风险分析原则。食品安全标准的制定要基于风险评估的结果，采用我国的膳食暴露和食品污染数据，经过科学评估并考虑标准的社会影响和经济影响，进一步发挥食品安全风险监测网络的作用以及食物消费量调查和总膳食研究资料的基础作用，完善风险评估技术，为食品安全标准制定提供科学的支撑。三是系统开展食品安全标准体系评估。开展好对现有标准的跟踪评价，从科学性、合理性、可行性 3 个方面对各类标准开展系统评估，及时发现存在的问题并加以调整和完善。在此基础上，建立科学客观的标准评价指标体系，评价标准在保护消费者健康、促进行业发展、影响食品国际贸易等方面发挥作用。通过成本—效益分析模型，了解标准实施后获得的健康保护、产业发展等社会经济效益和标准实施成本之间的关系。四是参与全球食品安全治理活动。发挥我国担任两个国际食品法典委员会主持国的作用，向全球食品安全治理活动贡献中国智慧和中国经验。完善我国食品安全基础数据对外分享机制，加强对国际标准的引领和参与。

资料来源：人民网，2021 年 7 月 20 日。

3. 有利于促进技术进步，维护我国的经济利益

当今发达国家为了占据国际市场的有利地位，都非常重视商品质量工作。

我国越来越多的产品进入国际市场参与竞争，而食品行业也是参与国际竞争的重要力量，但目前我国食品行业在国际市场中的地位大幅下降。因此，我国食品要增强其国际竞争力，必须加强食品安全政府监管，采用国际标准和国外先进技术标准，提高食品质量安全水平和食品企业素质。

（三）我国食品安全政府监管体系改革历程

1. 大部制改革前我国的食品安全监管体系

（1）大部制改革前我国食品安全监管相关规定。2004 年，国务院《国务院关于进一步加强食品安全工作的决定》（国发〔2004〕23 号），明确提出了我国食品安全监管的模式是“分段监管为主、品种监管为辅”，并细化了各个监管部门的监管环节。2009 年颁布的《中华人民共和国食品安全法》（以下简称《食品安全法》），随后成立国务院食品安全委员会，我国食品安全监管领域出现了新的综合，这是在分段管理基础上的综合。2018 年 12 月 29 日，第十三届全国人民代表大会常务委员会第七次会议提出关于修改《中华人民共和国产品质量法》等五部法律的决定。

（2）食品安全法中对我国食品安全监管体系的规定。《食品安全法》第五条中国务院设立食品安全委员会，其职责由国务院规定。国务院食品安全监督管理部门依照本法和国务院规定的职责，对食品生产经营活动实施监督管理。国务院卫生行政部门依照本法和国务院规定的职责，组织开展食品安全风险监测和风险评估，会同国务院食品安全监督管理部门制定并公布食品安全国家标准。国务院其他有关部门依照本法和国务院规定的职责，承担有关食品安全工作。

从生产加工到流通销售，每个部门各司其职，对每一环节进行监管。国内食品安全方面，初级农产品生产环节由农业部门负责，食品生产加工环节由质检部门负责，食品流通销售环节由工商部门负责，餐饮食堂消费环节由食品药品监管局负责；食品国际贸易方面，质检部门对进出口动植物检疫及食品进出口负责。国务院卫生行政部门承担食品安全综合协调职责，并且对以上职能部门以及环保、商务、交通等其他环节进行监管。此外，国务院食品安全委员会 2010 年 2 月 6 日正式设立，主要职责：分析食品安全形势，研究部署、统筹指导食品安全工作；提出食品安全监管的重大政策措施；督促落实食品安全监管责任（见图5－1）。

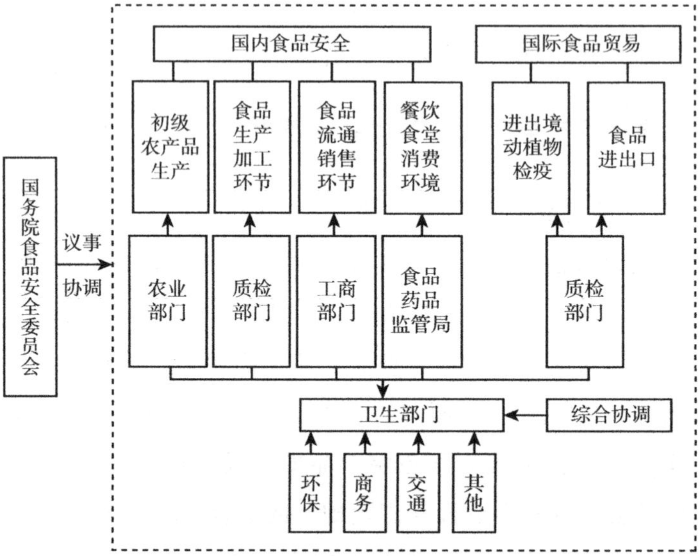

图5－1　我国食品安全管理机构（分段监管为主，品种监管为辅）

2. 大部制改革后我国的食品安全监管体系

（1）我国食品安全监管体系大部制改革的原因。2013年3月10日，国务院公布机构改革和职能转变方案，将组建国家食品药品监督管理总局。大部制改革前，食品安全监管思路是以“分段监管为主、品种监管为辅”，涉及食品安全的政府部门超过14个，具有行政执法管理职责的政府部门有5个。这种多头监管方式容易出现食品安全监管的交叉或者空白，难以做到安全监管的无缝衔接。实行大部制改革后，涉及食品安全监管的部门有3个，具体监管的部门只有食品药品监督管理总局和农业部，因此未来食品安全监管职责将会相对清晰，职责交叉和空白的区域将会大幅减少。

（2）我国食品安全体系大部制改革的内容。本次国内大部制改革实行食品安全由食品药品监管总局负责，农产品（包括肉制品）由农业部负责，食品安全风险评估和食品安全标准制订由新组建的国家卫生和计划生育委员会负责。这种管理方式类似于“两段”管理模式，由于农产品是食品上游，因此未来食品实现从“源头到餐桌”全程监管以及建立溯源和召回系统能否顺利建立还有待部门间的协调。

大部制改革的内容包括改革国务院机构和转变职能，重新设立了国家食品药品监督管理总局。原有的国务院食品安全委员会得以保留，具体职能归国家食品药品监督管理总局承担。国家食品药品监督管理总局的主要职责是对食品的安全性、药品的安全性和有效性进行统一监管，对生产环节、流通环节、消费环节进行系统分工、统筹安排。将有关食品安全检验检测部门、监督管理队伍如质量技术监督部门、工商行政管理归入食品药品监督管理部门。为了弥补食品安全监管的漏洞，做好衔接工作，这次改革组建了新的国家卫生和计划生育委员会专门承担风险评估、食品安全标准制定。农产品质量安全的监督管理归农业部来负责，且将商务部的生猪定点屠宰监督管理职责划入农业部（见图 5 –2）。

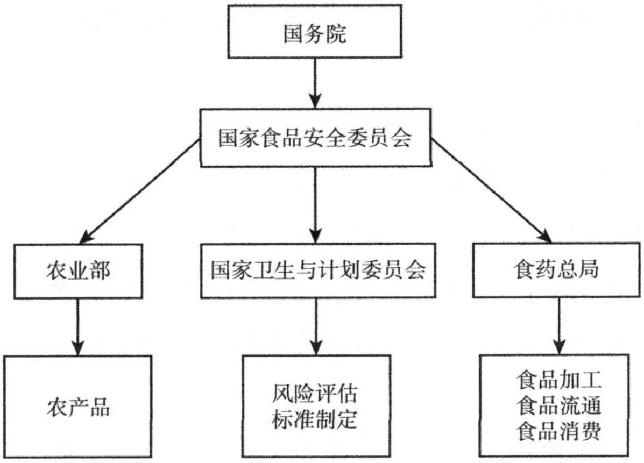

图 5 –2　中国目前食品安全监管体制模式

动动脑：

1. 食品安全的政府监管的重要性有哪些？
2. 我国食品安全监管体制改革措施有哪些？

第二节　农业企业产品质量管理的含义与方法

案例导入：

山东采取措施提升农产品质量

近日，山东省十三届人大常委会第二十九次会议举行联组会议，对全省食品安全工作进行专题询问，省教育厅、省工业和信息化厅等18个省直部门主要负责人到会回答询问。询问中，山东省人大常委会委员、农业和农村委员会副主任委员周林提出了这样一个问题：当前，农药残留超标仍是蔬菜等食用农产品存在的主要问题，针对农药的监管以及规范使用，山东采取了哪些措施？

农业农村厅一级巡视员林国华说，一直以来，省农业农村厅始终把治理农药残留超标作为农产品质量安全监管的重中之重。近几年，山东全省农产品检测合格率保持在70%以上。受小农户小规模生产主体体量大、一线检测力量比较薄弱、现行法律对农产品质量安全违法行为处罚较轻等因素的影响，目前对超标使用农药的行为仍难以形成依法有力地打击和震慑。

为了解决这些问题，林国华表示，下一步将发挥好由农业农村部和山东省政府共同建设的寿光全国蔬菜标准质量中心的引领作用，进一步组织好专家团队和技术推广队伍，加大技术的指导、推广，着力提高标准化生产的能力。

“最近，我们正在着重开展两项工作。”林国华说，目前省农业农村厅启动了县域投入品生产经营主体“一张图”工程，以县域为单位核查农药、肥料、种子等农业投入品经营主体，摸清底子，以便保证农资市场的农药以及投入品的质量安全，让农民、生产主体用上放心药、放心的农资产品。此外，农业农村部已经部署安排了治违禁、控药残、促提升三年行动。林国华说，借助这个有力的抓手，省农业农村厅将进一步开展常态化巡查指导，对农药残留风险比较高的一些品种精准定位。比如，山东人比较喜欢吃韭菜，而且韭菜种植面积也比较大，合格率也不是特别稳定，面对这些农产品品种，省农业农村厅将加强技术方面的指导，进一步提升农产品质量安全水平，保障人民群众舌尖安全。

资料来源：大众网，2021 年 7 月 28 日。

案例思考：

从上面的案例中，你认为应该如何进行农产品质量管理？

一、农业企业产品质量管理的含义

（一）农业企业产品质量管理的含义

农业企业产品质量管理是指农业企业通过一系列作业技术和活动对产品质量形成的各个过程实施控制，包括原材料的采购、生产过程的控制、储运过程控制、包装控制等，使之符合企业生产的质量要求并达到相应的标准，排除会使质量受到损害而不能满足质量及安全要求的各项因素。

（二）农业企业产品质量管理的作用

产品质量管理的目的是产品的固有特性达到规定的要求，满足顾客、法律、法规等方面的质量要求（特别是安全要求）。

产品质量管理是使产品达到规定的质量要求，预防不合格品产生的重要手段和措施。

产品质量管理贯穿于产品形成的全过程，通过对各个环节的有效控制，使对产品质量有影响的各个过程处于受控状态，持续提供符合规定要求的产品才能得到保障。

二、农业企业产品质量管理的方法

（一）分层法

1. 分层法的定义

分层法也称“分类法”“分组法”，就是把搜集到的质量数据按照与质量有关的各种因素加以分类，把性质相同、条件相同的数据归在一个组。把划分的组称为“层”，绘制分层排列图、分层直方图、分层控制图、分层散布图等。分层的目的是把错综复杂的影响因素分析清楚，以便数据能更加明确突出地反映客观实际。

2. 分层的原则

分层的基本要求是应使同一层内的数据波动幅度尽可能小，而层与层之间的差别尽可能大。为了达到要求，一般按照以下原则分层。

（1）按不同操作者、年龄、性别、技术水平、班次等分层；

（2）按设备类型、新旧程度、不同生产线、生产方式分层；

（3）按产地、制造厂、成分、规格、批号、到货日期分层；

（4）按不同操作条件、工艺要求、生产速度以及操作环境等分层；

（5）按测量者、测量位置、测量仪器、取样方法和条件等分层；

（6）按不同的日期、班次进行分层；

（7）按不同的检测手段分层。

分层法是分析处理质量问题成败的关键，应用时需要拥有一定的经验和技巧，且不能简单地按照单一因素各自分层，还应该考虑到各因素之间的相互影响。下面以一家水果罐头厂为例，说明分层法的应用。例如，100000 听水果罐头是由一台灌装机装灌，然后由甲、乙两名工人在两台真空封口机上封口，甲、乙各封 50000 听，最后由丙、丁在两台杀菌锅里杀菌。为了便于查找质量事故，就必须把甲、乙两人封装的罐头分别放置，并分别由丙、丁两人杀菌，杀菌后再分别送到恒温室分四处存放，等待验收（见图 5－3）。

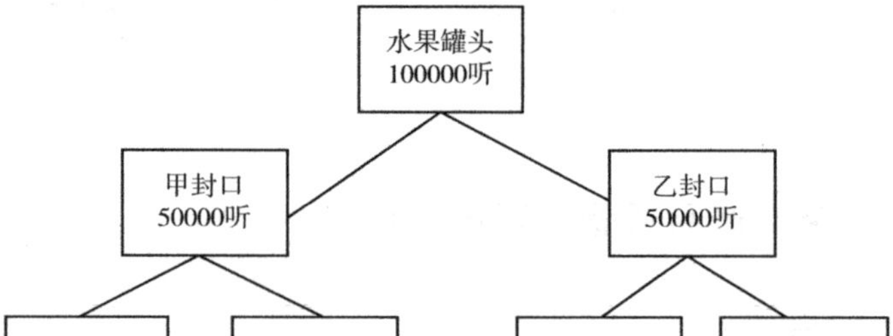

图 5－3　分层排列图

（二）因果图分析法

1. 因果图分析法含义

因果分析图也称“特性因素图”，因其形状像树枝和鱼刺，它也称“树枝图或鱼刺图”（见图5－4）。它是分析质量问题产生原因的一种方法。为了寻找产生某种质量问题的原因，在广泛听取众人意见的基础上，将众人的意见反映在一张图上。探讨一个质量问题的产生原因，要从大到小（或从粗到细），寻根究底，直到能采取具体措施为止。

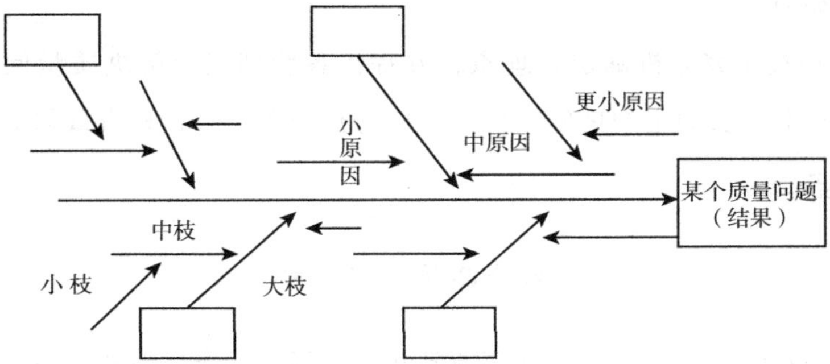

图5－4　因果图分析法

2. 因果分析法作图步骤

（1）明确要分析的质量问题或确定需要解决的质量特性，如产品的质量成本、工作质量等，并用数据说明。

（2）运用头脑风暴法，列出所有可能影响质量的因素并进行分类，主要按照五大方面原因（人、设备、加工方法、原辅材料、环境）分类，然后再依次细分，并用箭头表示。

（3）深入分析，明确各原因间的因果关系。探讨影响质量问题的一般是按4M1E［4M：人力（Manpower）、机器（Machine）、材料（Material）、方法（Method）；1E：环境（Environments）］分类、设置项目的，逐级分层分析影响质量问题的大、中、小原因，即分析到能采取直接措施解决的原因为止。将这些原因间的关系用箭头表示出来，并将主要原因用方框标出。

（4）对于重要的起决定作用的因素，用红线勾画出来，使之醒目。

（5）注明绘图日期、参加人员及根据5W1H［5W：对象（What）、目的

(Why)、地点(Where)、时间(When)、操作人员(Who);1H:方法(How)]制定对策表,落实改进措施。

3. 作因果图的注意事项

(1)确定的质量问题,应具体问题具体分析。

(2)查阅有关直方图或控制图,对发生的质量问题作某些补充说明。

(3)将因果图中小箭头所指的原因与现场的实际情况相比较,查看现场是否有明确的技术标准和规定,有无遗漏条件和错误。

(4)分析各原因之间的关系,并研究各种原因有误定量测定的可能,其准确程度如何。

(5)通过研究分析确定管理点,并提出各管理点上解决质量问题所应采取的措施;对策表制定的措施实施后,应与排列图结合,检查效果。

▶ 拓展阅读:

农产品质量可追溯

农产品质量安全追溯是信息化与产业发展深度融合的创新举措,已成为智慧监管的重要建设内容和引领方向。近年来,贺兰县把农产品质量安全追溯体系建设作为推动农业高质量发展和为民办实事的重要举措,让农产品生产有记录、信息可查询、流向可跟踪、责任可追究、质量有保障,实现了对农产品从生产源头到产品上市前的全程质量管控,努力保障老百姓"舌尖上的安全"。

目前,贺兰县已建成完善的农产品质量安全追溯体系,有125家农产品生产企业纳入追溯平台管理。追溯平台的模块包括种养殖基地管理、基地环境监测管理、投入品购买、种养殖过程管理、产品检测管理、产品合格证打印等,产品包装上贴有经追溯平台打印的合格证,消费者可通过扫描合格证上的二维码,了解到他们将要购买的、所食用的产品出自哪里以及是否健康安全,最大限度地做到了食用农产品有源可溯,让消费者买的放心吃的安心。追溯体系的建成将促使农产品生产者按照农产品质量安全标准从事生产加工,从源头提升产品质量安全水平,有利于消费者查询和维权,不仅可以满足消费者的知情权,还能提高公众对农产品质量安全的信心,真正做到源头控制、有效提高农产品安全生产水平。

资料来源:贺兰县农业农村局,2021年4月16日。

三、农业企业产品质量管理体系

（一）HACCP认证体系

1. HACCP认证的概况

危害分析关键控制点（Hazard Analysis Critical Control Point，HACCP）是一个保证食品安全的预防性管理体系，强调的是在生产过程中通过预防措施将可能发生的食品安全危害降到最低限度，而不是靠事后检验来保证产品的安全性。HACCP管理体系运用食品工艺学、微生物学、化学、物理学、质量控制和危险性评估等方面的原理和方法，对整个食品生产过程中可能发生的生物、化学、物理因素进行危害分析（HA），并针对其中的显著危害在食品生产加工的适当步骤建立关键控制点（CCP），采取相应的控制措施，有效地防止和消除食品安全危害或将其降到可接受的水平。

美国食品微生物标准顾问委员会（NACMCF）在1992年正式明确了食品生产HACCP体系的七个基本要素：①进行危害分析；②确定关键控制点；③设立临界值；④确立监控程序；⑤建立纠偏措施；⑥制订核查程序；⑦实施过程记录和保存归档。

2. HACCP认证的发展态势

（1）国际发展态势。HACCP体系最早是在20世纪60年代由美国承担开发宇航食品的Pillsbury公司开发应用，目的是保证宇航员在航天飞行中食品安全的绝对可靠。随后被美国食品药品监督管理局（FDA）、美国农业部（USDA）和一些食品加工企业所接受，陆续将HACCP原理引入低酸罐头食品、水产品、畜禽产品、果蔬汁加工行业。目前，美国食品零售业和乳品业HACCP规范正在进行制定和试点。

随着世界各国对食品安全问题关注度的日益提高，HACCP体系由于能有效控制食品中的危害，保证食品安全，已成为世界各国普遍认可和接受的用于确保食品安全的体系。近三十多年来，HACCP体系在欧盟、加拿大、澳大利亚和国际食品法典委员会（CAC）也得到了广泛的认可和推行。

（2）国内发展态势。HACCP在中国的应用始于1990年，1990年至今大体可分为三个阶段。

第一阶段：1990—1996 年，实践探索阶段。

第二阶段：1997—2000 年，出口水产品企业实施阶段。

第三阶段：2001 年开始，统一管理阶段。

2002 年，国家认监委发布了《食品生产企业危害分析关键控制点（HACCP）管理体系认证管理规定》，要求有关机构和出口食品加工企业按照相应规定，建立、实施、认证和验证 HACCP 管理体系。同年，国家认监委又发布了《出口食品生产企业卫生要求》《卫生注册需评审 HACCP 体系的产品目录》，要求出口程度较高的食品生产企业进行强制性认证和卫生注册相结合，规定强制要求卫生注册需评审 HACCP 体系的产品有 6 类，即罐头类、水产品、肉及肉制品、速冻蔬菜、果蔬汁、含肉或水产品的速冻方便食品。

经过近三十年的发展，中国 HACCP 的理论研究和应用推广都走在了世界前列。2015 年《中国 HACCP 应用发展报告》白皮书强调，中国应用 HACCP 体系已步入世界先进行列，为提高中国食品安全整体保障水平发挥了重要作用。

从国家法律层面上看，《食品安全法》明确鼓励企业积极采用 HACCP 体系提高食品安全管理水平。

从主管机构层面上看，认监委是国务院授权的统一管理 HACCP 认证、验证、监督管理和综合协调认证认可工作的主管机构。

从标准层面上看，中国 HACCP 的相关国家和行业标准累计达 30 多个，涵盖了从食品生产、加工、流通到最终消费的各个环节。

从企业应用层面上看，我国现获得 HACCP 认证的食品企业 4000 余家，通过出入境检验检疫机构 HACCP 官方验证的出口食品生产企业 6000 家。

随着国内 HACCP 的全面推广，形成了以《食品安全法》为基础，以国家认监委为主导，以各项标准为依据，以企业有效实施为重点的 HACCP 应用和认证体系。

（二）GAP 认证体系

1. GAP 认证的概况

良好农业规范（Good Agricultural Practice，GAP），即核心和实质是农产品

标准化生产、规范化管理。主要针对初级农产品的生产，分别制订和执行各自的操作规范，鼓励减少农用化学品和药品的使用，关注动物福利，环境保护，工人的健康、安全和福利，保证初级农产品生产安全的一套规范体系。它是以危害预防、良好卫生规范、可持续发展农业和持续改良农场体系为基础，避免在农产品生产过程中受到外来物质的严重污染和危害。该体系主要涉及大田作物种植、水果和蔬菜种植、牛羊养殖、奶牛养殖、生猪养殖、家禽养殖、畜禽公路运输等农业产业。

2. GAP 认证的发展态势

（1）国际发展态势。由于 GAP 涉及食品保障、安全、质量、生产效率和中长期环境收益等相关方面内容，因而越来越受到各国政府、食品加工界、食品零售界、种养殖业者和消费者的重视，并在各国以政府和行业规范的形式建立与发展。比较有代表性的 GAP 体系有美国加州草莓委员会的“质量保证计划”、英国的“放心食品计划”、澳大利亚的“鲜活农产品安全计划”等。其中在国际上最有影响的是 EUREPGAP 体系和 FA 指南。目前，GAP 认证已经被世界范围的 61 个国家的 24000 多家农产品生产者所接受，而且现在更多的生产商正在加入此行列。

（2）国内发展态势。GAP 认证在我国刚刚起步，最早主要由国家药品监督管理局、国家中医药管理局组织在中药材生产过程中实施。2003 年 11 月 1 日开始受理中药材 GAP 认证申请，所有申报基地都需要符合《中药材生产质量规范（试行）》，2003 年起，农业部开展了 GAP 引进推广研究，并根据出口的要求，在某种植类农产品生产过程中开展相关的认证工作。2005 年 11 月，国家标准委召开 GAP 良好农业规范系列国家标准审定会，通过专家审定，制定了中国良好农业规范（11 项）。

2006 年 1 月，国家认监委制定了《良好农业规范认证实施规则（试行）》。2007 年 8 月，为进一步完善中国良好农业规范（GAP）认证制度，推动良好农业规范国家标准的贯彻实施，充分发挥认证认可对促进我国综合农业生产能力和农业可持续发展的作用，国家认监委对 2006 年 1 月发布的《良好农业规范认证实施规则（试行）》（CNCA－N－004：2006）进行了修订，自 2008 年 1 月 1 日起施行。

（三）GMP 认证体系

1. GMP 认证的概况

良好生产规范（Good Manufacturing Practices，GMP），对不同的行业可以加上不同的定语，如 Food（食品）- GMP、Drugs（药品）- GMP 等。GMP 是一种政府制定并颁布的强制性食品生产、储存卫生法规，也是食品行业的作业规范，是建立和实施 HACCP 体系的基础。食品 GMP 详细规定了食品加工、储藏和流通等各个工序中所要求的操作、管理和控制规范，对食品生产、加工、包装、储运的人员卫生健康和建筑、设施、设备、生产、加工工艺等软件、硬件做出了详细的要求和规定。

2. GMP 认证的发展态势

（1）国际发展态势。食品 GMP 于 20 世纪 60 年代诞生于美国。进入 21 世纪，GMP 在食品加工行业受到广大消费者和生产者的欢迎。目前，美国已立法强制实施食品 GMP，日本、加拿大、新加坡、德国、澳大利亚等各国政府也在积极推动。世界卫生组织（WHO）自 1969 年开始向各成员国推荐药品 GMP，1975 年正式提出了指导性文件。1991—1992 年，WHO 又根据国际标准化组织（ISO）发布的 ISO9000 系列标准精神对药品 GMP 先后两次修改，使之纳入国际标准化轨道。目前，世界上已有 100 多个国家和地区在制药行业已实施或正在实施 GMP 体系，并要求进行强制性认证或登记注册。

（2）国内发展态势。中国 GMP 体系的建设与发展起步比较晚，于 20 世纪 80 年代初才开始萌芽，最早的《药品生产质量管理规范（试行稿）》于 1982 年编制。经过几年试行，卫生部于 1984 年重新修订了《药品生产质量管理规范》，并于 1988 年 3 月颁布生效。直至 1998 年，由新成立国家药品监督管理局拟订并颁布的《药品生产质量管理规范（1998 年修订）》，形成了我国 1998 年版的 GMP 指南，这也是我国 GMP 得到真正意义上实施的开始。时至今日，《药品生产质量管理规范（2010 年修订）》（以下简称《规范》）也已颁布，并且为推动规范的实施，国家食品药品监督管理局组织对《药品生产质量管理规范认证管理办法》进行了修订，于 2011 年 8 月 2 日下发了《关于印发〈药品生产质量管理规范认证管理办法〉的通知》（国食药监安〔2011〕365号），规定现有企业血液制品、疫苗、注射剂等无菌药品的生产，应在2013年12月31日前通过规范，其他类别药品的生产应在2015年12月31日前通过规范。

（四）ISO22000认证体系

1. ISO22000认证的概况

国际标准化组织（ISO）于2005年9月1日正式发布了ISO22000标准，即《食品安全管理体系——对食物链中任何组织的要求》。这是一个新的国际标准，建立在HACCP原理之上，旨在保证全球的安全食品供应。ISO22000：2005的出台可以作为技术性标准对企业建立有效的食品安全管理体系进行指导。这一标准可以单独用于认证、内审或合同评审，也可与其他管理体系（如ISO9001：2000）组织实施。

2. ISO22000认证的发展态势

（1）国际发展态势。进入21世纪，世界范围内消费者都要求安全和健康的食品，食品加工企业因此不得不贯彻食品安全管理体系，以确保生产和销售安全食品。为了帮助这些食品加工企业去满足市场的需求，也为了证实这些企业已经建立和实施了食品安全管理体系，从而有能力提供安全食品，开发一个可用于审核的标准成为一种强烈需求。另外，由于贸易的国际化和全球化，基于HACCP原理，开发一个国际标准也成为各国食品行业的强烈需求。ISO22000是一个新的国际标准，其目的旨在保证全球的安全食品供应，该标准适用于所有食品加工企业，它可以对整个食品供应链中组织建立有效的食品安全管理体系进行指导。ISO22000不仅是通常意义上的食品加工规则和法规要求，还是寻求一个更为集中、一致和整合的食品安全体系。它将HACCP体系的基本原则与应用步骤融合在一起，既是描述食品安全管理体系要求的使用指导标准、又是可供认证和注册的可审核标准，为我们带来了一个在食品安全领域将多个标准统一起来的机会，也成为在整个食品供应链中实施HACCP技术的一种工具。

（2）国内发展态势。我国从2002年起逐步推行HACCP管理体系认证工作，在我国的食品行业已得到普遍认识，并积极推广应用，为在我国实施

ISO22000标准奠定了良好的基础。我国从2002年开始对ISO22000标准进行跟踪研究，2005年10月已经转化为国家标准。该标准是以HACCP原理为基础，集法律法规、管理体系、产品安全性为一身的、全面的食品安全管理体系，在我国推广是完全可行的。但是，由于小型的食品企业现代化程度不高又缺乏专业人员，因而在实际运行中会面临不少问题。同时，还需看到目前推行时，还会遇到企业基本生产条件和能力的限制。

尽管ISO22000是一个自愿性标准，但它将是与国际接轨的一个标志。从目前情况看，我国企业采用ISO22000可以获得加强计划性，减少过程后的检验，更加有效和动态地进行食品安全风险控制等诸多好处。

四、"三品一标"与农业标准化管理

（一）"三品一标"

"三品一标"是绿色食品、有机农产品、地理标志农产品和承诺达标合格证的统称，是政府主导的安全优质农产品公共品牌，是当前和今后一个时期农产品生产消费的主导产品。

1. "三品"的概念

（1）绿色食品的概念。2000年3月2日，农业部出台了《绿色食品产地环境质量标准》NY/T391－2000其中，将绿色食品定义为，指遵循可持续发展原则，按照特定的生产方式生产，经专门机构认定，许可使用绿色食品标志商标的无污染的安全、优质、营养类食品。绿色食品分为A级和AA级两类。

①A级绿色食品。A级绿色食品是指生产地的环境质量符合NY/T391的要求，生产过程中严格按照绿色食品生产资料使用准则和生产操作规程要求，限量使用限定的化学合成生产资料，产品质量符合绿色食品产品标准，经专门机构认定、许可使用A级绿色食品标志的产品。

②AA级绿色食品。AA级绿色食品是指生产地的环境质量符合NY/T391的要求，生产过程中不使用化学合成的肥料，农药、兽药、饲料添加剂、食品添加剂和其他有害于环境和身体健康的物质，按有机生产方式生产，产品质量符合绿色食品产品标准，经专门机构认定许可使用AA级绿色食品标志的产品

（见图5－5）。

（2）有机食品的概念。按照中绿华夏有机食品认证中心的定义，有机食品是指来自于有机农业生产体系，根据有机食品生产标准生产加工，并通过合法的独立的有机食品认证机构认证的农副产品及其加工品。有机食品是通过不施用人工合成的化学物质为手段，利用一系列可持续发展的农业技术，减少生产过程对环境和产品的污染，并在生产中建立一套人与自然和谐的生态系统，以促进生物多样性和资源的可持续利用（见图5－6）。

图5－5　绿色食品标志

图5－6　有机食品标志

（3）农产品地理标志的概念。标示农产品来源于特定地域，产品品质和相关特征主要取决于自然生态环境和历史人文因素，并以地域名称冠名的特有农产品标志——农产品地理标志（见图5－7）。

图5－7　农产品地理标志

2. “三品”之间的联系和区别

(1)“三品”认证体制比较。绿色食品、有机食品和农产品地理标志认证体制的比较如表5-2所示。

表5-2 绿色食品、有机食品和农产品地理标志认证体制的比较

比较	绿色食品	有机食品	农产品地理标志
国家管理机构	农业部	国家认证认可监督管理委员会	农业部农产品质量安全中心
认证机构	中国绿色食品发展中心(农业部所属)	中绿华夏有机食品认证中心、南京国环有机产品认证中心等20家(经国家认证认可监督管理委员会许可)	农业行政主管部门
认证检测机构	产地认定检测机构:全国共71家;产品认证检测机构:全国共38家	有机食品检测机构:全国共120家(2006年1月、8月以及2007年7月,国家认证认可监督管理委员会分别公布了第一批、第二批和第三批有机产品检测机构名单)	省级工作机构命定的3—5个专家组成品质鉴定组
商标管理机构	中国绿色食品发展中心	国家认证认可监督管理委员会	农业部农产品质量安全中心
认证监督机构	农业部、国家认证认可监督管理委员会	国家认证认可监督管理委员会	农产品地理标志工作机构
认证有效期	A级:3年 AA级:1年	1年	长期有效

资料来源:赵海燕.中国における“三品”認証制度の展開と現状,《フードシステム研究》(Journal of Food System Research),2009(9)。

绿色食品的国家管理机构是农业部。认证机构和商标管理机构都是中国绿色食品发展中心。该中心在全国设立了42家地方绿色食品办公室,其中省一级的35家、市一级的7家。绿色食品的认证检测机构也包括产地认定检测机构和产品认证检测机构,到目前为止,前者有71家,后者有38家。绿色食品的认证监督机构是农业部和国家认证认可监督管理委员会。绿色食品认证需收取手续费,其认证有效期,A级为3年,AA级为1年。

有机食品的国家管理机构、商标管理机构及认证监督机构都是国家认证认可监督管理委员会。目前，全国有机食品认证机构共20家。其中，中绿华夏有机食品认证中心（COFCC）是农业部为推动有机农业运动发展而设立的专门从事有机食品认证的机构。此外，有机食品发展中心（后改名为“南京国环有机产品认证中心”，OFDC）是中国成立最早、规模最大，并且是中国唯一获得国际有机农业运动联盟（IFOAM）认可的有机认证机构。目前，全国共有120家有机食品检测机构。有机食品的认证需收取手续费，其认证有效期为1年。

农产品地理标志食品的国家管理机构、商标管理机构均为农业部农产品质量安全中心，认证机构为农业行政主管部门，认证检测机构为省级工作机构命定的3—5个专家组成品质鉴定组，认证监督机构为农产品地理标志工作机构，认证有效期有别于“三品”为长期有效。

（2）“三品”认证标准比较。绿色食品的认证检测，主要是按照认证标准检查产地环境和产品是否达标。它重视的是在生产过程中，化肥、农药等生产资料是否正确地使用。而有机食品的检查，侧重的是从生产到加工、仓储、运输和贸易全过程操作方法及管理的规范性与实地检查。农产品地理标志侧重的是特点地域所带来的农产品品质和相关特点（见表5－3）。

表5－3　绿色食品、有机食品和农产品地理标志认证标准的比较

比较	绿色食品	有机食品	农产品地理标志
目标定位	提高生产水平，满足高层次消费需求，带动农产品市场竞争力全面提升	保持良好生态环境，满足国际市场的需求	规范农产品地理标志的使用，保证地理标志农产品的品质和特色，提升农产品市场竞争力
认证检查方法	产地环境：抽样检查； 生产过程：现场检查； 产品：抽样检查	从生产到贸易全过程的现场检查	产地环境：抽样检查； 生产过程：现场检查； 产品：抽样检查
技术标准	标准体系：环境质量标准；生产操作规程；产品标准；包装标准；储藏和运输标准；其他相关标准 分级标准：从环境质量标准、生产操作规程、产品标准以及包装标准四方面分别制定了AA级绿色食品标准和A级绿色食品标准	有机产品国家标准： 生产标准； 加工标准； 标识与销售标准； 管理体系标准	产地环境、产品质量符合国家强制性规范要求

续表

比较	绿色食品	有机食品	农产品地理标志
产品质量水平	达到发达国家普通食品质量水平，参照欧洲 EECN002092/91，国际有机农业运动联合会（IFOAM）有机产品的基本原则、联合国食品法典委员会（CAC）的标准等，结合我国实际情况而制订；AA 级的标准比 A 级的标准严格	达到美国有机食品标准（NOP）、日本的 JAS、欧洲的 EECN002092/91 标准等水平，比绿色食品标准颇严格	产品品质和特色主要取决于独特的自然生态环境和人文历史因素
生产方式	通过在生产、加工过程中执行特定的生产操作规程，减少化学投入品的使用；其中，A 级绿色食品允许限量、限品种、限时间地使用安全的人工合成农药、兽药，鱼药、肥料、饲料及食品添加剂，AA 级绿色食品生产过程中不得使用任何人工合成的化学物质，且产品需要 3 年的过渡期	采用有机农业生产方式，有机食品在生产过程中不允许使用任何人工合成的化学物质，而且需要一定的转换期，转换期生产的产品为有机转换产品	产品有独特的品质特性或者特定的生产方式、产品有限定的生产区域范围

资料来源：赵海燕．中国にける“三品”認証制度の展開と現状，《フードシステム研究》（Journal of Food System Research），2009（9）。

3. “一标”承诺达标合格证的内涵

2019 年我国试行承诺达标合格证制度，并在《中共中央、国务院关于全面推进乡村振兴加快农业农村现代化的意见》中提出要求，加快推进承诺达标合格证制度试行工作。

承诺达标合格证（见图 5－8）具有如下内涵。①体现“达标”内涵。“达标”是指生产过程落实质量安全控制措施、附带承诺达标合格证的上市农产品符合食品安全国家标准。现阶段，承诺达标合格证的“达标”主要聚焦不使用禁用农药兽药、停用兽药和非法添加物，常规农药兽药残留不超标等方面。②突出“承诺”要义。承诺达标合格证是承诺证，要先展示承诺内容。新版承诺达标合格证参考样式，在全国试行方案中合格证参考样式的基础上，调整了承诺内容和基本信息的位置，将承诺内容放在承诺达标合格证最上端，生产者及农产品信息放后。③调整承诺内容。明确是“对生产销售的食用农产品”作出承诺。将承诺内容中“遵守农药安全间隔期、兽药休药期规定”调整为“常规农药兽药残留不超标”。④增加承诺依据。增加可勾选的“委托检测、自我检测、内部质量控制、自我承诺”四项承诺依据。生产主体开具承诺达标合格证时，根据实际情况勾选一项或多项。

承诺达标合格证

我承诺对生产销售的食用农产品：

□不使用禁用农药兽药、停用兽药和非法添加物

□常规农药兽药残留不超标

□对承诺的真实性负责

承诺依据：

□委托检测　　□自我检测

□内部质量控制　　□自我承诺

产品名称：　　数量(重量)：
产　　地：
生产者盖章或签名：
联系方式：
开具日期：　　年　　月　　日

图 5－8　新版承诺达标合格证参考样式

4. 承诺达标合格证的开具和使用

(1) 确保承诺达标合格证规范有效开具。承诺达标合格证要坚持“谁生产、谁用药、谁承诺”的原则，由种植养殖者作出承诺，勾选选项、自主开具，乡镇农产品质量安全监管公共服务机构、村（社区）委员会、检测机构、农产品批发市场等不应代替种植养殖者开具。加强电子承诺达标合格证开具管理。各级农业农村部门推广电子承诺达标合格证，将承诺达标合格证与农产品追溯一体化推进，取得了积极成效。以二维码等形式开具承诺达标合格证的，要坚持基本原则和要求：①二维码标识上或四周要明确展示“承诺达标合格证”字样，②扫码后的内容中，先要展示承诺达标合格证的名称、承诺声明、承诺依据等完整信息，再展示企业简介、品牌宣传等内容。

(2) 加大承诺达标合格证制度试行力度。对试行品种范围内尚未开具承诺达标合格证的生产主体，各级农业农村部门要督促其按要求尽快试行承诺达标合格证制度，提高试行覆盖率。对已试行承诺达标合格证制度的生产主体，要指导其规范开具，在试行品种上和批次上尽快实现全覆盖，养成常态化开具

习惯。要将承诺达标合格证与参加各类展示展销会、参评各类品牌、奖项和项目支持挂钩。将承诺达标合格证制度纳入食品安全等考核内容，落实监管部门工作责任。将试行情况纳入国家农产品质量安全县创建重要内容，督促国家农产品质量安全县率先落实试行要求。进一步加强与市场监管部门的对接，强化食用农产品进入市场的索证索票，明确将承诺达标合格证作为质量安全合格凭证的其中一种，倒逼生产主体自觉开具承诺达标合格证。之前开具产地证明的，要尽快转向由生产主体开具承诺达标合格证。加强承诺达标合格证制度宣传。各级农业农村部门要定期总结提炼承诺达标合格证制度实施成效，形成典型经验和做法，开展学习交流。积极运用主流媒体、行业媒体、地方媒体等多种途径，宣传承诺达标合格证实施成效，展示本地典型经验和亮点成果，扩大承诺达标合格证的社会影响力和消费者认可度，持续营造自觉开具、规范使用承诺达标合格证的良好氛围。

5. 强化承诺达标合格证的监督管理

（1）加大日常巡查检查力度。乡镇农产品质量安全监管公共服务机构要将承诺达标合格证制度的推行纳入监管服务范围，发挥好农产品质量安全监管“最初一公里”的作用。加强对开证生产主体的日常巡查检查，每年对试行主体的巡查要达到全覆盖。重点检查主体是否落实《农产品质量安全法》规定和《农产品生产主体质量安全控制基本要求（试行）》（附件 1），是否按照要求持续规范开具承诺达标合格证。要查看生产主体留存的承诺达标合格证开证记录，对检查过程中发现的问题及时督促整改。

（2）加强带证农产品监测和问题查处。省级农业农村部门实施风险监测和监督抽查，应涵盖附带承诺达标合格证的农产品，掌握其质量安全状况，切不可因开具承诺达标合格证而缺失监管。对风险监测中发现的问题要跟进开展监督抽查，对于承诺合格而抽检不合格的生产主体，要依法重处，同时帮助种植养殖者查找原因、整改问题。对于虚假开具承诺达标合格证的，要纳入信用管理，实施联合惩戒。

（3）及时掌握试行进展情况。各级农业农村部门要定期调度承诺达标合格证制度试行情况，掌握辖区内应实施承诺达标合格证制度的生产主体数量和已实施承诺达标合格证制度的生产主体数量。对于已实施承诺达标合格证制度的生产主体，要关注其是否处于常态化开具状态，如属于点状零星开具的要推动实现批批开具。省级农业农村部门要定期汇总分析本省份承诺达标合格证制度试行情况，加强试行工作的督促指导。《农产品质量安全法》修订公布后，按照法律有关规定抓好贯彻落实。各级农业农村部门要高度重视承诺达标合格证制度试行工作，加快推进步伐，提升农产品质量安全监管水平。2021 年底前，省级农业农村部门要组织开展一次自查，重点自查生产主体名录是否健全，开证主体日常监管和市场查验等情况，督促指导各地加快推进实施，确保试行工作落实到位。2021 年 12 月 15 日前，请将本省份自查情况及承诺达标合格证制度试行情况总结报送我部农产品质量安全监管司并抄送农业农村部农产品质量标准研究中心。工作过程中，可以随时以新闻报道、工作简报等形式报送有关经验和亮点成效。

（二）农业标准化管理

1. 农业标准化管理的概念

农业标准化是指与农业（包括种植业、林业、牧业和渔业）有关的标准化活动，是运用标准化原理对农业生产的产前、产中和产后全过程，通过制订和实施标准，促进先进的农业科技成果和经验迅速推广，确保农产品的质量和安全的活动。农业标准化的主要对象是农业标准化的实施，必将起到指导生产、引导消费和规范市场的作用，也必将促进农产品。

2. 农业标准化的特点

农业标准化所针对的领域是一个特殊的领域。它既有与其他行业相同的标准化的一般特性，又有与其他行业不同的农业标准化特性。

（1）统一性。标准化是对具有同等功效的标准化对象或技术要素进行合理的归并、精选和规定，使之在重复运动中达到通用互换或反复适用，成为共同遵循的依据。因此，标准可以避免人们因认识上的差异而导致的对产品质量高低评价的不一致。

（2）经济性。标准化的目的是求得最佳的全面的经济效果，最佳的秩序和社会效益。谋求取得最佳的经济效果，是标准化活动的主要出发点。标准化的经济效果应该是全面的，而不是局部的、片面的。在考虑标准化效果时，经济效果是主要的。

拓展阅读：

农业标准化管理赋能乡村振兴

初冬时节，走进临淄区齐都镇永顺村的蔬菜标准化园区，只见一串串鲜红、饱满的西红柿挂满了枝蔓，正忙着采摘的朱强难掩心中的喜悦。“以前缺乏经验，产量一直上不去。今年我改变了思路，严格按照‘思远农业标准化管理技术’种植，比起往年，今年的产量直接翻番，标准化种植就是好，省心省力还高产!”看着一棵棵长势喜人的西红柿，朱强更坚定了标准化种植的信心。

管理粗放、品质不稳、销路不畅等问题一直是制约设施农业和露地经济作物发展的瓶颈。山东思远农业开发有限公司创新工作思路，经过多年探索实践，研发了科学、实用的设施蔬菜“7F精细化管理”技术标准，通过标准化的设施、土壤、种苗、栽培等7个关键环节，实现对设施蔬菜生产全环节的标准化操作。目前，思远农业已推广应用了番茄、黄瓜、西葫芦等20余种作物的标准生产规程。

思远农业通过标准化服务实现了科学种植，农药、化肥、用工等支出减少15%—30%，产量增加20%—50%。根据思远农业全国标准化社员数据，平均每亩减少农药、肥料、用工等投入1300余元，产值增加9000余元，亩增效益10000余元。

从技术输出到标准输出，再到模式输出，越来越多的农户借着标准化种植的“东风”发家致富。思远模式实现了小农户与现代农业发展有机衔接，让每一寸土地发挥了最大效益，为乡村振兴注入了新动能。

淄博市市场监管部门抓实抓细标准化在特色产业升级中的引领作用。“博山猕猴桃”“张庄香椿”“祁家芹菜”“西长旺白莲藕”等一批地理标志农产品和省特色农产品团体标准相继制定，极大提高了农产品附加值。

作为淄博市食用菌行业龙头企业，山东七河生物科技股份有限公司从成立之初就坚定了走标准化、规范化发展道路。短短几年，七河生物科技股份有限公司实现了跨越式发展，该公司的菌棒产量已从最初不足200万棒攀升到现在的近7000万棒。苏建昌表示：“七河生物从小到大的过程，也是标准化从无到有的过程。菌棒从配料、成型、密封、培养到包装、运输，都按照标准流程规范操作。”

目前，七河生物标准化生产模式成功完成了“复制”，已在日本、韩国、美国、荷兰等国家陆续建设了8个子公司和9个出菇基地，出口海内外40多个国家和地区，年出口创汇5000万美元。

资料来源：淄博日报，2020年11月16日。

(3) 科学性。标准化活动是以生产实践和科学实验的经验总结为基础的，总结来自实践，又反过来指导实践，标准化既奠定了当前生产活动的基础还促进了将来的发展。这说明了标准化活动具有严格的科学性和规律性。

(4) 法规性。标准要求对一定的事物（标准对象）作出明确的统一的规定，不允许有任何含糊不清的解释。标准不仅有质的规定，还要有量的规定，不仅对内容要有规定，有时对形式和对其生效的范围也要作出规定。没有明确的规定，就不称其为标准。同时，标准一经颁布并要求强制实施，它就是一项技术法规。农业强制性标准是政府农业行政执法必不可少的技术依据。

(5) 生命性。农产品与工业产品的最大差异是生命性差异，同时农产品露天生产环境的难控性与工业产品室内生产环境的可控性，决定了农业标准化的实施比工业标准化的实施在时间上滞后，管理上困难。

(6) 区域性。我国地大物博，东西南北自然环境差异很大。因此，同一品种在不同地区的生长表现不尽相同；同一农业技术因地区不同、生产条件不同，其效果也不一样。所以，农业标准化具有很强的地域性，需因地制宜，根据不同的地区和不同的自然条件，制定不同的地方标准。在地方标准中，也只有农业地方标准可以制定省、市、县三级地方标准，这是考虑了农业标准化区域性较强的特点。

3. 农业标准化管理的内容

农业标准化的内容十分广泛，主要有以下8项。

(1) 农业基础标准是指在一定范围内作为其他标准的基础并普遍使用的标准。它主要是指在农业生产技术中所涉及的名词、术语、符号、定义、计量、包装、运输、储存、科技档案管理及分析测试标准等。

(2) 种子、种苗标准主要包括：农林果蔬等种子、种苗、种畜、种禽、鱼苗等品种特性和种子质量分级标准，生产技术操作规范，包装，运输，储存，标志及检验方法等。

（3）产品标准是指为保护产品的适用性，对产品必须达到的某些或全部要求制定的标准。它主要包括农林牧渔等产品品种、规格、质量分级、试验方法、包装、运输、储存以及农机具标准、农资标准和农业用分析测试仪器标准等。

（4）方法标准是指以试验、检查、分析、抽样、统计、计算、测定、作业等各种方法为对象而制定的标准，包括选育、栽培、饲养等技术操作规程、规范、试验设计以及病虫害测报、农药使用、动植物检疫等方法或条例。

（5）环境保护标准，是指为保护环境和有利于生态平衡，对大气、水质、土壤、噪声等环境质量、污染源的检测方法以及其他有关事项制订的标准。例如：水质、水土保持、农药安全使用、绿化等方面的标准。

（6）卫生标准是指为了保护人体和其他动物身体健康，对食品饲料及其他方面的卫生要求而制定的农产品卫生标准。它主要包括农产品中的农药残留及其他重金属等有害物残留允许量的标准。

（7）农业工程和工程构件标准是指围绕农业基本建设中各类工程的勘察、规划、设计、施工、安装、验收以及农业工程构件等方面需要协调统一的事项所制定的标准。如塑料大棚、种子库、沼气池、牧场、畜禽圈舍、鱼塘、人工气候室等。

（8）管理标准是指对农业标准领域中需要协调统一的管理事项所制定的标准。如标准分级管理办法、农产品质量监督检验办法及各种审定办法等。

农业标准化管理是根据《中华人民共和国标准化法》和有关法律、法规规定，建立健全农产品质量标准体系、质量检测体系、执法监督体系，对农产品的生产、运输、储存、销售进行质量监督，加强农业标准化工作，促进农业技术进步，提高农产品质量，维护生产经营者和消费者的合法权益。

动动脑：

1. 农业企业产品质量管理体系有哪些？
2. 什么是“三品一标”，它们的区别和联系是什么？

第三节 农业企业环境管理的含义与方法

▶ 案例导入：

资源化利用新思路

温氏食品集团股份有限公司创立于1983年，现为农业产业化国家重点龙头企业、国家级创新型企业，是以畜禽养殖为主业、配套相关业务的跨地区现代农牧企业集团。

近期，广东省农业农村厅发布《关于发布2021年广东省农业主导品种和主推技术的通知》（粤农农办〔2021〕77号），全省共遴选推介2021年农业主导品种83个、主推技术123项。其中，温氏股份研究院（技术中心）结合前期种养循环工作自主探索形成的“禽羽及沼渣资源化制备高值环境材料技术模式”（以下简称“高值模式”）成功入选2021年广东省农业主推技术。

高值模式是根据畜禽养殖业产生的大量禽羽、沼渣、沼液及鸭场粪便等固液体废弃物的特性，通过利用角蛋白改性技术将禽羽废弃物制备成重金属吸附钝化材料——高硫炭化角蛋白，利用猪场沼渣制备生物炭并结合鸟粪石结晶技术回收沼液养分，形成高附加值的缓释肥，利用生态型蚯蚓及化学萃取等生物化学转化技术将鸭场粪便转化为高品质生物蛋白及氨基酸水溶肥等产品，同步实现养殖废弃物高值化利用和农业绿色循环。

高值模式是依托温氏“五五”科技重点项目相关工作形成的科研成果，目前“高值模式”已在云浮新兴、清远连州和广州增城、白云等地示范推广，取得良好的应用效果。

高值模式为温氏规模化畜禽养殖废弃物的资源化利用提供了“以废治废”及“高值利用”的新思路，拓宽了畜禽养殖废弃物的农田资源化利用途径，有助于保障公司畜禽养殖业的健康、绿色及可持续发展，同时为全面推进乡村振兴、加快农业农村现代化发展助力。

资料来源：温氏集团官网，2021年6月15日。

案例思考：结合上述案例说说实施农业企业环境管理的意义。

一、农业企业环境管理的含义

（一）环境管理的含义

环境管理是对损害环境质量的人的活动施加影响，以协调发展与环境的关系，达到既要发展经济满足人类的基本需要又不超出地球的生物容许极限。其具体含义如下。

（1）环境管理的实质是要限制人类损害环境质量的行为。环境保护工作主要是解决人为造成的环境问题，所以环境管理实质上是要限制人类损害环境质量的行为。至于要限制哪些行为，怎样去限制，不同的时期有着不同的内容。

（2）环境管理的本意是运用新增资源来补偿环境资源的损失，以恢复和改善环境质量。从社会经济的角度看，污染消耗和降低了环境资源的质量。工农业生产的现代化一方面消耗环境资源、降低环境质量，另一方面为社会创造新增资源。因此，环境管理的本意是如何运用这些新增资源来补偿环境资源的损失，以恢复和改善环境质量。

（3）环境管理应与经济发展同步。在考虑经济发展计划时，首先要考虑资源和环境容量。这样才能做到既要发展又不超出地球的生物容许极限。

（二）环境管理的内容

从性质方面来看，环境管理可分为环境质量管理、环境技术管理、环境计划管理三个方面。

1. 环境质量管理

企业的环境质量管理是为了改善环境质量，对本企业污染物排放造成的环境影响加以控制而后防治的管理工作。

企业环境质量管理的主要任务有：组织环境评价（现状评价或影响评价），掌握企业的环境质量状况；进行环境监测，了解企业的环境质量动态，建立环境监测档案；编写《企业环境质量报告书》。

2. 环境技术管理

环境技术管理是为了改善企业环境质量，对企业生产经营中危害环境的行为从技术上进行管理。为了使企业的各项技术活动既能发展生产又不破坏环境，这就需要加强企业的环境技术管理。

企业环境技术管理的主要任务：研究企业环境污染防治的技术对策，落实国家和地区的环境技术政策，贯彻执行国家和地区的环境标准；制订企业实现环境目标的技术方案；把各项环保技术要求纳入企业各项技术规程；组织环境质量现状评价和环境影响评价；组织环境保护科学研究；规定产品标准和工艺标准的环保要求；改革工艺和产品结构，综合利用资源和废弃物质资源化、无害化；采用适合本企业的环境监测技术，做好环保技术档案和环保情报管理。

3. 环境计划管理

为了适应国民经济的发展，国务院要求各级人民政府在制定国民经济和社会发展规划时，必须把对保护环境和自然资源的要求和措施切实纳入规划，加强计划管理。企业的环境计划即根据这个要求制定的，其内容可以分为较长时间的环保规划和较短时间内的环保计划。企业环境计划管理则是指通过编制环保计划、分工执行、督促检查，把环境管理工作组织起来。

企业环境计划管理的具体任务：制定企业环境规划和年度计划，并纳入企业的计划。检查环境计划执行情况以及协调环保计划在执行中各部门之间的工作关系，使发展生产和环境保护相适应。

二、农业企业环境管理的方法

要建立科学的环境管理必须以相应的方法为保障，农业企业环境管理的方法主要有以下几个。

（一）建立健全环境管理体系

近年来，我国一批企业因加强环境管理，注重企业环保形象而取得了成功。如长岭电冰箱、电冰柜因实现无氟利昂，产品很受国外欢迎；青岛海尔集团在国际环保浪潮中，抓住机遇，接受挑战，将环境保护作为公司基本发展战略，并视其为自身发展的内在要求，顺利通过了“欧盟”的环保认证，成为我国第一批“环境”标志产品。

环境管理是企业管理体系的一部分，是一套系统的规范、程序和运行机制，其职责是：环境方针的制定、实施、评审、纠正以及维护和实施环境目标所必需的组织结构、计划活动、职责分工、操作惯例、程序和过程等。ISO14001标准规范了环境管理体系的基本内容和要求，向各类企业提供了一个标准化的环境管理体系的模式。

实施有效的环境管理体系，可以为企业走向世界获得一张通行证。它所伴随的潜在效益是可兑现对顾客相应的环境管理承诺，拓展资金来源，提高企业形象和市场份额，改进成本控制，减少责任事故的发生，降低材料和能源的消耗，改善产业与政府机构之间的关系。企业应实施一个有效的环境管理体制，以保障人类健康及环境不受其产品活动和服务所带来的潜在危害，并为维护和改善环境质量提供帮助。

环境管理体系的健全是一个不断发展和具有交互作用的过程。环境管理体系策划与设计是企业建立环境管理体系进入实质性的起步阶段。它是在初始评审的基础上进行的，并应结合企业的财力、物力、现有技术水平及其人员素质来进行策划与设计，如内部绩效水准的评价，适应法律、法规与标准的确定，确定环境方针，制定环境目标与指标，制定环境管理方案等。

（二）加大环境保护的投入力度

20世纪70年代以来，工业发达国家总结并吸取了环保工作过去先生产后治理的经验教训。一方面政府拨出可观的经费进行治理。另一方面企业不断加大环境保护的投资力度，创新保护生态环境的设施，研究新产品、新工艺以及治理污染的技术，这一切都需要高水平的财政支持和强大的经济实力作后盾。国际环境专家的研究表明：一个国家污染治理投入占国民生产总值的1%—1.5%时，可以基本控制环境污染；达到2%—3%，经过几十年努力，才能逐步改善环境。资金投入是政府和企业建立、运行和维护环境管理体系必不可少的先决条件。为此，世界上很多国家和企业都不断加大环境保护的投资力度。

（三）加强环境管理，贯彻 ISO14000

ISO14000 环境管理系列标准的目标就是通过规范企业的环境行为，以便最大限度地节约资源、能源，改善环境质量，保持环境和经济发展相协调，促进经济持续发展。企业注重环境保护，加强环境管理，节约原料、能源，并采取废弃物资源化循环利用等措施，由此产生的经济效益是显著的。对环境负责，就是对消费者负责，必然会赢得顾客、赢得市场。

（四）采取措施向 ISO14000 靠拢

推行 ISO14000 有助于产品顺利通过绿色贸易壁垒而进入国际市场，有助于我国开发“绿色产品”和发展环保技术，建立可持续发展出口商品结构。同时必须看到，ISO14000 的实施将掀起新的绿色消费浪潮，可能形成更强的贸易壁垒。由于我国经济发展水平较低、环保技术较落后，企业及公众的环保意识相对较差，因而要获得 ISO14000 的认证难度很大。因此，环境审核对我国企业带来的挑战可能会多于机遇。

ISO14000 的实施是不可阻挡的国际潮流。在 ISO 讨论、制定 ISO9000 时，日本采取了不赞成态度，未做好实施准备。而当 ISO9000 在世界上形成了一股潮流，日本向欧洲、美国出口商品时则受到限制，遭受了巨大的损失。我国企业也应采取积极有效措施，向 ISO14000 标准靠拢。

（五）关注和参与 ISO14000 行动

鉴于 ISO14000 系列标准的重要性，该标准的起草和制定受到国际大型企业的普遍关注。我国企业特别是出口贸易比例较大的农业企业应格外关注 ISO14000 的国际动态，并力争通过有关组织、部门，将我国农业企业环境管理的一些思路反映到 ISO14000 标准中。对国家及地方政府举办的有关 ISO14000 的研讨会、培训等活动，农业企业应积极参与，以出口贸易为主的企业及其他有条件的企业应采取主动措施，力争尽早达到 ISO14000 标准，并获得 ISO 的认证。

（六）推行清洁生产

ISO14000对企业环境管理、企业环境行为以及产品生命周期提出了一系列要求。我国企业应对照ISO14000的要求，根据自身经济、技术条件，采取有效措施，以最终达到要求并获得认证。ISO14000要求企业从产品的开发设计、加工制造、流通、使用、报废处理到再利用的全过程，都要考虑和达到环境保护的要求。因此，在环境组织健全、体系完善的基础上全面推行"清洁生产"工艺是从根本上解决资源浪费和环境污染的关键。企业应着眼于生产过程中减少污染物的产生量，同时要求废弃物最大限度资源化，不仅考虑产品的生产工艺，而且对产品结构、原料和能源替代、生产运营和现场管理、技术操作、产品消费，直至产品报废后的资源循环等诸多环节进行统筹考虑，使产品从设计到报废都符合环境保护的要求。

将清洁生产的理念引入农业生产领域不仅是国际上的一种潮流，也是《中华人民共和国清洁生产促进法》（以下简称《清洁生产促进法》）的具体要求，更是我国农业实现可持续发展的根本出路。《清洁生产促进法》中规定，农业生产者应当科学地使用化肥、农药、农用薄膜和饲料添加剂，改进种植和养殖技术，实现农产品的优质、无害和农业生产废物的资源化，防止农业环境污染。这是对农业清洁生产的基本要求。农业清洁生产的核心是采取综合措施，充分利用农业生物资源和生物技术，减少农药、化肥等农用化学品的使用，进而达到减少污染、产品优质无害以及提高农业生产效益的目的，达到这一目的的途径则是发展有机农业、生态农业。

（七）发展生态农业

发展生态农业可以采取以下措施。

1. 加大无污染技术的开发力度

加大无污染技术的开发力度主要包括：生物肥料、控释肥、缓释肥等新型肥料技术，有机无机肥料、可降解农膜等新材料技术和精量施肥技术、污水降解技术、废弃物沼气处理技术、畜禽粪便处理技术、秸秆综合利用技术、农膜揭膜和回收等新技术，积极推行水、肥料、农药综合管理技术，提高利用效率，降低和控制污染。

2. 推广以秸秆覆盖、保水保土为中心的保护性耕作技术

这是解决我国农业资源与环境恶化问题的重要举措。中国农业大学等科研力量在科技部、农业部等有关部门的支持下，借鉴国外的经验，在我国开展了保护性耕作试验研究，在山西、河北等省经过10年的连续试验，证明农田有了秸秆覆盖和根茬固土，土壤水蚀减少80%、大风刮起的沙尘减少60%。由于秸秆用作覆盖，彻底消除了焚烧秸秆现象。保护性耕作还使土壤肥力得到恢复，如山西临汾小麦试验区，10年时间有机质含量从0.89%增加到1.34%，蚯蚓从零发展到每平方米10—15根，土壤的团粒结构增加。农民采用保护性耕作技术还可以降低生产作业成本15%—20%，增产10%—15%，使收入增加20%左右。

3. 推行节约资源、对环境较好的农业生产方式

这些方式包括：膜下滴灌节水模式、精确施肥防止面源污染模式，推广配方施肥、平衡施肥，使用缓释肥料，改进施肥方法，使肥料供给和作物生长发育需求相一致，达到高产、优质、节本、不造成面源污染的目的；免耕少耕保水保土、保持地力模式，利用残茬覆盖，保护土壤，防止水蚀和风蚀，减少水分蒸发；杜绝秸秆焚烧，促进秸秆还田，提高营养物质归还量，培肥地力；降低作业成本，提高农业效益。

4. 建立健全无公害农产品法律法规及检测体系

通过建立和完善农业生态环境检测、评价及预警系统，强化农产品生产基地及产品安全管理，创建具有环保特色的无公害农产品生产示范基地及品牌。此外，还需建立和完善农村农业环境综合整治定量考核制度、农用化学品环境安全管理制度、农村经济模式与农村自然资源利用方向评估制度等。

▶ 拓展阅读：

“我家的茶叶质量好得很，你们看，我现在随时打开手机APP都能看到茶园里的动静，能检查有没有人在乱打有害农药化肥，你们就放宽心购买吧！”连日来，凤冈县浪竹茶叶有限公司老板陈其波在贵阳售卖茶叶时，不止一次这样向顾客说。

其实，像陈其波这样的例子，在凤冈县早已屡见不鲜。究其缘由在于种茶

制茶户们都在茶园里安装上了高清摄像头，加入进农产品质量安全可追溯平台。这样一来，每一盒出厂茶叶扫一扫二维码就能看见产地、加工包装日期等信息。自此，茶园有了“管家”，自然不会有施打有害农药化肥的现象出现，茶园生态环境得到保护，实现茶产业可持续发展。正因如此，凤冈县绿色有机茶叶得以卖旺畅销，出口持续稳居全省第一，今年第一季度茶叶产量更是达到2250吨，收获产值达到15亿元的好成绩。

久久为功，持之以恒。为做靓绿色有机茶叶这张名片，如今，凤冈县已在茶园里安装高清视频摄像头239个，在茶叶加工厂安装摄像头150多个，建成11套茶叶追溯系统软件，实现了茶叶种植管理、质量检测、加工包装等全程在线数字化管理和可追溯信息查询，茶园实现“三品一标”认证全覆盖……

全县第一大支柱产业——茶如此“突出”，第二大支柱产业——肉牛也“不甘落后”。近年来，凤冈县始终坚守发展和生态两条底线，实施“四大生态工程”，推行“多规合一”，成功探索出“畜—沼—茶”（果、蔬、稻、鱼）生态循环有机种养模式。也因如此，养牛环境不再脏乱差。在凤冈县土溪镇和记牛场，牛儿们居住的圈舍干净，几乎无任何异味，它们听着循环播放的音乐就叙写出了一首首养牛致富曲。和记牛场相关负责人介绍，平时牛粪都是“宝”，有专门的有机肥厂负责收购，经沼气池发酵处理后，转变成无菌有机肥，尿液和废水也可经发酵后产生沼液、沼渣、沼气等可利用资源，再将其“反哺”回茶园中去，如此一来，便能实现既保护生态环境又能创造经济效益的目标。产业发展好了，直接受益的是老百姓，和记牛场通过凤冈县推行的“肉牛寄养”工程，采取“支部+特惠贷+合作社+贫困户+村级集体经济”寄养模式，为全县1200多户建档立卡户送去寄养肉牛，让这些人也能通过养牛致富增收。

2020年，凤冈县环境空气质量优良率达到97.1%，集中式饮用水源地水质达标率达100%，地表水水质达标率100%，林草覆盖率61.8%。先后荣获“国家生态文明建设示范县”“国家卫生县城”“中国长寿之乡”等殊荣。事实表明，做大做强生态文明建设这项利民工程，百益而无一害。现今，依托推行“河长、土长、林长”制，凤冈全县建成42座大中型沼气池、3个有机肥生产厂，合理处理好生态与发展关系，成为生态美、产业兴的引人向往之地。

资料来源：中华人民共和国农业农村部，2021年7月15日。

三、农业企业环境管理体系

（一）农业企业环境管理体系的含义

1. 环境管理体系含义

根据ISO14001定义，环境管理体系是一个组织内全面管理体系的组成部分，既包括为制定、实施、实现、评审和保持环境方针所需的组织机构、规划活动、机构职责、惯例、程序、过程和资源，还包括组织的环境方针、目标和指标等管理方面的内容。

2. 农业企业环境管理体系

农业企业环境管理体系是指农业企业以可持续发展及循环经济理论为基础，通过法律、经济、行政、技术、管理、教育等手段，控制对环境的影响，实现发展生产和环境保护双赢的管理体制。它既是国家和企业可持续发展战略实现循环经济的一项重要内容，也是传统企业管理模式的一场深刻变革。

（二）农业企业环境管理体系认证

认证制度是一项规范化、标准化的制度。它是通过一系列标准文件和规范化的程序对环境管理体系认证机构及人员进行监督和管理。近年来，随着ISO14000系列标准在全球范围内的实施，国家认可制度也扩展到环境管理体系认证领域。

1. ISO14001：2015环境管理体系认证

（1）ISO14000产生背景。从20世纪80年代起，美国和西欧一些公司为了响应持续发展的号召，减少污染，提高在公众中的形象以获得商品经营支持，开始建立各自的环境管理方式，这是环境管理体系的雏形。1985年荷兰率先提出建立企业环境管理体系的概念，1988年试行实施，1990年进入环境圆桌会议专门讨论环境审核问题。英国也在质量体系标准（BS5750）基础上，制定BS7750环境管理体系。英国的BS7750和欧盟的环境审核实施后，欧洲的许多国家纷纷开展认证活动，由第三方予以证明企业的环境绩效。这些实践活动奠定了ISO14000系列标准产生的基础。

国际标准化组织（ISO）于1993年6月成立了第207技术委员会（TC207），正式开展环境管理系列标准的制定工作，以规划企业和社会团体等所有组织的活动、产品和服务的环境行为，支持全球的环境保护工作。

（2）ISO14000的基本内容。ISO14000是国际标准化组织第207技术委员会（TC207）从1993年开始制定的一个系列环境管理国际标准。它包括环境管理体系、环境审核、环境标志、生命周期评估等国际环境管理领域内的许多焦点问题，旨在向各国政府及各类组织提供统一的环境管理体系，产品的国际标准和严格、规范的审核认证办法。ISO14000的标准共分7个系列，有100个编号，其编号为ISO14001—ISO14100（见表5-4）。

表5-4　　ISO14000系列标准及标准号分配表

比较	名称	标准号
SC1	环境管理体系（EMS）	14001-14009
SG2	环境审核（EA）	14010-14019
SC3	环境标志（EL）	14020-14029
SC4	环境行为评价（EPE）	14030-14039
SC5	生命周期评估（LGA）	14040-14049
SC6	术语和定义（T&D）	14050-14059
WG1	产品标准中的环境指标	14060
	备用	14061-14100

（3）实施ISO14000的意义。ISO14000以可持续发展为原则和以支持环境保护和污染预防、协调它们与社会需要和经济需要的关系为总目标，通过建立符合各国的环境保护法律、法规要求的国际标准，在全球范围内推广ISO14000系列标准，以改善全球环境质量，促进世界贸易，消除贸易壁垒。实施ISO14000将有助于国际环境原则的统一和协调，促进国际贸易公平竞争，帮助企业获取国际贸易的“绿色通行证”；增强企业市场竞争力，扩大市场份额，改善企业形象，增加社会对企业的信任感和亲和力；使企业改进产品性能，制造“绿色产品”，改革工艺设备，实现节能降耗节约成本，减少污染；在污染预防、环境保护方面也有明显的效果，使企业能避免因环境问题所造成的经济损失；提高员工环保素质和企业内部管理水平，减少环境风险，实现企业可持续经营。

2. 环境管理体系认证制度

我国已建立起一套完整的、科学的、与世界同步的环境管理体系认证制度。

1995年10月成立了全国环境管理标准化委员会，迅速对ISO14000系列标准中已颁布的前5个标准进行了等同转换，因而环境管理体系及环境审核也就构成了今天意义上的ISO14000的主要内容。这5个标准是：《环境管理体系——规范及使用指南》（GB/T24001/ISO14001）、《环境管理体系——原则、体系和支持技术通用指南》（GB/T24004/ISO14004）、《环境审核指南——通用原则》（GB/T24010/ISO14010）、《环境管理审核——审核程序——环境管理体系审核》（GB/T24011/ISO14011）、《环境管理审核指南——环境管理审核员资格要求》（GB/T24012/ISO14012）。

为了统一领导我国的ISO14000认证工作，国务院1997年4月成立了中国环境管理体系认证指导委员会（以下简称“指导委员会”）。指导委员会下设环境管理体系认证机构的认可和认证人员注册机构，从体制上和制度上为我国的ISO14000认证工作提供了保证，也为认证/注册的国际互认奠定了基础。从1997年起，我国就开始实施国家认证制度，全面开展对人员、机构的认可工作，并在实施国家认证认可制度之初，就确立了与国际接轨的原则，严格地把国际通行的认可机制与我国的国家认证认可制度相结合，建立起一套完整的中国环境管理体系国家认证认可制度，为ISO14000系列标准在我国的推广奠定了基础。

我国的环境管理体系认证国家认可制度自1997年建立以来，在规范管理我国的环境管理体系认证方面取得了很大的成效并努力实现国际互认。截至2001年11月，我国已有17家认证机构通过中国环境管理体系认证委员会的认可，有417家企事业单位获得了由上述机构颁发的ISO14000环境管理体系认证证书。环境管理体系认证工作的开展是对我国现行环境管理制度的有益补充，对于促进环境保护、提高企业环境意识、改善环境质量起到了积极的作用。认证企业涉及范围广泛，有电子、通信设备、制造业、化工、机械、服务、农业等行业。

3. 农业企业环境管理认证程序

（1）环境管理体系审核。在ISO14011环境管理体系审核程序的标准中，规定了环境管理体系审核的定义，即“环境管理体系审核是客观地获取审核证据并予以评价，以判断一个组织的环境管理体现是否符合环境管理体系审核准则的一个系统化和文件化的验证过程，包括将这一过程的结果呈报委托方”。环境管理体系审核是判定一个组织的环境管理体系是否符合环境管理体系审核准则，进而决定是否给予该组织认证注册的一个重要步骤。

所以环境管理体系审核首先应以客观事实为依据，审核证据必须真实可靠；其次审核工作要遵循严格的程序，审核内容应覆盖环境管理体系标准的17个要素；最后审核各个步骤的工作内容都需形成文件，以保持可追溯性。例如，文件审核要有审核报告、现场审核要有检查清单及详细的记录等。

（2）实施环境管理体系审核的程序和要求。

①启动审核阶段。在接受委托方的审核申请后，如认证机构确认受审核方符合实施审核的基本条件，即可安排人员去受审核方进行初访，以了解受审核方的规模、性质、特点及环境状况等基本情况，并共同确定审核范围，进而双方签订审核合同。启动审核阶段的主要工作是文件预审，包括对环境管理手册、程序文件以及必要的环境背景资料文件的审核。

②审核准备阶段，主要工作内容是在认证机构内部完成的，其中包括：制订审核计划、组成审核组并对审核组成员的工作进行分工，编制现场审核用的工作文件等。这里工作量最大的是编制现场检查清单，审核人员要在仔细阅读受审核方的环境管理手册及程序文件的基础上，列出现场审核中对各部门的检查内容。

③实施现场审核阶段。根据 ISO14011 标准，这一阶段的工作程序又可分为四个部分。

一是首次会议。审核组长要向受审核方的管理层人员介绍审核组成员，要共同确认审核范围、审核准则和审核进度等。

二是收集审核证据。审核组成员须到企业的各有关部门和生产现场去，通过交谈、现场观察和查阅文件、记录等方式收集审核证据以便判定受审核方的环境管理体系是否符合审核准则。现场审核原则上采用抽样方式进行，但为了保证审核工作的质量，审核组在现场审核中至少包括以下四项内容：现场审核应覆盖 ISO14001 标准内的 17 个要素，包括与最高管理层座谈环境方针及管理评审的贯彻、实施情况，检查目标、指标和环境管理方案的具体执行情况；要对与重要环境因素有关的作业点进行审核（包括显在的和潜在的重要环境因素作业点），在这些作业点要与负责人和操作工人交谈，以了解他们是否具备了这些岗位所要求的知识与技能，这些作业点是否执行了环境管理体系文件中规定的要求；要检查各种重要的环境管理记录，包括各种主要污染物的监测记录、法律法规的收集记录、环境管理体系内审记录、管理评审记录、培训记录等。通过这些记录判定体系的运行状况和效果；现场观察，审核员要对生产现场、动力设施现场、环保设施现场、危险品及化学品库房等进行现场检查，以判断是否有重要的环境因素被遗漏，检查环境管理体系的实施情况及员工的环境意识等，做到全面了解环境管理体系在本组织的运行状况。

三是审核方与受审核方共同评议。对审核中所发现的问题进行分析评审，以找出受审核方在体系上存在的问题。为了更加慎重起见，对于这些审核发现都要与受审核方的环境管理人员共同评议一次，以确认所有审核发现的事实依据。

四是末次会议。审核组长向受审核方宣布审核中发现的不符合项以及现场审核结论。

④编制审核报告阶段。审核组在完成现场审核后，要编制审核报告。审核报告中应包括受审核方的基本情况、环境管理体系文件评审情况、现成审核情况及审核结论等。如果审核组认为受审核方的环境管理体系符合审核标准，则推荐注册，经认证机构技术委员会审议后即可批准注册。

▶ 链接案例：

三只松鼠

三只松鼠股份有限公司由“松鼠老爹”章燎原创立于2012年，总部位于安徽芜湖，并于南京成立研发与创新中心。8年潜心耕耘，公司已发展成为拥有4000余名正式员工、年销售额破百亿元的上市公司，成为零食行业首家迈过百亿门槛的企业。依托品牌、产品、物流及服务优势，自2014年起公司连续五年位列天猫商城“零食/坚果/特产”类目成交额第一，并先后被新华社和《人民日报》誉为新时代的“改革名片”“下一个国货领头羊”，上市当天获誉“国民零食第一股”。

在质量管理方面，公司建立了行业领先的全供应链质量管理体系，配备专业化的百人质量保障团队，始终贯彻批批检、全项检的要求，并在产品全部自检的基础上进行大量抽检，送至SGS、ITS、华测等知名检测机构进行检测。同时，公司制定原辅料供应商严格准入标准，聘请三方权威机构进行审厂，并派驻专业质量团队现场巡检查看，多方面进行综合动态监管，定期分析反馈，提升供应商的质量管理水平。

在质量检测方面，三只松鼠旗下全资子公司中创检测中心，共有近40名专业检测人员，其中工程师及等同能力14人，助理工程师8人。中创现有面积5000平方米，拥有各种检验仪器设备共300余台，大型仪器20余台。配备液相色谱、气象色谱、原子吸收、原子荧光、ICP－MS等国内外一线的检测设备，取得CMA资质认定以及CNAS认可，具备218项检测能力，实现从过去的企业实验室蜕变为集现代化、数字化、高尖端为一体的食品安全专业检测实验室，并成为国内互联网休闲零食行业中获得双C认证（CMA、CNAS）的检测实验室。与此同时，为进一步加强食品质量管控，提升产品质量，公司已于2020年8月正式动工联盟工厂项目，生产车间计划于2021年底前进入试投产。联盟工厂为集智能制造、质量检测、物流仓配等为一体的数字化新制造产业联合体，该模式下公司将实现从原料端到加工环节再到成品检测的全方位质量把控，打造更稳定、可追溯的质量闭环。同时，公司将配套自有检测能力，并借助成熟的质量管理团队开展质量驻厂工作，从而有助于更好地把控生产各个环节，强化产品品质，将质量控制环节渗透到生产制程。

与此同时，三只松鼠利用云中央品控平台的数字化优势将上游工厂与终端消费者紧密连接，根据消费者反馈对供应链条实时追踪监测，发现隐患苗头及时消除，筑起又一道食品安全防火墙。技术手段介入之余，在长期的风控实践中，三只松鼠建立起《松鼠伙伴质量与食品安全管理标准》，实施供应商的严格准入与绩效评估机制，通过体系、架构、人员等对生产加工、产品检测、物流仓储等供应链全环节进行严格监督及过程控制。

从上游的原材料供应、加工生产到下游的物流配送、经销环节，对于年销售额百亿级的休闲食品企业三只松鼠，任何一个环节出现漏洞都将对消费者身体健康与生命安全带来负面影响，加强全供应链食品质量安全管控始终是重大课题。

在流通销售环节，三只松鼠对于经销商的选择和要求十分严格。公司会通过实地考察经销商的实力层级做出相对应的判断，根据品牌定位需求以及对于市场的战略布局等方面进行深入考量，教育和引导经销商，切实做到不进、不存、不销、不使用假冒伪劣食品和不符合食品安全标准的食品，通过原材料采购进货查验、进销货台账和人员健康检查、食品留样等，着力加强对经销商的管理，切实履行食品安全主体责任。

多道防线筑起安全堤坝，无限接近食品安全“零风险”，三只松鼠的探索或许能够为行业带来一定参考借鉴。公司表示，今后将继续加大检测领域的技术研究和创新，将技术成果转化成实际产出，坚持标本兼治，深化改革创新，建立健全公司食品安全监管责任体系，不断提升食品全链条质量安全保障水平。

资料来源：证券日报，2021 年 5 月 13 日。

— 复习思考题 —

1. 什么是食品安全？食品安全的重要性是什么？
2. 什么是食品安全的政府监管？
3. 什么是“三品一标”？其区别是什么？
4. 农业企业质量管理体系有哪些？

第六章　农业企业物流管理

学习目标

1. 掌握农业企业物流及供应链管理相关概念及发展阶段；
2. 理解农业企业物流管理相关内容及流程；
3. 掌握农业企业供应链管理的主要内容。

第一节　农业企业物流概述

▶ 案例导入：

首农食品集团整合品牌资源　构建大厨房供应链体系

北京首农东方食品供应链管理集团有限公司是首农食品集团下属的一家新型供应链企业。拥有丰富的冷链仓储、物流资源，形成了覆差全国的多温层运输配送体系。作为首农食品集团旗下新型供应链子集团，首农东方供应链于2020年11月由北京二商东方食品集团有限公司、北京京粮物流有限公司、北京五环顺通供应链管理有限公司、北京二商肉类食品集团有限公司团购事业部整合重组成立。重组后的首农东方供应链整合“自有品牌＋外部品牌”与“国内资源＋国外资源”，全新推出了“首农大厨房”，打造新型供应链体系的主要平台和销售端口。

通过整合共享集团客户、渠道、物流资源，全面对接机关食堂、大型商超、电商渠道等供应链下游B端客户，为客户提供一揽子食材供应解决方案，实现全品类供应、点对点对接。截至目前，首农大厨房形成了产品类目完整，在库产品1.5万余个SKU的商品体系，拥有13个物流园区，超低温、低温、常温仓储资源210多万平米，配送车辆2000余辆，服务机关团体、连锁餐饮、军队、医院等B端客户1200余家。

2021年9月，在"粮食现代供应链投资与发展国际论坛"上，首农食品集团党委书记、董事长王国丰介绍，集团将构建以"控两端、带一链、三共享"为核心的农产品新型供应链服务体系。推动供应链扩容，将建成北京"核心仓储物流中心＋区域物流配送中心＋社区物流综合服务节点"的"1＋3＋N"（一核三区多节点）鲜活农产品4PL首都城市配送系统。王国丰表示，"1"就是一核，即北京鲜活农产品流通中心。是亚洲单体最大的农产品交易中心，以"枢纽型流通中心、数字化交易中心、一站式集采中心"为目标，实现产品高端化、运营智慧化。"3"就是三区，即围绕北京农产品供应流通方向，建设分布于北京市东部、北部、南部三大区域物流配送中心。"N"就是多节点，即以首农食品集团自有食品加工和商业服务网点、物流仓储资源为基础，联手京东、物美、日本罗森等运营直达城市配送末端的三级物流节点。

资料来源：史波涛．首农食品集团打造农产品新型供应链服务体系．首都建设报，2021年9月17日。

案例思考：首农食品集团打造农产品新型供应链服务体系的原因是什么？

一、物流的定义

物流从字面上可以理解为"物"和"流"的简单组合，也就是物的实体运动，并在这个过程中实现其经济价值，这是物流最原始、最根本的含义。例如：我们生活中的购买到的任何一件物品，都要经过材料供应、产品生产、产生品的装卸储存保管、分销商的分销、零售商的采购销售，最终才到达消费者手中，这些都是物流现象。

1．物的概念

"物"可以是商品，又可以不是商品。物流中的物泛指经过人类劳动加工的所有社会产品。它是可以进行物理性位移的物质产品，固定的设施不是物流要研究的对象。这些物质产品包括生产资料、生活资料、生产过程中产生的物料、生活消费中产生的一切废旧物等。

2. 流的概念

“流”的范围既可以是地理性大范围，又可以是同一地域、同一环境中的小范围，在经济学的意义上。它既是指流通领域，又是生产领域。“流”是物质产品的一种物理性运动形式。“流”不仅仅是“流通”。它不仅涵盖流通领域还涵盖生产领域和消费领域，它存在于社会再生产的全过程。在流通领域实现了物质资料从供给者所在地到消费者所在地的空间位移，其中包括包装、装卸、搬运、运输、储存保管等。在生产领域实现了原材料经过加工工艺流程变成半成品再到产成品的物流活动，其中包括装卸、搬运、储存等。消费领域实现了生产消费和生活消费所需要的物品从销售商到消费者的物理移动，其中包括存储、保管、配送等。

在物质资料中，“流”是物理性运动。这种运动有其限定的含义，就是以地球为参照系，相对于地球而发生的物理性运动，称为“位移”，“流”的范围可以是地理性的大范围，也可以是在同一地域、同一环境中的微观运动，小范围位移，“物”和“流”的组合，是一种建立在自然运动基础上的高级的运动形式，其互相联系是在经济目的和实物之间，在军事目的和实物之间，甚至在某种社会目的和实物之间，寻找运动的规律。因此，物流不仅是上述限定条件下的“物”和“流”的组合，而更重要是限定于军事、经济、社会条件下的组合，是从军事、经济、社会角度来观察物的运输，达到某种军事、经济、社会的要求。

3. 物流的定义

对于“物流”的概念有许多不同的解释，不同国家不同机构不同时期有所不同，比较典型的有以下几种。

（1）日本综合研究所对编著的《物流手册》对物流的定义是：物流是物质资料从供给者向需要者的物理性移动，是创造时间性、场所性价值的经济活动。从物流的范畴来看包括包装、装卸、保管、库存管理、流通加工、运输、配送等诸多活动。

（2）美国物流管理协会（Council of Logistics Management）1992 年对物流定义如下：物流是为满足消费者需求而进行的对货物、服务及相关信息从起始地到消费地的有效率与效益的流动与存储的计划、实施与控制的过程。1998

年该协会在对物流的定义中增加了供应链的概念，并进一步完善。2001 年给出了如下定义：物流是供应链运作中，以满足客户要求为目的，对货物、服务及相关信息在原产地和销售地之间实现高效率和低成本的正向和反向的流动和储存所进行的计划、执行和控制的过程。在这里，明确地指出了物流是供应链流程的一部分，物流是为供应链服务的，使物流和供应链概念之间的关系更加清晰化。具体的内容包括：运输、仓储、物料搬运、包装、订单处理、预测、信息处理、采购、生产计划、客户服务、选址、废料处理及逆向回收等相关活动。

（3）欧洲物流协会 1994 年对物流的定义为：物流是在一个系统内对人员或商品的运输、安排及与此相关的支持活动的计划、执行与控制，以达到特定目的的过程。

（4）联合国物流管理委员会 1999 年对物流的定义为：物流是为了满足消费者需要而进行的从起点到终点的原材料、中间过程库存、最终产品和相关信息有效流动和存储计划、实现和控制管理的过程。现代物流是指“物”在一定时间内的空间移动以及在“物”的移动过程中动态及静态的管理。

（5）我国国家质量技术监督局 2006 年批准颁布的中华人民共和国国家标准物流术语（GB/T18354－2006）中对物流的解释为“物品从供应地向接收地的实物流动过程。根据实际需要，将运输、储存、装卸、搬运、包装、流通加工、配送、信息处理等基本功能实施有机结合。”国家经贸委等六部委发布的《关于加快我国现代物流发展的若干意见》中也给出了现代物流的定义：现代物流泛指原材料、产成品从起点至终点及相关信息有效流动的全过程。它将运输、仓储、装卸、加工、整理、配送、信息等方面有机结合，形成完整的供应链，为用户提供多功能、一体化的综合性服务。

总的来说，物流是包括运输、搬运、储存、保管、包装、装卸、流通加工和物流信息处理等基本功能的活动。它是由供应地流向接受地以满足社会需求的活动，是一种经济活动。

物流可用一种称为 7R 的定义法：恰当的产品（Right Product）、恰当的方式（Right Quantity）、恰当的条件（Right Condition）、恰当的地点（Right Place）、恰当的时间（Right Time）、恰当的消费者（Right Customer）、恰当的成本（Right Cost），即“在恰当的时间、地点和恰当的条件下，将恰当的产品以恰当方式和恰当的成本提供给恰当的消费者”。

物流是指为了满足客户的需求，以最低的成本，通过运输、保管、配送等方式，实现原材料、半成品、成品或相关信息进行由商品的产地到商品的消费地的计划、实施和管理的全过程。物流是一个控制原材料、制成品、产成品和信息的系统，从供应开始经各种中间环节的转让及拥有而到达最终消费者手中的实物运动，以此实现组织的明确目标。现代物流是经济全球化的产物，也是推动经济全球化的重要服务业。世界现代物流业呈稳步增长态势，欧洲、美国、日本成为当前全球范围内的重要物流基地。

二、现代物流发展的阶段

物流是随着世界经济和科学技术的持续发展，而在全球范围内不断发展起来的国民经济支柱产业之一。物流的发展同时受到社会经济、生产力和科学技术发展水平的影响。它是现代经济的重要组成部分，是工业化里程中一种最为经济合理的综合服务模式。

一般来说，可以将现代物流的发展人为地划分为以下几个阶段。

1. 早期阶段

20 世纪初，在北美和西欧一些国家，随着工业化进程加快以及大批量生产和销售的实现，人们开始意识到降低物资采购及产品销售成本的重要。单元化技术的发展为大批量配送提供了条件，也为人们认识物流提供了可能。

美国是物流认识和实践的发源地，1901 年，约翰·F. 格鲁维尔在《农产品流通产业委员会报告》中第一次论述了影响农产品配送成本的各因素，揭开了认识物流的序幕。美国的物流管理协会的最新定义指出，物流是供应链流程的一部分，它通过有效率和有效力的计划，执行实施和控制商品的储存、流动、服务和相关信息，以满足从原产地到消费地的过程中消费者的需要，主要强调物流的管理功能。1915 年，阿奇·萧在《市场流通中的若干问题》一书中就提到“物流”一词。当时，西方有些国家已经出现生产大量过剩，需求严重不足的经济危机，企业因此提出了销售和物流的问题，这时的“物流”指的是在销售过程中的物流。

20 世纪 20 年代，美国著名的营销专家斐莱德 · E · 克拉克在《市场营销的原则》一书中真正把物流活动提升到理论高度进行讨论与研究，“Physical Distribution”一词也与物流联系起来。

1935 年，美国销售协会最早对物流进行了定义：“PD（Physical Distribution）是包含于销售之中的物质资料和服务于从生产地点到消费地点流动过程中，伴随的种种经济活动。”

美国的早期物流含义，是实物配送（也可直译为“实物分配”；Physical Distribution，PD），其实物是指与产品销售有关的输出物流，不包括物料供应（输入物流）。

2. 萌芽阶段

这一时期，生产企业更加注重产品的生产。当时社会化大生产程度不高，生产者与消费者之间的联系较为简单。随着生产和生活消费对物质产品需求的增长，生产社会化程度的提高，生产者与消费者时间、空间与信息的分离以及生产者与消费者对商品的所有权、估价、数量及品种结构等方面存在的差异与矛盾逐渐显现出来，使人们开始重视沟通生产与消费，寻求商品的需求与供给之间动态平衡的发展，物流的研究与管理工作开始萌芽。

第二次世界大战期间（1941—1945 年），美国军事后勤活动的组织为人们对物流的认识提供了重要的实证依据，推动了战后对物流活动的研究以及实业界对物流的重视。在第二次世界大战期间，美军后勤供应系统采用托盘、集装箱、叉车等先进的运输工具和装卸手段，将大量军用物资源源不断从美国本土运送到指定目的地，再有序地配送到各个战场。这一做法对于盟军的胜利起到了关键的作用，这在当时被称为“后勤管理”（Logistics Management）。第二次世界大战后，后勤管理的运作方法及理念在企业中广泛采用，人们将用于军事上的物流系统动作的方法与技术移植于民间的经济贸易活动中，为企业注入新的管理方法和改变企业的结构模式。后来，又有商业后勤、流通后勤的提法。这时的后勤包含了生产过程和流通过程中的物流，因而是一个包含范围更广的物流概念。1946 年，美国正式成立了全美输送物流协会。

3. 综合物流阶段

日本自 1956 年从美国引入物流概念以来，在对国内物流进行调研的基础上，将物流称为“物的流通”。至1965年，“物流”一词正式为理论界和实业界全面接受。日本在导入物流概念的过程中；把物流视作一种综合行为，即“各种活动的综合体”。“物的流通”一词包含了运输、配送、装卸、仓储、包装、流通加工和信息传递等各种活动。1962年，著名管理大师彼德·德鲁克（Peter Druker）在《财富》杂志上发表了题为《经济领域的黑暗大陆》的文章。这篇文章首次提出物流领域的潜力，具有划时代的意义。它使企业的决策者对物流的认识也得到了提高，并开始把寻求成本优势和差别化优势的视角转向物流领域，物流成为企业的“第三利润源”。从此，企业物流管理领域正式启动。“第三利润源”学说最初是由日本早稻田大学教授西泽修提出的。1970年，西泽修教授在其著作《流通费用——不为人知的第三利润源泉》中，认为物流可以为企业提供大量直接或间接的利润，是形成企业经营利润打击主要活动。非但如此，对国民经济而言，物流也是国民经济中创利的主要领域。后来，“第三利润源”逐步在其他国家流传开。“第三利润源”学说是对物流潜力及效益的描述。人类历史上曾经有三个大量提供利润的领域。①资源领域，挖掘对象是生产力中的劳动对象。②人力领域，挖掘对象是生产力中的劳动者。③物流领域，挖掘对象是生产力中的劳动工具的潜力，同时注重劳动对象与劳动者的潜力。

1973年，中东战争引起石油危机，全球范围内的原材料和燃料价格猛涨，人工费用攀升，企业获利艰难，不得不到原材料物流方面采取措施，降低流通费，挖掘利润潜力，并且将产品物流与原材料物流综合起来，大幅改进了对物流系统的管理，实现物流系统化。

这一阶段的物流的主要特征体现在：①将用户服务、需求预测、销售情报、库存控制等方面纳入物流活动；②把各个独立的物流活动用系统的方法纳入物流系统，努力实现整体优化，通过改进物流管理来提高服务质量，降低物流成本；③物流系统的研究主要局限于企业内部，将内部管理和执行机构实现了系统化，传统物流开始向现代物流转变，现代物流向集成化、智能化、信息化方向迅速发展。

4. 供应链管理阶段

1985年美国物流管理协会正式将名称由“National Council of Physical Distribution Management” 更名为 “Council of Logistics Management”，从而标志着现代物流理念的确立。与此同时，随着科学技术的发展、政策的放开、竞争的加剧，现代物流管理思想进一步发展，一体化物流管理的思想逐步形成，第三方物流的兴起和逐步壮大，标志着现代物流产业进入了快速发展的成长期。

20 世纪 90 年代以来，新经济和现代信息技术迅速发展，人们又提出了供应链管理的概念。自此，物流管理逐渐扩大到整个供应链范围。并且，随着新经济和现代信息技术的迅还发展，现代物流的内容仍在不断地丰富和发展。信息技术的进步使人们更加认识到物流体系的重要，现代物流的发展被提到重要日程上来。同时，信息技术特别是网络技术的发展，也为物流发展提供了强有力的支撑，使物流向信息化、网络化、智能化方向发展。

三、农业企业物流管理相关概念

1. 农业物流

农业物流是在分析、研究农业的含义、特点、特征和发展规律的基础上提出的一个综合性的概念。它是指从农业生产资料的采购、农业生产的组织到弄产品加工、储存、分销等，从生产地到消费地、生产者到消费者过程中形成的物质运动与之相关的技术、组织、管理活动。根据涉及的环节不同农业物流分为农业生产物流和农业生活物流。根据农业生产的过程主要阶段的任务、形式和物流管理方式不同，又可以分为四种类型：农业供应链物流、农业生产物流、农业销售物流和农工业废旧物物流。

2. 农产品物流

农产品物流，就是将农产品从农业生产领域向消费领域转移的过程中形成的物质运动及相关的管理活动。其中，物流活动主要包括采购、运输、储存、包装、装卸搬运、加工、信息管理等活动。

3. 农业供应链

现代农业物流供应链就是农业产业链导入供应链管理而得到的。现代农业物流供应链管理（MASCM）是基于研究现代农业物流产生的现代农业的先进管理模式。它既研究农业生产本身的物流配置，又研究农业产前、产后物流的科学流动，达到供、产、运、加、销有机衔接，使产前、产中、产后与市场之间联结成满意的系统优化运转状态。现代农业物流供应链是指由各种实体和信息构成的网络，包括农业物流、资金流和信息流。

4. 现代农业物流

现代农业物流则是以信息技术为支撑，以农业现代化、产业化为目标，整合区域农业物流资源，实现农用物资、农产品、农业加工产品等从生产地到消费地通畅的空间转移，具体涉及农业运输、包装、装卸、搬运、发货、储存、流通加工、配送及物流信息处理等综合活动。作为连接供需纽带，现代农业物流发展将成为推动我国农业市场化转型、实现农业现代化的关键环节。

现代农业物流是农业流通生产力，贯穿农业生产和经济活动的始终。它是农业经济生活的重要组成部分，是农业生产和农工业经济运行的配套系统。它所要达到的目的：①使农业生产的任何产品能实现其价值和使用价值；②在物流过程中增值；③降低产品生产和流通成本，缩短生产周期，提高市场反应速度，提高客户满意率，是农业生产整体效益提高。

5. 现代农业企业物流

农业企业物流泛指农业企业从物料采购到农产品形成、从农产品储藏、农产品流通加工到农产品销售的多种活动。本书所研究的农业企业物流管理主要是指以农产品销售为中心而发生的一系列物质运动和有关部门对各活动过程所进行的要素和职能的管理活动。它涉及农用物资、农产品的运输、储藏、加工、包装、装卸搬运、配送和信息处理等。

农业企业物流不是孤立的，由于农业生产的特点，它必然与农村物流和农产品的流通密切相关。

6. 农业企业物流管理

农业企业物流管理是指农业企业以满足顾客需求为目标，对农业生产资料与产出物及其相关服务和信息，从起源地到消费地有效率、有效益的流动和储存进行计划、执行和控制的全过程。它是由农业生产资料和农产品的采购、生产、流通加工、包装、运输、储存、装卸、配送、分销、信息沟通等一系列运作环节组成，并在整个过程中实现了农业生产资料和农产品保值、增值和组织目标。

四、农业企业物流管理的分类

在不同的分类方式下，农业企业物流管理的类型可以分为以下几种。

（一）按物流流体对象分类

根据农业物流的流体对象，农业物流应包括两大类：农业生产资料物流、农产品物流。

农业生产资料物流是农业生产过程所必需农业生产资料的生产、储运、配送、分销和信息活动中所形成的物流。它是以农业生产投入物为对象的物流。它涉及种苗、饲料、肥料、地膜等农用物资和农机具的生产与物流规划、农业生产资料使用和市场的信息服务。

农产品物流是以农业产出物为对象形成的物流，根据农产品的分类包括粮食作物物流、经济作物物流、畜牧产品物流、水产品物流和林业产品物流。

（二）按农业企业物流阶段分类

根据农业企业物流的不同阶段，可以将农业企业物流分为农业企业供应物流、农业企业生产物流、农业企业销售物流、农业企业废弃物物流。

1. 农业企业供应物流

农业企业供应物流与农业生产过程所必需农业生产资料准备直接相关。它是农业生产资料的生产、储运、配送、分销和信息活动中所形成的物流。为保证农业生产不间断进行，它涉及种苗、饲料、肥料、地膜等农用物资和农机具的产前准备，也涉及农业生产资料使用和市场的信息服务，主要是指农业生产资料的采购、运输、储存、装卸搬运。农业生产资料包括种籽（种苗、种畜、种禽）、肥料、农药、兽药、饲料、地膜、农机具以及农业生产所需的其他原料、材料、燃料等，包括电力资源和水利资源。

2. 农业企业生产物流

从动植物和微生物的种养、管理到收获整个过程所形成的物流。它包括三个环节：①种（植）养（殖）物流，包括整地、播种、育苗、移栽等；②管理物流，即农作物生长过程中的物流活动，包括除草、用药、施肥、浇水、整枝等，或动物的喂养、微生物培养等所形成的物流；③收获物流，即为了回收生产所得而形成的物流，包括农产品采收、脱粒、晾晒、整理、包装、堆放或动物捕捉等所形成的物流。

3. 农业企业销售物流

该物流环节是以农业产出物为对象，通过农产品产后加工、包装、储存、运输和配送等物流环节，做到农产品保值增值，最终送到消费者手中。由于农产品本身特质以及产销地域广阔分散的特点，所以对农产品物流规划、方式和手段提出了比较高的要求。这个物流过程是目前农产品实现市场价值的关键环节。

4. 农业企业废弃物物流

在农业生产和农产品流通直到消费过程中，会有废弃物、无用物和可回收物生成，对它们的处理过程中形成的物流活动就是农业企业废弃物物流。

农业废弃物物流的流量大小、处理成本取决于农产品的加工程度和物流规划水平；由于农业生产资料和农产品的特性，有必要从绿色环保的角度出发，建立农业生产、农产品流通和消费的废弃物回收利用系统。目前，农业废弃物生成数量较大，但重视不够。

五、农业企业物流管理的特点

由于农产品的诸多特性，与工业企业物流相比，农业企业物流有其特殊性，主要体现在以下几个方面。

1. 农业企业物流涉及面广量大

农业企业物流的流体包括农业企业生产资料和农业企业的产出物，基本涵盖了种苗、饲料、肥料、地膜等农用物资和农机具以及种植业、养殖业，畜牧业和林业等，物流节点多，结构复杂。由于农业在我国国民经济中的重要地位，使其与农业息息相关的农用生产资料的产销供需量庞大。目前，我国用于生活消费的农产品主要以鲜食鲜销形式为主，在分散的产销地之间要满足消费在不同时空上需求，使我国农业物流面临数量和质量上的巨大挑战；现在我国用于生活消费的农产品商品转化比例相对较低，但是以农产品为原料的轻工、纺织和化工业也在我国工业结构占有重要地位。

2. 生产原料供应源集中

农业企业一般是以某地区的某类农产品为主体，生产加工一系列的产品，因此生产物料的供应源集中在该地区。由于生产物料的供应源集中，企业为了节约成本、方便生产，一般是就近建立厂区，所以企业一般在乡镇或县市，地理位置比较偏僻，交通运输不便。

3. 物流量大期短

农产品是季节性生产，尤其是植物性产品，因而农产品原材料是季节性供应，品种多、数量大，供应期短，物流量大。在供应期内，企业需要投入大量的人力、物力和财力在农产品的采购上，而且仓储与运输资源有限，企业在资金、调度等方面统筹难度较大。

4. 供应物流组织复杂

农业企业的生产原材料主要来自生产基地和农户，农户分散地区广，分布不均，单位供应量小，企业组织供应物流时需要结合距离远近、供应量、运输车辆和经济性等因素综合考虑。此外，由于农产品的产量和质量受自然条件、农户生产标准化、信息不对称等因素的制约，影响供应的稳定性。

5. 物流要求高

“鲜活”是农产品的生命和价值所在，但由于鲜活农产品的含水量高，保鲜期短，极易腐烂变质，因而农产品的物流特别要求绿色物流，这就对农产品物流系统及储运条件、技术手段、流通加工和包装方式有很高的技术要求，需采取低温、防潮、烘干、防虫害等一系列技术措施。它要求有配套的硬件设施，包括专门设立的仓库、输送设备、专用码头、专用运输工具、装卸设备等，这就大幅提高了仓储、包装、运输等环节的技术要求，增加了物流难度。

6. 对冷链物流的需求日益增加

我国城镇化进程还在加速，中产阶级还在扩增，消费者的食品安全意识也在不断提升，京津冀地区、粤港澳大湾区等区域合作步伐在加快。同时，生鲜电商的快速发展带动了国内农产品、冷链食品的产地、加工地和消费市场的重塑。诸多因素推动下，中国冷链需求正在快速增加。根据中物联冷链委公布资料显示，2017—2019 年，中国冷链物流市场规模持续扩大，年均复合增长率为 15.3%，2019 年冷链物流行业的市场规模达到 3391 亿元，同比增长 17.5%。从人均冷库面积来看，根据国际冷藏仓库协会（IARW）数据，2018 年美国人均库容面积达到 0.49 立方米/人，日本为 0.315 立方米/人，加拿大为 0.316 立方米/人，中国仅有 0.132 立方米/人，反映出国内冷库建设规模仍有较大的成长空间。

第二节　农业企业物流管理的主要模式及影响因素

▶ 案例导入：

麦当劳和第三方物流的合作

谈到麦当劳的物流，不能不说到夏晖，这家几乎是麦当劳“御用 3pl”(该公司客户还有必胜客、星巴克等）的物流公司，他们与麦当劳的合作，至今在很多人眼中还是一个谜。麦当劳没有把物流业务分包给不同的供应商，夏晖也从未“移情别恋”，这种独特的合作关系，不仅在于建立在忠诚的基础上，而且在于夏晖为麦当劳提供了优质的服务。

美国夏晖集团是一家拥有世界领先的多温度食品分发技术的物流公司。其业务遍及全球，为麦当劳全球几千余家餐厅提供优质的分发服务，是麦当劳食品供应链的重要成员之一。

而麦当劳对物流服务的要求是比较严格的。在食品供应中，除了基本的食品运输之外，麦当劳要求物流服务商提供其他服务，比如信息处理、存货控制、贴标签、生产和质量控制等诸多方面，这些“额外”的服务虽然成本比较高，但可以使麦当劳在竞争中获得了优势。另外，麦当劳要求夏晖提供一条龙式物流服务，包括生产和质量控制在内。这样，在夏晖设在中国台湾的面包厂中，就全部采用了统一的自动化生产线，制造区与熟食区加以区隔，厂区装设空调与天花板，以隔离落尘，易于清洁，应用严格的食品与作业安全标准。

麦当劳利用夏晖设立的物流中心，为其各个餐厅完成订货、储存、运输及分发等一系列工作，使整个麦当劳系统得以正常运作，通过它的协调与连接，使每一个供应商与每一家餐厅达到畅通与和谐，为麦当劳餐厅的食品供应提供最佳的保证。麦当劳与夏晖有如下合作优势。

1. 夏晖的平均库存远远低于竞争对手。在麦当劳和夏晖的伙伴关系中，夏晖物流不仅扮演了第三方物流公司的角色，而且还承担着供应商的责任。麦当劳完全采用了供应商代理的形式，由夏晖掌握麦当劳的库存与采购，使夏晖的库存保持在较低水平。

2. 夏晖采用了准时供应方式。供应物流活动的主导是麦当劳，它可以按照最理想的方式选择供应物流，而供应物流的承担者夏晖，必须以最优的服务才能被用户所接受。这也是麦当劳和夏晖之间能保持几十年合作关系的原因。麦当劳因为夏晖的供应而节约了巨大的物流成本，夏晖也因此有生意可做，两家企业互相扶持，形成了坚不可摧的伙伴型关系。

3. 麦当劳产品的物流损耗率仅有万分之一。为了满足麦当劳冷链物流的要求，夏晖在北京地区投资5500多万元，建立了一个占地面积达到12000平方米、拥有世界领先的多温度食品分发物流中心，其中干库容量为2000吨，里面存放麦当劳餐厅用的各种纸杯、包装盒和包装袋等不必冷藏冷冻的货物。冻库容量为1100吨，设定温度为-18摄氏度，存储着派、薯条、肉饼等冷冻食品。冷藏库容量超过300吨，设定温度为1—4摄氏度，用于生菜、鸡蛋等需要冷藏的食品。冷藏和常温仓库设备都是从美国进口的设备，设计细致而精心，最大限度地对麦当劳产品进行保鲜，保持麦当劳产品的物流损耗率在万分之一。

4. 夏晖采用了供应链采购。麦当劳只需把自己需求信息向供应商连续及时传递，由供应商根据用户的需求信息，预测用户未来的需求量，并根据这个预测需求量制定自己的生产计划和送货计划，主动小批量多频次向用户补充货物库存，既保证满足用户需求又使货品库存量最少、浪费最小。这种采购的最大受益者是麦当劳。它可以摆脱烦琐的采购事务，从采购事务中解脱出来，甚至连库存负担、运输进货等负担都已经有夏晖承担，而服务率还特别高。

资料来源：311供应链研究，2019年10月16日。

案例思考：麦当劳与夏晖合作成功的秘诀？

一、农业企业现代物流管理框架构建的原则

（一）系统整体性原则

企业物流是社会物流这个整体系统中的一个组成部分，因此构建时必须从全局和整体出发。要充分考虑并且充分利用社会中已经存在的物流资源，比如

物流仓储中心、物流配送中心、交通运输路线以及工具等，要尽量避免资源的重复建设与浪费等问题，从整体协调的需要来确定最佳方案。总之，要在整体性原则的基础上，通过市场纽带，将农业企业物流与整个社会物流组成有效的运行整体。

（二）适应农业生产特点的原则

物流系统率先在大工业企业运用并逐步成熟为经验和理论，但是由于农业生产的季节性和农产品自身的特性，在构建我国农业企业现代物流管理框架的时候，不可盲目地照搬大工业模式，必须结合我国农业、农村、农产品等特定情况，因事、因地、因时制宜地设计组织，尽量求取低成本、高效率、优质量的物流服务，以切实能够符合农业生产的需求。

（三）提高农业企业核心竞争力的原则

农业企业在进行市场竞争的时候，主要精力应放在利用优质廉价的初级农产品进行农产品的增值加工，或适时地为农业生产提供高质量的农业生产资料等方面。一般来说，其核心竞争力不放在物流管理上，所以对农业企业而言，应本着节省物流管理成本，不影响核心竞争力的原则，将物流业务外包给专业的第三方物流企业，这也是农业企业在构建其物流管理框架时应考虑的一个问题。

（四）系统创造性思维原则

由于我国物流发展起步较晚、水平较低，学习借鉴发达国家和优秀企业的先进经验，消化吸收已被实践证明的成功做法为我所用，是加快我国农业企业物流管理的一个好途径。北美地区和日本等国家不仅在物流理论的研究方面比较成熟，而且在实践方面也形成规模，都有许多好的做法和成功经验，值得学习和参考。在学习和参考借鉴先进经验的同时，必须结合实际开拓创新，创造出有中国特色的现代农业企业物流管理框架。

二、农业企业物流管理模式

在解释农产品物流模式的时候，不得不提到农产品流通这个概念。农产品流通包括农产品交易的商流、物流、信息流及资金流。物流是农产品流通中重要的一环，但物流的概念无法替代流通的概念。国内许多研究将农产品流通与物流的概念混淆，甚至以物流替代流通，这无疑夸大了物流的功能范围。可以说，不同的农产品物流组织体系是依托于不同的农产品流通体系的，不同的流通模式对于不同的物流模式起决定作用。按照物流与企业所属关系的不同，企业物流的管理模式分为自营物流、物流外包和物流联盟三种。

1. 自营物流管理模式

自营物流是指企业借助于自身的条件组织的物流活动。在该模式中，农业企业也会向运输公司或向仓储企业购买服务，但这些服务仅是临时性、纯市场交易的服务。选择该模式有利于农业企业掌握对客户的控制权，既保证农户供货的准确和及时，又能保证对企业农产品用户服务的质量、确保本企业能获取长期稳定的利润、况且，目前我国农村第三方物流业发展还处于起步阶段，企业在接受物流服务时，常常遇到时间延长、货物受损等情况。

一般说来，如果物流对企业成功的影响程度很大，且企业对物流的管理能力很强，企业采用自营物流模式较适宜。常见的物流自营经营方式有如下四种。①将分散在不同组织部门的物流活动整合为一个部门加以运作管理，实现跨业务单位的内部物流管理一体化。②开发内部的水平物流组织或跨职能物流组织。该组织按照业务过程或工作流进行，而不按照任务或职能划分，以实现跨任务协作、以顾客为中心。③建立物流服务部，内部的物流服务部门以市场为导向，并向内部的服务对象索取费用，且内部顾客不再享有免费或低价服务，物流部门可为外部顾客提供服务，内部顾客也可以任选外部供应商提供服务。④成立物流子公司，代理企业专司物流业务管理，对物流业务统一指挥并实行独立核算、自负盈亏，多余的物流能力可参与社会经营，避免物流能力闲置和浪费。

2. 物流外包管理模式

物流外包是以签订合同的方式，在一定期限内将部分或全部物流活动委托给专业物流企业来完成。对于中小农业企业，因为企业自身物流技术手段有限，为了减少固定资产投资，加速资本周转；进一步改进农业企业形象；降低成本，提升效率，增强企业竞争力。可以采用物流外包模式，这样与自营物流相比能获得更多的效用价值。当然，这就要求企业选择适当的专业物流企业。

但是物流外包也可能会使这些企业失去对一些农产品的控制，增加企业正常生产的不确定性；使企业承担一定的盈利风险。但对于物流的管理能力较弱中小农业企业，采用物流外包模式还是比较适宜。当然，企业可以外包全部物流，也可以外包部分物流。

一般说来，如果物流对企业成功的影响程度不大，且企业对物流的管理能力较弱，企业采用物流外包模式较适宜。常见的物流外包经营方式有如下两种。①外包全部物流，当企业物流服务的复杂性低且资产的专用性低时，企业可采用多个外包伙伴，以提高外部企业的竞争性并从中获得更好、更稳定的低价服务；当企业物流服务的复杂性高但资产的专用性低时，更有利于企业广泛地将各种物流服务外包给潜在的专业化的第三方物流企业。②外包部分物流，当企业物流服务的复杂性低但资产的专用性高时，企业自己投资专用性资产，不从事物流自营，而将专用性资产租赁给外部企业，并由其来运作物流；当企业物流服务的复杂性高且资产的专用性高时，运用激励机制实施部分物流外包。

3. 物流联盟管理模式

物流联盟是介于自营物流和外包物流之间的一种物流管理模式，是企业双方在物流领域的战略性合作中进行的有组织的市场交易，形成优势互补、要素双向或多向流动、互相信任、共担风险、共享收益、长期互利、全方位的物流合作伙伴关系。物流联盟的建立有助于物流伙伴之间在交易过程中减少相关交易费用，如农产品原料信息搜索成本、讨价还价成本等。

一般说来，对于生鲜农产品加工的中小企业，因为物流对企业的发展影响很大，但自身的物流管理能力和资源有限，采用物流联盟模式较适宜。企业可以同当地多个企业在物流方面的合作而获得规模经济效益和物流效率。如在类似农产品装运方式相同且范围相近时，一个企业在装运本企业商品的同时装运其他企业商品。另外，农业企业还要利用企业的自身条件建立和发展与供货商和用户的合作关系，形成联合力量，赢得竞争优势。

▶ 拓展阅读：

海鲜生鲜配送冷链物流怎么做，这几个步骤需要注意！

由于越来越多的大众能接受海鲜食品，因此巨大的前景给海鲜市场带来了广阔的发展空间。而海鲜的储存条件非常苛刻，必须是冷藏或者冷冻，因此做海鲜生意的企业务必要重视冷冻链条。冻品食材的运输在生鲜企业中的地位至关重要，需要放在冷冻室才能保持食物的鲜美。一旦常温下生鲜的口感和质量容易发生改变，甚至是腐烂。如果腐烂后再冷冻，则势必会对人体健康造成伤害。那么，海鲜生鲜配送冷链物流应该怎么做，这几个步骤需要注意！

1. 配送中心选址

配送中心选址尤为重要，并不是一定要在市中心或者郊区，而是企业需要结合自身的需求来选址。如果你的B端都是在市区，那在郊区就会很不方便。因此，选址上需要好好斟酌，如B端分布情况、运输路线、冷藏车的配置、配送中心的租金等，因此企业在成本上也要控制。

2. 控制冷藏车温度

在冻品配送前，一定要安排相关检查人员对低温运输车进行细致检查，密闭性要好，隔热效果要好，装车前先调节好车内温度，运输过程中根据食品种类严格调整好食品的保存温度，避免出现“冷了化，化了冻”的情况，比如奶制品的话冷藏不当细菌繁殖，其营养价值明显降低；另外，尤其是熟肉类，若冷藏出现问题，则会导致细菌滋生。

3. 优化冻品配送路线

冻品配送过程中，运输路线一定要提前规划好，路线四周交通状况要了解，如果路程里数太长，无疑冷藏车需要耗费更多的电力成本，运输的车辆费和人力成本费用也会随之上升。因此，提前规划好路线，选择合适的时段配送，避免车辆高峰期。这对冻品的配送也是相当重要的。

资料来源：观麦科技生鲜课堂，2020年11月25日。

三、影响农业企业选择物流管理模式的主要因素

农业企业选择什么样的物流管理模式，主要取决于几个因素。第一要充分考虑并且充分利用社会中已经存有的物流资源，比如物流仓储中心、物流配送中心、交通运输路线以及工具等，将农业企业物流与整个社会物流组成有效的运行整体。第二要适应农业企业生产特点，因为农业生产的季节性和农产品自身的特性，在农业企业选择物流管理模式的时候，必须结合农业、农村、农产

品等特定情况，尽量求取低成本、高效率的物流服务，以切实符合农业企业生产的需求。第三要着力提升农业企业核心竞争力。

（一）基础设施因素

生鲜农产品的运输过程离不开基础设施对其的支持。较好的基础设施能提高生鲜农产品物流活动的效率，同时降低生鲜农产品在运输过程中的损耗，减少生鲜农产品物流运输成本。同时，基础设施的完善能够提高物流活动各环节组织者的协调能力，促进物流主体对先进设备的应用，也促进了第三方物流企业的发展。

生鲜农产品物流产业是一项规模投入大、专业性强、回报慢、本身效益低但具有较高综合效益的基础的公共性建设。依据政府管制理论，政府对生鲜农产品物流产业基础设施建设的投入对生鲜农产品物流业的发展至关重要。

（二）农产品物流集散设施和物流园区建设

物流集散设施主要包括批发市场、集贸市场、超市、农产品配送中心等，物流集散设施在生鲜农产品物流网络系统中属于重要的功能节点，主要进行生鲜农产品的集散处理、生鲜农产品物流信息处理、生鲜农产品运输和生鲜农产品控制作业等多个流程。

农产品物流集散中心的发展情况可以从一个侧面反映出当地生鲜农产品物流发展的基础设施条件。农产品物流集散中心发展规模的扩大会对生鲜农产品物流运输产生积极影响，能够使物流活动过程中各环节组织者密切合作，有利于发挥出生鲜农产品物流资源的聚集效应，促进物流发展过程中规模经济的产生，在有利于物流主体发展的同时，也促进了生鲜农产品物流行业的发展。

根据《2020 年中国商品交易市场统计年鉴》统计可知，2019 年全国生鲜农产品交易市场共有 549 家，总交易额 14113.3667 亿元。

农产品物流园区作为众多生鲜农产品物流经营企业的高度集中地，对物流的集中性、交通的便利性、功能的多样性、系统的协调性、辐射的范围性都提出了更高的要求。为了满足生鲜农产品物流需求，农产品专业物流园区建设刻不容缓。农产品物流园区和现代物流配送中心的建设增加了对物流人才的需求，促进了农产品第三方物流企业的发展。通过生鲜农产品物流节点的建设，加强生鲜农产品物流网络建设，加快生鲜农产品物流产业发展；通过产业化水平提高，促进生鲜农产品物流规范化和规模化发展，提升生鲜农产品物流运行质量和效益。

（三）道路交通水平

道路的发展情况直接影响着生鲜农产品在物流运输过程中的运输距离、运输便利性、货运量、运输工具的装卸能力、效率及运输事故发生概率等多方面。对于生鲜农产品物流，县、乡、村级公路的建设情况，直接影响着生鲜农产品物流的运输效率。北京市农产品的供应主要来自北京郊区和外埠，通常生鲜农产品配送主要通过公路运输，公路建设则存在一系列待解决的问题。经有关资料查证，在北京市的10个远郊区中，顺义、通州、房山、大兴等4个郊区普通干线的交通总量远远超过道路设计的交通承载能力，造成了公路拥堵的状况。北京市路网规划为环状规划，中心区缺少南北大通道，各环路中间也缺少主干道，同时城郊结合内部主干道数量偏少，路网不配套，无法很好连接郊区和市区。为实现生鲜农产品的高效运输，政府应该注重发挥公共设施服务功能的作用，加大对农产品基础设施的投资，按照高起点、高标准、功能全、大规模、机制新的要求，加快农产品基础设施建设，逐渐实行铁路、公路、海运、空运的互联，建设标准化、信息化的农产品物流中心，加快研发农产品物流设备等。交通运输基础建设的不断加强，会为物流发展打下坚实的基础。

（四）农产品物流信息平台及农村网络通信设施建设

农产品物流信息平台建设及农村网络通信设施建设，能够很好地解决生鲜农产品物流发展过程中因农产品生产规模小经营分散而导致的信息不能充分对接的问题，能够减少货运对接过程的中间环节、很好解决因信息不完全而导致的生鲜农产品物流发展过程中的货运对接的难题，提高了生鲜农产品物流各环节组织者的协作能力，提高生鲜农产品物流运输效率。而且，农业经营主体能够直接对接物流运输主体，减少交易成本中的信息获取成本，减少资源配置过程中资源的浪费，进一步减少生鲜农产品物流运输成本。

（1）农产品物流信息平台建设情况。物流信息平台是指在现代技术发展水平下，通过互联网技术，在物流科学技术、物流教育、物流管理、物流技术设施多方协调发展的情况下，为物流活动提供有效的衔接活动，以保证物流活动的顺利完成。

（2）农村网络通信设施建设情况。随着互联网技术的发展，生鲜农产品物流的发展也离不开互联网技术的应用，农村网络的普及率对于农户等生产方能够及时获取市场需求情况，能够减少市场信息滞后给生产方带来的影响，同时对于物流运输企业，网络平台的使用首先能够在很大程度上节省物流运输企业的推广费用，其次在运输过程中能够根据市场需求运输市场急需产品，提高用户在购买生鲜农产品时的多样性，在提高生鲜农产品物流运输效率、降低运输成本的同时获取最大的经济效益。

（五）物流主体

1. 生鲜农产品物流各环节组织者的协作

生鲜农产品在物流运输过程中依次经过运输、仓储、包装、搬运装卸、流通加工、配送以及相关的物流信息等环节，最终到达消费者手中。在物流发生过程中，如何将各节点主体间物流、信息、资金有机地结合成一个整体，是保证生鲜农产品质量，加强各环节组织者合作协调水平，减少生鲜农产品损耗，发挥组织优势，实现生鲜农产品价值最大化的要求之一。生鲜农产品物流各环节组织者的密切协作能够降低物流成本、提升物流效率，促进生鲜农产品物流规范化发展。

2. 从事农产品物流工作的人员专业能力

农产品物流运作主体数量多、结构复杂，主要包括第三方物流企业、农产品流通加工企业、农业规模经营主体（种养大户、家庭农场、农民合作社）、产地和销地批发商、超市、个体运销户、农产品经纪人、普通农户、个体摊贩等。对于实力雄厚的第三方物流企业、农产品流通加工企业、大型商家、大型家庭农场和农民合作社等农产品物流运作主体，物流人才结构是其发展的重要战略要素。为提高物流效率、降低物流成本，在开展物流活动中所能遇到的现实问题很复杂，但目前这些物流运作主体缺少高层次的人才。随着近些年物流产业的发展，一些高校均开设以物流科技创新和物流运输知识型人才培养为核心的教育课程，但是目前大部分培养出来的物流人才都侧重于工业物流发展，对农产品物流运输管理等相关性人才培养不足，可随着人们对生鲜农产品质量要求的提高、对农产品物流需求人才急剧增加，导致其间产生巨大的人才缺口；对于一些实力薄弱的小型农产品超市、个体运销户、农产品经纪人、普通农户、个体摊贩等运作主体，物流专业知识、专业能力还是比较欠缺。农产品物流人才的缺乏、物流从业人员专业能力有限制约着生鲜农产品物流的发展。

3. 先进物流技术设备的应用

冷链物流技术的应用对于生鲜农产品物流的发展至关重要。目前，生鲜农产品冷链物流设备的应用主要存在以下的问题：①生鲜农产品冷链物流分布不均匀；②冷链物流设备陈旧，先进设备应用不足；③生鲜农产品的冷藏运输车辆数量较少；四是生鲜农产品物流运输各环节冷链设备应用程度不同，冷链物流衔接性较差，冷链物流效率较低。此外，生鲜农产品物流过程中装卸、搬运的机械化水平随着技术的进步也处于更新换代过程。综上可以看出，目前生鲜农产品物流先进设备的应用情况还有待改善。

4. 农产品第三方冷链物流企业的发展

伴随信息技术与经济社会的发展，第一方、第二方物流已不能满足生鲜农产品物流发展的需要，通过与第一方或第二方的合作来提供其专业化的物流服务的第三方物流企业应运而生。而农产品第三方冷链物流企业的快速发展，会促使政府及相关企业单位加大对于农产品物流环节专用性资产的投入比例。同时，农产品第三方冷链物流企业在发展的过程中，不断整合吸收分散的农产品物流运输业务，使农产品物流规模化经营能力不断提高，经营规模效益日渐显露，有利于生鲜农产品物流运输成本的降低和运输效率的提升，促进生鲜农产品冷链物流发展规模的不断扩大，推动生鲜农产品物流业规范、快速地发展。

由于生鲜农产品的易腐蚀、不易保存特性对运输要求极高，对第三方冷链物流企业的专业性、规范性、信息化发展具有依赖性；因此第三方冷链物流企业的发展情况，无疑会对生鲜农产品物流发展起着重要的作用。

第三节 我国农业企业供应链管理

▶ 案例导入：

由一碗小米粥引发的思考：智慧物流对生活的改变究竟有多大？

可曾想过，如今，想喝一碗热腾腾的小米粥竟成奢望。忙工作、忙生活，可能是无数不尽相同的理由。然而，理由终究是理由，科技的发展只会让一切变得更便捷。只需拿起手机轻轻一点，你想喝的小米粥已发货，正在火速向你飞来。

1. 项目背景

太行明珠小米粥科技开发有限公司成立于2017年，主要业务为农业科技技术开发、推广及销售等，目前京东速食粥产品排名前十，是山西省科技示范项目。近年来，获得“晋商行业典范奖”“第五届世界健康大会金奖”“山西百姓十大放心食品”“国家粮油食品创新典范”等数十奖项。至此，太行明珠方便小米粥作为山西小米的代表品牌，真正以大产业、大流通、大发展的姿态展示在世界面前。

太行明珠小米粥产业园位于山西晋中市，集生产、包装、存储、配送于一体，园区包含原料库、生产车间、包装车间、成品库等，其中生产车间、包装车间、成品库通过连廊无缝衔接，保证生产工艺的连续性及产品的安全性，满足成品的入库、存储、分拣、配送等一体化功能。

为了使物流中心满足3条生产线年产量约10亿杯的产能；提高自动化水平，实现物流中心智能化管理；满足成品周转存储需要，降低人工成本、提高作业效率，实现性价比最优；同时预留应对未来分拣需求变化的对应方案，太行明珠与普罗格达成合作，开展了包装车间与成品库的智能化改造升级。普罗格通过前期调研，分析了园区物流现状亟待解决的问题，提出了方案。

2. 项目分析

（1）业务扩展快，物流速度跟不上。需新建自动化立体仓库，解决存量需求，并实现自动码垛，实现与各库之间联动，消除人工浪费。

（2）整箱拣选作业问题。采用托盘货架+AGV或托盘输送线到人，用于整箱存储与拣选。

（3）零货拣选拓展问题。采用AGV柔性拣选，可根据业务量增加设备投入数量，其货架可支持整箱及零货互相备份，实现快速转换。

（4）人力成本亟待降低。需使用机械手自动码垛，减少人工在线拣选的投入和劳动强度。

3. 解决方案：普罗格根据商品出入库流程及产品业务特点等，确定总体方案思路为：设备助力提高人效，柔性扩展应对业务结构变化。

（1）自动化托盘立体库应用。自动化托盘立体库联合堆垛机实现整托密集存储，用于应对大批量出库业务，可充分利用巷口空间的更加智能化、最大限度上降低人工成本等特点。

（2）机械手拆码垛技术应用。智能化：码垛机械手可根据垛形规则对整箱货物进行码垛入库。人性化：拆垛机械手可根据3D视觉和拆垛规则对整托货物进行在线拣选出库。

（3）采用AGV货到人拣选。密度提升：密集式存储，存储密度大幅提升。效率提升：每个工位的作业效率相对于传统人到货架拣选，效率提升了数倍。多品类拣选：适用于各类品种货到人拣选。减少行走距离：拣选人员无须行走，货架到人拣选。减少人力成本：货架/托盘到人，减少了大量人力成本。

（4）多系统对接。WMS系统与ERP、MES、WCS、RF等系统对接，实现与堆垛机、输送线等设备集成。

通过引进机械手实现自动码垛、建设自动化立库实现自动存储，规划AGV实现自动搬运及货到人拣选，三管齐下，既满足了生产及销售及时、准确、高效的订单需求又提高了太行明珠物流现代化服务水平，将更健康的方便食品带入千家万户，促进食品行业健康有序发展，实现最佳的社会效益与经济效益。

这不仅是一碗小米粥的故事，更是标志着在方便食品行业、农产品领域里，一支新兴的生产力正在异军突起，向着打造民族企业、助力乡村振兴、立足山西、服务全国，走向世界的目标更近了一步。

资料来源：普罗格公众号，2021年7月9日。

一、物流管理与供应链管理

（一）供应链管理和物流管理的联系

从生产性企业来讲，供应链管理包含了物流管理，供应链管理包含了供应商与销售商在内的整个经济链条的管理，甚至生产计划的制定与匹配。供应链管理其中包含了物流管理，物流管理只是其中的货物移动、存储的管理。从物流企业来看，所有的业务都是物流管理，供应链管理只是其中的一个物流项目，这个项目包含了从头到尾的整个的物流服务，即一个贴合客户生产和销售的整个物流解决方案包含了很多增值服务。

物流贯穿整个供应链，连接供应链的各个企业，是企业间相互合作的纽带。从时间上看，物流管理的产生早于供应链管理，现代物流管理也呈现出一体化的趋势在纵向上要求企业将提供产品或运输服务等供货商和用户纳入管理范围，并作为物流管理的一项中心内容在横向上通过同一行业中多个企业在物流方面的合作而获得规模经济效益和物流效率；同时在网络技术的支持下与生产企业和物流企业之间形成多方位、互相渗透的协作有机体即实现垂直一体化、水平一体化和网络化。从某个方面来看，供应链管理正是物流垂直一体化管理的扩展和延伸，但是供应链的范围更为广泛，它涵盖了物流、资金流、信息流、业务流等，而且它的目标是将多个具有供需关系的企业通过合作协调机制集成一个共同对应市场的有机整体，这种供需关系不仅涉及产品需求，可能还有服务需求、资金需求甚至信息需求。总之，供应链管理比物流管理涉及的内容更复杂、范围更广、层次更高。

（二）供应链管理和物流管理的区别

一般而言，供应链管理涉及制造问题和物流问题两个方面，物流管理涉及的是企业的非制造领域问题。两者的主要区别表现在如下几个方面。一方面，物流涉及原材料、零部件在企业之间的流动，而不涉及生产制造过程的活动。供应链管理则包括物流活动和制造活动。另一方面，供应链管理涉及从原材料到产品交付给最终用户的整个物流增值过程。物流涉及企业之间的价值流过程，是企业之间的衔接管理活动。另外，供应链管理注重结果，物流管理注重过程；物流管理对物流的各个环节都要实时跟踪、监控，而供应链管理更注重各节点企业自身情况，对各节点企业之间如何运作不太关心。基于以上，供应链管理更偏向管理，而物流管理更偏向技术。

拓展阅读：

伊利“供应链管理”树行业典范　荣膺“最佳供应链实践奖”

一杯牛奶的背后，有700多个供应商、近30万直接服务者、200万门店人员的付出……如此庞大、复杂的供应链条，作为连续位居全球乳业8强、蝉联亚洲乳业前列的伊利集团，是如何通过高效的供应链管理将产品安全地送到消费者手中？2017年11月，在重庆召开的“全球协作的智能供应链管理高峰论坛”上，伊利集团摘得“最佳供应链实践奖”，是唯一一个获奖的食品企业。

多年来，伊利集团在董事长潘刚“不创新，无未来”的创新思维指导下，以消费者需求为导向，深化管理创新，建立起覆盖上、中、下游全产业链的创新体系，最终与消费者和产业链合作伙伴共享创新价值。与其他行业有所不同，乳业的特殊之处在于供应链较长，从最后一环的消费者向上追溯，途经售、存、运、包等各个环节，一直延伸到奶牛养殖甚至牧草种植。

早在十年前，伊利率先在供应链管理方面做出尝试，从前端采购到后端销售，尤其是针对奶源管理，自主研发出了一套覆盖全产业链、具备协同平台加以配合的立体化供应链体系。早在十年前，伊利即开始聚焦供应链管理。此次获评的示范项目是伊利针对供应链管理的示范项目，利用自动化、智能化等技术对覆盖原奶、供应商、供应链、经销商等全产业链各个环节进行综合管理，形成端到端的完整闭环。伊利也通过这一项目降低了供应链成本，促进了物流和信息流的交换，提高了企业的总体效益。区别于“智能制造”主要着眼硬件设备，服务型制造则更注重软件应用、通过智能化手段衔接起系统间的集成，从而更立体、更灵活地服务消费者。

对于乳制品行业来说，供应链向上延伸到牧草种植和奶牛养殖，向下涉及到终端销售，中间覆盖质量管理及配送等环节，这些都要求乳企具备全面把控、优化供应链的综合运管能力。而伊利在业界率先深入供应链管理研究，从前端采购到后端销售、尤其是针对奶源管理，自主研发出了一套覆盖全产业链、具备协同平台加以配合的立体化供应链体系。

伊利认为，品质是乳业供应链管理的发展核心。对此，伊利在全球范围内布设创新资源网络，不仅携手国际质量管理三巨头——瑞士通用公证行、英国劳氏以及英国天祥集团，持续升级全球质量管理体系，还建立了“全员、全过程、全方位”质量管理体系以及“集团——事业部——工厂”三级食品安全风险监测防控体系，覆盖80多个检验单元，率先实现了从源头到终端的每一个食品安全和质量控制关键点的监测、分析、把控、预防。

不仅如此，伊利建立了完善的产品追溯程序和可追溯管理流程，包括关键环节的电子信息记录系统、质量管理信息的综合集成系统和覆盖全国的ERP网络系统，实现了产品信息可追溯的全面化、及时化和信息化。另外，伊利已搭建了覆盖250多个数据源、有效数据量级达到全网90%以上的大数据雷达平台，全方位抓取和分析消费者留存于互联网及不同线下场景的海量数据，以洞察消费者深层需求，持续催生出高品质的产品和服务。

（案例摘自，《深耕供应链管理获国际认可，伊利荣膺“最佳供应链实践》，中国质量新闻网，2017-11-10）

二、农业企业供应链管理的现状

（一）缺乏全流程农业物流成本管理

农业企业供应链管理有多个环节组成，其中包括公司经营管理、物流运输管理与上下游企业对接等。其中，对农业企业来说，最关注的莫过于物流成本的管理与控制。供应链成本是指供应链在全运作流程和周期内的成本，主要包括物料成本、劳动成本、运输成本、设备成本和其他变动成本等。尤其是针对于生鲜产品而言，生产环节非常重要。一方面需要保证生鲜产品的品质；另一方面是为了提高供应链物流效率，在供应链管理过程中需要将上下游企业有效连接起来，实现农产品生产与销售环节有机衔接，包括：农产品加工、再加工与销售、物流仓储、配货与信息服务等。而且，农产品物流成本还需要考虑采购、运输包装、仓储、二次包装等成本，以及在农产品运输过程中产生的流通成本。

然而，目前在农业物流视域下，中国农业企业大多缺乏全流程农业物流成本管理，农业企业会时常出现上下游农业企业与客商之间难以协调运作、功能整合的问题，严重阻碍企业与客商之间信息的传递，导致农业企业横向供应链条中的管理者与经营者未能及时就农产品信息展开沟通与交流、互相分享资源。另外，在供应链管理层层面，由于农业企业未能形成对农产品物流成本综合性、全流程的供应链管理链条，致使农业企业在经营管理方面的成本逐年上升。

（二）损耗高、冗长交叉的多级批发模式仍占主流

当前，农业企业在农产品供应过程中除了电子商务，其他物流方式下的农产品直接配送更是少之又少。在农产品供产销链条上，生鲜产品与农产品需要经过多个流通环节、多道烦琐的加工工序等。具体会涉及农产品产地、农业企业加工厂、物流公司、零售批发商户与消费者。正是由于农产品需要通过多个复杂的流程才能到达消费者手中，极大地增加了农业企业在农产品物流与供应链管理方面的成本。如生鲜从农户到消费者至少经过 4 层的供应链十分冗长。由于供应链冗长，农产品经过每层环节的储存、运输、装卸后损耗较大，叠加运输成本、人工成本等，层层加价，使产销两地产品差价较大，而当前生鲜零售终端毛利率普遍较低。同时，由于农业企业在对农产品的销售与供应过程中，需要经历多个流通环节，这就导致农产品在供应链条上易出现损耗量大，极大地增加了不必要的管理成本与配送成本支出。

（三）供应链管理中物流体系不健全

近年来，随着我国经济增速的不断加快，使我国物流运输的发展也呈现出快速发展的趋势。然而，我国物流运输快速发展的背后，是尚未健全与完善的物流标准化体系，尤其是对于生鲜、果蔬农产品，更是尚未构建形成标准化的物流体系。标准化的物流体系可以帮助农业企业避免增加重复包转、分拣等，从而减少农产品的重复运输。这样一来，既节省了农产品运输的物流时间，也规范了运输流程与提高农业企业供应链管理效率。然而，农产品涉及种类繁多、数量庞大，供应商与经销商也非常分散，导致农产品难以形成科学合理的物流标准体系。这就导致农产品在运输过程中由于涉及品种较多，极易出现多

次分拣的情况，水果的包转也无法形成统一的标准。且由于水果果质不同、采用的运输设备也不尽相同，导致农产品运输过程中难以形成规范化的运输标准。加上各环节之间无法形成有效连接的供应链导致农业企业的物流成本不断上升。

▶ 拓展阅读：

2020 年新建改建农产品仓储保鲜冷链物流设施建设 1.4 万个规模将超过 600 万吨

2020 年以来，农业农村部会同有关部门启动实施农产品仓储保鲜冷链物流设施建设工程，实现良好开局。预计到 2020 年 12 月底，将支持超 9000 个新型农业经营主体在农产品产区新建或改建 1.4 万个仓储保鲜冷链物流设施，规模将超过 600 万吨，农产品产区贮藏保鲜和产后商品化处理能力将明显提高，择期错季销售能力将明显增强，形成产地农产品流通的“蓄水池”和“新渠道”，进一步提升农产品市场运行的稳定性。

农产品仓储保鲜冷链物流是实现农产品在产后贮藏、加工、集散、运输等环节始终处于适宜低温控制环境的供应链系统，能够有效降低农产品产后损耗、长期保持农产品品质，是现代农产品流通体系的重要组成部分。农产品仓储保鲜冷链物流设施建设是现代农业发展的重大牵引性工程，对于补齐现代农业基础设施短板、扩大农业有效投资、增加农民收入、促进农业产业和农产品消费“双升级”意义重大。

据了解，2020 年农业农村部会同有关部门精心组织、周密安排，安排中央财政 50 亿元资金，支持河北、山西等 16 个省（区、市）聚焦鲜活农产品主产区、特色农产品优势区和贫困地区，选择产业重点县（市），依托县级以上示范家庭农场和农民合作社示范社围绕水果、蔬菜等鲜活农产品开展仓储保鲜冷链设施建设。一是健全工作机制。专门成立部领导牵头的建设领导小组，组建工作专班，推动各省建立联合工作机制，共同加快建设步伐。二是加强制度建设。形成以实施意见为核心，以技术方案、信息采集等制度规范相配套的制度体系，切实做到用制度管钱、靠制度管事、依制度管权。三是坚持市场导向。将农产品仓储保鲜冷链物流设施建设与产后商品化处理、产地市场建立、产销渠道构建等相结合，集群集聚发展，在产地田间形成“生产 + 仓储 + 保鲜+销售”的模式，发挥规模效应。四是强化政策保障。积极构建多元化资金投入机制，强化金融支持力度，落实仓储保鲜冷链物流设施用地用电优惠政策，推动用地用电审批手续从简从速，努力做到项目资金、项目用地、项目用电“三配套”。

下一步，农业农村部将进一步扩大农产品仓储保鲜冷链物流设施建设支持地域、品种和主体，强化政策配套，加强标准引领，从源头加快解决农产品出村进城“最先一公里”问题，补齐农产品供应链和农业产业链突出短板，为新形势下构建现代流通体系提供有力支撑。

资料来源：中华人民共和国农业农村部网站，2020 年 12 月 13 日。

三、农业企业物流及供应链发展的趋势

（一）物流数据信息化

现代社会已经步入了信息时代，物流的信息化是整个社会信息化的必然需求。物流信息化表现为物流信息的商品化、物流信息收集的数据库化和代码化、物流信息处理的电子化和计算机化、物流信息传递的标准化和实时化、物流信息存储的数字化等。因此，条形码技术、数据库技术、电子订货系统、电子数据交换及快速回应、有效的顾客回应等技术与观念在未来的物流中将会得到普遍采用。信息化是一切的基础，没有物流的信息化，任何先进的技术装备都不可能用于物流领域，信息技术及计算机技术在物流中的应用将会彻底改变企业物流的面貌。

（二）物流管理网络化

物流领域网络化的基础也是信息化，这里指的网络化趋势有两层含义。①物流配送系统的计算机通讯网络，包括物流配送中心与供应商或制造商的联系要通过计算机网络。另外，与下游顾客之间的联系也靠计算机网络通信，比如物流配送中心向供应商提出订单过程，在未来使用计算机通讯方式，借助于增值网（VAN）上的电子订货系统（EOS）和电子数据交换（EDI）来自动实现，物流配送中心通过计算机网络收集下游客户的订货过程也可自动进行。②组

织的网络化。例如，建立农产品物流管理信息系统，向农户普及宽带业务，把农产品交易的信息发布到农产品物流服务信息网中，农产品物流服务信息网又与县市一级大中型企业、大型超市以及当地农产品需求大户如大型餐饮、学校食堂等联网，客户在网上就可以获得自己想要购买的农产品，然后在网上下订单，注明自己的购买数量、种类、规格以及客户的一些特殊的要求和说明等。

这种网上直销的交易模式改变了传统的鲜活农产品供应链模式，即鲜活农产品生产地—批发市场—零售商—消费者，研究的是通过越过批发市场这一环节，通过农户与零售商、大型超市、餐饮、学校食堂、大户消费者直接建立联系，直接把鲜活农产品销售到间接或直接的消费者手中。避开批发市场主要是站在农民自身利益考虑，如果农民把自己种植的农产品运到批发市场上进行交易，就要经历中间批发商的盘剥，批发商会把产品的价格压得很低，低于均衡价格。

（三）物流组织柔性化

柔性化本来是生产领域提出来的，但需真正做到柔性化，即真正能根据消费需求的变化来灵活调整生产工艺。没有配套的柔性化的物流系统是不可能达到目的的。20 世纪 90 年代，国际生产领域纷纷推出弹性制造系统（FMS）、计算机集成制造系统（CIMS）、制造资源系统（MRP－Ⅱ）以及供应键管理的概念和技术，这些概念和技术的实质是将生产、流通进行集成，根据需求端的需求组织生产、安排物流活动。因此，物流的柔性化正是适应生产、流通与消费的需求而表现出来的一种趋势。这就要求企业要根据消费需求“多品种、小批量、多批次、短周期”的特色，灵活组织和实施物流作业。

（四）物流链条简洁化

物流链条简洁化是指农业企业将生产的农产品包装处理后，直接运送供应消费地零售业者（超级市场）或连锁零售业包装配送中心及消费大户，以此可以减少所有不必要的中间环节，从而减少流通损失。企业直销物流模式的建立，需要政府成立专门的农村服务组织为广大农户提供信息服务并成立专门的集货场所，在产地与消费团体之间架起直接流通的方式，通过专业运输公司将鲜活农产品直接从产地送到消费者的手中。在农业合作组织及龙头企业的指导下，农户通过互通产品市场信息，采用定单式生产、加工和经营，可以迅速高效地把分散的农户所生产出来的鲜活农产品组织起来，进行连锁分销。

（五）物流供应链配送多样化

随着农产品流通的深化，农产品物流也渗透到农产品产前、产中、产后整个全产业链过程。因此，农民田间地头的农产品物流与配送点、流通领域农产品物流与配送中心、第三方农产品物流与配送中心以及第四方的物流与配送中心，分工可能越来越细，但是相互之间的联系也是越来越紧密。农产品物流的管理应从实际出发，允许农产品物流与配送有多种形式、多种层次、多种业态、多种商业模式，包括零售商主导的供应链、批发市场主导的供应链、农村龙头企业主导的供应链、仓储配送企业主导的供应链、农民合作组织主导的供应链、农民协会主导的供应链等多种物流配送网络，这样使农产品流通的业务联系与农产品物流的经济利益关系形成良好的长效机制，形成一个利益共享、风险共担的机制。同时，通过农产品物流的多部门协调机制，使农产品物流形成一个良好的关系体系。农产品流通应提倡，大中型流通企业应成为链主，中小型流通企业应当好供应链配角，链主与各环节应形成良好的主辅关系，生态协调发展。

（六）农产品物流可追溯化

随着居民安全健康消费需求、物联网技术出现，利用 RFID 无线射频技术、二维条码等建立农产品的安全可追溯系统，实现食品的安全生产、安全消费，保障消费者的权益。将物联网技术应用到农产品物流中，建立农产品物流追溯信息系统，构建农产品物流信息备案制度。农产品冷链物流追溯信息系统可以实现对流通中任何环节的监督，使政府相关部门、冷链物流行业、物流企业及消费者对农产品物流活动进行有效控制。

（七）农业企业物流体系构建绿色化

企业是绿色物流的主要实施者，物流绿色化归根结底就是企业营运的绿色化。从物流作业过程来看，农业企业绿色物流体系的构建包括以下几个方面。

1. 绿色生产管理

农业企业的生产原料主要来自自有的农业生产基地和农户。对于自有农业生产基地，通过集约化、标准化生产，应用“绿色技术”，实现生产物流绿色化。对于农户，一方面，企业可以为农户提供优质农作物种子、肥料、杀虫剂等，保证农产品的质量；另一方面，企业依据自身掌握的科技技术优势，通过技术培训、宣传资料和疑难解答、生产跟踪等方式为农户提供技术支持和指导服务，以自身科学技术知识与农户的生产经验相结合的方式，对农户的绿色生产加以引导和控制。通过建立产品生产档案和质量回溯记录、加强产品农药残留检测、集中采摘收购等措施，保障从农户或散户手中收购产品的质量和数量。

2. 绿色运输管理

（1）开展共同配送。共同配送是指由多个企业联合组织实施的配送活动。共同配送可以最大限度地提高人员、物资、资金、时间等资源的利用效率，取得最大化的经济、社会效益。

（2）采取复合一贯制运输方式。把铁路、汽车、船舶、飞机等基本运输方式有机地结合起来，实行多环节、多区段、多运输工具相互衔接。

（3）大力发展第三方物流。由专门从事物流业务的企业为供方或需方提供物流服务，可以在更广泛的范围内对物流资源进行合理利用和配置，避免自有物流带来的资金占用、运输效率低、配送环节烦琐、企业负担加重、城市污染加剧等问题。

（4）加大对农产品储运设备的投入。改进原有的设备或积极引进国外先进的设备，及时淘汰不符合公路及食品卫生标准的车辆，加强保鲜冷链物流设施的投入，以确保冷藏农产品的质量。

3. 绿色流通加工

绿色流通加工主要包括如下几种。①变消费者分散加工为专业集中加工，以规模作业方式提高资源利用效率，减少环境污染。比如，建立大型稻谷精深加工基地集中作业，减少小厂分散加工带来的低效率和能源浪费。②集中处理消费品加工中产生的边角废料，以减少消费者分散加工所造成的废弃物污染，如流通加工企业对蔬菜的集中加工减少了居民分散丢放垃圾及相应的环境治理问题，蔬菜本身也可以得到更进一步的开发和利用。此外，通过引进国外的先进加工技术对农产品多次加工，以拉长农产品物流的产业链。

4. 绿色包装管理

绿色包装管理是指包装在储存、运输、销售过程中具有保护、定量、标识功能，保护农产品使用价值，以防止农产品污染或腐烂变质，也便于在零售时提高工作效率。企业应以少耗材、可再用、可回收和再循环为目标，尽量采用简化的、由可降解材料制成的包装材料。例如，将无纺布、纸绳、包装袋等通透性较好、美观、环保的材料应用于蔬菜果品包装；设计简易包装，减少一次性包装；使用清洁材料，保证健康、安全、卫生和环保。在流通过程中，采取措施实现包装的合理化与现代化，比如：包装模数化、包装的大型化和集装化，包装多次、反复使用和废弃包装的处理，开发新的包装材料和包装器具，实现包装物的高功能化等。

5. 废弃物流的管理

废弃物流是指将经济活动中失去原有的使用价值的物品，根据实际需要进行收集、分类、加工、包装、搬运、储存，并分送到专门处理场所时形成的物品实体流动。降低废弃物流，需要实现资源的再使用（回收处理后再使用）、再利用（处理后转化为新的原材料使用）。企业不仅要考虑自身的物流效率，还要与供应链上的其他关联者协同，从整个供应链的视野来组织物流，从现代物流管理的角度综合考虑运输、生产和配送活动，最终实现全面的供应链管理。农产品在种植、养殖以及对农产品进行的初级加工过程中，会产生一部分废弃资源（如植物的根茎、秸秆，动物的排泄物等），将这些废弃物集中起来，经过分选，可以进行造纸、工业酒精提取、发酵制取沼气能源、肥料转化等，实现资源的循环利用。

▶ 链接案例：

供应链上狠下大功夫 零食企业十八般武艺保持“新鲜感”

尽管不少品牌都在宣称自家产品“新鲜”，但要真正实现这一需求，对于企业有着较高要求。从产品品类的开发、原材料的采购、制作加工程序、仓储物流到营销销售都有相应诉求。这就涉及企业技术与供应链的完善，因而业内普遍认为零食行业的竞争本质上是供应链之争。

根据Mob研究院对2019年休闲零食行业解读显示，行业整体偏轻资产模式，自建工厂类品牌少，品牌的精力更多放在研发、品牌和销售环节。但随着竞争加剧，不少企业都意识到了打造供应链的重要性，纷纷各出奇招进行布局。“新鲜”是对零食企业整个供应链与产业链最大的考验跟挑战，没有经济实力或者没有一定规模效应，企业是没办法做新鲜产品的；所以“新鲜”的背后，更多的是一种企业综合实力与品牌化、规模化的具体表现。

好想你在中国的河南、河北、新疆以及美、欧、澳、非等地区都拥有原材料基地。同时，在中游自建工厂，对原料进行二次加工，这样做的好处是利于品控能降低中间环节的交易成本。

良品铺子从2018年起就着手进行供应链升级，在产销协同方面下功夫。将仓储物流时间进一步压缩，从7天做到5天甚至3天，并强化快递物流上的各个环节，将物流公司24小时的妥投率进一步提升；另外其早在2016—2017年就在四川新设1个自营仓，于辽宁、陕西、江西等地设立6个外包分仓。

旺旺则在全国各地设立有34个生产基地，满足品牌商一站式采购需求；来伊份在技术层面进行更精细化的探索，引入了FD冻干技术，打造自动化工厂，提升工艺水平……这些企业都在技术与供应链上下了不少功夫，也使产品的“新鲜”之说有所支撑。

资料来源：信息时报，2020年9月30日。

— 复习思考题 —

1. 什么是农业企业物流？
2. 农业企业物流管理的特点？
3. 农业企业物流管理模式有哪些？
4. 试述农业企业物流及供应链管理的发展趋势。

第七章　农业企业营销管理

学习目标

1. 掌握农业企业营销管理概念及发展阶段；
2. 理解农业企业战略管理的主要内容；
3. 掌握农业企业主要营销策略；
4. 掌握农业企业网络营销的主要方式。

第一节　农业企业营销管理概述

▶ 案例导入：

海南春光食品品牌战略定位营销案例

随着消费市场需求和品牌营销渠道日渐变化，许多食品营销也重新进行品牌战略定位，力求成为食品行业界的黑马，而老字号海南春光食品品牌正是这匹黑马。

海南春光食品有限公司，创立于1996年，主营健康休闲食品的生产和销售。为迎接国际旅游岛的建设，提升旅游购物平台，春光食品还投巨资设立琼海、三亚两个集椰子加工观光为一体的海南特产旅游购物基地。

春光食品作为中国椰味食品知名企业，海南本土老字号企业的代表，早在2019年，春光食品速溶咖啡就从众多国内外行业品牌中脱颖而出，名列中国品牌力指数速溶咖啡品牌排行榜第一梯队。

如今春光食品糖果远超众多国内外优秀品牌，在《2020新春糖果品牌榜》中名列前茅。这些成绩不仅反映了消费者对春光食品品质的信赖，更是春光食品品牌营销综合实力的证明。

2020 年伊始，春光食品与湖南卫视的强强联合，在湖南卫视春节联欢晚会当晚再次热推春光小椰子棒棒糖，“年年好春光，春光好年糖”这句深入人心的广告词再次家喻户晓。春光食品不仅把年轻化注入自身的品牌基因，更用实际行动在营销与创新上赢得消费者与行业的双口碑。

还研发创新产品，助推消费品质升级。春光食品在发展过程中一直在坚持传承，其“经典款”特制椰子糖享誉大江南北，给全国人民的童年留下了独特的记忆，目前在市场上占有率依然很高，可谓是“明星产品”。同时，春光食品洞察“个性化、多元化、休闲化、健康化”的新消费趋势。

春光食品的品牌战略定位营销，在近几天又有了不同凡响的策略。10 月 17 日，春光食品联合千万级网红顶流——“大狼狗郑建鹏 & 言真夫妇”开启春光专场直播，广东夫妇连续带货 10 小时，优质、实惠、好货，热情回馈网友。据统计，春光专场直播狂揽 1807 万件的销量，获得超 996 万的用户曝光量。

再过一些时间，就是一年一度的“双十一”消费狂欢，为了能在这一营销界的盛典上拔得头筹，占据行业领先地位，各大品牌早已进入状态，摩拳擦掌。而春光食品与广东夫妇的联合造势，似乎已经稳妥占据了“双十一”超前预热的 C 位，以食品界的黑马姿态强势出圈。

春光食品将自身品牌重新定位与直播营销渠道上，不仅仅洞察年轻消费群体的心智，更是借助直播线上的流量和 IP 营销影响力，跨越实现品牌渗透和筛选金准年轻消费群体。

随着消费群体的更新换代与消费升级，用户对于消费品特别是食品的品质追求越来越高，健康、绿色、营养成为用户促成消费的关键因素，而春光食品也在品质内核上深度打磨，食品营销的品牌战略定位实现可观，因此成为消费者心中的食品新宠。

春光食品品牌营销的大获成功，是一个多元叠加的成果。回顾春光食品营销的发展轨迹，并非求得短瞬间的流量爆炸，长久稳健且内涵聚焦的营销策略，为其塑造了难以磨灭的品牌高光。

资料来源：中国品牌策划网，2020 年 10 月 30 日。

案例思考：简述春光食品是如何利用品牌营销取得成功的？

一、农业企业营销管理基本概念

农业企业营销管理是农产品生产企业对农产品从农户到消费者的流通过程，为实现个人和社会需求目标的各种农产品及农产品加工食品制造和产品交易的一系列活动的计划、组织、决策、控制等活动的管理。农业企业营销管理的主体是从事农产品生产和经营的个人和群体。农业企业营销管理活动贯穿农产品生产和流通、交易的全过程。

二、农业企业营销管理发展阶段

（一）农产品运销阶段

19 世纪末 20 世纪初，农产品营销的产生阶段也是市场营销学产生的阶段。在该阶段，农产品营销渠道主要形式为生产者—消费者的直接销售渠道。由于在这时期美国农产品生产的规模化和机械化程度提高，加上发展需要大量劳动力，使大批剩余劳动力涌入城市，客观上造成了城市劳动力的相对过剩，使对农产品的购买能力下降，农产品市场价格相对提高。解决该题的主要方法是如何选择便捷的运输方式，以降低运输成本和销售价格。因此，许多学者将这个时期的农产品营销学表达为“ Marketing of Farm Products”（译为“农产品运销学”）。

（二）农产品推销阶段

20 世纪 20 年代至 40 年代，由于美国农产品机械化和规模化水平的进一步提高，农产品出现了过剩，形成了农产品买方市场。农产品营销已不是如何降低渠道成本和提高营销效率问题，主要问题是如何使过剩的农产品实现市场交换。而以前的农产品运销方式显然带有生产主导性，生产者缺乏市场驾驭能力，这样就出现了对中间商的选择和培养，通过中间商的市场能力优势把农产品推向市场，完成农产品在流通领域中的所有权转移。因此，在这时期许多人把农产品营销等同于农产品推销学。

（三）市场营销阶段

市场营销阶段也称“市场观念时期”，以消费者为中心阶段。由于第三次科技革命兴起，研发受到重视，加上第二次世界大战后许多军工转为民用，使社会产品增加，供大于求，市场竞争开始激化。消费者虽选择面广，但并不清楚自己真正所需。企业开始有计划、有策略地制定营销方案，希望能正确且快捷地满足目标市场的欲望与需求，以达到打压竞争对手，实现企业效益的双重目的。

（四）社会营销阶段

社会营销阶段也称“社会营销观念时期”，以社会长远利益为中心阶段。由于企业运营所带来的全球环境破坏、资源短缺、通胀、忽视社会服务，加上人口爆炸等问题日趋严重，企业开始以消费者满意以及消费者和社会公众的长期福利作为企业的根本目的和责任，提倡企业社会责任（SCR）。这是对市场营销观念的补充和修正，也说明理想的市场营销应该同时考虑：消费者的需求与欲望，消费者和社会的长远利益以及企业的营销效应。社会市场营销观念强调兼顾消费者、企业、社会三个方面的利益，要求企业在追求经济利益的同时兼顾社会效益，是符合社会可持续性发展的营销观念。

（五）农业企业营销管理新观念

1. 关系营销

所谓关系营销，是把营销活动看成是一个企业与消费者、供应商、分销商、竞争者、政府机构及其他公众发生互动作用的过程。关系营销的核心是留住顾客，提供产品和服务，在与顾客保持长期的关系基础上开展营销活动，实现企业的营销目标。实施关系营销并不以损害企业利益为代价，关系营销提倡的是企业与顾客策略。

2. 文化营销

文化营销（即利用文化力进行营销）是指企业营销人员及相关人员在企业核心价值观念的影响下，所形成的营销理念以及所塑造出的营销形象，两者在具体的市场运作过程中所形成的一种营销模式。

3. 整体营销

1992年，市场营销学界的权威菲利普·科特勒提出了跨世纪的营销新观念——整体营销（Total Marketing）理念。所谓“整体营销”，就是公司营销活动应该囊括内外部环境的所有重要行为者，其中包括供应商、分销商、最终顾客、职员、财务公司、政府、同盟者、竞争者、传媒和一般大众。

4. 服务营销

服务营销是一种通过关注顾客，进而提供服务，最终实现有利的交换的营销手段。实施服务营销首先必须明确服务对象，即“谁是顾客”。像饮料行业的顾客分为两个层次：分销商和消费者。对于企业，应该把所有分销商和消费者看作上帝，提供优质的服务。通过服务，提高顾客满意度和建立顾客忠诚。

5. 体验营销

体验营销通过看（See）、听（Hear）、用（Use）、参与（Participate）的手段，充分刺激和调动消费者的感官（Sense）、情感（Feel）、思考（Think）、行动（Act）、联想（Relate）等感性因素和理性因素，重新定义、设计的一种思考方式的营销方法。

6. 绿色营销/低碳营销

20世纪90年代联合国环境与发展会议通过了全球《21世纪议程》，要求各国根据本国的情况，制定各自的可持续发展战略、计划和对策。一些国家纷纷推出以环保为主题的“绿色计划”，积极树立绿色营销观念，实施绿色营销。

绿色营销也称“低碳营销”，是指社会和企业在充分意识到消费者日益提高的环保意识和由此产生的对清洁型无公害产品需要的基础上，发现、创造并选择市场机会，通过一系列理性化的营销手段来满足消费者以及社会生态环境发展的需要，实现可持续发展的过程。

绿色营销不是一种诱导顾客消费的手段，也不是企业塑造公众形象的“美容法”。它是一个导向持续发展、永续经营的过程，其最终目的是在化解环境危机的过程中获得商业机会，在实现企业利润和消费者满意的同时，达成人与自然的和谐相处、共存共荣。其特点是观念是“绿色”的、环境是“绿色”的；环节是“绿色”的、产品是“绿色”的。

第二节　农业企业营销战略管理

▶ 案例导入：

黎小兵总裁亮相2019品牌蛋高峰论坛　揭秘壹号系成功的关键

广东壹号食品股份有限公司成立于2004年，是一家集育种研发、养殖生产、品牌零售于一体的国内知名大型食品企业。

公司以“壹号土”系列生猪、生鲜鸡、鸡蛋等为主导产品，采取“公司+基地+农户+连锁店”全产业链管理模式，培育和打造了极具市场竞争力和前景的包括肉品、蛋品、深加工产品等健康安全、优质美味的产品，征服了全国广大消费者的口胃，保障百姓餐桌上的食品安全。2019年8月28日，2019品牌蛋高峰论坛暨寻找蛋鸡产业替抗优品颁奖典礼在广州隆重开幕，壹号土猪联合创始人、壹号食品总裁黎小兵女士亮相本次论坛，讲述天地壹号与壹号食品具有传奇性色彩的品牌发展之道。

1. 品牌需要定位：避开竞争是最好的竞争

壹号土猪和天地壹号两个品牌之所以能获得持续、快速发展，其中关键原因就是实施了有效的差异化定位战略。

“如大海捞鱼，市场也要选择大市场。选择自己有竞争力的产品，不与‘有钱人’争，不与‘聪明人’抢。”黎小兵总裁分享到，避开竞争是最好的竞争，要考虑竞争状态，还要评估行业市场的空间是否足够大。所以，选择了壹号土猪和天地壹号，等于选择了自己最有竞争力的产品。

天地壹号的独特定位是健康佐餐饮料。如今，提到天地壹号，大家都会联想到它的“吃饭喝啥？就喝天地壹号！”“给健康加道菜，第五道菜：天地壹号”。

壹号土猪则是定位为高端市场。2007年，市面上的猪肉几乎没有品牌，土猪肉市场基本上是个体户在经营，土猪在广州的份额不足1%，盯着几乎空白的高端市场，壹号土猪横空出世，以广州为起点发展壮大至今。

壹号土鸡蛋定位于土鸡蛋。我国是蛋鸡养殖大国和鸡蛋消费大国。据了解，我国鸡蛋市场规模超过3000亿元，选择土鸡蛋市场发力，满足了现代消费者对健康和品质的追求。

2. 品牌需要产品：产品是品牌的基础

黎小兵总裁强调，产品是品牌的基础，若没有处在人民心目中健康的心智占位，没有土猪肉在儿时记忆里的香甜，再强大的营销也无济于事。

"销售做得好不好，只是赚多赚少的问题；食品安全问题一出，就是死路一条。"黎总坦言，两个品牌一直在恪守食品安全的道路上战战兢兢，像壹号土猪，建立了从育种、养殖、屠宰、配送到销售的全产业链管理体系，实现"从产地到餐桌"的全程监控，就是为了让消费者吃得更加安心。

3. 品牌需要进化：进化是品牌的生命力

消费者在不同的时间有不同的需求。黎小兵总裁指出，开始吃土猪很香，久了也不香了，这是生物问题。就算猪肉保持以前的质量，也未必能长久获得消费者的青睐。这就关系到企业如何照顾到消费者的新鲜感，满足消费者的"花心"。

因此，品牌需要进化，营销也需要变着花样，无穷无尽没完没了。

资料来源：广东壹号食品股份有限公司官网，2019年8月29日。

案例思考：简述壹号土猪和天地壹号是如何开展差异化营销战略？

一、农业企业营销战略管理的概念

营销战略是企业市场营销部门根据战略规划，在综合考虑外部市场机会及内部资源状况等因素的基础上，确定目标市场，选择相应的市场营销策略组合，并予以有效实施和控制的过程。现代企业营销战略一般包括战略思想、战略目标、战略行动、战略重点、战略阶段等。营销战略思想是指导企业制定与实施战略的观念和思维方式，是指导企业进行战略决策的行动准则。它应符合社会主义制度与市场经济对企业经营思想的要求，树立系统优化观念、资源的有限性观念、改革观念和着眼于未来观念。企业战略目标是企业营销战略和经营策略的基础，是关系企业发展方向的问题。战略行动则以战略目标为准则，选择适当的战略重点、战略阶段和战略模式。而战略重点是有关战略目标能否实现的重大又薄弱的项目和部门，是决定战略目标实现的关键因素。由于战略具有长期的相对稳定性，战略目标的实现需要经过若干个阶段，而每一个阶段又有其特定的战略任务，通过完成各个阶段的战略任务才能最终实现其总目标。

农业企业营销战略管理是指农业企业从整体利益和长远利益出发，为适应环境变化，达成自身的目标，辨别、分析、选择和发掘市场营销机会，规划、执行和控制企业营销活动的动态管理过程。

二、农业企业营销战略管理过程

企业营销管理过程是市场营销管理的内容和程序的体现，是指企业为达成自身的目标辨别、分析、选择和发掘市场营销机会，规划、执行和控制企业营销活动的全过程。

企业市场营销管理过程包含下列四个紧密联系的步骤：分析市场机会、选择目标市场、确定市场营销策略、市场营销活动管理。

（一）分析市场机会

在竞争激烈的买方市场，有利可图的营销机会并不多。企业必须对市场结构、消费者、竞争者行为进行调查研究，识别、评价和选择市场机会。

企业的市场机会就是对企业的营销具有吸引力的、拥有竞争优势的环境机会。企业应该善于通过发现消费者现实的和潜在的需求，寻找各种“环境机会”（即市场机会）；而且应当通过对各种“环境机会”的评估，确定本企业最适当的“企业机会”的能力。

为了发掘市场营销机会，企业不仅要对自己的微观环境和宏观环境进行分析，还要具体分析各类市场的需求特征以及消费者行为。这就要求企业建立科学的营销管理信息系统，展开营销调研工作，掌握市场动态和供需状况，为生产经营者决策提供可靠的资料。对企业市场机会的分析、评估，通过有关营销部门对市场结构的分析、消费者行为的认识和对市场营销环境的研究，需要对企业自身能力、市场竞争地位、企业优势与弱点等进行全面、客观的评价，还要检查市场机会与企业的宗旨、目标与任务的一致性。

鉴别增长机会，选择既适合环境所提供的增长机会，又能使企业获得更大盈利的产品和业务，制定企业经营战略及营销战略。鉴别增长机会的一个有效工具是产品—市场扩展方格分析模型（见图7－1）。

现有市场	①市场渗透	②产品开发
新市场	③市场开发	④多元化经营

图7－1　产品—市场扩展方格分析模型

①市场渗透：强化营销，增加销量。

②产品开发：深度与广度的产品系列开发，增加产品种类、数量、颜色，增加销量。

③市场开发：细分市场，从年龄、性别、收入、职业、社会阶层、区域分布寻找新的市场，增加销量。

④多元化经营：发现现有业务与产品之外的市场机会，特别是选择与现有业务和产品相关的有吸引力的新行业，是规避风险、增强企业市场活力和竞争力的有效方式。

（二）选择目标市场

在分析市场机会之后，企业要对某行业或某农产品的市场容量和市场结构作进一步分析，找准本企业准备为之服务的目标市场。该过程包括市场预测、市场细分、目标市场选择和市场定位等。

把一个整体农业市场划分为若干个细分市场后，受农业资源及内外部条件的限制，农业企业不可能把所有的细分市场都作为目标市场，而是要在综合考虑诸多因素的基础上，在众多的细分市场中选择一个或几个最具吸引力的细分市场作为农业目标市场，才能发挥农业资源优势，达到最佳或满意的经济效益。

（三）确定营销组合

这一步骤主要是研究和制定占领市场、开拓市场的策略，并加以组合实施。1960 年，杰罗姆・麦肯锡博士第一次提出了营销组合的 4P 战略，即产品 (Product)、价格 (Price)、渠道 (Place) 和促销 (Promotion)。4P 战略的提出，是现代市场营销理论最具划时代意义的变革。因这四个词的英文首字母都是“P”，故简称“4P”策略。企业要针对选定的目标市场对自己可以控制的营销因素进行优化组合和综合运用，并使之与不可控制的环境因素相适应，以达到企业营销目标。

1986 年，菲利普・科特勒提出了“大市场营销”概念，即在原来的 4P 组合的基础上，增加两个“P”：“政治力量”(Political Power)、“公共关系”(Public Relations)。这一概念的提出，是 20 世纪 80 年代市场营销战略思想的新发展。随着市场营销学研究的不断深入，市场营销组合的内容也在发生着变化，从“4Ps”发展为“6Ps”。又有人提出了“4Cs”为主要内容的市场营销组合。“4Cs”的主要内容包括研究消费者的需求和欲望 (Customer wants and needs)，消费者满足其需求所愿意付出的成本 (Cost)，如何使消费者更方便地购得产品 (Convenience)、有效的沟通 (Communications)。“4Cs”强调将追求顾客满意放在第一位，产品必须满足顾客需求，同时降低顾客的购买成本，产品和服务在研发时就要充分考虑客户的购买力，然后要充分注意到顾客购买过程中的便利性，最后还应以消费者为中心实施有效的营销沟通。20 世纪 80 年代以来，人们开始认识到以顾客忠诚度为标志的市场份额的质量比市场份额的规模对利润有更大的影响，企业营销重点放在如何保留顾客，如何使他们购买相关产品、如何让他们向亲友推荐公司的产品。“3Rs”即顾客保留 (Retention)、相关销售 (Related Sales) 和顾客推荐 (Referrals)。营销努力更侧重于为消费者提供服务，依靠人际传播媒介传播公司的信息，而减少巨额的促销与广告的投入。从“4P”“4Cs”到“3Rs”，反映了营销观念在融合和碰撞中不断深入、不断整合的趋势。

（四）制订营销计划

市场营销计划是指在研究目前行业潜力、市场营销状况，分析企业所面临的主要机会与威胁、优势与劣势以及存在问题的基础上，对财务目标与市场营销目标、市场营销战略、市场营销行动方案以及预计损益表的确定和控制。营销计划是商业计划的一部分，是企业整体战略规划在营销领域的具体化。营销计划是在营销调研与分析的基础之上制订的，营销计划的制订只是营销管理的开始。它主要解决两个基本问题：干什么和如何干。营销管理人员应先根据组织的宗旨、总体战略和环境提供的市场机会，确立目标市场和营销目标。在此基础上，营销管理人员必须提出实现目标的行动方案，包括营销策略、营销政策、具体的程序、规则、预算等。

（五）建立营销组织

销售计划仅是一种设想、一种文字性的东西。要将这种设想和文字性的东西变成现实，就需要做一系列艰苦细致的工作。其中，最重要的是营销组织工作。所谓营销组织工作，就是将企业所拥有的各种资源按最有利于实现营销目标的方式组合起来。巴纳德在《经理人员的职能》一书中，从最简单的人类协作入手，揭示了组织的本质及其最一般的规律。巴纳德将组织定义为“把两个以上的人的各种活动和力量有意识地加以协调的体系”。他进一步论证了组织存在的三个要素（即共同的目标、协作的意愿和良好的沟通），将组织的本质落脚于信息沟通问题上。用信息交流来揭示组织与管理的本质，这是一个时代的创举。具体来说，营销组织工作主要涉及四个方面的问题：为完成销售计划需要做哪些工作；如何对这些工作进行分类，并建立相应的部门和工作群体；确定完成各项工作的部门和人员，并明确其职责；把完成有关工作所需的相应权力授予有关部门和人员。

目前，最普遍的销售组织方式是按地区划分销售区域。相邻销售区域的销售人员由同一个销售经理来领导，而销售经理向更高一级的销售主管负责。其优点是决策反应迅速，在当地容易与客户以及渠道建立关系网络，区域集中，运营成本低；人员容易管理；市场开发、管理比较系统。其缺点是销售人员从事的销售活动不能很专业；不能应对全国连锁零售企业的需求；分公司、区域经理权力过大。适用企业类型：企业经营产品是广泛分销、产品相类似，产品性能不复杂，面对的顾客众多、地域广泛、分散，诸如快销品行业等。

还有一种销售组织方式则是产品型组织模式，是按一种产品或一组相关产品来划分组织的形式。一般来说，技术含量高的产品多采用这种销售组织形式。其优点是销售人员与生产联系，便于熟悉与产品相关的技术和销售技巧，属于专家型销售。其缺点是由于地域重叠，造成工作重复；成本高；出现人员与服务对象重叠的情况。其适用企业：经营品种较多，产品性能差异很大，客户分属于不同行业，行业差异大。

（六）营销计划的实施和控制

销售计划虽然为整个组织的营销工作提供了蓝图；但在执行的过程中，由于受到突然变化的外部环境的影响，或原来在制定计划有的问题考虑不周，实际工作的情况与原计划可能发生种种偏离；因此，需要对销售计划执行的情况随时加以监控、及时发现偏差并采取相应的纠偏措施。营销控制是销售管理中必不可少的职能，离开了营销控制，就难以保证组织营销目标的实现。

三、农业企业的目标市场营销战略

现代农业企业在选择目标市场时，一般采用以下三种基本战略。

1. 无差异营销战略

企业不对市场进行细分和选择，认定所有消费者对某种产品需求完全相同，把整个市场看成是一个无差异的整体。企业一般只向市场投放单一的商品，设计一套营销组合策略，开展无差异性的营销活动，以此吸引所有的购买者。比如，美国的可口可乐公司，早期就只生产一种口味、一种瓶装的可口可乐，甚至连广告词都是统一的“请饮可口可乐”，以此吸引所有的购买者。

无差异营销的好处是可以节省成本，并与制造方面的“标准化”和“大量生产”原则相符合。由于其品种单一，批量生产可以节约生产、存货及运输等成本。无差异营销的广告方案也可使公司享受较高的媒体折扣，而且不必进行细分市场所需的营销研究及规划，所以也可以降低营销研究成本和管理费用。这一战略的缺点是由于经营方式单一，在激烈的市场竞争中适应领域狭窄，具有较大的经营风险。这一战略适用于少数优质农产品。

2. 差异化营销战略

企业通过市场细分，从中选择两个或两个以上乃至全部细分市场作为自己的目标市场，并针对不同细分市场制定不同的市场营销组合，分别进行有针对性的营销环境，提供相应的商品，以满足不同细分市场的不同需求。比如，美国通用汽车公司曾尝试生产数种适合各种收入水平、目的及个性的汽车，借着产品和营销方法的差异，希望能深入每个细分市场、增加销售额。

毫无疑问，差异营销战略能更好地满足不同消费者群体的需要，特别是次要细分市场也能给以足够的重视，因此能增加企业总的销售额。这也正是如今越来越多的企业采用此战略的原因之所在。

但是，差异营销战略会使企业的资源分散于各细分市场上，这势必会增加许多营销成本，如产品研制成本、生产成本、管理成本、存货成本、促销成本等。

3. 集中营销战略

集中营销战略也称“密集型营销”，是指企业在市场细分基础上选择一个或几个很相似的细分市场作为目标市场，制定营销组合方案，进行密集性开发，实现专业化的生产和经营。这种战略不是寻求在整个市场上占有多大比重，而是追求在目标市场上占有大量份额，甚至占有绝对优势。

这一战略的优点是，企业专注于某一细分生产可以对其需求有较深入的了解，从而针对其特点实现专业化营销，往往会获得有利的地位及商业信誉。尤其，当生产、配销及促销专业化之后，企业可享受许多专业性的经济利益。因此，只有能正确选择细分市场，企业一定能得到较高的投资报酬率。

但是，企业采用集中营销战略所冒的风险远较其他战略大，因为把企业的前途命运全系于一个细分市场，若目标市场遭遇不景气或强大竞争对手的冲击，都有可能使企业陷入困境。所以，许多企业热衷于多个细分市场中营销。

第三节　农业企业营销策略

▶ 案例导入：

独角兽品牌案例：百瑞源枸杞模式揭秘，
如何开辟养生＋新消费赛道？

为了进一步提高宁夏枸杞的附加值，在产品创新层面，志起未来还为百瑞源规划了保健产品系列，如以宁夏枸杞多糖为提取物的百瑞源“全杞力”，缓解视疲劳的百瑞源“杞明星”牌枸杞叶黄素，包括枸杞油胶丸等大健康食品，对助推枸杞产业转型升级积累了诸多宝贵经验。如今，百瑞源的高品质高价值得到了市场的认可，创造一个又一个的销售神话。

百瑞源现在不仅是中国驰名商标，更是枸杞行业市场变革的引领者。但就在几年前，枸杞作为宁夏特产，长期以来都是低档、廉价的代名词。

为了改变这种卖不上价的尴尬局面，百瑞源找到了志起未来，双方项目团队快速组建，通过精准的市场调研，确定以枸杞深加工产品为核心，从目标消费人群的细分化需求出发、创造需求、引领消费。通过全新营销理念及战略新品的打造，开辟了中国枸杞行业新纪元。

志起未来作为独角兽品牌创造者，是如何奠定百瑞源在枸杞行业的独角兽地位的？

1. 打造品牌独角兽基因，三大战略新品，养生新枸杞让市场着迷

战略新品1：志起未来打造战略新品“我的果果”一经上市，天猫销售额两天达到500万元；

战略新品2：“一顶天红”荣获宁夏礼品优质金奖；

战略新品3：头茬枸杞“六月红”成为国家AAAA级旅游景区中国枸杞馆镇店之宝；

中国枸杞馆单店年销售业绩突破一个亿；让百瑞源迅速成为冲刺IPO的枸杞第一品牌。

三大战略新品在消费者层面提升产品竞争力，让消费者失去讨价还价的能力，接受品牌产品的全定价，提升产品利润。“六月红”枸杞一经推出成功地将枸杞从 20 元提升到 296 元。当它在试销阶段时，15 天便售出 10000 盒，直接造成了断货的局面。

“一顶天红”的推出则直接将小小枸杞卖到 2000 元。它的诞生刷新了宁夏枸杞有史以来最高零售价格的记录。“我的果果”在品牌策略及产品名称、诉求、包装等都进行了全新的梳理与调整，成功开启了枸杞的电商模式，在年轻人中供不应求。

2. 重构品牌价值链，打造百瑞源枸杞“殿堂级”权威

志起未来认为，要增强品牌影响力，奠定行业老大的地位，就必须使各个宣传渠道形成紧密的有机联动，使“中国枸杞馆”“枸杞养生馆”“电商平台”三大板块互通互融，并且深度挖掘枸杞背后“营养健康 + 养生文化”的价值，统一品牌 Slogan 为“中国好枸杞馆，宁夏百瑞源”，真正奠定百瑞源中国枸杞第一品牌的地位。

从一句 Slogan 的提出，我们能很清晰地发现，“中国好枸杞馆，宁夏百瑞源”的背后其实不简单是一个产品概念，而是涉及产品研发、商业策略和品牌定位等多个环节。

与此同时，志起未来还借助中国枸杞馆再次强化了与百瑞源的整体品牌价值感和存在感，打造了枸杞文化背后呈现出的殿堂级权威感和信任感，更奠定了百瑞源在枸杞行业的领军地位，掌控行业话语权，防止后来者模仿，在行业打造出自己的竞争能力，使消费者形成“中国枸杞馆 = 最好枸杞”的消费认知。

3. 扩展产业布局，成就枸杞独角兽品牌

中国枸杞馆单店年销售业绩突破一个亿；让百瑞源迅速成为冲刺 IPO 的枸杞第一品牌。

百瑞源的崛起，有着清晰的战略品牌定位和战略发展路径，通过十几年的稳扎稳打，逐步成为一家从事枸杞研发、种植、加工、营销、旅游“五位一体”的全产业链企业，市场覆盖全球，也成为整个行业的领军企业。

志起未来携手百瑞源确定了全产业链品牌联合体营销模式，以价值成就品牌，以品牌联合体引领产业，以价值拉升产业，以价值成就高价格和大市场！

走出一条价值制胜的战略营销路径。

百瑞源在枸杞行业异军突起，打破国产枸杞在消费者眼中低档、廉价的品牌形象，百瑞源通过自身品牌价值的提升，同时带动了整个枸杞行业的崛起。

通过技术创新、产品创新、商业模式创新、管理创新等多种模式的创新，实现百瑞源健康快速发展，让百瑞源品牌成为枸杞品类代表，引领中国枸杞产业走高质量发展之路，将枸杞行业和枸杞消费推向新的发展阶段。

志起未来作为品牌独角兽创造者，一直坚信：不管是一个新的模式还是一个新的概念，一定要让时间和市场去验证它，未来五到十年行业的变化将是一个优胜劣汰的过程，志起未来相信只有优秀的企业才能胜出。

资料来源：新浪志起未来微博，2021 年 6 月 28 日。

案例思考：

百瑞源枸杞采取了哪些产品营销策略？

一、农产品企业产品策略

（一）农产品企业整体产品概念

产品整体概念包含核心产品、有形产品、附加产品、期望产品和潜在产品五个层次。人们通常理解的产品是指具有某种特定物质形状和用途的物品，是看得见、摸得着的东西。这是一种狭义的定义。而市场营销学认为，广义的产品是指人们通过购买而获得的能够满足某种需求和欲望的物品的总和。它既包括具有物质形态的产品实体，又包括非物质形态的利益。这就是“产品的整体概念”。

1. 核心产品

核心产品是指消费者购买某种产品时所追求的利益，是顾客真正要买的东西，因而在产品整体概念中也是最基本、最主要的部分。消费者购买某种产品并不是为了占有或获得产品本身，而是为了获得能满足某种需要的效用或利益。

2. 形式产品

形式产品是指产品的实体外在形态，或核心产品借以实现的形式或目标市场对需求的特定满足形式，是核心产品借以实现的形式，即向市场提供的实体和服务的形象。如果有形产品是实体品，则它在市场上通常表现为产品质量水平、外观特色、式样、品牌名称和包装等。产品的基本效用必须通过某些具体的形式才得以实现。市场营销者应首先着眼于顾客购买产品时所追求的利益，以求更完美地满足顾客需要，从这一点出发再去寻求利益得以实现的形式，进行产品设计。

形式产品一般由五个特征构成（即品质、式样、特征、商标及包装）。核心产品必须通过形式产品才能实现。

3. 期望产品

期望产品是指购买者购买某种产品通常所希望和默认的一组产品属性和条件。一般情况下，顾客在购买某种产品时，往往会根据以往的消费经验和企业的营销宣传，对所欲购买的产品形成一种期望。顾客所得到的是购买产品所应该得到的，也是企业在提供产品时应该提供给顾客的。对于顾客，在得到这些产品基本属性时，并没有太多的形成偏好，但是顾客如果没有得到这些，就会非常不满意。因为顾客没有得到他应该得到的东西，即顾客所期望的一整套产品属性和条件。

4. 附加产品

附加产品是顾客购买有形产品时所获得的全部附加服务和利益，包括提供信贷、免费送货、质量保证、安装、售后服务等。产品的概念源于对市场需要的深入认识。因为购买者的目的是满足某种需要，因而他们希望得到与满足该项需要有关的一切。美国学者西奥多·莱维特曾经指出：新的竞争不是发生在各个公司的工厂生产什么产品，而是发生在其产品能提供何种附加利益（如包装、服务、广告、顾客咨询、融资、送货、仓储及具有其他价值的形式）。

5. 潜在产品

潜在产品是指一个产品最终可能实现的全部附加部分和新增加的功能。许多企业通过对现有产品的附加与扩展，不断提供潜在产品，所给予顾客的就不仅是满意，还是顾客在获得这些新功能的时候感到喜悦。所以，潜在产品指出了产品可能的演变，也使顾客对产品的期望越来越高。潜在产品要求企业不断寻求满足顾客的新方法，不断将潜在产品变成现实的产品，这样才能使顾客得到更多的意外惊喜，更好地满足顾客的需要。

拓展阅读：

百果园的整体产品营销策略

1. 连锁：百果园的品牌效应

2002 年，百果园第一家线下门店在深圳福华开业，这也是中国第一家水果特许连锁专卖店。与其他水果店不同的是，百果园一出生就被冠以“连锁店”的属性，这在国内乃至国际上都可以称为“一个创新之举”。

连锁，其实就是在做品牌，是经营同类商品和服务的同一品牌的零售店。百果园也正是在总部的领导下，实现了集中采购和分散销售的有机结合。

2. 品质：同行竞争的首要因素

百果园之所以能在众多的水果店中脱颖而出，是因为它始终把水果品质放在首位。

百果园有一套自己的果品标准，从产地种植、物流运输到保鲜度和质量控制，再到零售终端的布局陈列，百果园都形成了特定的标准。它对质量的把控已深入水果行业的全产业链。

百果园门店的一句口号，也是百果园一直在贯彻执行的选品原则。百果园将水果按照“四度一味一安全”分级，即“糖酸度、鲜度、脆度、细嫩度、香味、安全性”，每一种水果都被分为“三六九等”，确保每一个卖出去的水果都是“好吃”的。

3. 售后：赢得消费者信任好评

百果园在业内率先推出“不好吃三无退货”的服务承诺，凡是不好吃的水果都可以申请退货，而且退货不需要小票、不需要实际商品、不需要任何理由，即无小票、无实物、无理由的信任退货服务，开创了行业服务标准新高度。

这样一来，是不是售后特别多呢？事实证明并非如此。

2019 年 5 月 16 日，百果园首次公布“三无退货”政策践行 10 年的退款数据报告。报告显示，10 年间，百果园总退货订单数（含三无退货及其他退货）、总退货金额占比始终低于 1%，其中“三无退货”订单数、退货金额占比始终保持在 0.5% 上下浮动，这在水果行业中已经非常低了。

百果园正是凭借着这种匪夷所思的售后，赢得了一众消费者的信任与好评。

资料来源：改编自网易文章“单月销售额破亿，中国‘水果之王’背后的故事”，2021

年8月17日。

（二）农产品品牌营销

1. 品牌的定义

美国西北大学的市场营销学教授菲利普·科特勒关注了品牌的基本意义，认为“品牌是一种名称、名词、标记、符号或设计，或者是它们的组合运用，其目的是辨别某个销售者或某群消费者的产品或劳务，并使之与竞争者的产品或劳务区别开来”。爱莉西亚·佩里与大卫·威斯诺姆提出，“在今天的市场环境下，一个没有内蕴的名称是很难获得关注并取得成功的。因为它必须与许多品牌名称相竞争，以得到消费者的认可”。Allen P. Adamson（2006）认为品牌是存在人们头脑中的一套心智联系。品牌符号在影响人们的市场感觉方面是不同的，其中一些品牌比另一些在力量上更为强大，能在哪些方面能够有力地影响顾客的品牌感觉，那么就应在这些点上建立品牌符号。为了创造真正强大的符号，必须清楚地理解商业策略。找到一个合适的名称是品牌工作者面对的最为困难的工作之一。命名不只是一项创造性的活动，最好的名称必须基于有力、清晰、简洁的目标。Allen P. Adamson 提出，所有的好的名称必须满足以下三个标准：策略、语言和合法。

2. 品牌的设计

农产品因为涉及的产品种类比较多，产品跨度大，所以在品牌设计方式方法上不可能归结为简单的几个方面，而应从多维度、全方位的视角来予以综合认识。如何能够发挥品牌的作用并使之对产品走向市场有更好的带动，应成为判别的关键。

（1）体现差异化。品牌最基本的功用就是要体现与其他同类产品的差异，以便于消费者选择，也便于生产经营者保护自己的利益。如果品牌不具有显著的识别性，产品在推广过程中就可能事倍功半，达不到预期的效果。为此要求品牌在设计提炼过程中注意体现产品、产业与产地特点，以独特鲜明的形象走向市场。那种一些人士仅凭个人喜好或简单请别人给产品定了名称而匆匆把产品推向市场的做法是不足取的。

好的品牌自然是要把差异化作为基础，比如“咯咯哒”就是一成功的例子。作为母鸡下蛋之后的一种叫声是广为人知的，把它塑造为鸡蛋品牌具有非常明显的识别意义。不仅指向性强而且难以忘记，在产品包装及广告创意与设计方面，都容易达到上乘效果。在品牌林立的时代，这一品牌又难以模仿，很难找到合适的语汇与之相靠近，从而实现了品牌的独占性。总体上“咯咯哒”这一品牌的创设可谓匠心独运，登上了品牌设计的制高点。

（2）发展传播性。品牌是要带动产品销售的，不能反过来谋求以产品带动品牌影响的扩大，当然后者不是不可以，但不能成为主流，否则就没有必要开展品牌工作。品牌虽然形成于生产经营者，且一旦形成就要走向社会大众。好的品牌在推广中会省时省力、节省成本。在同样花费的情况下，一个好的品牌会传播得更远更久，也更能给经营者带来效益。

为了增强传播效果，就要求品牌本身上口性强、好认好读好记。在我国，不同于西方国家的字母文字，汉字的字面或字里行间都是有特别的意义，可以形成及影响人们的感觉。对于产品而言，一个清晰自然口语化的品牌表达方式，往往会更受欢迎，比如“老干妈”（辣椒制品）、“干一杯”（酒）等。另外品牌本身运用字数的多少也是需要注意，一般来说，一个字容易记但难以表达具体意义，两个字是常规方式，但易雷同、不容易获得差异效果，而三或四个字恰是目前一种备受关注的品牌选择，表达意义清晰、完整，容易走出一条比较鲜明的路子来。

（3）突出价值性。一个好的品牌往往是可遇不可求的，体现了经营者与设计者的独具匠心。对品牌的喜爱往往让人产生爱屋及乌的心理，把这种感觉传递到产品上，因而容易诱发消费者的购买欲望。好的品牌可能要百般提炼，才能百炼成金。正是由于品牌本身的魅力，消费者自然能体会受益很多，所以有时在设计环节上较大的投入也是值得的。

以乳品为例，来自草原自然更容易受欢迎，而内蒙古的奶牛在人们心目中则往往被视为更正宗，那种蓝天白云、宽阔的牧场代表了一种美以及人们对美好生活的畅想。“蒙牛”作为乳制品行业上升飞快的一个品牌，其成功的品牌设计令消费者体会到内蒙古大草原的味道，产品品质自然溢出；短短两个字，既用语精炼又能激发人们的美好联想，所以这是一个创造了很强价值感的一个品牌。

（4）蕴含品牌文化。英国学者克莱纳和迪尔洛夫（2003）认为，终极品牌之所以能够经受住时间的考验，并不是因为广告的花费、良好的公关或是不断的促销，而是因为根植于品牌之后的文化力量。农产品企业品牌建设要与区域文化或当地特色有机地结合起来，通过强化品牌的人文、风土气息来塑造品牌的个性与特色。借助于文化，品牌的识别、传播与价值都容易得到实现。

一个内涵不足让人不知所云的品牌在传播过程中，势必慢，效果差。在人们无法记住的情况下，让人们怀有足够的热爱显然是困难的。文化则是提升品牌含金量的关键要素，“品牌的一半是文化”代表了人们对品牌的一种观点。农产品在一些地方有长期的种植养殖历史，独特的自然禀赋赋予产品以个性与特殊的价值。很多农产品品牌的形成，与地域有着密切的关系，比如西湖龙井茶、宁夏枸杞等。这种地域文化的体现直接突出了市场竞争力。另一种是从文化角度设计农产品品牌的方式，就是在品牌中对各种文化要素与符号广为加以利用，通过和人们的消费心理结合能收到好的传播效果。

3. 农产品品牌营销策略的主要方法

（1）建立农产品品质的差异性。不同的农产品品种，其品质有很大差异，主要表现在色泽、风味、香气、外观和口感上，这些直接影响消费者的需求偏好。不同的农产品品种，决定了不同的有机物含量和比例。例如，蛋白质含量及其比例，氨基酸含量及其比例、糖类的含量及其比例，有机酸的含量及其比例，其他风味物质和营养物质的含量及其比例等。这些指标一般由专家采用感观鉴定的方法来检测：当优质品种推出后，得到广大消费者的认知，消费者就会尝试性购买；当得到认可，就会重复购买；当多次重复购买，就会形成对品牌的忠诚。

在农产品创品牌的实际活动中，农产品品种质量的差异主要根据人们的需求和农产品满足消费者的程度，即从实用性、营养性、食用性、安全性和经济性等方面来评判。例如水稻，消费者关心其口感、营养和食用安全性，水稻品种之间的品质差异越大，就越容易促使某种水稻以品牌的形式进入市场，得到消费者认可。

不同的农产品生产方式直接影响农产品品质，如采用有机农业方式生产的农产品品质较差。采用受工业污染的水源灌溉严重影响农产品品质，也严重影响卫生质量。生产中采用各种不同的农业生产技术措施也直接影响产品质量，如农约选用的种类、施用量和方式，这直接决定农药残留量的大小；还有如播种时间、收获时间、灌溉、修剪、嫁接、生物激素等的应用，也会造成农产品品质的差异。

（2）积极进行农产品商标的注册和保护。没有品牌，特色农产品就没有市场竞争力；没有品牌，特色农产品就不能卖出好价钱。商标是农产品的一个无形资产，对提升农产品品牌效益和附加值有着不可估量的作用。商标对很多人特别是农民朋友来说，也许是一个很空泛很抽象的概念。但它对农产品的实际意义和作用我们无法否认：它可以促进农业产业结构调整、提高农产品的市场知名度、占有率，加快农业产业化进程，增加农民收入。商标是商品生产者和经营者为使其产品与其他同类或相似产品相区别而附加在产品上的标记，它由文字、图形或其组合而成。由于商标具有辨别功能、广告功能和质量标示功能，所以商标已成为参与市场竞争的锐利武器。注册商标是农产品取得法律保护地位的唯一途径。没有法律地位的农产品终究要被他人侵蚀、淘汰。然而，一旦名牌商标被他人抢注或冒用，不但商标价值大打折扣，更重要的是会损害名牌产品的形象，影响企业的声誉。因此，农产品生产企业在创立名牌的同时，应积极进行商标注册，使之得到法律保护、获得使用品牌名称和品牌标记的专用权。

因祸得福的“丁当鸡”就是其中一个鲜活的例子。2003 年，广西区隆安县丁当镇作为中国首例对外公开的高致病性禽流感疫区备受世人关注。禽流感疫情过后，丁当镇禽类系列产品发展遭遇销售瓶颈。如何让这个产业重获新生？隆安县巧用丁当镇因禽流感疫情而带来的知名度，注册了“丁当鸡”商标，并在丁当镇及周边地区培育、扶持专业养殖户，带动群众发展家禽养殖。目前，“丁当鸡”不仅销往南宁、桂林、柳州等地，连广州、湛江、茂名等地客商也慕名前来收购。以前，最远只能卖到南宁市区的“丁当鸡”，只因“丁当鸡”的商标品牌，就因祸得福得到了外省市场的认可。“丁当鸡”正以一个地方名优特色产品品牌，带动地方经济发展，促使当地农民致富。

（3）搞好市场营销，促进名牌形成。“好酒不怕巷子深”的时代已一去不复返，再好的商品如果不进行强有力的宣传，将难以被社会公众认知，更难成为有口皆碑的名牌。提高产品的知名度和美誉度，促进名牌的形成，可以从以下三个方面着手。①加大广告投入，选择好的广告媒体。广告是企业用来向消费者传递产品信息的最主要的方式。广告需要支付费用，一般来说，投入的广告费用越多，广告效果越好，要使优质农产品广为人知，加大广告宣传的投入是必要的。可利用广告媒体如报纸、杂志、广播、电视和户外路牌等来传播信息。②改善公共关系，塑造品牌形象。通过有关新闻单位或社会团体，无偿地向社会公众宣传、提供信息，从而间接地促销产品，这就是公共关系促销。公共关系促销较易获得社会及消费者的信任和认同，有利于提高产品的美誉度、扩大知名度。③注重产品包装，抬升产品身价。进口的泰国名牌大米，如金象、金兔、泰香、金帝舫等，大多包装精致。而我国许多农产品却没有包装，有些即使有包装也较粗糙，这不利于名牌的拓展。包装能够避免运输、储存过程中对产品的各种损害，保护产品质量；精美的包装还是一个优秀的“无声推销员”，能引起消费者的注意，在一定程度上激起购买欲望，还能够在消费者心目中树立起良好的形象，抬升产品的身价。

（4）依靠科技，打造品牌。科技是新时期农业和农村经济发展的重要支撑，也是农产品优质、高效的根本保证。因此，创建农产品品牌，需要在产前、产中、产后各环节全方位进行科技攻关，不断提高产品的科技含量。①围绕市场需求，在农作物、畜禽、水产的优良、高效新品种选育上重点突破，促进品种更新换代，以满足消费者不断求新的需求。②围绕新品种选育，做好与之相配套的良种良法的研究开发与推广工作，要着力解决降低动植物产品药残问题，保证食品卫生安全，以消除进入国际市场的障碍。③围绕产后的保鲜，储运、加工、包装、营销等环节，开展相应的技术攻关，加大对保鲜技术的研究，延长产品的时效，根据消费者购买力和价值取向设计开发不同档次的产品，逐步形成一个品牌、多个系列，应用现代营销手段扩大品牌知名度，培育消费群体，提高市场占有率。④围绕“入世”，注重技术引进，积极引进国外新品种、新技术、新工艺，并通过技术嫁接，推动国内品牌的创建。

（5）建立农产品区域品牌。农产品区域品牌是某个区域内一群生产经营者所用的一种以地理标志为主的品牌标志，包括无公害产品标志、绿色食品标志和有机食品标志等，其基础是有特色农业产业集群或特色农产品大量聚集于某一特定的行政或经济区域，经过区域地方政府、行业组织或农产品龙头企业等其他营销主体有组织的营销与管理而形成的，是消费者对农产品区域形象的认知，代表着消费者对农产品区域关系的总和。为此，农产品区域品牌是农产品原产地效应、农产品地理标志的一种提升，只有通过经营管理才能形成。

许多农产品种类及其品种具有生产的最佳区域。不同区域地理环境、土质、温湿度、日照等自然条件的差异，直接影响农产品品质的形成。许多农产品即使是同一品种，在不同的区域其品质也相差很大。例如红富士苹果，陕西、山西的苹果的品质优于辽宁苹果，辽宁苹果优于山东苹果，山东苹果优于黄河古道的苹果。从种类来说，东北小麦的品质优于江南小麦，新疆西瓜优于沿海西瓜。中国地域辽阔，横跨亚热带、温带和寒带，海拔高度差异也很大，各地区已初步形成了当地的名、特、优农产品，如浙江龙井、江苏碧螺春、安徽砀山梨、山东鸭梨、四川脐橙、新疆哈密瓜、金乡大蒜等。因此，因地制宜发展当地农产品生产，大力开发当地名、特、优产品的生产，从而创立当地的名牌农产品。

二、农业企业的价格营销策略

美国著名营销专家托马斯·克尼尔曾指出：近年来，迅速变化的市场营销环境，不断增强了价格决策的重要性，研究表明，许多人都觉得定价策略应居于市场营销最重要的位置。这就要求农业企业经营者要运用制定的定价策略，才能促进农产品的销售。

▶ **拓展阅读：**

跌落神坛的阳光玫瑰

阳光玫瑰这一来自日本的青提品种，因其外表青翠、口味香甜，但价格高昂的特质被称为“葡萄中的爱马仕”。在日本，一串（约为500克）阳光玫瑰青提的均价在2000日—3000日元（折合人民币约为120—180元左右），礼品级的高级阳光玫瑰一串能达到1万日元（折合人民币约为600元）。

但如今，随着阳光玫瑰引入中国和韩国后被大批量种植，其价格和定位都开始跌落神坛。

2015年前后，该品种被引入中国种植，最早批发价仅为5—6元/斤，此后由于供不应求，批发价每年水涨船高，2018年产地批发价达到120元/斤，到2019年的批发价高点时走到150元/斤、零售端价格达到300元/斤。到了2020年，阳光玫瑰在中国市场出现价格大跳水，一度跌至十几元一斤。

这主要与中国阳光玫瑰葡萄种植面积的迅速增加有关。据中国科学院果树研究所数据，2020年中国阳光玫瑰种植面积已达80万亩，且仍在扩增之中预计2021年将突破100万亩。而在2016年阳光玫瑰葡萄在中国的种植面积只有几万亩。

资料来源："日本丢掉了对阳光玫瑰葡萄的'掌控权'"，界面新闻，2021年8月17日。

（一）农业企业定价时考虑的主要因素

农业企业进行农产品生产、加工或销售等经营活动，对其产品或服务定价时主要从以下两个方面全面考虑。

1. 把握农产品价格的变化规律，灵活进行定价

作为农业企业向社会提供的农产品，其价格与工业产品价格相比，有变动频繁、变动幅度大、地区差异大、低价位性等特点，因此农产品的价格是经常变动的。但这种变化时有规律可循的，突出表现在两个方面：①农产品价格季节变动的规律性，②农产品价格循环周期变动性。

（1）季节变动规律。农产品价格季节变动的规律性主要是由农产品季节性生产规律所决定的。

农产品生产直接受季节影响，春夏秋冬不同季节分别有不同农产品生产出来。在冬季，虽然生产的农产品较少，但海南等地的蔬菜仍正常生产并销往全国，北方除了靠大棚生产一些蔬菜、瓜果，大多收获的是一些土特产。综观农林牧副渔各种产品，绝大部分都表现出季节性变动的规律。

农产品生产具有季节性，而人们的消费却是常年的。因此，使农产品的价格随季节不同随时变动。一般来说，生产季节农产品供应量大，价格相对较低；过季农产品需要储存与加工，且供应量小、价格相对较高。

我国北方农产品生产者在利益的驱动下，为改变农产品生产的季节性，发展设施农业，在冬季建立大棚生产鲜菜、鲜果、鲜花等，在一定程度上改变种植业产品生产的季节性。虽然成本较高，但其价格也高，这是成功利用农产品价格季节变动规律的典型。

农产品价格的季节变动规律对农产品生产者的利益有很大影响，因此，生产者应当提高农产品生产的技术含量，不断培育新品种，改进生产技术，改善储存条件，调整农产品上市时间，争取早上市或晚上市，以取得良好的经济效益。

（2）周期变动规律。农产品的生产和收获具有周期性，这决定了农产品价格变动带有周期性。无论是种植业还是养殖业的农产品，大多数都在这种规律下生产经营。

农产品价格循环周期变动，是指市场价格发生变动引起需求量变动，而农产品生产者不能立即作出反应，只有等到下一个生产周期才能调整生产，调整了之后可能又会出现新一轮子的变动，如此周期性循环。造成农产品价格循环周期变动的原因主要有如下几个。

①农产品生产周期相对长，不可能像工业品那样根据市场供需状况和价格信号立即调整生产结构和生产量，改变市场供需状况。

②当前大多数农产品还是由亿万分散的农户进行生产的。这种小生产与大市场的格局使生产结构和生产数量难以迅速适应市场需求的变化。

③当前，大多数农民仍处于封闭状态生产经营，还没有养成以市场为导向的经营观念，搜集不到市场供需变化的准确信息，只凭直观感觉决策，往往是某种农产品当年市场价格高，下一年便一哄而上；当年市场价格低，下一年又一哄而下，使生产总是滞后于市场供需。

根据农产品价格循环周期变动趋势，广大农产品生产者一定要重视市场供需变化状况，掌握准确的信息，科学安排自己的生产，避免生产的大上大下，有人总结说：农产品的生产应当“赚钱产品的生产不要赶，赔钱的产品生产不要丢”的经验，是很有道理的。

2. 根据定价目标，有目的地进行定价

价格不是随意波动的，产品定价要有目的。定价目标就是定价要达到的主要目的，是确定定价策略和定价方法的依据。

（1）以维持生存为目标。在激烈的市场竞争中，如果将维持生存作为自己的主要目标，这时利润就显得次要得多了。那么，我们就可以降低产品价格，即价格只要能弥补可变成本和部分固定成本，经营者就能够维持生存。当然，这种定价方法不可能是长期的，因为任何一个农户不可能将维持生存作为长期目标来追求，否则在激烈的市场竞争中将没有立足之地。

（2）以利润最大化为目标。许多创业者者喜欢制定高价格来快速取得市场利润，但这应该是我们推出新产品的时候，而且这个价格应该让消费者感到物有所值。因此，当市场销售额下降时，应该降低商品价格来吸引一些对价格敏感的消费者。

（3）以销售增长率最大化为目标。一般情况下，销售额越大，单位成本就越低，利润也就越高。这样的农产品一般采取低价格来吸引对价格敏感的顾客，以实现销售额最大化。

（4）以产品高质量来提高产品价格。现实中，一些著名的名牌产品质量过硬、售后服务完善，其价格也确实比一般产品高出一截，但对消费者仍有巨大的吸引力，经营者也因此创造了很好的经济效益。

（5）以市场份额为目标。在竞争性市场上，用保持和增加市场份额作为定价目标，有利于参与竞争。市场占有率并不一定与资金利润率相一致。有时候为了在竞争中扩大市场份额，必须在价格上做出一定牺牲，从而导致资金利润率的下降，但在市场扩大情况下，总的盈利水平可能提高；相反，为了保持一定水平的资金利润率，可能导致市场份额的下降，总的盈利水平会降低。

（6）以适应竞争为目标。大多数人对于竞争者的价格都十分敏感，在定价之前，广泛收集资料，将自己产品的品质、规格与竞争者类似产品做认真的比较，并主要以对市场有决定影响的竞争者的价格作为定价基础。①与竞争者相同的价格对产品定价。②高于竞争者的价格；资金、技术条件强，优质产品常采用此定价方法。③低于竞争者的价格。不知名的产品或谋求扩大市场占有率的产品，常常采取低于竞争者的定价方法。

（7）以稳定价格为目标。在市场竞争和供求关系比较正常的情况下为了避免不必要的价格竞争，保持生产的稳定，以求稳固地占领市场，常常采取保持价格稳定为目标。这类产品通常是同行业中具有举足轻重地位的佼佼者，处于领导地位，左右着市场价格，其他农产品也往往采取跟进策略，也可以略高于或略低于后者，这是市场上常有的现象。

（二）新产品的定价策略

一种新产品能否占领市场，定价因素起着重要作用。它不仅关系到商品能否进入市场，而且定价的高低将会直接引起竞争格局的变化。新产品的定价策略通常有三种。

1. 撇脂定价策略

这是一种很形象的说法，意思是把牛奶上面的那一层奶油撇取出来，即先取掉其精华部分。撇脂定价策略是指在新产品上市时把价格定得较高，以期获取超额利润，在短期内收回投资并取得较高收益的一种定价策略。这种策略有利于树立产品高品质形象，扩大销售；有利于企业掌握价格主动权，当高价引发了竞争或市场反应不佳时，可以主动降价；高价比低价获利更多，所实现的利润可作为扩大市场投资的来源。但是这种策略会损害消费者利益，不利于拓展市场，容易诱发竞争。这种策略一般适用于市场有足够的购买者，需求的价格弹性小的高档商品和奢侈品；产品寿命周期短，市场资源不足，供应紧张，短期内在一定范围的某些紧缺商品及企业生产能力不足，一时难以扩大的产品等；由于新技术未公开或有专利权，将能保护独家生产或经营的“奇货可居”的新产品。

2. 渗透定价策略

这是一种与撇脂定价策略相反的价格策略。它是指产品上市初期，将产品价格定得低于预期价格，以市场占有率扩大为目标的定价策略。它是利用低价来进行市场渗透，从而达到扩大销售的目的。这种策略易被顾客接受，有利于迅速打开销路；可以有效地排斥竞争者介入，因而能在较长时期内占领市场；低价能带来销售额的迅速增长和市场占有率的扩大，从而保证企业经营长期稳定地发展。但是这种策略由于新产品刚上市就实行低价，影响同类产品的销路，造成同类产品寿命周期短；不利于其高质量形象的确立，往往会影响产品的声望；在因成本发生变化需要提高产品价格时，会引起顾客的反感，从而影响销路。这种策略一般适用于大批量生产、技术简单的产品，实行低价会带来销量的扩大；因销路扩大而导致企业生产与销售成本迅速下降的产品。

3. 满意价格策略

满意价格策略也称“中间价格策略”。它是指将新产品价格定在高价与低价之间，使各方面都满意的定价策略。用该方法制定出来的价格既能吸引广大消费者的购买，又能赢得各方的信任与尊敬、使各方均感到满意。但该定价缺乏鲜明的特色，对各个方面兼顾太多。

（三）差价策略

差价策略也称“价格歧视”，是指相同的产品以不同的价格出售的定价策略。差价策略主要有四种形式。

1. 顾客差价策略

顾客差价策略即指企业按照不同的价格把同一种产品或服务卖给不同的顾客。

2. 产品形式差价策略

产品形式差价策略即指企业对不同型号或形式的产品分别制订不同的价格，但是不同型号或形式产品的价格之间的差额和成本费用之间的差额并不成比例。

3. 产品部位差价策略

产品部位差价策略即指企业处于不同位置的产品或服务分别制订不同的价格，即使这些产品或服务的成本费用没有任何差异。例如，经过加工的鸡、整鸡肉、鸡腿肉、鸡翅肉、鸡爪肉等售价不同。它所采用的就是部位差价策略。

4. 时间差价策略

时间差价策略即指企业对于不同季节、不同时期甚至不同钟点的产品或服务分别制订不同的价格。

（四）折扣策略

企业为了鼓励消费者及早付清货款、大量购买、淡季购买，常常降低其基本价格，这种策略称为“价格折扣策略”。这是一种减价技巧，是在原定价格的基础上减收一定比例的货款，主要的折扣策略有六种。

1. 现金折扣

现金折扣即对按约定日期付款的顾客给予一定的折扣，对提前付款的顾客给予更大的折扣。

2. 数量折扣

数量折扣即根据顾客购买货物数量或金额的多少，按其达到的标准，给予一定的折扣，购买数量愈多，金额愈大，给予的折扣愈高。数量折扣可分为累计数量折扣与非累计数量折扣。

3. 交易折扣

交易折扣也称“功能折扣”，是由企业向中间商提供的一种折扣。

4. 季节性折扣

季节性折扣即生产季节性商品的企业向在季节前后购买非时令性商品或提前定购季节性商品的中间商提供的一种折扣。

5. 推广折扣

推广折扣即企业向为其产品进行广告宣传、橱窗布置、展销等促销活动的中间商提供的一定价格折扣或让价，作为给中间商开展促销工作的报酬，鼓励中间商积极为企业产品扩大宣传。

6. 运费折让

运费折让即企业对路途较远的顾客，减让部分商品价格作为对其部分或全部运费的补偿。

（五）心理定价策略

心理定价策略是指企业根据顾客的购买心理为产品定价以诱导其购买。这种定价技巧主要运用于零售商业企业。心理定价策略主要有三种。

1. 数值定价策略

这是利用消费者对不同的价格数值产生的不同影响，进而调整、确定产品价格的一种技巧。数值定价策略通常有两种形式。①尾数定价。这是依据消费者有零数价格比整数价格便宜的消费心理，而采取的一种定价策略（也称“奇数”或“非整数价格策略”）。如果本应定价 10 元的某一农产品定为 9.9 元，虽然只低 0.1 元，但可给买者价廉的感觉。②整数定价。这是把商品的价格定为一个整数，不带尾数，从而使消费者产生货真价实的感觉。一般适用于高档农产品或消费者不太了解的农产品和需求弹性较小的农产品。

2. 声望定价策略

这是一种利用企业和产品的声誉，对产品定价的策略，其产品价格比一般商品价格为高。如果某个企业或某种农产品，在长期的经营过程中保持过硬的质量和完善的服务，从而在消费者心目中形成了较高的声望，消费者在购买此类农产品时就会有更大信任感和享受感，即使多花钱也会觉得物有所值。因此，对于那些长期以来声望高的名牌企业、名牌农产品，价格可以定得比一般水平高一些。

3. 招揽定价策略

这是一种利用消费者求廉的心理，将少数几种商品暂时降低价格，吸引和招揽顾客购买的一种策略。

（六）组合定价策略

1. 主、副产品组合定价策略

这是指当企业在制定互有连带关系的产品价格时，可以选择不同的取值，达到促进销售、弥补损失的目的。大多数企业采用这种策略都将主要产品定价较低，而连带的附属产品定价较高，通过附属产品的获利，补偿主要产品因低价造成损失。

2. 配套定价策略

企业将经营的农产品，按照不同标准组合成套，并分别制定单件农产品和成套农产品价格的做法。例如，农贸市场可将各种鸡、鱼、大葱等产品配套出售；某一厂商可将大米分别组成精美系列包装和普通系列包装进行销售。一般来说，配套农产品价格应略低于各单件农产品的价格之和。

（七）地区差价策略

这是根据买卖双方地理位置的差异，考虑买卖双方分担运输、装卸、仓储、保险等费用的一种价格策略。地区差价策略主要有如下几种。

1. 产地价格策略

卖方在产地将货物送到买方指定的运输工具上，卖方的商品价格中包含货物装到运输工具上之前的一切费用和风险。

2. 目的地交货价格

按照合同规定，卖方产地价格加上到达买方指定目的地的一切运输、保险等费用所形成的价格。

3. 统一交货价格

统一交货价格也称“到岸价格”或“送货价格”，即不分买方路途远近，一律由卖方将商品送到买方所在地，收取同样的价格，也就是运杂费、保险费等均由卖方承担。

4. 分区运送价格

分区运送价格也称“地域价格”，是卖主将市场划分为几个大的区域，根据每个区域与卖方所在地距离远近分别定价，在各个区域内则实行统一价格。

5. 津贴运费定价

津贴运费定价主要为弥补产地价策略的不足，减轻买方的运杂费、保险费等负担，由卖方补贴其一部分或全部运费。这种策略对扩大销售有利。

三、农业企业营销渠道策略

（一）农业企业营销渠道的定义

“营销渠道”源于“channels of marketing”，也称“分销渠道”（channels of distribution），有人称之为“配销渠道”“销售通路”和“流通渠道”。对其有三种不同的定义。①重点强调营销渠道的组织结构。1960 年美国 AMA（美国市场营销学会）定义为“公司内部单位以及公司外部代理商和经营销商（批发和零售商）的组织结构，通过这些组织，产品和劳务才得以上市营销”。②着重强调产品从生产者转移到消费者的分销过程。美国学者 Edwardw. Cundiff 和 Richard. R. Still 认为营销渠道是指“当产品从生产者向最后消费者和产业用户转移时直接或间接转移所有权所经过的途径”。③重点强调营销渠道过程中涉及的各类主体。著名营销专家 Philip Kotler 认为营销渠道是指“某种货物或劳务从生产者向消费者移动时，取得这种货物或劳务所有权或帮助转移其所有权的所有或个人”。

本书认为，农产品营销渠道是为一切促使农产品顺利地被使用或消费的一系列相互依存的组织或个人。它包括供应商、经销商（批发商、零售商等）、代理商（经纪人、销售代理等）、辅助商（运输公司、独立仓库、银行、广告代理、咨询机构等）等农产品产前、产中、产后的服务机构和加工机构。

（二）农业企业营销渠道的作用

1. 促进生产，引导消费

农产品只有通过市场交换，才能到达消费者手中，才能实现其价值和使用价值；企业才能盈利。营销渠道就是完成农产品从生产者到消费者的转移，起到桥梁作用。农产品营销渠道连接生产和消费，既是生产的排水渠又是消费的引水渠。排水渠不通，农产品就不能及时销售出去，资金周转困难，农业再生产就无法顺利进行。引水渠不畅，农产品就不能及时顺利地到达消费者手中，消费需求就得不到满足。因此，生产者不仅要生产满足消费者需要的农产品，还要正确地选择自己的营销渠道，做到货畅其流，发挥促进生产，引导消费的作用。

2. 吞吐商品，平衡供求

农产品营销渠道是由一系列商业中间人联接而成的。这些商业中间人类似于大大小小的蓄水池，在农产品供过于求的地区或季节，将农产品蓄积起来，在供不应求的地区或季节销售出去，起到吞吐商品、平衡供求的作用。由于农产品市场具有明显的地区性和季节性供求不平衡的矛盾。营销渠道上的商业中间人可以使这种矛盾得到缓和。

3. 加速商品流通，节省流通费用

一个生产企业依靠自己的力量出售自己的全部产品是不现实的。这要占用相当多的人力、物力、财力和时间，从长远观点和宏观经济分析是不合算的。选择合适的营销渠道，利用商业中间人的力量销售自己的产品，至少可以带来两个方面的好处：一方面可以缩短流通时间，相应地缩短再生产周期，直接促进生产的发展；另一方面可以减少在流通领域中占压的商品和资金，加速资金周转，扩大商品流通，节省流通费用。

4. 扩大销售范围，提高产品竞争能力

农业企业仅仅依靠自己的力量直接向消费者出售产品，其销售范围和销售数量是非常有限的。如果选择合适的营销渠道将产品交由商业中间人销售，则可以运输到很远的地方，从而扩大产品的销售范围。同时，一些商业中间人为了自身的利益也乐于为产品做广告，这样就有可能增加销售数量，从而提高产品的市场竞争能力。

（三）营销渠道的主要模式

1. 农产品代理商营销模式

企业营销主要依赖代理商团队，企业在各个地区招聘区域代理或者独家代理，然后通过这些代理，再发展下线经销、分销、零售队伍；企业只需要负责对口联系这些代理商，其他工作都不需要介入。

农产品代理商营销模式通常在企业成立之初或是企业刚进入一个新的地区、新的领域时被选择。这样可以最大限度地节约企业发展壮大的时间、抢占市场份额。现代社会的各种会议营销（农产品招商会议），基本上都属于代理商营销模式。这种模式尤其适用于新、小企业。

2. 经销商（农产品分销商）营销模式

在市场竞争很激烈的行业或者是综合实力比较强大的企业，多会选择农产品分销商营销模式，这是代理商营销模式的一种进化。因为企业发展壮大了，同时市场竞争激烈导致企业利润空间大幅度压缩，为了更好地开拓市场，企业必然会选择“淘汰代理商、重点扶持经销商”的营销政策。这种营销模式更多地适用于那些发展比较成熟、综合实力较强的企业。

3. 农产品直销模式

农产品直销就是农产品的生产者和最终的购买者以及使用者直接对接，省掉中间的流通环节。目前，虽然直销占的比例很低，但是随着高端农产品和休闲农业的迅猛发展，农产品直销这种模式将会越来越流行。

(1) 农产品直销的主要类型。休闲采摘、农夫集市、宅配送、淘宝店……看上去农产品直接销售的花样多种多样，总结起来就三大类：订单式销售、田间地头式销售和零售式销售。

第一，订单式销售。订单式销售指的是在农产品生产之前，农产品就已经卖出去了。

农产品的订单式销售，和其他工业产品的订单不一样，一般工业产品是按购买的数量和质量下订单。而农产品的订单既可以按农产品的数量和质量，也可以按土地多少，土地上种什么由购买方决定，最后的农产品归购买方。

国外流行的一种CSA（社区支持农业）模式，在我国也开始兴起。CSA模式将农产品消费者和生产者直接联系起来。CSA模式有两种方式：一种是在种植季节之初，农产品生产者主动联系当地的消费者，然后在收获时生产者将消费者预订的农产品运送到一定地点；另一种是消费者组成一个集体，然后联系相应的农场。

在美国，第一种方式更加常见。在这个过程中，消费者也能够更多地了解他们的食物是从何而来、怎样来的。他们不仅确保所购产品的安全、支持了本地的企业，也拉近了生产者和消费者之间的距离。

第二，田间地头式销售。田间地头式销售是指消费者直接去田间购买所需的农产品可以是休闲采摘，也可以在田间超市购买，还可以在田间的路边购买。

随着都市休闲农业的发展，田间地头式销售在快速发展，这种模式最大的问题是要吸引大量消费者，所以只有在休闲农业发达的地方、旅游旺地和交通要道等人流量大的地方发展。

第三，零售式销售。零售式销售是目前采用最多的直销方式，主要在产地的集贸市场或者城市的路边小摊，还有网上零售，这种方式主要是个体经营者的销售方式。

直接把产品送到购买者手上这种方式是目前农产品直销的主流方式，特别是名优特的农产品。

（2）农产品企业直销模式所需条件。田间地头式销售，最重要的是客流，而订单式和零售式销售，理论上都可以操作，因为这两种方式都缩短了农产品的中间流通环节。在现实操作中，农产品企业要想做好直销，则有以下三个必要条件。

①产品必须要有特色。有特色才能和菜市场、超市里的大路货区别开来，才具备吸引直销客户的基本条件。

②销售队伍必须要有“狼性”。直销是一件面对面沟通很低的事情，需要

销售团队不断试错、不断地归纳总结，这样才能找到适合自己的直销方法。

③必须要有好的营销模式。死缠烂打虽然也能发展直销客户，但那既浪费企业的时间，还不一定能赚到钱。一个既能区别于竞争对手又能打动购买者的营销模式，是直销能否成功的关键。

▶ 拓展阅读：

庞各庄西瓜的“新零售”活法

众多原产地的农户都希望果蔬能像褚橙一样，借着电商等新渠道销到大江南北。近日，《北京商报》记者发现，北京庞各庄西瓜成为盒马鲜生、7FRESH等零售新物种的宠儿，并在各大电商渠道销售。自6月初上市，出自北京庞各庄的“京彩一号”西瓜在盒马鲜生的销售增幅达到近2倍。实际上，庞各庄西瓜过去几十年经历了多种渠道变迁，由于传统超市渠道杂费多，生鲜电商包装成本高，继而开始转投零售“新渠道”。

1. 成本高企，传统渠道失宠

庞各庄西瓜正与零售渠道中的新物种碰出新火花。有着70多年种瓜经验的庞各庄“瓜王”老宋近日将眼光瞄向了新零售渠道，新培育的“京彩一号”西瓜选择在盒马鲜生上市。据了解，第一茬“京彩一号”于6月初上市以来，销售增幅达到近2倍。

在投入新零售渠道之前，老宋的西瓜也尝试过传统超市、电商渠道，却遇到了不同的问题。北京老宋瓜王总经理唐小杰透露，老宋瓜王最早期的渠道是客户定制，有企业客户找上门来定制采购。2011年，老宋瓜王与世纪联华等超市进行了合作，不过传统超市要收进店费、堆头费、促销费用等，成本颇高。另外，传统超市没有冷藏仓库，西瓜存的时间长了就变得不新鲜，只能促销，商品价格得不到保障，也损害品牌声誉。

由于上述问题难以化解，老宋瓜王就收回了与传统商超的合作，从2014年开始转而做阿里、京东等电商渠道，不过电商平台的销售量难以把控，以散户为主，另外包装费用也不低。比如在电商平台售价两个西瓜，其中包装成本就有6元，物流配送成本要12元。

对于农业种植商，稳定的销售和可控的成本至关重要。生鲜零售业内人士认为，渠道在农产品流通中承担的责任越来越大，目前生鲜农产品在供给和需求两端的量都很高，但是中间的流通渠道却相对不畅通。这导致很多好产品难以通过好渠道卖给用户，同时农业种植者的利益也没法保障。

2. 转战新市场，寻新零售商机

当传统渠道的痛点难以解决时，越来越多的农业种植者将目光瞄向新零售渠道。就庞各庄西瓜来说，每年产量有几百万公斤，是北京消费者购买西瓜的主要来源地。其中，庞各庄西瓜在盒马鲜生、每日优鲜、7FRESH 等新零售平台的销量占比不断升高。

新零售渠道从生产环节到包装、配送环节都对农户提出了更高要求。据了解，盒马采取的是订单农业模式，提前确定采购量，稳定生产。据唐小杰透露，盒马每天 11 点准时下单，产地接单后开始采摘，采摘完后下午 6 点前配送到盒马北京总仓，总仓再连夜配送到京城的其他门店。这种订单模式缩短了中间所耗损的时间，提高了商品周转的效率。

中国食品产业分析师朱丹蓬认为，新零售渠道更多地叠加互联网的思维和工具，比传统渠道更精准、快捷、便利，同时体验感也比较强，这些优势吸引了越来越多的企业尝试，也是为了更好地匹配和满足新生代消费者的需求。从产业端结合消费端来看，未来新零售必将成为不同企业及品牌对接消费者的一个主要渠道。

3. 推行订单模式，实现以销定产

新零售平台除了为农户带来了渠道转变外，订单直采、品牌推广等也帮助农产品取得了销量与声量上的双增。2019 年 5 月，盒马发布生鲜直采战略，在全国签订了 500 家农业基地，其中北京地区已经有 21 个基地与盒马签订合作，引入更多订单式农业的农产品。除了盒马，本来生活也于近几个月签约宏福番茄、茅台蓝莓酒等，每日一淘则就阎良甜瓜、新疆英吉沙杏等产品签下直采订单。唐小杰表示，订单农业对生产种植端来说意义重大，能保证农产品销量稳定，因此也能带来质量和价格的稳定。

消费需求和场景在不断变化，上游的种植和产品也能在新零售渠道的反馈下做出相应调整。朱丹蓬表示，农业种植本身属于第一产业，而消费端是服务行业，属于第三产业。农产品要实现品牌化运营的话事实上需要横跨农业、工业、商业三个产业，这对于单一某个环节的任何一个企业来说都有不小的难度。农产品品牌化发展，在农业方面企业需要重资产的投入，工业方面又需要先进的硬件匹配，到商业服务业领域还要有好的经营理念和盈利模式。

在朱丹蓬看来，订单农业以销定产，从优化投入产出比的角度来看，由于根据精准的需求量决定生产规模，可以避免种植方在第一产业盲目的重资产投资，总体来说是目前比较理想的一种模式。不过也要基于大数据、流量、粉丝红利的基础才能去实施。

资料来源：北京商报，2019 年 6 月 26 日。

四、农产品促销策略

促销即“促进销售”的简称，是指企业通过各种形式，向消费者宣传报导本企业及其商品或劳务的信息，来引起消费者的注意，激发消费者的购买欲望，促进和影响消费者采取购买行为，从而达到扩大产品销售目的的活动。促销的主要任务是传递商品和劳务的信息，实质上是一种沟通活动。

促销具有以下几种功能：告知功能、说明功能、影响功能。

促销组合策略就是有计划、有目的地将各种促销方式结合起来，综合研究与运用，形成最佳的促销策略，以达到用较少的经营费用取得最好的销售效果。农产品促销组合包括四种方式：广告、人员销售、营业推广和公共关系。以下分别对四种方式的相关内容进行阐述。

（一）广告

1. 广告的含义

广告（advertising）一词源于拉丁语，含有“注意”和“诱导”的意思。广告有广义和狭义之分。广义的广告是指广告者通过各种形式公开向公众传播某种思想，澄清某种事实，制止某种不良行为，传播农产品或劳务的信息等的宣传手段，包括商业广告、公益广告等。狭义的广告即商业广告，也是本书所研究的广告，广告是广告主以付费方式利用大众传播媒介将产品或服务信息、企业形象或经营理念等向目标顾客进行传播的活动，最终达到盈利的目的。这里有以下几个问题需要明确。

（1）广告的主体，包括制作者和传播者必须是独立的经济实体（企业），对发布的各种信息负有法律责任，其广告行为受《中华人民共和国广告法》和其他相关法律法规的约束。产生广告行为的企业被称为“广告主”，任何广告均有明确的广告主。

（2）广告内容分为两类形式：一是产品和劳务的信息；二是企业观念和形象的信息。

（3）广告是非人员的促销活动，通过大众传播媒体进行信息沟通，以目标群体作为传播对象。

（4）广告有计划性、目的性、针对性。广告的对象是目标顾客，其目的是提高企业知名度和美誉度，促进产品的销售，扩大市场份额，增加企业盈利。

2. 广告的功能

广告作为传播信息的一种基本形式和重要手段，是连接各种复杂经济关系的纽带，具有多方面的功能。

（1）广告的商业功能。这是广告的基本功能：一是广告介绍了农产品，并诱导顾客需求，刺激购买行为，促进试验性购买，开发新顾客，从而增进农产品销售，提高市场占有率。例如，咯咯哒鸡蛋的“好山好水好鸡蛋”，就在某种程度上促使消费者进行购买。二是广告为农产品流通的各环节的行为主体提供大量信息，减少了寻找成本和时间，有利于建立和改善生产商、批发商、零售商及顾客之间的关系，促进农产品流通更加顺畅，繁荣经济。三是广告宣传了农产品形象、企业形象，扩大了企业或品牌的知名度、美誉度，成为企业开发市场、巩固市场、扩大市场的重要手段。

（2）广告的教育功能。广告广泛的题材和多种表现形式引导了人们消费观念和消费习惯的改进，渗透环保意识、民族精神、公民道德思想，在丰富人们物质文化生活的同时有利于提高人口素质。例如，阻止消费者购买鱼翅的公益广告中“没有买卖，就没有杀害”引起了消费者的共鸣，增强了消费者对稀有动物的保护意识。另外，农产品广告也有助于新知识、新技术的普及，对促进公平竞争、加强科学管理等有不可替代的作用。

（3）广告的美学功能。广告既是一门科学又是一门艺术，通过语言、色彩、情节、视听效果等的创意策划，给人以美的享受，陶冶情操，愉悦身心。

例如，某品牌的大米广告展现：蓝蓝的天空下，金灿灿的麦田，一幅和谐安逸的画面给人以美的享受。

3. 广告媒体选择

广告媒体主要有以下几种形式，对农产品来说，需要根据农产品的特点选择适合的单一媒体或多种媒体的组合形式进行宣传。

（1）报纸广告。报纸是应用最广泛，也是最早发布广告的媒体。它有很多优点：传播面广、覆盖率高；传播速度快、及时；信息量大，读者不受时间限制；制作方便、费用低廉、刊出日程选择自由度大；在一定程度上可以借助报纸本身的威信。它的局限性有：时效短；印刷不够精美，表现力有限；接触时间相对较短，需多次刊登；报纸广告不适合多数农产品，只适合部分销售范围较小，产品面对最终消费者的农产品。

（2）杂志广告。杂志是仅次于报纸而较早出现的广告媒体，它分类明确，作为媒体的优点有：读者稳定，可以存留翻阅，反复接触机会多；信息量大，印刷精美；可利用专业刊物的声望，尤其对行业内广告针对性强。它的局限性有：发行周期长，时效性差；专业杂志广告接触不广泛。因此，杂志广告不适合多数农产品的广告宣传，尤其是生鲜农产品。

（3）广播广告。广播作为广告媒体的优点有：传播速度快；听众广泛；内容易变更；可多次播出；制作简单，费用低廉。它的局限性有：有声无形，只刺激听觉，遗忘率高，难以记忆，无法存查；难以把握收听率。因此，广播广告仅适宜有品牌，需要进行品牌宣传的农产品或农产品加工品。

（4）电视广告。电视是广告信息传播的理想工具。它的优点有：集声、形、色于一体，形象生动，有极强的吸引力；能综合利用各种艺术形式，表现力强；覆盖面广，注目率高。它的局限性有：制作复杂，费用高；时效短，难以记忆。部分有品牌的农产品加工品适宜进行电视广告宣传，如食用油、汤圆、水饺等加工品。

（5）户外媒体广告。户外媒体是指在露天或针对户外行动中的人传播广告信息的工具，包括销售现场广告媒体（如橱窗、灯箱、现场演示）和非销售现场广告媒体（如路牌、计算机显示牌、气球、招贴画等）。这种媒体的优点有：长期固定在一定场所，反复诉求效果好；可以做到色彩鲜艳，图文醒目，媒体费用弹性大；可以根据传播对象的特点和风俗习惯设置。其局限性有：宣传区域小；变更成本高；部分面对终端消费者的农产品加工品适宜进行户外媒体广告。

（二）人员销售

人员销售是企业运用推销人员直接向顾客推销农产品和劳务的一种促销活动。推销人员、推销对象和推销品是三个基本要素。通过推销人员与推销对象之间的接触、沟通，将农产品介绍给推销对象，进而实现交易以达到农产品销售和满足用户需求的双重目的。

1. 人员销售的概念和形式

人员销售是指企业通过派出销售人员与一个或一个以上可能成为购买者的人交谈，作口头陈述，以推销农产品促进和扩大销售。可见，人员销售是销售人员通过与顾客或潜在顾客的人际接触来帮助和说服他们购买某种农产品或劳务的过程。而销售人员、销售对象、产品是这一过程的三个基本要素。其中，销售人员和销售对象是销售活动的主体，产品是人员推荐活动的客体，是被销售人员推销、为销售对象所接受的有形或无形的农产品。

企业可以采用多种形式开展人员销售活动。①企业可以组织本企业的销售人员组建自己的销售队伍，销售队伍中的成员通常使用销售代表、业务经理、地区代表和销售顾问等名称。②企业可以使用合同销售人员，如制造商的代理商、销售代理商和经纪人等，根据合同和销售业绩支付佣金。

人员销售的具体方法主要有以下几种。

（1）上门推销。销售人员携带样品、说明书、订单等走访顾客，进行“一对一”的销售活动，这是一种最为古老而又往往容易被人们熟悉和接受的推销形式。其特点包括：①销售人员主动寻找顾客，走访居民区、家庭住户或机关、学校等机构和组织，积极接近顾客；②销售人员和顾客之间建立感情联系，以此作为纽带，激发顾客购买欲望，促成他们的购买行为，采用适宜的推销技巧给对方留下良好印象，可以促进销售，甚至建立长期固定的购销关系。例如，在一些节日、顾客的特殊纪念日送上贺卡或企业生产的特色农产品及农产品优惠券等。

（2）柜台推销。销售人员在销售点向顾客推销，可能面向单个顾客，也可以是顾客群体。这是非常普遍的推销形式，可以面对面进行直接接触、交谈，直接介绍农产品，解答顾客提问。柜台推销的特点包括：①顾客接近销售人员，顾客上门寻找需求的农产品；②顾客直接面对农产品，其摆放陈列会对顾客产生影响。

（3）农产品展销会。由一个或若干个单位举办，具有相应资格的若干经营者参加，在固定场所和一定期限内，用农产品展销的形式，以现货或者订货的方式销售农产品的集中交易活动。有关农产品展销会的相关知识在本章第二节有详细说明。

（4）体验式营销。企业以满足消费者的体验需求为中心所开展的营销活动。有关体验式营销的相关知识在本章第二节也有详细说明。

2. 人员销售的特点和适宜因素

人员销售是一种最古老的沟通促销方式，也是现代企业中最重要的促销手段之一，与广告等其他促销手段相比有以下优势。

（1）人员销售重视人际关系，利用双向的信息沟通推广农产品，并与顾客建立友谊。双向信息沟通是人员销售区别于其他促销手段的重要标志，销售人员在销售活动中为企业担当了情报收集的任务。一方面，销售人员向顾客介绍农产品和与农产品有关的信息，如农产品质量、价格、营养成分及市场行情等，从而招徕顾客；另一方面，销售人员通过与顾客沟沟通，了解到顾客对农产品的态度、对品牌的认知、需求变化动向等与农产品和企业的生产、设计、发展趋势等相关的信息。另外，在双方的广泛沟通和情感交流中，销售人员代表企业利益，也代表顾客利益，这会帮助顾客排疑解难，在交谈中（除谈论农产品之外）还会涉及顾客喜好、家庭、社交等其他问题，长久接触有可能建立起友谊关系。

（2）人员销售针对性强，灵活机动。与广告相比，在人员销售中，顾客明确，销售人员可直达顾客，耗费无效劳动少。而且销售人员可以观察不同顾客的动机和特点，调整推销陈述和推销方法，以适应其情绪、心理的变化，帮助顾客明确需求，抓住机会，提出建议，最终完成交易。因此，人员销售在大多数情况下能实现潜在交换，造成实际销售，有效性很高。

(3) 人员销售经常用于竞争激烈的场合，也适用于推销价格昂贵的高端农产品。对于以高质高价、安全营养为主要特点的农产品，如有机、绿色农产品，仅有广告宣传，顾客也很难实现购买。而派出专业知识丰富的销售人员为顾客讲解、展示农产品，解答其疑问，才有可能达成销售。

(4) 人员销售能实际展示农产品。与广告等促销手段相比，销售人员能当面向顾客展示农产品，使顾客确信农产品的特征，提高推销成功率。

然而，由于人员销售的绝对费用较高，在发达国家大致是广告的2—3倍，加上对销售人员素质要求高，锻炼一支有战斗力的销售队伍很困难。因此，人员销售的运用受到一定的限制。

对于不同市场环境下的不同企业和企业的不同产品，人员销售的适用性不同，应用效果也有差异。什么样的企业和产品适宜用人员销售，企业在什么范围、什么时间、何种程度上采用人员销售，需要考虑以下因素。

(1) 市场的集中度。由于人员销售活动中，销售人员与顾客要直接接触，其间存在着寻找成本。因此，在目标市场明确、目标顾客集中的地区，人员销售更容易开展，成本会更低，效果更好。而在分散的市场上作用有限。

(2) 目标市场容量的大小。人员销售的目的之一就是卖出农产品，提高销售量。而消费者需求量的大小直接约束了人员销售的业绩，决定了采取人员销售和展开程度的经济可行性。

(3) 销售对象的特点。在消费品市场上，顾客的社会文化背景等诸多因素都会影响购买决策，但是消费者数量众多，每个顾客的购买量不会太大，企业如果采用人员销售就需支付很大的成本。对生产企业来说，人员销售主要应用于中间商的推销会更有效。对专业性强、技术要求高的工业品或购买量大的农产品更宜采用人员销售。

(4) 亲身体验的必要性。有的农产品需要在进行品尝或亲身体验后，顾客才能了解农产品的性能及特点，产生购买欲望。这时，应用人员销售是有必要的。

(5) 服务的必要性。部分农产品需要在售前、售中、售后提供相应服务，此类农产品适宜运用人员销售。例如，一般消费者很少了解海参产品的保存与食用方法，需要在销售前做好宣传和指导工作，适合现场人员销售的促销方式。

3. 人员销售的过程

人员销售的基本过程有以下四个阶段。

(1) 收集和掌握所需的相关资料。在人员销售中，需要各种各样的信息资料，基础的信息资料应在销售人员培训过程中提供给他们。但针对某一次销售活动的个案资料，则要求销售人员事前收集。所需资料主要包括：有关本企业的资料，包括企业历史、在农产品市场中的地位、营销策略、销售目标及策略、销售规章制度及优惠政策条款等；有关企业农产品的知识，包括农产品的特点、主要功能、相对于其他农产品的优势等；市场知识，包括竞争对手的农产品种类、功能、价格等；人际交往知识，主要提高销售人员的推销技巧。

(2) 确定推销计划。通过分析目标客户的购买可能程度和潜在购买量，把目标客户划分为不同等级，以明确重点销售对象。在正式接触前安排好与不同销售对象接触的时间先后、用时长短等问题，以便在有限的交流时间内获得尽可能大的成功率。最后，分析具体顾客的需要和兴趣点，拟定谈话内容。

(3) 实施推销活动。人员推销主要是以销售人员登门拜访，或以柜台推销等形式与顾客正式接触。这要求销售人员能在初步接触时，给顾客留下良好的第一印象，要求销售人员举止得体、语言恰当、态度友好，能够引起消费者的重视，从而把销售活动引向深入。在推销过程中，销售人员要引发顾客的注意和兴趣，利用时机向他们介绍农产品，促进其购买欲望。最后达成交易。销售人员要善于观察分析，及时提出交易要求，减少顾客的犹豫，促成他们迅速购买。

(4) 做好售后工作。销售人员应建立顾客档案，如实记录顾客姓名、地址、购货品种、数量、意见反馈及推销中的心得经验等，以备查阅和使用。

(三) 营业推广

营业推广也称“销售促进”“促销”。它是指企业运用各种短期诱因鼓励消费者或中间商购买的活动，可以将其细分为“消费者促销”和“中间商促销”。

在一定时期、一定任务目标的短期销售活动中，如果能够选择运用合理的促销手段，可以收到立竿见影的明显效果，商业广告、人员推销、公共关系都是常规的长期的促销方式，而大多数营业推广的方式都是非正规的和非正常性的，一般作为补充促销方式与其他方式相互配合使用。

1. 营业推广的常用方式

根据推广的对象，可以将营业推广分为以下三大类。

（1）对消费者的营业推广。这种方式的目的是鼓励老客户继续购买；诱导新用户试用；动员消费者购买新品种农产品；引导习惯购买其他同类农产品的顾客改变购买习惯，以培养消费者对自己农产品的偏爱；强化广告和营销活动。具体方式有以下几种。

①赠送样品。通过向顾客免费派送样品，既可鼓励消费者购买，又可获取消费者对农产品的反馈信息。这是介绍、推出新农产品的一种推广方式，赠送形式可以多种多样，既可以购买某一农产品免费获得相应的赠品，也可以当购买达到一定数量或金额时才能得到赠品。例如，在卖场销售的牛奶、香肠等农产品加工品，企业有时候会赠送同品牌不同种类的样品，以提高消费者对新产品的认知和购买。

②价格折扣。价格折扣可以是在商品标价不变的情况下，实际收款时按一定打折比例少收一部分款额，也可以事先通过多种方式派送优惠券，使持有该券的消费者享受折扣价格。两者的区别是前者的优惠是对所有消费者，后者是只给予特定的消费人群。这种方式一般是在产品和市场成熟期用于吸引顾客、扩大销售量。例如，某些大型超市所出售的农产品在下午或夜市时就进行打折促销等活动。

③赠品印花。赠品印花是指当消费者购买某一农产品时，经销商赠送消费者交易印花，当购买者的印花积累到一定数量时，可以兑换现金或农产品。这种方式可以刺激消费者大量购买，但对小量购买者不具有吸引力。

④廉价包装。廉价包装也称“折价包装”，是指在农产品包装上标明价格折扣的数额或比例。廉价包装可以是一件农产品单独包装起来减价销售，也可以是组合廉价包装，即将若干农产品或几种用途相关的农产品并在一起减价销售。这种方式能诱发经济型消费者的需求，对刺激短期销售比较有效。

⑤展销会。通过展销会的形式，使消费者了解到大量农产品，增加销售的机会。常用的展销形式包括季节性农产品展销会、名优农产品展销会、新品展销会以及各种博览会等。

此外，针对消费者的销售促进活动还有服务促销、消费者免费培训、讲座、邀请消费者参与的竞赛活动等。

（2）对中间商的营业推广。这种方式是生产企业对中间商或上一级中间商对下一级中间商的，其目的是促使中间商更加努力地推销自己的农产品、改善与中间商的关系。主要采用的方式有如下四种。

①购买折扣。为刺激中间商购买并大批量地购买本企业农产品，对第一次购买的中间商和达到一定购买数量的中间商给予价格折扣，购买数量越大、折扣越多。

②现金折扣。现金折扣是指在商业信用和消费信贷普遍使用的市场上，是某企业为了鼓励客户用现金购货给予的一种折扣。

③派送赠品。派送赠品是指对中间商购货达到一定数额，或对特定农产品进货齐全或达到一定数额时，给中间商派送赠品。

④资助。资助是指企业为中间商提供陈列商品、支付部分广告费用和部分运费等补贴或津贴，以鼓励中间商增加销售额。

此外，对中间商的营业推广活动还有召开业务会议和展览会、开展销售店之间的竞争、代培销售人员等。

（3）对推销人员的营业推广。这种方式的目的是明确销售重点，提高销售人员对农产品的认识，使他们了解推广计划，调动他们的销售热情，从而有效地开展推广活动。

2. 营业推广的过程

企业营业推广的过程包括明确营业推广活动的具体目标、制定营业推广方案、预试及实施推广方案、评价推广活动结果等内容。

（1）明确营业推广活动的具体目标。针对消费者的营业推广活动，通常要达到以下目的：鼓励消费者大量购买；争取未使用者使用；吸引竞争品牌的使用者；打击、排挤竞争对手；增强其他推广方式的效力等。

针对中间商的推广活动，通常要达到以下目的：吸引中间商进货，提高市场铺货率，使中间商维持较高存货水平；促使中间商积极开展或配合制造商开展广告宣传或其他推广活动；提高中间商的销售能力；使中间商建立品牌忠诚度，抵制竞争品牌等。

对推销人员而言，推广的目的是要使其更加重视新农产品或新式样、新型号，鼓励其推销。

营业推广的目标要与促销组合的其他方面结合起来考虑，相互协调配合，制定具体的测度指标。

（2）制定营业推广方案。一个完整的推广方案是营业推广活动开展的指导性文件，实施的各个细节及出现紧急问题时的处理意见等。

①诱因的大小。即根据销售反应函数来设计，能使企业推广活动达到最佳的效果。研究表明，销售反应函数一般呈S形。诱因很小时，反应小，随着诱因增大，销售反应上升速度很快；在超过拐点之后，反应会呈递减式增加。企业应通过考察销售额和成本比例的情况确定最适宜的诱因。

②参与者的必要条件。即明确推广活动针对的对象，一般必须是购买农产品的顾客。例如，参加抽奖的消费者一般是持购物发票抽奖，未购买农产品的人则不能参加，而数量折扣只给购货量达到一定限度的顾客。

③选择推广媒体。即确定以什么方式将推广方案向目标市场贯彻。例如，如何分发优惠券、如何宣传抽奖活动等。不同的媒体有效性不同，而且成本也不同。一般可以利用广告宣传、店内广播、随农产品包装附送等方式进行。

推广时机的选择。推广时机选择的恰当与否直接影响推广活动的开展效果。选择推广时机可以利用季节性、农产品导入期、成熟期的转折点及品牌成熟度来决定。销售部门要根据对整个市场的考察分析和与总体营销策略的配合来确定适宜的推广时机。

推广时间的长短。太短的推广时间可能会使顾客无法充分利用推广机会购买农产品。太长的推广时间，一方面会使推广手段鼓励顾客购买的效用减少；另一方面可能会影响企业的利润，甚至如果降价时间太长，则会使农产品质量受到怀疑，反而影响品牌的忠诚度。

推广活动经费的总预算。这里要注意，安排预算一定要比较成本与效益，不能简单地主观判断，而且推广活动经费要与广告支出分开预算。推广预算一般包括销促活动的管理成本（包括人员经费、宣传材料费等）和销促诱因成本（如赠品、折扣等）。

（3）预试及实施推广方案。对制定的推广方案在小的市场范围内进行测试，或请消费者对几种不同的推广方案作出评价，选用最优者。预试的目的是确认所选的推广工具是否恰当，诱因大小是否最佳，实施的途径、效果如何。

在预试通过的基础上，按照计划实施推广方案。

（4）评价推广活动结果。对推广活动结果的评价有多种方法。①比较推广前后销售量的变化。这里分为推广前、推广期间和推广活动结束后三个阶段。通过三个阶段的比较可以得出推广活动的效果，还可以用销售额与规划目标对比进行评估。②观察消费者对推广活动的反应或抽样调查部分消费者来评估推广活动效果可以是定性评估，也可以结合定量分析，如统计消费者对推广活动的记忆程度、消费者对农产品或服务的满意度、推广对消费者今后的购买行为的影响等。

（四）公共关系

1. 公共关系的概念及其作用

公共关系（Public Relations，PR），是指企业为了使社会公众对本企业或自己的农产品建立好感，树立企业形象和品牌形象，而利用各种传播手段，向企业内部、外部公众展开的一系列有计划、有组织、有目的的活动。

（1）建立和维护良好企业形象。市场经济条件下，竞争日趋激烈，虽然优质农产品和优质服务是在竞争中取胜的基础，但企业要扩大知名度，宣传农产品形象，企业形象也至关重要。公共关系工作就是把企业的经营之道宣传出去，展现企业技术实力、经济实力、管理水平、人才资源以及精神风貌，树立企业良好形象。

（2）建立企业与公共对象之间信息沟通的渠道。市场经济下信息是企业生存的关键，企业需要掌握各种各样的信息，作为其制定发展规划和战略的依据，包括：来自市场的信息，如价格、需求量、竞争对手情况等；来自公众的信息，如消费者的反馈信息，新闻媒体舆论导向，社区公众的意见、建议等。企业在向公众传递信息的同时，要有计划地、长期地收集公众的反馈信息，监测经营环境的变化，及时发现问题，把握机遇，增强市场竞争力，培养企业综合竞争实力。

（3）有利于传播正确信息，排除公众误解，争取谅解。公共关系活动一方面是使一些社会上传播的不真实的、容易引起公众误解、损害企业形象的信息，得以弱化、消除；另一方面是当企业与公众发生纠纷或矛盾激化时，危机公关活动能够使公众理解并谅解企业行为。

2. 危机公关

现代企业经营时面临环境的不确定性，随时可能陷入各种危机之中，甚至威胁到企业的生存。危机公关是指企业在遭遇各种突发事件或重大事故，其正常的生产经营活动受到影响，特别是原有良好的企业形象受到破坏时，应采取的应急公关策略，旨在最大限度地减少危机对企业的负面影响，转危为安。

我国食品安全问题关系到大众健康。近年来，地沟油事件、奶粉行业的三聚氰胺事件、毒韭菜毒豆芽事件、猪肉生产企业的“瘦肉精”事件等，让人们对食品安全日益担忧的同时，也让很多农产品生产加工企业面临着严峻的市场环境和前所未有的消费信任危机。如何在危机中及时、正确地采取措施，并将损失减少到最小，是现代农产品生产加工销售企业的必修课。从理论上讲，企业危机公关应采取以下措施。

（1）第一时间原则也称“24 小时原则”。企业在出现危机时，应在第一时间分析危机类型，启动相应危机预案；第一时间调查事件真相；第一时间按照最坏原则切断危机的扩散通道，采取积极的补救措施，尽量消除危机已经造成的不良影响；第一时间安抚直接受害者和潜在受害者；第一时间主动和媒体进行信息沟通，将掌握的资讯和采取的措施随时告知公众。

（2）面对危机事件，应当建立高效畅通的危机沟通渠道，其对象主要针对受害者、媒体、内部员工、上级部门和关联组织，使对象之间沟通畅通。

（3）要搞好内部公关。要本着负责的态度面对员工、股东，与之进行有效的沟通，本着诚信原则陈述事件真实情况，员工有知情权，争取得到他们的理解和支持。在危机面前，企业领导层要充分发挥其感召力，凝聚全体员工的力量，形成团队精神，同舟共济、共渡难关。

（4）切实做好与媒体的沟通工作。媒体是引导社会舆论的强有力的工具，在危机面前，企业更要以积极的态度与媒体沟通，争取媒体的理解与支持，并尽可能地通过媒体与消费者和社会公众进行沟通，力求转变对企业不利的舆论和态度，缓和矛盾。

（5）对受危机影响的受害者和弱势群体主动承担责任，尽最大努力补救过失，引导舆论向好的方向发展。

（6）在尽快实施内部、外部措施以后，还应持续紧密地进行危机善后工作，总结经验、汲取教训，以便今后更好地发展。

第四节　农产品网络营销

▶ 案例导入：

“华农兄弟”竹鼠养殖

“华农兄弟”是两位来自江西赣州的竹鼠养殖户，两人原为进城务工人员，后回乡兴办了竹鼠养殖场。由于当地竹子生长面积较广、水资源充沛且当地居民有喜食竹鼠的习惯，竹鼠养殖在当地有着先天的发展条件，加之两人原先在城市中对互联网有所接触。于是，2017 年 10 月其开始拍摄与竹鼠养殖相关的视频并上传至互联网。“华农兄弟”最初将竹鼠养殖视频发送至互联网只是抱着一种休闲心理，并没有考虑到获取过多关注。“华农兄弟”的视频初期发布于西瓜视频，后进驻哔哩哔哩视频弹幕网站平台。早期两人拍摄的视频内容包括竹鼠养殖场的日常状况、竹鼠的日常生活习性特点以及竹鼠烧烤与烹饪等，引起了网友很大的关注，并且收获了一批忠实粉丝和消费者。随后两人的视频内容从竹鼠养殖逐渐变为介绍家乡农村全貌和农民日常生活，在哔哩哔哩平台受到了网友的大力追捧。“华农兄弟”在短短几个月的时间里迅速成为哔哩哔哩网络红人，引起大量关注，同时与其竹鼠养殖等相关的视频也被网友们恶搞剪辑成了各种搞笑视频，一时间引领了哔哩哔哩用户群体的时尚风潮。截至 2019 年 3 月，“华农兄弟”的哔哩哔哩粉丝数量已经达到 275.2 万人，视频总播放次数达到 2.4 亿次，可谓是一举成名。

“华农兄弟”在成名的同时也将竹鼠养殖带入了更多消费者的视野。如许多北方消费者原本并不了解竹鼠甚至从未听说过，是“华农兄弟”的成名让更多的人了解了竹鼠养殖的相关信息，竹鼠肉也成为城市肉类消费的新宠。“华农兄弟”是依靠互联网挖掘自身竹鼠养殖产品特色，并结合家乡乡村生活，以一种“原生态”的形式获得了网络用户的认可。“华农兄弟”成功利用了哔哩哔哩这一在城市年轻消费群体中备受欢迎的视频软件，同时“弹幕”也成为

“华农兄弟”引起巨大关注的助推器，许多网友在弹幕中对于竹鼠养殖表达了自身新奇、喜爱的感觉。特别是一些涉及农村风貌的投稿视频，勾起了许多网络用户的“乡愁”之情，因而受到了极大追捧。

“华农兄弟”的成功使那些渴望利用互联网平台增加销路的养殖户受到极大的启发，认识到视频弹幕平台在养殖产品销售中的重要作用。此外，开展农产品电子商务的农业生产者多数将宣传对象面向中老年消费群体，而忽视了对城市年轻消费群体的推广。实际上，城市年轻消费群体正是当前最具潜力的消费群体，“华农兄弟”也正是因为将视频投稿到哔哩哔哩才获得了更多年轻人的关注。同时，哔哩哔哩自身的高用户黏性特点也是助推“华农兄弟”取得成功的因素之一，对“华农兄弟”培育大量忠实消费者起到了关键作用，这对于农产品市场营销的开展具有非常重要的借鉴意义。

资料来源：搜狐网，2019 年 11 月 2 日。

案例思考：

“华农兄弟”成功的原因？

农业企业网络营销也称“鼠标 + 大白菜”式营销，是农产品营销的新型模式。它主要是指农业企业利用互联网开展农产品的营销活动，包括网上农产品市场调查、促销、交易洽谈、付款结算等活动。农业企业网络营销可以帮助农民增加交易机会、降低交易成本、减少农产品腐烂变质损失、有利于形成农业生产的正确决策。

农产品网络营销和其他商品的网络营销类似，都是通过互联网对产品进行推广和销售。市场已经迅速地网络化、移动化和社交化，农产品也毫不例外地进行网络营销。现在大多数大型农业企业、农业联盟、农场甚至个体农户等部分农产品都选择了网络营销模式。

一、农业企业自建网站营销

（一）概念及内涵

企业网站是企业在互联网上进行网络营销和形象宣传的平台，相当于企业的网络名片，不但对企业的形象是一个良好的宣传，同时可以辅助企业的销售，通过网络直接帮助企业实现产品的销售，企业可以利用网站来进行宣传、产品资讯发布、招聘等。企业网站是企业通向互联网的平台和门户，是企业开展网络营销的重要条件。

（二）自建网站营销优点

因特网已经连接了相当多的网民、企业机构和政府，而且向着更广阔的范围发展。因特网用户在中国正飞速发展，截至2021年12月，中国网民规模达到10.32亿人，较2020年12月增长4296万人，互联网普及率达到73.0%。因特网提供了虚拟的全球性贸易环境，企业面对的是全世界数亿用户。不管企业原来的规模大小如何，企业在因特网上起步是一样的。这对于企业（尤其是中小型企业）树立企业形象尤为重要。

企业品牌的官网是最权威的展示平台，主要有几个优点。

1. 帮助企业自主宣传

企业的网站可以对外界宣传企业文化、公司概况、产品、客户服务以及最新资讯等。采用合适的图文或音频文件，尽可能将网站做全面，对树立企业形象，取得用户信任都是有帮助的。

2. 提升企业服务品质

这个主要对网站服务来说，企业可以根据客户需求对访问网站的用户提供相关服务，一方面可以帮助留住用户、减少网站跳出去，另一方面通过用户诉求发现用户需要、有助于企业内部优化和提升自身品质。

3. 履行销售职能

大部分用户访问网站的目的是了解产品，所以网站的主要职能之一就是展销产品。尽可能多地展示产品图片、介绍产品功能，最好加上产品的视频文件，将产品的宣传材料最大化完善。无形之中增强了产品竞争力。

4. 与潜在客户保持联系

很多客户在消费之前都会在网上搜索相关产品信息，如果企业网站的排名靠前，能在用户需要时恰好地出现在用户眼前，这样成交转化概率比普通的网页信息要高得多。

5. 更加快速、便捷地找到合作伙伴

网站的信息共享是相互的，现在大部分企业在寻找合作伙伴之前都会在网上了解相关信息来初步判定对方是否可靠。网站是企业在网络上的门面担当，一个高水准的网站也是企业实力的象征点之一。

6. 降低推广成本

对推广新产品来说，网站可以作为试水地，省去了未知的前期投入；且与以往其他平台投放广告相比，自建网站可以省去平台的投递成本。

二、农业企业 APP 营销

（一）概念及内涵

APP 即 Application 的简称。APP 营销是指应用程序营销，即通过智能手机的第三方应用程序来开展营销活动。企业拥有自己的 APP 将在会员客户中形成更大的黏度，带来随时购物的便捷度，而在 APP 中添加现场导购功能也将提升消费者购物的友好度。

（二）APP 营销特点

1. APP 营销成本低

APP 营销模式，费用相对于投放电视、报纸广告，甚至是在网络上都要低得很多，只要开发一个适合于本品牌的应用就可以了，虽然可能有一些推广费用，但这种营销模式是营销效果是电视、报纸和网络所不能代替的。对于绝大部分的农业主体，特别是农业合作社，他们没有足够的资金在电视报纸上做广告，而且在报纸、电视上投放的广告时效性相对较短，而 APP 的研发、推广及运营则更适合农业企业的业务及发展。

2. APP 营销持续性强

如上所述，一旦用户将 APP 下载到手机，消费者就可以随时随地在手机上查看、了解企业的最新动态、促销活动并订购商品，其持续性只要是商家未下架客户端或消费者自行卸载就会一直持续下去，相较于纸质传单和电视广告持续性强许多。

3. APP 营销促进销售

APP 营销是一种通过手机应用推送、传播的移动应用营销方式，所传播的信息影响受众者的意识、态度以及行为从而形成营销结果。由于APP营销具有网络媒体的一切特征，能够随时随地接受信息、分享信息；所以它比互联网信息传播更具优势。有了APP的竞争优势，无疑增强了企业的产品和业务的营销能力。

4. APP营销信息全面

手机APP，相较于网站宣传、电视广告宣传，灵活度更高。用户甚至只需要扫描商家二维码即可下载该商家APP了解该企业商品。APP的运营方是APP所属企业。在APP内，该企业可以尽自己最大可能展现公司的产品、文化，不用像借助电视广告、平面广告那样需要顾忌版面大小、费用等因素。一款APP可以全面展现产品的信息，从而刺激用户的购买欲望，让用户在没有购买产品之前就已经感受到了产品的魅力，降低对产品的抵抗情绪。作为农产品销售，尤其是蔬菜，企业尽可能地展现蔬菜的信息，让消费者从产前到售后全方位地了解其健康、绿色的生产方式和环境，越有助于消费者的购买欲望。

5. APP营销增强品牌建设

不管是什么行业，良好的品牌实力都是企业的无形资产。良好的品牌实力为企业形成竞争优势。APP是通过互联网进行双向互动式沟通的。以其互动性为媒介，实现企业品牌形象的网络传播，建立品牌与消费者间更加紧密的联系，拓展品牌价值，加强消费者的品牌体验。与此同时，还可以使企业提供更为个性化的服务，创造品牌差异性，使常规下的线下品牌推广更加行之有效，并影响品牌的信息及消费的购买决策。

6. APP营销能够随时服务

手机APP能够在近几年迅速发展起来，得益于其相较于传统营销模式。APP营销可以随时随地享受商家的服务。这对于注重保鲜期的果蔬，尤其是叶类蔬菜更加重要。消费者随时随地通过移动应用APP对产品信息进行了解，并在移动客户端上进行下单或预约服务。同时，APP也增加了一种企业与消费者沟通的媒介，目前绝大多数APP中都有在线客服的功能，消费者可以利用手机和网络，及时展开与企业进行沟通并得到反馈。此外，在消费者浏览APP的过程中，APP也在幕后为您服务，大部分客户端会分析消费者的喜好、品味和格调并形成大数据，为您下次推荐更符合您的商品；这也对企业的生产安排、产品服务、推广方式等具有重要意义。

7. APP营销跨越时空限制

企业营销的最终目的是占有市场份额，从而获得更大的利润。互联网具有超载时间约束和空间限制的优势，可以不受时空的约束进行信息的交换，使脱离时空限制达成交易成为可能。传统的营销方式多为“面对面”销售或通过订购电话，而这两种都会受到时空的限制，营业时间多为白天。APP的出现彻底改变了这一点，企业的销售可以一周7天、24小时的为全球消费者提供服务。同时，也可以减少企业的人力物力，使企业能有更多的时间和空间投身推广研发等其他领域。

8. APP营销精准营销

企业可以分析移动客户端APP对消费者的服务，使企业可以通过可量化的精确的市场定位技术突破传统营销定位只能定性的局限，借助先进的数据库技术、网络通信技术及现代高度分散物流等手段保障和顾客的长期个性化沟通，使营销达到可度量、可调控等精准要求。同时，摆脱了传统广告沟通的高成本束缚，使企业低成本快速增长成为可能，保持了企业和客户的密切互动沟通，从而不断满足客户个性需求，建立稳定的企业忠实顾客群，实现客户链式反应增值，从而达到企业的长期稳定高速发展的需求。

9. APP营销互动性强

企业营销的传统媒体主要是以短信、电话的形式为主要的传播方式，这种传播方式是让消费者被动地接收产品信息，而APP营销是企业将产品信息植于应用制作，供用户下载，通过评论、分享、回复等功能，从而实现企业与消费者之间的双向互动，达到信息互动营销传播。这种APP营销效果大幅提高了用户与商家的互动性，拉近了彼此的沟通距离；而这种互动性恰恰是传统销售模式代替不了的。

随着人们消费观念的转变，人们追求的是一种“体验至上”的消费方式。企业APP营销使互动功能增强，能大幅提升消费者的体验度，增强企业与消费者之间的粘性，从而有助于企业忠实消费群体的培养，更重要的是，通过企业APP的互动交流，企业能够更精准、及时地掌握消费群体的消费需求。

10. APP营销用户粘性大

根据工信部2016年度的统计数据显示，我国手机用户数达到13.06亿人，手机用户普及率达到每一百人有95.5部。可见，手机APP市场是一个多么大的潜在市场；APP本身具有很强的实用价值，用户通过应用程序可以帮助让手机成为一个生活、学习、工作上的好帮手，是手机的必备功能，每一款手机都或多或少的有一些应用。APP营销的粘性在于一旦用户将应用下载到手机，就会形成用户粘性。

三、微信营销

（一）概念及内涵

微信是一个基于熟人网络，强调服务和互动的平台。有通信、社交和公共账号服务三大系统。作为国内最大的社交类应用，微信用户数量已经超过了12亿人，成为国内最受用户欢迎的社交应用软件。

微信营销是网络经济时代企业或个人营销模式的一种。它是一种伴随着微信的火热而兴起的网络营销方式。微信营销不存在距离的限制，用户注册后，可与周围同样注册的“朋友”形成一种联系，订阅自己所需的信息，商家通过提供用户需要的信息，推广自己的产品，从而实现点对点的营销。微信营销主要体现在以安卓系统、苹果系统的手机或者平板电脑中的手机客户端进行的区域定位营销，商家通过微信公众平台，结合转介率微信会员管理系统展示商家微官网、微会员、微推送、微支付、微活动，已经形成了一种主流的线上线下微信互动营销方式。

微信营销是体验式营销、关系营销、品牌营销的综合使用。在移动互联技术的发展下，消费者可以随时随地在移动互联网中进行浏览，从产品引起消费者注意到产生兴趣，再搜索商品信息到采取购买行为、进行购后评价和分享，实现从以往的单向信息输出，到双向沟通，变被动为主动。

农产品相较于其他产品而言，生产过程具有季节性和周期性的特点，会受到多种因素的制约，无法实现标准化、规模化生产，甚至无法完全保证生产的产品品质完全保持一致，而销售则相对较为分散，并且具有一定的滞后性。如果只依靠B2B、B2C等模式，就需要搭建规模相对较大的平台，从而保证消费者能在任何时间和地点都能及时选择并购买所需的产品，但这对农产品销售企业或农户要求较高，并且对于消费者而言，不少消费者在选购农产品时对产地的要求较高。例如，对于大葱更倾向于购买山东的、土豆则选购内蒙古的等。有些产品季节性较强，需要提前进行宣传和引导，如果是搭建网站，则需要网站相关人员对各地农产品的上市信息有较为可靠的把握，适时推出产品，且网页界面需要及时进行调整和更新，要求相对较高。而微信营销则可以部分解决该问题：一方面微信公众平台进行页面内容相对较为简单，更新的速度较快，可以减少一定的工作量；另一方面微信个人用户尤其是在农产品产地附近的用户，由于其地域性优势，因而可以在购买产品后进行个人宣传，通过文字、图片的介绍激发朋友圈内潜在消费者的购买行为。

微信营销的优势在于几大方面。

（1）微信营销社交性强。在微信中，经营者可通过文字、图片、声音、视频等富媒体形式传播其商品。农产品营销通常集中在朋友圈，当消费者看到商家配有九宫格图片并带有说明的当季蔬菜生长日记时会勾起消费欲望。

（2）微信营销持续性强。传播具有即时性，推送不会被新信息刷新取代，消费者可在碎片时间阅读。

（3）便于维系客户。传统维系客户基本是通过电话、拜访等方式，费时费力。但是，通过微信就便捷许多：只需要定期可以给老客户主动推送一些图文信息，这些信息可以是公司最新的产品信息、节日的问候、行业最新资讯、产品优惠信息。通过微信发到客户的手机，可以一打开手机就可以看到，客户看到这些信息可以主动联系你，这样比直接电话跟进或者直接拜访更容易让人接受。

（4）可通过提供基于地理位置的服务实现精准营销服务。

（5）微信公众号可实现企业和消费者的良好沟通互动，消费者可以在公众号下与企业进行及时沟通和反馈，这是零售企业创新蔬菜营销方式的主要阵地。

（二）特点

1. 点对点精准营销

微信在沟通上具有便利性，加上所耗流量较小，现在已经成为或者超过类似手机短信和电子邮件的主流信息接收工具。商家为了增加粉丝数量，会放出很多诱饵，诱导用户主动订阅，这样所增加的粉丝精准度非常高。此外，微信公众号可以使消费者的分类更加多样化，可以通过后台的用户分组和地域控制，实现精准的消息推送，同时LBS（基于位置的服务）营销可以明确的知道目标客户群体的所在大概位置。也就是说，可以“一对一”、有针对性地对某一用户进行消息推送，也可以针对某一个地域和某一个点进行消息的推送。

2. 形式灵活多样

相对单一的传统营销方式而言，微信营销方式则更加多元化，既可以拉近和用户的距离，也使营销活动变得更生动、更有趣、更有利于营销活动的开展。微信中能够当作营销媒介的功能有许多，下面就简单介绍如下几个。

（1）漂流瓶：用户可以发布语音或者文字然后投入大海中，如果有其他用户“捞”到则可以展开对话。

（2）位置签名：商家可以利用“用户签名档”这个免费的广告位为自己做宣传，附近的微信用户就能看到商家的信息。

（3）二维码：用户可以通过扫描识别二维码身份来添加朋友、关注企业账号；企业则可以设定自己品牌的二维码，用折扣和优惠来吸引用户关注，开拓O2O的营销模式。

（4）开放平台：通过微信开放平台，应用开发者可以接入第三方应用，还可以将应用的LOGO放入微信附件栏，使用户可以方便地在会话中调用第三方应用进行内容选择与分享。

（5）公众平台：在微信公众平台上，每个人都可以用一个QQ号码，打造自己的微信公众账号，并在微信平台上实现和特定群体的文字、图片、语音的全方位沟通和互动。

（6）微店：作为微信的衍生品，其功能、职能于淘宝相近，但是其开店门槛相较于淘宝来说，门槛较低、无需缴纳开店费等。

3. 强关系的机遇

微信的“点对点”产品形态注定了其能够通过互动的形式将普通关系发展成强关系，从而产生更大的价值。通过互动的形式与用户建立联系，互动就是聊天，可以解答疑惑、讲故事，用一切形式让企业与消费者形成朋友的关系。因为你不会相信陌生人，但是会信任你的“朋友”。

四、微博营销

（一）概念及内涵

微博营销是指通过微博平台为商家、个人等创造价值而执行的一种营销方式，也是指商家或个人通过微博平台发现并满足用户的各类需求的商业行为方式。微博营销以微博作为营销平台，每一个听众（粉丝）都是潜在的营销对象，企业利用更新自己的微型博客向网友传播企业信息、产品信息，树立良好的企业形象和产品形象。每天更新内容就可以跟大家交流互动，或者发布大家感兴趣的话题，这样来达到营销的目的。这样的方式就是互联网新推出的微博营销。

该营销方式注重价值的传递、内容的互动、系统的布局、准确的定位，微博的火热发展也使其营销效果尤为显著。微博营销涉及的范围包括认证、有效粉丝、朋友、话题、名博、开放平台、整体运营等。自 2012 年 12 月后，新浪微博推出企业服务商平台，为企业在微博上进行营销提供一定帮助。

（二）特点

1. 成本低

我国的农产品种植大多是以家庭为单位开展的。这些农户包括自发形成的农村合作组织大多没有精力，也没有资金和技术实力来宣传推广，微博的出现改变了这种现状，在微博上开展相关营销推广活动不收费，与在电视、报纸上发条消息要收取高额费用比较起来，受众同样广泛，而农户的成本大大降低。对于个体种植农户，通过微博进行宣传推广是一种方便、有效、省钱的好办法。

2. 覆盖广

微博是一种获取、分享以及传播信息的平台。用户可以和亲戚、朋友及熟人相互关注，形成一个关系网，相互之间可以传递信息。同时，用户也可以关注陌生人（如名人），这样他们发出的消息用户也能接收，用户也可以发送信息给他们。微博通过人与人之间的这种关注和被关注形成一个社会性的网络。网络中有大量的普通消费者、企业用户，还有许多名人、媒体记者，使该网络社会化程度高，具有媒体效应。当一个人发出一条信息，关注者马上就收到，如果关注者觉得信息有意义，则可以转发出去，而他的关注者又能收到并转发。这样信息就能传播开来，甚至可以利用名人效应使事件的传播量呈几何级增长。

3. 针对性强

我国传统的农产品销售模式是农户把自己生产的农产品通过一级一级的中间商推向终端市场，农户和市场距离较远，难以获得有效的市场信息，大多是凭感觉或者中间商传递的市场信息来进行农产品种植。这就造成了供需的脱节，农户常常会集中的盲目种植某种产品，最终市场难以消化造成巨大的损失。人们常说的“谷贱伤农”“菜贱伤农”就是这个原因造成的。通过微博，农户和广大的消费者建立了沟通的桥梁，了解真正的消费需求，针对消费者的需求种植农产品。农民、企业还可以利用微博有针对性地对固定顾客群进行营销、推广和跟进，避免盲目投入。

4. 多样化，人性化

从技术上，微博营销方便地利用文字、图片、视频等多种展现形式。从人性化角度上，企业品牌的微博本身就可以将其拟人化，以更具亲和力。

5. 拉近距离

在网络世界，距离都是相同的。微博拉近的不光是人与人的空间距离，也是人与人的地位距离。一方面，在微博上，农户可以把农产品推广到世界各地。可能前一秒把农产品卖到非洲、后一秒北美洲的订单就到了。另一方面，在网络世界里，人与人的地位都是平等的、明星大咖、国家官员都可以在微博上与百姓互动，进行“点对点”交谈，购买农产品。

6. 传播速度快

微博最显著特征之一就是其传播迅速用户可以通过手机、电脑等工具，在第一时间将他们所看听到的消息快速发到微博平台。同时，其他用户也可以在第一时间，从微博里看到你所发出的消息，并可以马上转发传播出去。因此，微博也可以称为“史上最快速的媒体”。微博信息的扩散速度也是以几何级的传播速度爆炸式的增长。如果你发出一条微博，你的粉丝看到、转发，然后你的粉丝的粉丝看到再转发。这样传递下去，越来越多的人就会看到这条消息，如果消息有足够吸引力的话，最后你发布的消息会变成爆炸性新闻。

7. 便捷性高

微博的发送只需要一台移动设备和网络，而且微博只需要编写好140字以内的文案，微博小秘书会审查的即可发布，从而节约了大量的时间和成本。相比之下，新闻媒体则需要经过编辑、审核、排版、发布等相关程序，才能将消息发布，时间上远远比不上微博。

8. 操作简单

微博的使用没什么要求，每条微博需要不多的字数，只需要简单的构思就可以完成一条信息的发布，会使用微博的人都可以做到。这对文化程度不高的农民来说也没什么难度，农民很快都能掌握。这点就要比博客要方便得多。毕竟构思一篇好博文，需要花费很多的时间与精力。

▶ 拓展阅读：

“我和我的家乡”微博话题营销

“我和我的家乡”是2018年下半年由共青团中央联合新浪微博等共同发起的微博话题活动。其主题是“关注家乡特产，分享丰收喜悦，凝心聚力携手出发，用‘微博之力’助力脱贫攻坚”，旨在号召微博用户特别是明星微博用户通过参与该微博话题宣传自己家乡的特色农产品，从而利用微博平台增加各地地方特色农产品的知名度，进而为农村发展和农村脱贫攻坚助力。该活动引起了陈赫、李冰冰、何炅等知名艺人的响应。如艺人李冰冰通过“我和我的家乡”微博话题宣传了自己家乡黑龙江的特产五常大米，被转发超过1.2万次。截至2019年3月，“我和我的家乡”微博话题的阅读量已经达到了32.9亿次，话题讨论量达到了2 460万次。北京平谷欧李、湖南邵阳小沙江猕猴桃等极具地方特色的农产品通过此次微博话题活动被更多的消费者所认识，在很大程度上提高了农产品的知名度。此次活动充分发挥了明星艺人的高号召力，将其转化为宣传力量从而增强了农产品知名度，促进了地方特色优势农产品的开发和推广，对地方农产品营销起到了很大的助力作用。

资料来源：“新媒体平台特征及其在农产品市场营销中的作用”，2019年11月2日。

五、社交营销

（一）概念及内涵

1. 社交平台营销

社交网络的发展为社会大众人际交往形式产生了深刻的影响，也为现代营销工作的开展提供了多元化的平台。由于基于社交网络所开展的营销活动不仅投入成本更低，而且能够突破时间与空间的限制，依托信息受众的人际传播来提升营销信息传播效率，在营销信息传递的精准性方面体现出明显优势；因此，社交网络营销在现代营销中呈现出了不容忽视的价值，也得到了各行各业营销主体的青睐。

2. 社群营销

社群营销是把一群具有共同爱好的人汇聚在一起，并通过感情以及社交平台连接在一起，通过有效管理使社群成员保持较高的活跃度，为达成某个目标而设定任务通过长时间的社群运营，提升社群成员的集体荣誉感和归属感，以加深品牌在社群中的印象、提升品牌的凝聚力。

相较于传统零售，社群营销更注重的并非即时成交，而是给予用户优质的感官体验。部分专家学者将口碑视为当今世界最低成本的信息传播工具和高可信度的宣传媒介，而“口碑传播”则是成本极低，但极易发展“回头客”的信息传播方式之一。

（二）社交营销特点

1. 用户发展用户：增加买卖双方粘性

社交媒体营销以“分享和参与”为核心。网络时代，消费者的购买行为完成后，常常伴随着分享和评价。社群经济这一既保证私密性又能够起到社交裂变效果的新模式，得到越来越广泛地推广。品牌商通过现金返利等激励机制鼓励用户在微信等社交群体上组队分享、互助分享、爆款秒杀以吸引更多消费者，使品牌商品得到推广。

在社交媒体的助力下，这种“人传人”模式使产品的用户数量成功实现病毒式增长。同时，它也为普通的购物行为赋予了社交化属性，有效增加了企业与顾客、顾客与顾客之间的互动，提高了消费者的粘性。“社群”这一概念被拼多多、社区电商等有效利用，使消费者联系在了一起。同时，平台通过微信进一步传播自身的商品信息，达到了用户发展用户的效果。

2. 用户参与：协同创意、加速品牌建构

广泛的用户参与可以使卖家与买家双方之间形成一个双方都可以接受的“沟通元”，利用这个沟通元让消费者基于此更好地对话品牌方，形成消费体验反馈机制。一方面使产品方更加精准地把握市场需求，以需求为导向改善生产和营销活动；另一方面改善消费者的消费体验，增加对相关品牌商品的信赖与粘性，即用户参与到产品营销的过程中来。

3. 用户分享：关键意见领袖（KOL）声量转化为销量

关键意见领袖（Key Opinion Leader，KOL）在用户分享中具有显著的营销传播优势，其拥有的对群体的影响力和对大众的覆盖度在营销传播过程中效益巨大。一个关键意见领袖往往代表着一个特定的群体，公司通过关键意见领袖可以轻易地触达该群体内的众多成员，而精准营销就是找准企业需要的群体的关键意见领袖，将他的声量转化为销量。

▶ 拓展阅读：

“泰宁滋味”社交营销

“泰宁滋味”是一个叫温林旺的福建泰宁年轻人创建的地方特色农产品电商平台，主要通过抖音作为宣传媒介进行营销和推广。温林旺原本是上海一家公司的白领上班族，由于抱着将家乡的农产品发扬光大的想法辞去工作回乡创建了“泰宁滋味”微信公众号电商平台，并利用该平台销售家乡的小籽花生、红菇等极具地方特色的乡土农产品。随着抖音这一短视频社交平台的出现，温林旺看中了抖音平台短小简便、传播范围广、短时间传播效果强的特点，开始将自己电商平台所销售的家乡农产品通过短视频的方式投放到抖音平台进行宣传，并以“绿色生态”“原汁原味泰宁家乡特色”等作为卖点。“泰宁滋味”的第一条抖音短视频发布不到1小时，点击量就破万，每5秒就有近30人点赞。

截至2019年3月，“泰宁滋味”抖音账号的粉丝数量已经达到37.2万人，总获赞量高达73.3万次，成为抖音平台上最成功的农产品宣传相关账号之一。

资料来源：“新媒体平台特征及其在农产品市场营销中的作用”，2019年11月2日。

六、几种网络营销创新模式的关联性及注意事项

许多网络营销创新模式的共性是主要借助自媒体传播的平台来进行营销，且均可利用二维码手段实现信息互通。例如，可以通过对二维码图案的传播，引导消费者扫描二维码来推广相关的产品资讯、商家推广活动、刺激消费者进行购买行为的新型营销方式。以二维码为入口的整体互联网商业营销服务，以二维码为入口轻松打通商户线上线下发展瓶颈。功能齐全、人性化的营销策略，省时实用，轻松赚钱，扫码下单、促销活动、礼品赠送、在线预订等各种营销策略。

但无论如何创新，自媒体终究是具有媒体属性，媒体始终是内容为王，内容是价值基础，而不同的是在“爆炸式”的自媒体中如何实现良好的传播使企业要传播的信息从众多的增长信息中突出来引起目标人群注意力。零售企业要通过微博运营进行农产品营销面临的可能问题有推送信息的营销意图过于明显容易招致反感，传播效果不佳。需要形式更为隐秘，以提供对消费者有价值的内容为基础进行营销渗透和市场培养活动，更具互动性和传播性，使内容带上社会关注热点的话题属性引发转发和互动讨论，名人大号的转发和评论往往能快速引爆信息的传播。将农产品食品安全信息、农产品常识、农产品菜谱、农产品产品直接介绍、农产品品牌、选取的与粉丝正面互动话题内容，企业社会慈善责任活动，农产品行业的发展建议等以一定比例搭配发送，给消费者塑造正面的企业形象和提供全方位价值内容。

农产品具有应季性，销售时间短，故引导和教育市场消费应季农产品非常重要，公众号的即时推送非常有利于应季农产品的快速宣传营销，直达终端消费者。讲故事是一个更易于被接受的推送方式，加入角色、情绪、悬念和细节等要素，将产生很好的营销传播效果，值得注意的是官方微信平台不能只是推送信息，缺乏互动和将互动的信息传导给服务部门，这种消耗流量忍受推送的频繁通知而不产生过多价值的局面对消费者来说是不可持续的，在服务的基础上传播营销理念。

▶ 链接案例：

伊利臻浓 +《我和我的家乡》：我的家乡臻有料

1. 背景

《我和我的家乡》电影上映，广受好评，正是社交媒体中的热议话题，“十一”适逢中秋小长假期间，也是一年中人们想念家乡情绪高涨的一刻。

2020 年的国庆小长假，注定是个不同寻常的小长假。刚经历过新冠肺炎疫情的国民情绪，也在假期到来的这一刻亟待释放。“我的家乡还好吗”“现在出行安全吗”各类问题成为当期社交圈层中的热议话题——我们借助这份浓浓的爱国之情，让大家对于祖国大好河山和家乡的爱，成为链接国人和祖国之间浓浓的情。

双节期间历来是重点销售节点，中端价位奶市场竞争激烈。

2. 目标

传递“营养臻浓 醇香正浓”，持续打造“浓质感”标签，提升年轻化属性。借势《我和我的家乡》IP，引爆大众的社交分享与共鸣；强势占位中端价位奶市场，覆盖社交媒体终端视觉落地、产品促销，推动销量增长。

3. 策略

打造臻浓有料直播间，邀请极具西安地方特色的演员闫妮，延续电影中带货主播人设，针对四个有料地区，飚方言腔，爆家乡料，一个人演绎出一个花式夸夸群的戏剧效果，打造方言版有料直播间，通过闫妮演绎各地方言爆料家乡，开启“夸家乡 上包装”活动热潮；同步在抖音开启话题“#我的家乡臻有料#”，吸引用户爆料，通过李雪琴等头部 KOL 自愿持续吸引不同圈层用户参与，实现人气流量爆发，打造一场属于臻浓的全民“家乡狂欢”，最终以实现品牌“有料”资产深入人心。

4. 创意

“最浓不过故乡情”，每个时代下的家乡特色，都是社交媒体对于家乡话题最浓重的色彩。随着全国经济发展带动的地方经济增长，对当代年轻人来说，我们家乡那些最容易引起共鸣的当地美食、美景和文化也成功在那些家乡的“乡情”中脱颖而出，成为最能代表家乡也最容易被当代年轻人分享、宣传甚至炫耀的记忆和故事。

伊利巧妙洞察用户对家乡所有情感的落点离不开那些只有当地人才懂的美食、美景和文化——这些家乡特有的“料”，才是大家真正的共鸣。以家乡“料”为用户情感与产品间的关联点，以家乡的“料”，最大化调动大众的家乡情怀，才真正诠释了这份乡情的“浓”，从而把对家乡的“浓”情和产品的“浓”完美结合。

资料来源：伊利臻浓&：《我和我的家乡》，2020年9月。

— 复习思考题 —

1. 试述农业企业营销管理发展阶段。
2. 试述农产品品牌营销策略的主要方法。
3. 试述农业企业网络营销的主要策略。

第八章　农业企业财务管理

学习目标

1. 了解农业企业财务管理中涉及的资金管理、成本利润管理和经营效益评价的基本概念，农业企业财务管理的主要内容构成；

2. 掌握农业企业资金管理的内容和方法和指标、农业企业成本管理的内容以及农业企业经营效益评价的指标；

3. 理解农业企业财务管理的任务和目标以及应用财务管理的方法对农业企业的财务状况进行评价分析。

第一节　农业企业资金管理

▶ 案例导入：

生猪产业链重构下的金融整合

受到非洲猪瘟疫情等多重因素影响，我国生猪生产在之前出现下滑，补栏积极性受到冲击。为切实稳定生猪生产、确保猪肉市场有效供应，各级政府自2018年下半年起，在物资和资金保障、非洲猪瘟疫情防控、责任落实等多方面出台了针对性政策。从2019年底召开的中央经济工作会议、中央农村工作会议到今年初发布的中央一号文件，指引新一年“三农”发展方向的三次中央重量级发声，再次专门部署了有关“加快恢复生猪生产”方面的工作。

一系列政策作用下，2020年春节前生猪生产回归增长趋势。农业农村部公开数据显示，生猪存栏和能繁母猪存栏双双实现止降回升，规模养殖场生产恢复势头强劲，猪饲料产销量也实现持续增长。可以说，生猪基础产能正在逐步恢复。

生猪生产恢复将呈现怎样的态势？这一过程中的资金问题又如何解决？

1. 两场疫情下的产业整合与重构

在存栏数探底回升几个月后又经历新冠肺炎疫情的影响，这无疑会对小型和分散型生猪养殖主体带来较大打击。近几周，在大中型规模的生猪养殖企业已逐步恢复生产且复产力度较大的情况下，小型养殖主体复产比例较低，零星的所谓复产也是将生猪转给大型企业，以试图寻求稳定退出。

养殖所需人工受限、物流服务不充分、多项成本增加，同时遭遇特殊时期的不同规模主体在复产进度上有如此不同，不只是因为前期资本积累方面的差距，企业本身对产业链各环节的覆盖程度也是重要原因。某大型生猪养殖企业负责人介绍，该企业在主营育肥猪之外，同时涉及饲料生产加工（仓储）以及种猪、仔猪的培育销售，因此在小型主体复工复产所需饲料、仔猪受制于物流和高成本影响时，大型企业往往可以依赖自身产业链条维持经营。与此同时，大中型企业普遍已经形成了相对稳定的销售渠道，疫情很难阻断其信息渠道，但相对地，经销、物流等中间环节的不到位却可以干扰分散养殖主体与终端市场之间的连接，进而在一定程度上影响养殖主体的复产主动性和收益。

随着新冠肺炎疫情防控时间的延长，分散生猪养殖主体整合汇入大中型企业的现象正在多地同步发生。但这样的产业整合的根源并不是新冠肺炎疫情所致，上述不同养殖主体之间的差距只是在这一段时间里被进一步放大。事实上，在非洲猪瘟疫情出现后，养殖主体之间的整合就已然开始。

非洲猪瘟疫情疫情在多地出现后，中小型生猪养殖主体普遍经营受困，部分无法持续经营的主体就带着生产资料整合进入实力较强的企业或合作社。某直供我国香港地区的生猪生产企业负责人表示，为达到入港标准，企业在生产标准化、规范性以及疫情防控方面有较大投入，因此在非洲猪瘟疫情疫情发生前，他们相较于其他主体是没有成本优势的。但在 2018 年后，得益于之前的成本投入，非洲猪瘟疫情感染案例极少，公司在近两年获得了明显的经营优势。

各级政府也关注到了生猪养殖标准化、规范化在生猪稳产和有效供给方面的作用，开始逐步推动生产环节优化和产业整合趋势。在部署各级财政承担扑杀补助的基础上，中央提出“补栏增养与疫病防控相结合”的要求，多个省份大型生猪养殖企业陆续启动了圈舍和配套设施的固定资产投资。

在主体整合之外，产业链各环节的重构也在铺开。为了进一步完善非瘟疫情防控机制，中央层面自2018下半年起限制了生猪跨省调运，并全面实施分区防控，加强分类指导。2020年中央一号文件提出，引导生猪屠宰加工向养殖集中区转移，逐步减少活猪长距离调运，推进“运猪”向“运肉”转变。这意味着，在继续覆盖生猪生产上游环节的同时，部分大型生猪生产企业还将在下一阶段涉足生猪屠宰、深加工等环节。有两家企业负责人表示，部分屠宰场已经在向上游寻求合作机会。在政策影响下，生猪产业链中的物流、仓储、加工等环节或许都将迎来重构的机遇。

2. 资金需求趋向多元、增量

目前，工商银行云浮分行、农业银行云浮分行、中国银行云浮分行三家银行机构在人民银行云浮市中心支行及其上级行指导下，运用人民银行专项再贷款，以信用方式向进入全国重点企业名单的温氏食品集团股份有限公司分别发放了4.8亿元、10亿元、5亿元疫情防控应急贷款，贷款期限为1年，企业实际融资成本低于1.6%，以流动性贷款确保该公司猪肉稳定供应方面作用的发挥。

流动性贷款是银行支持生猪养殖的主要形式。生猪养殖属于资金密集型产业，仔猪、能繁母猪以及饲料的购买都需要大量现金流做支撑。在非洲猪瘟疫情发生之前，补栏增养的资金需求并不是普遍存在的，企业会依据市场行情和资本积累情况谨慎地进行固定资产投资。因此，从需求角度讲，流动性贷款在大多数情况下可以满足生猪养殖企业的资金需求。

根据不同主体的生产经营模式、经营状况以及所拥有的有效抵押物，银行会调整提供金融服务的方式，直接贷款给生产主体只是其中一种方式。为了带动当地农户，不少大型生猪养殖企业会采取“公司＋农户/家庭农场”的模式，企业无需投入过多的固定资产，而是通过为生产流程、配套、环境等制定标准来掌握上游市场。在这种模式下，银行可以采取直接贷款给农户或贷款给企业以形成资金闭环两种方式支持生产。随着各省农担公司的设立和运营，也有部分生猪生产企业借助担保增信，以提升贷款申请额度。另外，在市场总体行情较好的情况下，银行也会提供部分项目建设所需的中长期资金支持。

恢复正常产能与产业链重构同步推进并不简单，这一点在资金需求层面也有所体现。一方面，在非洲猪瘟疫情发生后，仔猪、能繁母猪等价格一直处于高位，养殖成本拉高了企业的流动资金需求；另一方面，补栏增养及对更多环节的涉足也将带来更多的中长期贷款需求。此外，冷链仓储、深加工、市场对接等环节重构后的外部投资需求，也需要市场主体和金融机构在未来进行持续探索。

为了进一步满足生猪生产的金融保障，2020年中央一号文件在重申普惠金融、机构改革等内容的同时，提出推动养殖圈舍、大型农机等合规抵押融资。不过，金融机构和市场主体都认为政策落地仍存在一定难度。一国有大行的地方分支机构负责人表示，农地抵押贷款现阶段的创新和实践就相对有限，由于生猪养殖圈舍、大型农机等呈现出较强的行业专有性特征，在二级市场上很难流通、变现，对银行债权很难起到保障作用；在技术上，由于银行及评估机构均没有相关专业人员，当地评估机构也没有相关评估经验及参考案例，对养殖圈舍、农机等的市场价值较难评估、把握。市场主体则是担忧在相关机制完善之前，圈舍、农机抵押会带来较高的融资成本，其实践情况仍待观察。

3. 多方共进推动金融保障

据了解，无论是何种金融保障方式，金融机构在支持生猪生产中都面临相对其他产业更高的潜在风险。生猪产业中存在各种制约及风险因素，投资金额大、回收周期长、环保压力大、防疫风险高、价格波动频繁、主体资质参差不齐、产品标准化程度较低等，都使金融创新和金融体系的作用较难发挥。特别是在经历两场疫情后，生产主体的资金回收周期可能会被拉长，金融所面临的风险也将提升。

现阶段，我国生猪生产主体中仍存在不少分散经营和生产不规范的问题，且产业化程度不高。这不仅限制了外部资金的支持力度，生猪保险和未来将会推出的生猪期货在这样的产业格局中都很难发挥出应有的作用。以生猪死亡险为例，受防疫现状、产业发展程度和金融创新的制约，此类产品的赔付金额很难能覆盖生猪养殖成本，因此相应的增信作用也就相对有限。市场主体和金融机构在金融服务方面更倚仗地方政府在其中的促进作用。所采访到的金融机构希望当地政府在这个过程中起到支持保障及联合指导的作用。他们表示，当地政府应进一步完善机制体系，全力支持和保障当地生猪产业链上的各类企业快速、稳健发展，推动产业链优化，保障当地生猪供应及猪肉价格稳定。具体来说，政府在政策保障方面，可以制定一系列的优惠及帮扶政策，如财政扶持、项目审批、税收减免、利息补贴等；在经济保障方面，成立政府专项担保基金或牵头引入银行、保险等金融机构，解决企业融资难的问题；在联合指导方面，政府可联合当地生猪养殖龙头企业，在饲料、仔猪和技术服务等方面给予帮助和指导，再由龙头企业保价回收，形成标准化养殖模式，带动当地生猪养殖的稳健发展。

面对生猪生产这一产业，地方政府确实应当作用于产业政策的配套完善和保障落地，不过，产业发展成熟度、标准化以及配套产业发展，更多地还是需要产业中的市场主体共同摸索。在此基础上，金融创新和配套的金融服务才可能进一步发挥作用。

资料来源：宋珏遐，生猪产业链重构下的金融整合，中国畜牧兽医报，2020 年 3 月 8 日第 005 版。

案例思考：

后疫情时代，生猪产业链会有哪些变化？对企业的资金管理会产生什么影响？生猪企业如何解决产业链整合下的资金问题？

任何企业正常运营都离不开资金，资金是企业生存和发展的重要基础，企业的资金来源和运用构成了企业筹资管理和投资管理的重要内容。

一、农业企业的资金筹集管理

资金筹集管理不仅是财务管理的重要方法，有时也是企业最高管理层面临的最大难题。企业筹集资金就是企业根据其生产经营、对外投资和调整资本结构等需要，通过各种筹资渠道，运用多种筹资方式，经济有效筹措和集中资金的财务活动。

（一）农业企业资金筹集方式

按照发展动力机制，农业企业的资金来源主要有五类：股东投入资金、留存收益、金融负债、商业信用、管理性融资。

股东投入、资金及投资和存续期间形成的资本公积，构成企业股本或实收资本；企业经营中提取的公积金、公益金和未分配的利润，构成企业的留存收益；企业向银行或非银行等金融机构借入的资金，融资租赁租入固定资产等，构成企业的金融负债；企业经营中利用商业信用交易等形成的各种应付、应交、预收等负债，构成企业的经营性负债；企业通过提高自身管理水平充分将公司内部各部门资金进行集中管理，常见于集团公司的资金管理，构成管理性融资。

除了常规的融资方式，随着产业链的延伸和企业集团资金管理能力的提升，越来越多的农业企业利用产业链商业信用融资和管理性融资筹得的资金满足资金的需求。

▶ 拓展阅读：

促进农业产业链金融发展

“十四五”规划和2035年远景目标纲要提出：“实现巩固拓展脱贫攻坚成果同乡村振兴有效衔接”。农业产业链金融是农业供应链管理与金融融资服务相结合的新型融资方式，可以将金融机构、核心企业、农户以及上下游经营主体紧密联结起来，把更多金融资源配置到农村经济社会发展的重点领域和优先方向，对于实现巩固拓展脱贫攻坚成果同乡村振兴有效衔接、实现乡村产业振兴和乡村全面发展具有重要推动作用。

助力农业产业链供应链构建。核心企业是构建农业产业链供应链的龙头。发展农业产业链金融，既有助于农业产业链供应链上下游中小企业依托核心企业的信用及资产获取金融支持，增强上下游中小企业与核心企业的黏性，促进农业产业链供应链的构建和运行；又可以吸引保险、基金等投资机构和社会资本进入乡村产业，拓宽融资渠道；还可以通过对具有竞争实力和地域特色、未来发展空间较大的涉农企业进行金融支持，帮助其加快成长为核心企业，夯实农业产业链供应链发展的基础。

促进农业产业链供应链发展壮大。农业产业链金融可以利用互联网技术将零散孤立的个体、商户连成一个整体，为链条上的参与主体提供融资服务，帮助生产端、销售端与消费端无缝对接，推动产供销一体化，进而促进农业产业链供应链发展壮大，实现价值增值。例如，有金融机构研发上线的“惠农e

通”互联网金融服务“三农”平台，融合了农村电商、网络支付、网络融资三大功能，既较好适应了农业产业链供应链需求变化，又顺应了农业农村信息化新趋势、提高了融资效率。

助力农业产业链供应链可持续发展。发展农业产业链金融，能够为农业产业链供应链发展提供绿色信贷、绿色保险、绿色基金、绿色债券、绿色风险投资等多种多样的绿色金融产品与服务，提升金融服务农业现代化的能力和效率，促进农业产业链供应链可持续发展；有助于核心企业获取金融支持以拓展业务范围，建立农家乐生态体验基地、特色旅游景点、康养中心、农业园区等下游配套机构，带动多产业同步发展，打造乡村发展新格局，实现“产业兴旺、生态宜居、乡风文明、治理有效、生活富裕”。

资料来源：光明网，2021 年 12 月 9 日。

（二）农业企业资金集中管理模式

企业资金在企业的生产经营中具有重要作用，是企业正常运转的重要前提。企业对资金进行管理，能实现合理利用资金促进企业发展。然而，随着市场经济不断变化，有很多企业都成立了集团公司。这导致企业资金分散，难以形成统筹管理，公司的资源配置并不合理。因此，对于企业资金进行集中管控就非常重要，不仅可以有效利用资金，还可以提高企业管理者对分子公司的风险控制能力。

农业企业资金集中管理具有以下优势：①确保资金合理的使用，有效加强资金控制；②及时发现资金管理存在的问题，可以第一时间解决问题，降低资金运行成本；③提高企业对子公司控制权；④可以使企业集团内部的财务目标高度一致；⑤建立集团整体利益观，实现利益最大化。

目前，企业资金集中管理主要有统一收支、支付备用金、内部银行、资金结算中心和财务公司五种模式。

1. 统收统支模式

统收统支模式是指企业的全部资金集中在集团的资金管理部门，所有的资本支出都通过集团财务部门进行。它的优势在于可以有效、全面监督资金的流动；了解各分公司、子公司的运行情况如何，可以让母公司做出准确的判断；

提高资金的使用效率，获得分公司、子公司的全部控制权。

适用范围为各类企业、企事业单位。

2. 拨付备用金模式

拨付备用金模式是指企业集团提取备用金需要在一定期间内并且按照一定的限额，将现金拨付给各分公司、子公司。各分公司或子公司有现金流出后，应将相关凭据上交给集团财务部门结算，再补充备用金。其特点为分公司和子公司则不需要设立单独的财务部门，因为其本身就具有部分现金决策权。现金的流出报销须经过集团财务部门批准，超过范围和不符合标准的现金流出必须经过负责人或者其授权的代表批准。发放备用金的方式就等同于企业的报销中心，具备一定的灵活性。

适用范围为非独立核算的组织。

3. 结算中心模式

结算中心模式是在企业集团内部设立的专门机构，其主要的作用是负责处理现金收支的结算业务。虽然设立在集团内部，但是运行独立。职能有对各分公司、子公司现金进行统一的收入；对分公司、子公司提供一定的资金支持；建立反馈机制、监督资金使用情况；确保集团的资金需求、整合外部融资。其优势为对于提高集团内部资金监管十分有效，还能够增加集团整体资金使用效率。

4. 内部银行模式

内部银行模式是引进外部商业银行的管理机制和职能到企业的内部，完善企业内部的管理和核算。主要负责企业集团内部的日常结算、资金分配和运营。适用范围为控股总公司、企业集团、大型事业单位。职能主要有结算职能、内部贷款职能、统一筹资职能、监督和控制职能、信息反馈职能。

(1) 结算职能：即所有分支机构、子公司都在内部银行开户，企业生产经营活动中的物质配置和业务合作都通过内部银行进行结算。有利于监督资金的流入流出，发现错误并及时纠正。

(2) 内部贷款职能：根据对各分公司、子公司实际需要的了解，核定资金数额并发放贷款。

(3) 统一筹资职能：内部银行要统一筹集资金，根据企业经营情况进行经营，实现相互融资，提高盈亏，合理分配资金。

（4）监督和控制职能：提前预测，过程中监督，事后检查，减少不必要的成本。

（5）信息反馈功能：内部银行将资金流向提交给集团，并及时反馈给各分公司、子公司。

5. 财务公司模式

财务公司模式是指财务公司是处理金融业务的非银行机构，其设立需要经过中国人民银行的批准，不过财务公司的业务范畴仅局限于在企业内部，主要作用是集团内的成员提供金融服务。其特点有：它是独立法人企业；可以发挥银行部分职能的非银行金融机构；负责集团投融资、资金发放，监督分公司、子公司和投资项目的资金使用状况。

其优点是可以增强资金的运营能力和抵御外部风险的能力；能够及时周转集团所需要的资金，从而保证生产经营活动正常的开展；提高企业筹融资能力，优化筹融资结构，降低融资成本，促进集团发展；可以统筹安排闲置资金，增强集团闲置资金的使用效率；为分公司、子公司融资提供平台和帮助，可以进一步加强各公司之间的关系，相互支持、发展。

适用于成熟的企业集团，企业多是经营范围广、资金力量雄厚，财务公司模式的设立必须经过人民银行的批准，因此具有一定的局限性。

二、农业企业流动资金管理

流动资金是指可以在一年或者超过一年的一个营业周期内变现或者耗用的资金。流动资金是企业的“血液”，管好用活流动资金，加速流动资金周转，是企业生存和发展的需要。

广义的流动资金是指企业全部的流动资产，又称“营业周转资金”。主要包括现金、应收账款和存货。狭义上“流动资金 = 流动资产 - 流动负债”，又称“营运资本”。按照狭义的流动资金定义，流动资产的资金来源除了流动负债（短期金融负债、商业信用融资、部分管理性融资），还存在其他的长期资金来源渠道。因此，国外先进的资金管理不仅局限于现金管理领域，而且还涵盖了头寸流动管理、债务管理、银行账户管理、利率风险管理等方面。

加强企业流动资金管理，一是加速流动资金周转，减少流动资金占用；二是加强资金核算，创新流动资金管理方法，提高企业资金管理水平。

（一）现金及现金等价物的管理

1. 现金及现金等价物的范围和标准

企业现金是指企业的库存现金以及可以随时用于支付的存款。在资产负债表中并入货币资金，列为流动资产，但具有专门用途的现金只能作为基金或投资项目列为非流动资产。

现金等价物是指企业持有的期限短（一般为从购买日起三个月内到期）、流动性强，易于变化为已知金额的现金、价值变动风险很小的投资，通常投资日起三个月到期或清偿的国库券、商业本票、货币市场基金、可转让定期存单、商业本票及银行承兑汇票等皆可列为现金等价物。现金等价物虽然不是现金；但其支付能力与现金的差别不大，可视为现金。

2. 现金及现金等价物管理的目标

企业持有现金的动机主要是满足交易性需要、预防性需要和投资性需要。

交易性需要是指企业为了应付日常交易支付的需要。企业在生产经营过程中，既有现金的流入，也有现金的流出，而现金的流入和流出量并不一定大致相等。往往由于各种各样的原因，企业的现金流入和现金流出不能同步同量；所以，企业必须持有一定数量的现金余额，以确保企业的正常交易或支付。

预防性需要是指企业为应付可能遇到的意外支出等而持有现金的需要。由于未来收入和支出的不确定性，因而为了防止未来收入减少或支出增加这种意外变化，企业往往保有一部分货币余额以备不测。企业持有较多的现金，可以更好地满足意外事件对现金的需要。现金流量的不确定性越大，预防性现金存量数额也就也大。此外，企业的借款能力也会影响其预防性现金存量的数额。

投机性需求是指企业为了在未来某一适当的时机进行投机活动而愿意持有现金。比如，遇到廉价原材料或其他资产（如价格有利的股票证券）的供应计划。一般而言，除金融和投资公司外，其他企业专为投资性需要而持有现金的较少，但持有一定数额的现金能为突然的大批量采购提供方便。

3. 现金及现金等价物管理的重点

现金是企业的“生命钱”，现金管理是企业财务管理的重要内容。企业在扩张过程中忽视现金管理，会陷入现金不足的困境。

（1）企业要做好现金预算，保证按时支付员工工资、奖金及相关福利等，促进员工积极开展生产经营活动。

（2）企业要制定现金增长率指标。避免企业盲目扩大投资和产能的决策，陷入现金流不足“陷阱”，避免产品积压、效益衰退，甚至企业倒闭。

（3）通过非现金激励，如股权或股票期权的方式，降低现金支付的压力。现金激励作为调动员工积极性的手段，会给企业现金管理带来一定的困难和压力。非现金激励在降低企业现金压力的同时，有助于企业治理及财务治理。

（4）加大业绩指标的现金考核力度。考核销售部门的业绩时要考核回款率情况，避免资金过多被客户占用，导致财务的资金压力，并影响资金的使用效率。采购部门应加强采购的经济批量决策，偏离经济批量的大宗采购看似获得了更多的折扣优惠，但存货上的资金占用成本也会上升，应综合权衡避免资金浪费。日常经营的现金净流量如果不能保持正数，现金入不敷出，企业就会陷入现金不足危机，弄不好就会破产倒闭。所以，企业在现金管理方面一定要稳字当头，不能盲目冒进。

（5）加强现金的资金成本管理。企业经常为经营管理需要去筹集现金，无论采用何种方式，都会有资金成本。有的筹资方式资金成本较高，但财务风险较低；有的筹资方式资金成本较低，但财务风险较高。在有效控制财务风险的前提下，降低现金的资金成本是现金管理的重要方面。

（6）要加强现金内部控制。现金的流动性强的特点使现金很容易被贪污、盗窃、挪用、滥用。有的上市公司数亿元现金不翼而飞，可见企业现金内部控制漏洞有多大。

（7）要重视现金流的动态平衡。企业现金不足当然不行，现金太多，闲置不用，对企业而言也是不行的，必须充分加以有效利用，让现金产生效益。企业有各种现金支付需要，一定要有足够的现金满足这些合理需要。企业如果还有多余现金，就可以考虑如何让这部分现金安全地产生效益，比如进行安全性高的短期投资理财。

（8）要有合理的现金安全储备。因为市场经济的变幻莫测，行业形势可能随时发生改变，企业必须有一定的风险预防储备现金，当经济困难来临时能够渡过难关。比如，就当前的新冠肺炎疫情，有现金安全储备的企业往往可以支撑下去，而没有现金安全储备的企业往往只能关门甚至倒闭。

4. 现金的日常管理

（1）遵守国家现金管理的有关规定。根据国家现金结算制度的规定，企业收支的各种款项，必须按照国务院颁布的《现金管理暂行条例》的现金使用范围、库存现金限额、现金存取规定等规定办理，在规定的范围内使用现金。

表 8－1　　现金管理有关规定

有关规定	具体内容
现金使用范围	职工工资、各种工资性津贴 个人劳务报酬，包括设计费、装潢费、安置费、制图费、化验费、测试费、法律服务费、技术服务费、代办服务费以及其他劳务费用等 根据国家制度条例的规定，颁发给个人的科学技术、文化艺术、体育等方面的各种奖金 各种劳保、福利费用以及国家规定的对个人的其他现金支出，如退休金、抚恤金、学生助学金、职工困难生活补助等 收购单位向个人收购农副产品和其他物资的价款，如金银、工艺品、废旧物资等的价款 出差人员必须随身携带的差旅费 结算起点以下的零星支出 中国人民银行确定需要库存现金支付的其他支出
库存现金限额	由开户行根据企业的实际需要和距离银行远近等情况核定的为保证企业日常零星支付按规定允许留存的现金的最高数额；一般按照单位3—5天日常零星开支所需现金确定；远离银行机构或交通不便的企业可依据实际情况适当放宽，但最长时间不得超过15天
现金的存取规定	企业在经营活动中发生的现金收入，应及时送存银行，不得直接用于支付自己的支出，即不得“坐支现金” 企业如因特殊情况需要坐支现金的，应当事先报经开户银行审查批准，由开户银行核定坐支范围和限额 不能签发空头支票和远期支票 不能出租、出借银行账户 不能套用银行信用 不能保存账外公款 不能将公款以个人名义存人银行

资料来源：根据相关资料整理。

（2）库存现金的盘点工作。库存现金盘点，即对财务、业务等部门保管现金的场所进行的盘点，将现金与账面数核对查证。现金盘点后，盘点人员应当根据财物经管人员现场提供的未入账票据等资料，对盘点日保管人的现金应存数进行调整。库存现金清点工作结束后，由企业出纳认真填制"库存现金盘点表"。

（3）建立和实施现金的内部控制制度。在现金收支业务中，如果缺乏严密的控制措施，容易发生侵吞、盗窃和挪用等问题。实施和加强农业企业现金内部控制，要加强对会计人员的教育，认真学习有关会计的法律法规和会计制度，保证现金账目要清楚，定期核对现金收入，严格控制现金支出，明确出纳、会计等岗位分工，加强应收款、暂付款、支票的管理和加强内部审计的监督作用。

（4）现金回收和支付的控制。现金回收和支付的控制目标是要通过各种办法加速资金的回收，同时在不影响企业信誉的前提下，延缓现金的支出，使企业拥有尽可能多的可供使用的现金，提高现金使用效率。控制现金回收，要尽可能地缩短从客户汇款或开出支票到企业收到客户汇款或将其支票兑现的过程，加速收款。控制现金支出，主要包括在金额上控制和在时间上的控制。

第一，控制现金回收的常用方法。

①设立收账中心，由银行集中收账。

②密码箱法，即指通过承租多个邮政信箱，以缩短从收到顾客付款到存入当地银行所需要的时间的一种现金管理法。

③专人收款，即企业对大额收账派专人办理的一种方法。某些商业银行经营这种业务，派人将大额票据专门向付款银行单独提出交换后即存入企业账户。

④定期提取，即企业定期从客户的银行账户上取出不超过规定限额的款项。对于具有稳定交易量的企业来说，这种方式非常有效，而且省去了出票、邮寄等手续。

第二，控制现金支出的常用方法。

①集中支付，即财务负责人估计整个公司将要支付的款项，并计划好现金的划拨以满足企业的需要，这样集中支付会比单项支付更有效的监控应付款

余额。

②零余额账户，这是一种特殊的余额为零的可开支票支付账户，即支票付款时，记零余额账户为负。它在一定的融通度内以银行贷款或商业汇票来补充，也可以把有价证券中的国库券卖掉。这种账户简化了对现金支出和现金余额的控制，也减少了闲散的资金量。

③控制支付账户，这种账户的特点是在开支票后才有资金，实行的关键是银行能否在上午规定时间前结算当时的各种往来账户，使企业财务人员有足够的时间来电汇资金、支付应付款和在市场交易的高峰期进行投资。

5. 银行存款日常管理

（1）严格遵守银行结算纪律。为保证银行结算业务的正常进行，公司必须严格遵守中国人民银行颁布的相关的银行结算纪律，按规定不得对外签发空头支票、远期支票，不得对外租借银行账户。

（2）建立健全银行存款日记账。依照账簿内容，序时逐项登记已发生的银行存款收支业务，并结出存款余额；期末将银行存款日记账与银行对账单逐笔进行核对。对于未达账项，要编制银行余额调节表，调节后的公司银行存款日记账余额与银行余额应一致，以保证公司的银行存款日记账登记正确。

银行存款日记账注意事项。

①及时登账，做到日清月结，经常核对，账钱相符。

②定期（每月至少一次）与会计核对现金。

③定期到银行拿对账单，做银行存款调节表，与银行存款对账。

④对每笔报销款项核对发票金额和发票真伪，避免错账和假票。

⑤如果日记账登错了，用红笔在手工账错误的一行划双线，等于取消了这个记录，再把正确的用蓝笔登记在后面。

（3）健全银行存款内部控制系统。目前，对健全银行存款内部控制系统的具体规定如下。

健全银行存款内部控制系统应注意如下几点。

①购回的银行转账支票、现金支票、电汇凭证等重要的空白凭证，要设专门的登记簿进行登记。

②支票、电汇凭证使用时要在登记簿上登记领用日期、支票号码、业务内容、付款金额、收款人、领用经办人等信息。

③支票、电汇凭证填制完毕，须经业务主管领导审核批准并在支票存根联上签署意见后，方可加盖预留银行的印鉴章，向外签发。

预留银行的印鉴章至少应在两枚以上，且印鉴章必须由两人以上的专人分别保管；原则上公司不得对外签发空白支票、电汇凭证，对于收款人、支付金额暂未确定的，可签发填列了签发日期和最高限额的空白支票，并要求经办人限期报账或缴销。

④支付业务结束后应及时报账。报销银行支付凭证，必须要附有业务合同、收款单位出具的发票、货物清单、货物入库单等原始单据，并且各类单据所载金额应相互核对一致且与银行支票、电汇凭证记录的支付金额一致。

⑤每月末应对当月发生的银行存款收支业务与银行对账单进行核对，确保公司记录的银行存款收支记录与银行的记录一致。

▶ 拓展阅读：

数字货币

2020 年，《全面深化服务贸易创新发展试点总体方案》公布了数字人民币试点地区：在京津冀、长三角、粤港澳大湾区及中西部具备条件的试点地区开展数字人民币试点。数字人民币已经完成了顶层设计、标准制定、功能研发、联调测试等工作。

建立在区块链、人工智能、云计算和大数据等基础上的数字货币实现了信用货币由纸质形态向无纸化方向发展的第二次飞跃，数字货币并没有改变货币背后的信用背书，而是改变了货币的存在形式，至此，货币完成了商品货币—贵金属充当一般等价物—信用货币—数字货币的演进，因此货币存在形式的演进意味着货币体系运行成本更低、更安全、更高效，数字货币是货币体系从商品货币向信用货币不断演进的必然结果。

根据发行者不同，数字货币可以分为央行发行的法定数字货币和私人发行的数字货币。其中，央行发行的数字货币，是指中央银行发行的，以代表具体金额的加密数字串为表现形式的法定货币，它本身不是物理实体，也不以物理实体为载体，而是用于网络投资、交易和储存、代表一定量价值的数字化信息；私人发行的数字货币，亦称虚拟货币，是由开发者发行和控制、不受政府监管、在一个虚拟社区的成员间流通的数字货币，如比特币（Bitcoin）等。

数字货币是数字经济的货币发展形态。2020年新冠肺炎疫情以来，以“新投资、新消费、新模式、新业态”为主要特点的数字经济已经成为推动我国经济社会平稳发展的重要力量。根据国家统计局数据显示，虽然第一季度GDP同比下降了6.8%，而数字经济领域呈现出较好的发展势头。其中，电子元件、集成电路产量同比增长16%和13.1%，信息传输、软件和信息技术服务业增加值同比增长13.2%，电子商务服务投资同比增长39.6%。

在经受住了新冠肺炎疫情带来的考验之后，我国数字经济进入了提速快速发展时期，亟需实现数据、技术、产业、商业、制度等协同发展，构建数字经济新型生产关系，通过要素市场改革进一步激发数字生产力，而数字货币基于节点网络和数字加密算法，是为了迎合数字经济发展需要，是其具体的货币发展形态。数字货币建立在复杂网络理论基础，以区块链技术为核心，充分体现了不可篡改和加密安全等特点，实现底层数字货币，中间层数字金融账户体系，覆盖了央行支付体系、商业银行、非银机构等垂直化总分账户体系，同时实现了各国央行的支付清算系统的互联互通，顶层数字身份验证体系等，通过大数据和云计算，实现传统货币体系向数字货币体系的转变。

资料来源：“数字人民币要来了！试点全面展开，一文看懂央行数字货币背后逻辑”，智东西内参，2020年8月16日。

（二）应收账款管理

1. 应收账款管理的目标

应收账款是企业以赊销、分期付款等商业信用方式销售形成的应收而未收的款项。在市场经济条件下，商业信用是企业促进销售的一种重要手段，应收账款的形成实质上是农业企业向客户提供一段时间内可免费使用的资金。对应收账款的目标主要是做到在促进销售、增加收入的同时，缩短收款时间，降低坏账损失，减少流动资金占用，降低应收账款的成本，增加利润。

2. 应收账款信用政策

企业的信用政策包括信用标准、信用期限、现金折扣等内容。

(1) 信用标准。信用标准是农业企业用来判定客户是否得到商业信用所必须具备的基本条件。企业信用标准若过严，只对信誉较好，企业遭受坏账损失的可能性较小的客户给予赊销，在减少坏账损失和应收账款占用的同时会使企业营业收入减少；企业信用标准若过宽，虽然会使企业的营业收入增加，但企业遭受坏账损失的可能性增大，并增加应收账款上资金占用。因此，信用标准的确定要求在应收账款成本和收益间取得一个平衡，力争使收益成本大于等于边际成本。

评估客户信用标准的方法主要有信用的“5C 系统”和信用评分法。

信用的“5C 系统”是从客户的品质、能力、资本、抵押和条件 5 个方面进行评价。这是一种定性的评价方法，能对客户的信用做出初步的判断。客户信用评估的“5C 系统”见表 8－2。

表 8－2　　客户信用评估的“5C 系统”

项目	具体内容
品质	通过了解客户的付款历史及与其他供应单位的关系，分析其是否具有按期如数付款的记录，评价其还款的可能性
能力	通过了解客户流动资产的数量、质量，以及流动比率来分析客户的偿债能力，通常流动资产数量多、质量好，流动比率高的客户还款能力较强
资本	通过分析客户的财务能力和财务状况，计算相关的财务比率，了解客户的偿债背景
抵押	了解客户在拒付或无力还款时能被用于抵押的资产，对于新客户或信用状况有争议的客户此项至关重要
条件	它是指可能影响客户还款的经济环境，了解经济景气程度对客户付款行为的影响以及客户在经济不景气时的付款历史

信用评分法是通过对企业主要财务指标的分析和模拟，客观定量地测度企业的信用风险。通常选用流动比率、产权比率、固定资产比率、存货周转率、应收账款周转率、固定资产周转率和自有资金周转率等 7 个指标，分别给定各指标的比重，确定标准比率（以行业平均数为基础），计算实际比率和标准比率的比值，乘以分别赋予各指标不同的比重，计算总评分后通过与其他企业的

信用总分值的对比来判断该企业的信用度。

表 8－3 为登海种业 2020 年年度报告。

表 8－3　　登海种业（002041）的信用评分法

财务比率	权重	标准比率	实际比率	相对比率	评分
	①	②	③	④＝③÷②	⑤＝①×④
流动比率	15	行业平均数	企业实际指标		
产权比率	25	行业平均数	企业实际指标		
固定资产比率	15	行业平均数	企业实际指标		
存货周转率	10	行业平均数	企业实际指标		
应收账款周转率	10	行业平均数	企业实际指标		
固定资产周转率	15	行业平均数	企业实际指标		
自有资金周转率	10	行业平均数	企业实际指标		
合计	100				

资料来源：登海种业 2020 年年度报告。

注：信用评分法的具体指标及常用的权重分配：流动比率＝流动资产÷流动负债，权重 15%；产权比率＝所有者权益÷负债，权重 25%；固定资产比率＝资产÷固定资产，权重 15%；存货周转率＝营业成本÷存货，权重 10%；应收账款周转率＝营业收入÷应收账款，权重 10%；固定资产周转率＝营业收入÷固定资产，权重 15%；自有资金周转率＝营业收入÷所有者权益，权重 10%。

（2）信用期间。信用期间是农业企业允许客户从购货到付款之间的时间，或者说是企业给予顾客的付款期间。例如，给予客户的信用期限是 60 天，即允许客户在购货后 60 天内付款。若信用期限过短，对客户吸引力不够，将影响销售，进而影响营业收入和利润；若信用期限过长，在营业收入增长的同时，所得收益将会被增长的费用所抵消，甚至可能造成利润减少。

恰当的信用期限的确定，需要分析现行信用期限改变对收入、利润和成本的影响。延长信用期限增加的成本主要有：客户享受现金折扣使农业企业产生的附加成本；应收账款和存货占用资金的机会成本；坏账损失；由于税制的设计，提前纳税所承担的资金成本等。

信用期限内的回款率通常作为企业核算销售人员业绩和奖励的基础。

（3）现金折扣。现金折扣是为鼓励客户提前付款所提供的优惠，是农业企业为及时回款所付出的融资费用。现金折扣通常用（2/30，n/60）等表示，（2/30，n/60）是指该客户的信用期限是60天，现金折扣期限是30天，客户在30天内付款，可享受2%的现金折扣；在31—60天内付款，不享受任何现金折扣。

现金折扣的主要目的是吸引顾客为享受优惠而提前付款，缩短企业的平均回款期。通常情况下，享受现金折扣的收益远大于资金的筹资成本，在有现金折扣的情况下客户一般会享受现金折扣。

现金折扣期和现金折扣率的变化，应当综合权衡折扣所能带来的收益与成本后决定。

3. 收账政策

（1）坏账损失与收账费用。应收账款形成后，农业企业为争取早日回款，将采取多种措施，以免客户拖欠时间过长引起坏账。积极的收账政策会减少应收账款上的资金占用、减少坏账损失，但会增加收账成本；相反，消极的收账政策会增加应收账款占用资金，增加坏账损失，但收账费用较少。

一般情况下，收账费用支出越多，坏账损失越少，但两者并不存在一定的线性比例关系，在收账费用达到一定程度后，并不会随着收账费用的增加而进一步减少坏账损失。

（2）应收账款回收情况的监督。为了监督收账工作和得到调整信用政策调整的相关信息，企业资信部门经常通过编制账龄分析表进行应收账款的分析和控制。账龄分析表反映每个客户欠款的金额及时间的长短以及企业内部谁来负责催收这笔款项。

（3）坏账准备金制度。将应收账款的账龄分成不同的区间，为每个区间估计一个坏账损失的百分比，估计各个区间的坏账损失，并对预计的损失进行会计确认。商业信用的存在使坏账损失难以避免。基于谨慎性原则，企业通过建立坏账准备金制度，以免发生集中的大额坏账对企业的利润产生较大的影响。

当因债务人破产或死亡时，清算后仍不能收回的款项，或债务人逾期未偿还，又有明显证据表明无法收回的，企业可作为坏账处理，但确认坏账并不意味企业放弃了追索权，企业仍然具有继续收款的法定权利。

（三）存货管理

1. 存货的界定

存货是企业在生产经营过程中为销售或为生产消耗而持有，处于生产经营过程中的各种资产，包括企业为产品生产和商品销售而持有的原材料、燃料、包装物、低值易耗品、在产品、产成品、商品等。存货的最终目的是销售，企业应以所有权归属而不以物品的存放地点为依据来确定企业存货的范围。

农业企业存货除了上述一般性存货项目，还包括生物资产。《企业会计准则第 5 号——生物资产》将有生命的动物和植物定义为生物资产，分为消耗性生物资产和生产性生物资产和公益性生物资产。

其中，消耗性生物资产指为出售而持有的或在将来收获为出售的农产品或为出售而持有的生物资产，包括生长中的大田作物（如玉米和小麦等庄稼）、蔬菜以及存栏待售的牲畜、用材林、养殖的鱼等。消耗性生物资产属于存货的范畴。

生产性生物资产是指为产出农产品、提供劳务或出租等目的而持有的生物资产，包括经济林、薪炭林、产畜和役畜等。生产性生物资产具有固定资产的特性，不属于存货。

公益性生物资产是指以防护、环境保护为主要目的的生物资产，包括防风固沙林、水土保持林和水源涵养林等。

某农业企业，既出售苗木，也出售果实——沙棘果。其种植的沙棘到底是进入存货、还是生产性生物性资产?

如何划分存货还是生产性生物资产，主要还是看公司管理层的意图，如果是计划用于种苗销售的，就应划入存货，即便是已经在结果了；如果是计划用于自己生产经营，用于结果后销售的，就应划入生产性生物资产，即便是现在还没有结果或刚刚扦插下去的。

现实中，管理层很多时候会随行就市，如果种苗销售很好或价格较高，则可能把原计划用于自己经营的生产性生物资产拿去销售，也有可能是种苗滞销，没有销售出去变成了结果销售。如果是这种情况，则应先归入消耗性生物资产；如果进入产果期还未销售，就转入生产性生物资产；如果是把已经计入生产性生物资产的销售了，则先转入消耗性生物资产再计销售收入（对于种植行业是免征企业所得税的，也可以直接按处置生产性生物资产处理）。

2. 存货管理的目标

农业企业持有存货一般有两个目的。一是保证生产和销售的需要，由于在现有的市场和运输条件下，企业很难做到零库存。二是出于价格方面的考虑，批量采购通常能得到价格上的相对优惠，零星采购通常价格较高。但是，过多的存货会增加流动资金的占用和存货的仓储等管理成本。因此，存货管理的目标就是确定合适的存货量，在保证正常经营的情况下，减少资金的占用和存货管理成本。

3. 存货的日常管理

（1）存货的采购管理。存货的采购管理是指利用经济批量模型，在权衡存货的取得成本、储存成本和缺货成本的情况下，使存货的相关总成本达到最低点的进货数量。其中，存货的相关总成本包括取得成本、储存成本和缺货成本。

①取得成本：取得成本是指为取得某种存货而支出的成本，分为订货成本和购置成本。订货成本是指取得订单的成本，如办公费、差旅费、邮费、电报电话费等。购置成本是指为购买存货本身所支出的成本，即指存货本身的价值。

②储存成本：储存成本是指为保持存货而发生的成本，包括存货占用资金所应计的利息、仓库费用、保险费用、存货破损和变质损失等。

③缺货成本：是指由于存货供应中断而造成的损失，包括材料供应中断造成的停工损失、产成品库存缺货造成的拖欠发货损失和丧失销售机会的损失及造成的商誉损失等。如果生产企业以紧急采购代用材料解决库存材料中断之急，那么缺货成本表现为紧急额外购入成本。

（2）存货的库存管理。随着技术的发展，市场变化迅速，产品的生命周期缩短。因此，做好库存管理的关键是准确预测存货的需求，减少库存量，避免由于积压造成的资金占用过多带来的风险。

农业企业的存货由于具有自然生长的特征，受季节性影响较大，其需求及价格决定的影响因素较工业品更为复杂，保管储存困难，在不影响生产和销售的情况下，应尽量降低库存量。

（3）存货的生产管理。生产管理是有计划、有组织、指挥、监督调节的生产活动。以最少的资源损耗，获得最大的成果。企业生产计划的制定可以按照订单、资源、生产三类要素的排列来安排，主要形式有订单式生产（订单→资源→生产）、资源订单式生产（资源→订单→生产）、库存式生产（资源→生产→订单）。农业企业普遍采用“公司+农户+合作社+基地”等生产组织形式，因此在存货的生产管理方面多采用订单生产式生产和资源订单式生产两种模式。

订单生产式生产是指先拥有一部分资源，在接受订单之后，再进行生产，即资源→订单→生产。例如餐厅，先采购食材，等客户点餐（下订单）后，再生产菜品。

资源订单式生产是指当需求不确定性时，企业仅在需要时购买所需材料并开始生产所需的产品或提供所需的服务，即订单→资源→生产。例如建筑企业，建筑企业收到订单后先采购资源再生产。

▶ 拓展阅读：

盒马终于开始对订单式农业出手了

盒马和中化集团联合推出的蒙荭草莓，可以算是盒马对农业“出手”的第一个成果。一个数字化驱动农销全链路再造、订单式反向定义上游种植、新型现代工业型农业的成果。

订单式农业、数字化农业、新农业……这些互联网的时髦概念和农业这个古老产业的结合，侯毅这一年多来，没少对外阐述。

对于生鲜零售的新消费产业创新，新农业就是其新制造和新供给。

侯毅对盒马在订单式农业或是新农业产业数字化创新的表达总结，大概意思无非是“盒马希望把农业变成订单式和标准化农业，把农民变成农业的产业工人，让农产品整个生产机制规范、有序”。

这个结果也是侯毅和盒马对源头个体农民、上游农业机构、下游盒马零售、终端消费群体，全面释放不同价值的总体产业升级定义。

资料来源：36 氪，2019 年 12 月 4 日。

（4）存货的盘点和核查。农业企业的存货在企业中分布广、生产周期长、占用流动资金多。因此，农业企业应建立定期或不定期对企业存货进行清查盘点和核对制度，及时清仓查库，合理预测存货可能发生的损失，发现并积极处理超储积压材料。

2018 年 1 月，獐子岛又发布公告称，公司目前发现部分海域的底播虾夷扇贝存货异常，可能对这部分存货计提跌价准备或核销处理，相关金额将全部计入 2017 年，预计可能导致公司 2017 年出现亏损。

獐子岛再度上演“扇贝跑了”的大戏，监管层实在看不下去了，对獐子岛进行立案调查。

獐子岛的扇贝反映到财务报表里就是存货项目。

（5）加强存货的分级归口管理。农业企业必须加强对存货资金的集中、统一管理，促进供、产、销相互协调，加速资金周转。根据资金使用和资金管理相结合的原则——谁使用，谁管理，存货要实行归口管理，即每个存货归哪个部门使用就归哪个部门管理。并由各归口管理部门根据具体情况将存货资金计划指标进行分解，分配给所属单位或个人，层层落实。

三、农业企业固定资产资金管理

（一）农业企业固定资产资金的界定

1. 固定资产的定义

固定资产是指企业使用期限超过 1 年的房屋、建筑物、机器、机械、运输工具以及其他与生产、经营有关的设备、器具、工具等。不属于生产经营主要设备的物品，单位价值在 2000 元以上，并且使用年限超过 2 年的，也应当作为固定资产。固定资产是企业的劳动手段，也是企业赖以生产经营的主要资产。

2. 农业企业固定资产的分类

《农业企业财务制度》中将固定资产按外在形态划分为五大类：通用设备、农业专用设备、其他专用设备、房屋建筑物、经济林木及产役畜等生产性生物资产。每一大类下又分若干类别，共 37 类。另外，由于生产性生物资产通常需要生长到一定阶段才具备生产的能力，根据其是否具备生产能力（即是否达到预定生产经营目的），将生产性生物资产划分为未成熟和成熟两类，前者指尚未达到预定生产经营目的，还不能够多年连续稳定产出农产品、提供劳务或出租的生产性生物资产，例如尚未挂果的果树、尚未开始产奶的奶牛等；后者则指已经达到预定生产经营目的的生产性生物资产。

从会计的角度划分，固定资产一般被分为生产用固定资产、非生产用固定资产、租出固定资产、未使用固定资产、不需用固定资产、融资租赁固定资产、接受捐赠固定资产。

3. 农业企业固定资产的具体内容

我国现行的财务制度规定：农业企业的固定资产包括使用期限在1年以上的房屋、建筑物、机器、机械、运输工具、产畜和役畜，使用的土地、公路、桥梁、堤坝、水库、干渠、支渠、机井、水泥晒场、经济林木、防护林、养殖池以及其他与生产经营有关的设备、器具、工具等；还规定：不属于生产经营主要设备的物品，单位价值在200元以上，并且使用期限超过2年的，也应列为固定资产。其中，为产出农产品、提供劳务或出租等目的而持有的生产性生物资产，如产奶的牲畜、种畜、产畜和役畜，多年生果树、保留树干收获柴薪的树木、母树林、剑麻、橡胶树等生产性生物资产除具有一般固定资产的特点外，还有自身生存养护与淘汰的特殊性。

（二）农业企业固定资金管理目标

固定资金的管理目标是在保证固定资产数量和质量的同时，提高固定资产的利用效率。固定资产是企业重要的生产手段，农业企业拥有固定资产的规模和质量，直接影响到企业的生产能力和获利能力。同时，固定资产的投资应来源于企业长期资金筹集渠道获得的资金，并做到与流动资金在规模上匹配，保证公司的偿债能力。

▶ 拓展阅读：

牧原股份400亿固定资产之谜

2014年1月28日，牧原股份在深交所正式挂牌上市。自上市以来，公司固定资产出现暴涨。

具体财务数据，固定资产与在建工程期末值由2014年的21.17亿元暴涨至2020年三季报末的545.48亿元。截至2020年9月末，公司主要在建工程计划总投资为603.06亿元，尚需投入252.17亿元，未来资本支出规模较大。

随着资本性支出投入不断加大，其产能也由2014年的275万头暴涨至2020年三季报末的4520.12万头。

核心质疑点为固定资产与收入配比情况异于同行。然而，需要指出的是，牧原股份采取自繁自养一体化的模式，其则呈现出高固定资产特征；而采取"公司+农户"模式则呈现出低固定资产特征。因此仅从同行对比似乎难以逻辑自洽。

"公司+农户"的养殖的商业模式将后端育肥环节外包农户，其本质将较大的资本性投入转嫁给农户，养殖企业本质是提供养殖服务企业，在这种模式下财务体现为低固定资产、低盈利等；而一体化自繁自养模式则维持较大的资本性投入，通过持续扩大产能获得规模成本优势，其财务最终呈现出高固定资产、高盈利、高杠杆等特征。

在公司持续高速扩张中，公司的资本结构却呈现短债为主情况。截至2020年三季报末，公司短期债务、长期债务分别为224.48亿元、99.21亿元，长短债务比为2.26倍。可见，公司目前短期债务在总债务中的占比仍然偏高，仍面临一定短期偿债压力。

在资金错配风险下，公司或通过少数股东美化公司真实杠杆水平。少数股东收益不配比背后或还存在明股实债之嫌。

资料来源：新浪财经，2021年3月14日。

（三）固定资产的计价

1. 特殊固定资产的计价

（1）土地。农业生产用耕地、草原、林地、矿山等，这类固定资产企业应造册登记，并接国家有关规定计价入账。按相关规定，1994年以后年度企业新购的生产用耕地、草原、林地、矿山等，按建设过程中实际发生的全部支出计价入账，1994年以前企业建设用地未计价的暂不计价。对于因征用土地而支付的补偿费用，应计入与土地有关的房屋、建筑物的价值内，不单独为土地价值入账。对于增值潜力巨大的土地，农业企业可以考虑以现行市价重估土地资产价值入账。这样有利于真实反映农业企业的规模和实力，扩大企业再生产能力。由于土地通常具有无限的使用期，因而一般对其不计提折旧。

（2）企业投资修建的县、乡、村或场、队间公路。这类道路虽然由企业出资修建，但企业并不拥有所有权，还需要进行后期的维护管理。这类资产在建设时发生的支出计入“长期待摊费用”，在5—10年内摊销，而不作为固定资产入账。投入的维护费用一般在当年列支，数额较大的计入“长期待摊费用”，在3—5年内摊销。

（3）堤坝、水渠、水库、田间道路。这类资产应根据耐用年限和每年的维护费用大小划分等级，一部分列固定资产且按使用年限提取折旧，另一部分列长期待摊费用。

（4）房屋建筑及与之配套的院面、围墙、车棚等资产。这类资产新建成时列为固定资产，按耐用年限计提折旧，土地价值的增加不影响其附着建筑物的使用寿命的确定。

（5）生产性生物资产。农业企业的生物资产中的生产性生物资产属于固定资产的范畴，按固定资产要求进行计价。外购的生产性生物资产，以购买价款和支付的相关税费为计价基础；通过捐赠、投资、非货币性资产交换、债务重组等方式取得的生产性生物资产，以该资产的公允价值和支付的相关税费为计税基础；自行营造的林木类生产性生物资产的成本，包括达到预定生产经营目的前发生的造林费、抚育费、营林设施费、良种试验费、调查设计费和应分摊的间接费用等必要支出；自行繁殖的产畜和役畜的成本，包括达到预定生产经营目的（成龄）前发生的饲料费、人工费和应分摊的间接费用等必要支出。

企业应当从生产性生物资产投入使用月份的次月起计算折旧；停止使用的生产性生物资产，应当从停止使用月份的次月起停止计算折旧。企业应当根据生产性生物资产的性质和使用情况，合理确定生产性生物资产的预计净残值。生产性生物资产的预计净残值一经确定，不得随意变更。林木类生产性生物资产为10年；畜类生产性生物资产为3年。

2. 特殊固定资产减值准备计提

固定资产减值准备是指固定资产市价持续下跌或技术陈旧、损坏、长期闲置等原因导致其可收回金额低于账面价值的，应当将可收回金额低于其账面价值的差额作为固定资产减值准备。

《企业会计制度》第五十六条规定：企业应当在期末对固定资产逐项进行检查，如果由于市价持续下跌，或技术陈旧、损坏、长期闲置等原因，导致其可收回金额低于账面价值的，应当计提固定资产减值准备。

新修订的《企业会计准则》规定：企业的固定资产应当在期末时按照账面价值与可收回金额孰低计量，对可收回金额低于账面价值的差额，应当计提固定资产减值准备，将减值损失计入当期损益。

对于农业生产中特殊固定资产，由于其受自然影响较大的特殊性，平时显然不能按账面价值和可收回金额孰低的原则确定减值损失，只能在其因自然灾害、动植物疫病等或其他人为因素，使其实体发生了毁损的情况，才允许进行资产减值的确认和计提，从而使资产价值认定更为合理。

（四）固定资产的折旧

1. 农业企业固定资产折旧政策

（1）《企业会计准则》《企业会计制度》的规定。农业企业固定资产的计价和折旧除了应遵循《企业会计准则》《企业会计制度》，由于其建造形成和使用维护的特殊性，还应对其做出特殊处理。

《企业会计准则——固定资产》第十四条规定："企业应当对所有固定资产计提折旧。但是，已提足折旧仍继续使用的固定资产和单独计价入账的土地除外。（注：单独计价的土地指在90年代中期国有企业的清产核资中，为了"显化"国有资产，将国有企业无偿占用的划拨土地经评估后，根据财工字（1995）108号《关于国有企业清产核资中土地估价有关财务问题的通知》与财清字（1995）14号《关于认真抓紧做好清产核资中土地清查估价工作的紧急通知》等文件的规定借记"固定资产"，贷记"资本公积"（作为国家投资）的土地，这部分土地不计提折旧）。

（2）固定资产的折旧年限。各类固定资产折旧年限：房屋、建筑物20年；飞机、火车、轮船、机器、机械和其他生产设备10年；与生产经营活动有关的器具、工具、家具5年；飞机、火车、轮船以外的运输工具4年；电子设备3年；林木类生产性生物资产10年；畜类生产性生物资产3年。

（3）生产性生物资产的折旧政策如下。

第一，生产性生物资产从成长期开始计提折旧。这样改进保证了成长期、成熟期及衰退期产能与折旧成本的匹配。而且，由于生产性生物资产自身特征的变化（如果树开始挂果等），成长期时点界定容易，开始计提折旧时点确定简便，易于操作。

第二，生产性生物资产成长期折旧与支出资本化并行。处于生长期的生物资产为满足自身生长投入较大，这部分投入既满足生物资产自身生长、价值增值的要求又满足生物资产实现其产能的需要。在这两者需求中，前者大于后者。而且，这期间价值升值较快，所以，这期间的投入能够分清上述两类投入的，分别确认为生产性生物资产的增值成本和生产性生物资产的产能成本或期间费用等。不能分清两类投入的，依据重要性原则，全部作为生产性生物资产的增值成本。生产性生物资产的增值成本，不仅能增加生产性生物资产的自身价值，而且能延长生产性生物资产的使用寿命，满足资产支出资本化的条件，所以应予以资本化，增加生产性生物资产账面价值。

第三，生产性生物资产进入成熟期后支出停止资本化。生产性生物资产进入成熟期，其自身价值趋于稳定，其后的支出主要是维持生物资产实现其产能的需要，属于维护性支出。该支出由于不再增加生物资产自身价值，所以不进行资本化处理，即不确认为生产性生物资产的增值成本而应费用化处理，记入期间费用或作为当期产能的成本。

第四，生产性生物资产成长期折旧的计算。由于生产性生物资产成长期支出资本化，其账面价值在不断增加。这就为成长期生产性生物资产折旧计算增加了困难。鉴于成长期生产性生物资产账面价值的增加和产能的增加，建议其折旧采用年限平均法或产能（量）法或其他更适合的方法。方法一经选定，不得随意变更。且不论使用哪种方法，其预计使用年限或预计总产能（量）均自成长期开始。由于成长期折旧与支出资本化并行，所以成长期折旧按选定的方法分年度计算折旧额。

第五，生产性生物资产成熟期后折旧的计算。生产性生物资产成熟期后包括成熟期、衰退期（以下简称“成熟期后”）。生产性生物资产达到成熟期后，由于其后续支出费用化处理，其账面价值趋于稳定且其产能多年连续稳定，这与固定资产类似，其折旧参照固定资产折旧政策处理即可。

2. 固定资产的折旧方法

固定资产的折旧方法主要有直线法（平均年限法）、工作量法、快速折旧法（双倍余额递减法、年数总和法）、工作小时法。

（1）直线法。它是按照固定资产的预计使用年限平均分摊固定资产折旧额的方法。每期的折旧额相等。其计算公式如下。

$$固定资产折旧额=(固定资产原值-净残值)\div 预计使用年限 \quad (8-1)$$

$$年折旧率=(1-净残值率)\div 折旧年限\times 100\% \quad (8-2)$$

或：

$$年折旧率=年折旧额\div 固定资产原值\times 100\% \quad (8-3)$$

净残值率按照固定资产原值的3% ~5%确定，净残值率低于3%或高于5%的，由企业自主确定，并报主管财政机关备案。

（2）工作量法。工作量法是按照固定资产的预计工作量平均分摊固定资产折旧总额的方法。对农业企业使用的拖拉机、汽车、联合收割机、农具等固定资产按工作量法计提折旧。其具体计算公式为。

$$每一工作量折旧额=(固定资产原值-预计净残值)\div 预计使用期间总工作量 \quad (8-4)$$

$$某项固定资产年折旧额=该项固定资产每一工作量折旧额\times 当年完成工作量 \quad (8-5)$$

农业企业的拖拉机的工作量单位是“标准亩”，联合收割机的工作量单位是“作业亩”。根据不同情况，工作量法还可以具体化为产量折旧法和行驶里程折旧法。

（3）年数总和法。年数总和法是以固定资产的原值扣除预计净残值后的余额为计提折旧的基础，按照逐年递减的折旧率计提折旧的一种方法。采用年数总和法的关键是每年都要确定一个不同的折旧率。其计算公式如下。

$$年折旧率=(折旧年限-已使用年数)\div[折旧年限\times(折旧年限+1)\div 2]\times 100\% \quad (8-6)$$

$$年折旧额=(固定资产账面价值-预计净残值)\times 年折旧率 \quad (8-7)$$

（4）双倍余额递减法。这是以固定资产的年初余额（即净值）乘以规定的折旧率而求得折旧的方法。其计算公式如下。

$$年折旧额=固定资产的年初余额\times 规定的折旧率 \quad (8-8)$$

其中，规定的折旧率按使用年限法确定的折旧率的 2 倍求得，公式为如下。

$$年折旧率 = 2 \div 折旧年限 \times 100\% \quad (8-9)$$

（5）工作小时法。农业企业生产经营中使用的有些固定资产，比如喷灌机械、抽水机械、轧花机、榨糖机等，使用期短，季节性强，可采用工作小时法来合理计算产品成本和计提折旧。也就是，首先按机器在使用期内可工作总时数平均计算出每小时折旧额，其次按各使用期内可工作总时数平均计算出每小时折旧额，最后按各使用期实际工作时数计算折旧额。计算公式如下。

$$某项固定资产年折旧额 = (固定资产原值 - 净残值) \div 预计使用期间工作小时数 \quad (8-10)$$

$$某项固定资产年折旧额 = 该项固定资产每小时折旧额 \times 当年工作小时数 \quad (8-11)$$

（五）农业企业固定资产需要量的核定

为了保证企业有稳定的生产经营条件，有利于加强经济核算，建立健全经济责任制，挖掘财产潜力，提高设备利用率，使企业合理占有固定资金、提高固定资产利用效果，必须正确核定固定资产需用量。

1. 固定资产需用量核定的注意事项

（1）搞好固定资产的清查。①要摸清企业实际情况，对企业的全部机器设备、仪器、厂房、仓库和建筑物等固定资产的数量进行逐台登记、造册，查清现有固定资产的实有量，搞清现有固定资产的数量、质量、能力等状况。②要掌握固定资产在用、备用和闲置的数量情况以及固定资产的新旧程度和完好程度等，查明哪些设备完好、哪些带病运转、哪些停机维修、哪些应该报废，查明单台设备的设计生产能力、现有生产能力和生产某种产品的全部设备的综合生产能力。清查工作可由固定资产管理部门、财务部门、技术部门等协同进行，要做到账、卡、物相符。只有做到对现有固定资产数量清、质量清和能力清，才能正确核定出各类资产的合理需要量。

（2）以企业确定的计划生产任务为根据进行核定。农业企业的生产、经营对固定资产的需要量，要受到自然条件、生产规模、生产和作物结构以及企业预期的生产任务等的影响，因而在核定固定资产需要量时要考虑上述各方面的要求。

（3）同固定资产的挖潜、革新、改造和采用新技术相结合。在核定固定资产需要量时，要考虑到农业现代化的需要，又要坚持以内延或扩大生产能力为主，不能只依赖追加投资，既要保证生产的需要又要减少资金占用，把企业的设备潜力挖掘出来，重点应放在固定资产的挖潜、革新和技术改造等方面，以便既能节约资金使用又能较快地提高现有固定资产技术水平、生产能力和使用效率。

2. 核定生产设备需要量的基本方法

核定生产设备需要量是将生产设备的生产能力和企业确定的计划生产任务进行比较，在此基础上平衡生产设备的需要量。以联合收割机为例，说明其需要量的核定方法。

农业企业联合收割机需要量的核定，应根据各种收割机作业最大收割面积和联合收割机工作量定额计算。联合收割机工作量定额，可以按农忙时起总工作班次和每班次工作量定额计算，也可以按照每台收割机工作量定额计算。

$$\text{联合收割机需要量(标准台)} = \text{最大收割面积(标准公顷)} \div [\text{总工作班次} \times \text{每班次工作量定额(标准公顷)}] \quad (8-12)$$

或者：

$$\text{联合收割机需要量(标准台)} = \text{最大收割面积(标准公顷)} \div \text{每台联合收割机工作量定额(标准公顷)} \quad (8-13)$$

其他农业生产物资需要量的核定，应根据自然条件、生产规模、生产经营主业等特点，采用适当的计算方法。比如核定奶牛的需求量，就可通过每天牛奶销售量和每标准头奶牛产奶量的比值来确定。

非生产性固定资产的需要量，应按照企业的实际需要和可能条件研究决定。

（六）固定资金利用效果的核算

1. 固定资金利用效果核算的目标

对固定资产利用效果进行核算，可以确定固定资金占用的合理额度，正确计提折旧，加强固定资产管理，减少固定资产积压和浪费。

2. 固定资金利用效果的核算指标

反映固定资金利用效果的指标有单项的技术经济指标和综合性价值指标。为全面反映固定资金的利用情况，必须运用综合性的价值指标，主要有固定资金产值率和固定资金利润率。

（1）固定资金产值率。固定资金产值率是指企业在一定时间内所完成的总产值同固定资产平均占有额的比率。通常用每百元固定资金所提供的产值来表示。每百元固定资金提供的产值越多，说明固定资金的利用效果越好。

$$固定资金产值率 = 年总产值(年利税总额) \div 固定资金年平均占用额 \times 100\% \quad (8-14)$$

（2）固定资金利润率。固定资金利润率是指企业在一定时期内所实现的利润总额同固定资金平均占用额的比率。一般以每百元固定资金所提供的利润来表示。

$$固定资金利润率 = 年利润总额 \div 固定资金年平均占用额 \times 100\% \quad (8-15)$$

四、其他资金管理

（一）农业企业无形资产管理

1. 农业企业无形资产及其特点

（1）无形资产的内涵。无形资产是指农业企业拥有或控制的，受到法律或契约保护和确认的，能够为该企业带来长期利益或超额利益的无实体性经济资源。

企业在确认无形资产时需要注意：只有当与该无形资产有关的经济利益很可能流入企业，并且该无形资产的成本能够可靠地计量时才能确认为企业的无形资产。

（2）农业企业无形资产的特点。农业企业的无形资产除了具有无形资产的非实物性、垄断性、效益型、收益不确定性等特征，其独有的特点如下。

①依托产品的自然特征。农业无形资产的载体受生长环境及气候因素的影响，形成不同的产品规格、质量和特色。例如，新疆的葡萄、哈密瓜等受日

照、昼夜温差的影响，甜度比其他地区的产品要高。

②外观的不易识别性。农业无形资产依托的产品外观形态上具有一致性，不但不易鉴别，而且容易被假冒。比如大闸蟹，只从外形很难区分是否是苏州阳澄湖大闸蟹，容易造成其他假冒伪劣产品鱼目混珠。

③保护难度大。由于农业无形资产开发过程中的开放环境，接触的人员庞杂，如一些捕捞方法、耕作技术等很容易被模仿，如果参与的人员素质不高，在利益的驱使下，使得创新者得不到应有的收益。另外，农业无形资产开发受自然环境的影响，研制开发周期较长，投入资金较大，收益补偿低，致使农业无形资产具有较高的风险性。如植物新品种的选育，短则四五年，长则十几年甚至几十年，持续时间长，容易造成技术流失。

2. 农业企业无形资产的分类

农业无形资产按其产生的来源划分，主要有以下四类（见表8-4）。

表8-4　　农业企业无形资产类型

类型	含义	实例
农业知识产权型无形资产	创造性的农业科技成果：包括农业专利权、农业著作权、农业非专利技术权、植物新品种权等	如国家级专利及软件著作权：观赏海棠花色苷的测定方法、景区太阳能电子指示牌、温室花卉种植管理监控软件、奶牛养殖场管理系统软件等
农业权力型无形资产	由一定的契约关系产生的，对于契约双方具有经济利益的无形资产	如涉农的租赁权、特许经营权、专卖权、土地使用权等
农业关系型无形资产	非契约性的经济资源	如农业企业的客户关系、工作经验丰富的技术人员、领导与员工之间的融洽关系等
农业经营标识类无形资产	在农业科研、生产、经营等组织活动中产生的具有识别性标记的，能够说明农产品的产地、特点等的无形资产	如农产品的商标、名称、商号、原产地标识等

（1）农业知识产权型无形资产。农业知识产权型无形资产是指创造性的农业科技成果包括农业专利权、农业著作权、农业非专利技术权、植物新品种权等。该类无形资产是人类智力劳动的结晶，一般源于农业科学技术创造、农业研究机构等知识领域。

（2）农业权力型无形资产。农业权力型无形资产是指由一定的契约关系产生的，对于契约双方具有经济利益的无形资产，如涉农的租赁权、特许经营权、专卖权、土地使用权等。该类农业无形资产是农业主体所具有的优势，这种专营优势能够为其主体带来超额收益。

（3）农业关系型无形资产。农业关系型无形资产是一种非契约性的经济资源。这种经济资源虽然没有契约约束，但能够在一定的期间内存在并对关系方产生巨大的经济价值。如农业企业的客户关系、工作经验丰富的技术人员、领导与员工之间的融洽关系等都是农业主体难以替代的宝贵资源。

（4）农业经营标识类无形资产。农业经营标识类无形资产是指在农业科研、生产、经营等组织活动中产生的具有识别性标记的，能够说明农产品的产地、特点等的无形资产，如农产品的商标、名称、商号、原产地标识等。

3. 农业企业无形资产的计价与摊销

（1）农业企业无形资产的计价。农业企业主要通过购入、自创、其他单位投资转入以及接受捐赠等途径取得无形资产，因此无形资产一般按照取得时的实际成本计价。具体规定如下。

①投资者作为资本金或者合作条件投入的无形资产，按照评估确认或者合同、协议约定的金额计价；

②购入的无形资产，按照实际支付的价款计价；

③自行开发并且依法申请取得的无形资产，按照开发过程中实际支出计价；

④接受捐赠的无形资产，按照发票账单所列金额或者同类无形资产的市价计价；

⑤商誉只在企业合并时才能作价入账。

（2）农业企业无形资产的计价。作为企业的一项长期资产，无形资产能为企业持续长期带来收益。为了合理配比收入与费用，无形资产在计价入账后，应在收益期内分期平均摊销。无形资产的摊销主要取决无形资产的取得成本（投资作价额）和无形资产的有效期限。

无形资产的有效使用期限按下列原则确定。

①法律和合同或者企业申请书，分别规定有法定有效期限和受益年限的，

则按照上述法定有效期限与受益年限孰短的原则确定；

②法律没有规定有效期限，则按照企业合同或者企业申请书的受益年限确定；

③法律和合同或者企业申请书，都未规定法定有效期限的，按照不少于10年的期限确定。

4. 农业企业无形资产的价值评估

我国的《资产评估准则——无形资产》对无形资产的评估方法专门作了规定，主要包括3种，即成本法、收益法和市场法。

(1) 收益法。收益法是指通过估算被评估农业无形资产在未来剩余寿命期间内的预期收益，并用适当的折现率折算成评估基准日的现值，然后累加求和，借以确定被评估农业无形资产价值的一种资产评估方法。

由于农业企业无形资产受自然环境等因素的影响，自身抵抗风险的能力差，从而造成利润的波动性较大，因此，对未来收益的估计存在一定的难度。

(2) 成本法。成本法也称“重置成本法”，是指在对农业无形资产评估时，首先估算出被评估农业无形资产在现时经济技术条件下的重新开发研制成本，或购置一项全新的农业无形资产所花费的全部费用扣除各种损耗后，确定被评估农业无形资产价值的一种方法。成本法适用于对那些可复制、可重新研制开发的农业无形资产评估。

计算公式如下：

$$V = RC \times DR + OC \qquad (8-16)$$

在式(8-16)中：V为农业无形资产的评估值；RC为农业无形资产重置成本，是指在评估时的经济技术条件下，重新取得该项农业无形资产所需支付的全部费用；DR为成新率，是指农业无形资产剩余收益期限占全部收益期限的比例；OC为农业无形资产的机会成本，是指由于进行农业无形资产投资或转让而丧失了其他投资机会带来的收益损失。

(3) 市场法。市场法是指根据市场交易确定无形资产的价值，适用于专利、商标和版权等，一般是根据交易双方达成的协定以收入的百分比计算上述无形资产的许可使用费。

由于农业无形资产具有依托产品的自然特征、外观的不易识别性、保护难度大，市场上很难找到相同或类似的农业无形资产，这就使通过市场途径以及采用相应的方法来评估农业无形资产存在诸多困难。

（二）递延资产管理

1. 递延资产的含义及内容

递延资产是指不能全部计入当年损益，应在以后年度内较长时期摊销的，除固定资产和无形资产以外的其他费用支出。

递延资产包括开办费、租入固定资产改良支出以及摊销期在一年以上的长期待摊费用等。

开办费是企业在筹建期间实际发生的各项费用，包括筹建期间人员的工资、差旅费、办公费、职工培训费、印刷费、注册登记费、调研费、法律咨询费及其他开办费等。但是，在筹建期间为取得流动资产、无形资产或购进固定资产所发生的费用不能作为开办费，而应相应确认各项资产。开办费应当自公司开始生产经营当月起，分期摊销，摊销期不得少于 5 年。

租入固定资产改良支出是指企业从其他单位或个人租入的固定资产，所有权属于出租人，但企业依合同享有使用权，由于对租入固定资产实施改良有助于提高固定资产的效用和功能，应当另外确认为一项资产。由于租入固定资产的所有权不属于租入企业，不宜增加租入固定资产的价值而作为递延资产处理。租入固定资产改良及大修理支出应当在租赁期内分期平均摊销。长期待摊费用是指开办费和租入固定资产改良支出以外的其他递延资产；包括一次性预付的经营租赁款、向金融机构一次性支付的债券发行费用，以及摊销期在一年以上的固定资产大修理支出等。

2. 递延资产的特征

（1）递延期资产本身没有交换价值，不可转让。企业的固定资产是有形资产，可以进行转让。无形资产虽然没有实物形态，但其本身具有价值，可以相互转让。递延资产则不然，本身既无实物形态又不能进行交换，不能为企业清偿债务等。

（2）递延资产实质上是一种费用，但由于这些费用的效益要期待于未来，并且这些费用支出的数额较大，是一种资本性支出，其受益期在一年以上，若把它们与支出年度的收入相配比，就不能正确计算当期经营成果；所以应把它们作为递延处理，在受益期内分期摊销。

动动脑：

1. 随着数字货币、移动支付的兴起与普及会对农业企业的流动资金管理产生哪些影响？

2. 生产性生物资产如何确认和核算？

第二节　农业企业的成本与利润管理

▶ 案例导入：

农业企业成本核算的准确性及合规性

饲料原料价格波动风险下的畜牧企业成本控制。

饲料原料成本通常占饲料总成本的90%以上。在过去，饲料业务占公司营收的比重较大，但由于饲料行业通常采用成本加价法的定价方式，饲料原料价格的波动还可以部分向下游养殖环节传导，缓解原料价格上涨带来的压力。但随着畜、禽养殖业务在公司营收中的占比越来越大，原料价格上涨对公司整体的影响就会越来越大。

2020年，玉米价格在基本面偏强的情况下，走势一路向上，“新冠”“临储”“台风”一路接力带动玉米突破五年内最高点，豆粕价格也因南美疫情导致港口关闭影响大豆出口而短期出现攀升。再加上中美关系持续紧张，给今后中美两国之间的大宗农产品贸易以及饲料原料的国际贸易带来很大的不确定性，价格波动的风险将长期存在。此外，在非洲猪瘟疫情将在国内长时间存在的背景下，饲料企业出于动物营养安全的考虑，将会减少一些高风险原料，例如地产玉米、猪血、猪骨粉等的使用，使原料需求向其他类型的原料集中，这也将会引发这一部分替代原料价格的上涨。

风险应对措施：公司是国内最大的饲料企业，在原材料采购上具备规模优势和一定的话语权。2017年开始，公司对原料采购体系进行重组优化，积极开展供应商体系梳理，与多家国内外优秀原料供应商建立战略合作伙伴关系，并积极开展多种形式的供应链融资，优化采购成本及相关财务费用。2019年，公司继续在原料集采、合作伙伴战略采购渠道优化、东北产地玉米收购、采购模式升级等方面推进变革，逆势实现了较大的采购价值。2020年，新冠肺炎疫情对饲料原料、饲料添加剂价格造成了阶段性影响，公司饲料供应链管理部加大了套期保值工具的应用来控制原料价格波动风险，在应对新冠肺炎疫情期间，公司技采产销紧密联动，这些经验也已经被总结并应用到饲料业务的日常经营管理当中。

资料来源：新希望六和（000876）2020年报。

案例思考：农业企业如何应对原材料价格波动等风险对成本的影响？

一、农业企业成本管理

成本管理是农业企业生产经营管理的一个重要组成部分。它充分动员和组织企业全体人员，在保证产品质量的前提下对企业生产经营过程的各个环节进行科学合理的管理，力求以最少生产耗费取得最大的生产成果。

（一）成本管理的内容

1. 成本预测

成本预测是指运用一定的科学方法，对农业企业未来成本水平及其变化趋势做出科学的估计，使经营管理者易于选择最优方案，作出正确决策。它是编制成本计划和进行成本决策的依据。

企业成本预测主要包括以下内容。

（1）在企业新建、扩建和改建时，预测建设工程成本和投产后的产品成本；

（2）在企业采取重大技术措施、进行设备的改造和更新时，预测技术措施、设备改造和更新的工程成本和投产后的产品成本；

（3）在开发新产品和改造老产品时，预测新产品设计成本和老产品改造成本；

（4）在制定或改革产品工艺时，进行工艺成本的预测分析；

（5）在正式编制成本计划前，进行可比产品成本降低指标的试算平衡和不可比产品成本的预计；

（6）在成本计划执行过程中，预测下阶段成本计划可能完成的程度；

（7）在日常生产管理中，通过技术经济指标的变动，预测单位产品成本及其变动趋势。

2. 成本计划

成本计划是成本控制和成本考核的依据。它是企业生产预算的一部分，以货币形式规定企业在计划期内产品生产耗费和各种产品的成本水平，以及相应的成本降低水平和为此采取的主要措施的书面方案。

企业成本计划主要包括主要产品单位成本计划、全部产品总成本计划和期间费用预算。一般是先编制产品单位成本计划，再汇总成全部产品总成本计划。在编制成本计划时要以成本预测为依据。编制产品单位成本计划，通常以各种消耗定额和费用开支标准为依据，分别计算出单位产品的直接材料、直接工资和制造费用的计划成本，之后进行汇总。

3. 成本核算

成本核算是通过对成本的确认、计量、记录、分配、计算等一系列活动，确定成本控制效果。其目的是为成本管理的各个环节提供准确的信息。只有通过成本核算，才能全面、准确地把握企业生产经营管理的效果。企业劳动生产率的高低、固定资产的利用程度、原材料和能源的消耗情况、生产单位（车间）的管理水平等，都直接或间接地会表现在成本上。

4. 成本分析

成本分析主要是运用成本核算所提供的信息，通过同行比较和关联分析，包括对成本指标和目标成本的实际完成情况、成本计划和成本责任的落实情况，上年的实际成本、责任成本，国内外同类产品成本的平均水平、最好水平，进行比较，分析确定导致成本目标、计划执行差距的原因以及可挖潜的空间。同时通过分析，把握成本变动规律，总结经验教训，寻求降低成本的途径。

5. 成本考核和奖惩

成本考核和奖惩是把成本的实际完成情况与应承担的成本责任进行对比，考核、评价目标成本计划的完成情况。其作用是对每个成本责任单位和责任人，在降低成本上所作的努力和贡献给予肯定，并根据贡献的大小给予相应的奖励，以稳定和提升员工进一步努力的积极性。同时，对于缺少成本意识，成本控制不到位，造成浪费的单位和个人，给予处罚，以促其改进改善。

（二）成本管理的模式

1. 标准成本管理

（1）核心要素。标准成本管理的核心要素是标准成本。它是指在正常和高效率的运转情况下制造产品的成本是一种目标成本，而不是指实际发生的成本。通常从直接材料成本、直接人工成本和制造费用预计三个方面着手进行。直接材料成本包括标准用量和标准单位成本两个方面；直接人工成本包括标准用量和工资率两个方面（计时工资时）；制造费用分为变动制造费用和固定制造费用两个部分，都是按标准用量和标准分配率来计算。

（2）定义。标准成本管理也称“标准成本控制”，是以标准成本为基础，将实际成本与标准成本进行对比，揭示成本差异形成的原因和责任，进而采取措施，对成本进行有效控制的管理方法。

（3）主要内容。标准成本管理的主要内容包括成本标准的制定、标准成本的控制、成本差异揭示及分析、成本差异的账务处理四个部分内容。

2. 作业成本管理

（1）核心要素。作业成本管理的核心要素是作业。它是指在一个组织内为了某一目的而进行的耗费资源的工作。根据企业业务的层次和范围，可将作业分为以下四类：单位作业、批别作业、产品作业和支持作业。

单位作业是指使单位产品或服务受益的作业，它对资源的消耗量往往与产品的产量或销量成正比。常见的作业如加工零件、每件产品进行的检验等。

批别作业是指使一批产品受益的作业，作业的成本与产品的批次数量成正比。常见的如设备调试、生产准备等。

产品作业是指使某种产品的每个单位都受益的作业，例如零件数控代码编制、产品工艺设计作业等。

支持作业是指为维持企业正常生产，而使所有产品都受益的作业，作业的成本与产品数量无相关关系，例如厂房维修、管理作业等。通常认为前三个类别以外的所有作业均是支持作业。

（2）定义。作业成本管理（Activity - Based Costing Management，ABCM）是以提高客户价值、增加企业利润为目的，基于作业成本法的新型集中化管理方法。它通过对作业及作业成本的确认、计量，最终计算产品成本，同时将成本计算深入作业层次，对企业所有作业活动追踪并动态反映进行成本链分析，包括动因分析、作业分析等，为企业决策提供准确信息；指导企业有效地执行必要的作业，消除和精简不能创造价值的作业，从而达到降低成本、提高效率的目的。

（3）主要内容。作业成本管理的主要内容包括对构成作业链的各项作业进行分析，确认主要作业和作业中心；归类汇总企业相对有限的各种资源，并将资源合理分配给各项作业；对生产经营的最终商品或劳务分类汇总，明确成本对象；发掘成本动因，加强成本控制；建立健全业绩评价体系，加强成本管理的绩效考评。

3. 战略成本管理

（1）核心要素。战略成本管理的核心要素是价值链和成本动因。

价值链的概念是由美国学者迈克尔·波特于1985年提出的。它是指企业为生产有价值的产品或劳务为顾客而发生的一系列创造价值的活动。通过战略上对行业价值链分析以了解企业在行业价值链中的位置，从企业内部分析以了解自身的价值链，从竞争对手分析以了解对手的价值链，从而达到知己知彼、洞察全局的目的，并由此形成了价值链的各种战略。它包括行业价值链分析、企业内部价值链分析、竞争对手价值链分析等。

成本动因是引起产品成本发生的原因。它构成了成本的决定性因素，跳出了传统成本管理中将产量作为成本高低的唯一驱动因素，而代之以更宽广、与战略相结合的方式来分析和了解成本。

“成本优势”是战略成本管理的核心，企业取得成本优势可以采取两种方法。①控制成本动因。企业只有控制其主要价值链活动的成本动因，才能真正控制成本。②重新组合价值链活动。企业可研究分析如何重新设计、组合其主要价值链（如产品设计、生产、营销、运送等），重新取得成本优势，提高竞争力。

（2）定义。战略成本管理（Strategic Cost Management，SCM）是指运用成本管理技术，从战略角度来研究成本形成与控制，使公司在提高战略地位的同时降低成本。具体而言，战略成本管理是一个对投资立项、研究开发与设计、生产和销售环节进行全方位监控的过程，主要是从战略的视角来分析影响成本的因素，从而进一步发现降低成本的途径。其目标是营造企业的持久竞争优势。

（3）主要内容。战略成本管理的主要内容包括战略环境分析、战略规划、战略实施与控制、战略业绩计量与评价。

（三）成本管理的手段

1. 建立成本控制中心

企业要建立以企业财务部门为轴心的综合管理、统一核算、成本总控制的成本控制中心。该中心对上以企业目标总成本为落实目标，向企业领导层提供目标成本的执行情况和管理决策意见；对下以企业分解的定额成本为管理控制目标，对企业所属部门、车间、班组实施定期考核、分析和监督控制，形成企业内部纵横连锁的成本管理核算体系。

2. 实行成本全面预算管理

针对企业生产任务和年度销售计划，制定企业目标总成本计划，并把总成本目标分解落实到各部门、车间、班组，实行定额或指标成本预算管理。同时要加强企业原材料供应、产品生产和销售等环节的成本预算定额管理，重点以百元为基数确定销售收入成本、成本利润率等指标，衡量和考核企业成本预算管理和成本效益水平。

3. 严格成本管理控制

在制定和完善企业各项成本费用消耗定额和指标定额的基础上，严格各种原始记录、物资计量验收和收发出入库手续制度，做到原材料领用按定额、费用开支按标准、审批手续按规定、审查考核按程序，加大全方位考核制度。要建立成本管理责任制和目标成本考核奖励制度，使企业的目标成本与目标利润密切挂钩，把部门、车间、班组的指标定额成本与其应取得的效益指标和员工的经济利益密切挂钩。这样既可以调动群众的积极性，又能使企业经济效益得到提高，同时使他们明确自己应当肩负的管理责任。建立这种制度也可以真正做到成本管理的责、权、利互相统一，达到向管理要效益的目的。

二、农业企业成本核算

农业企业生产成本是农业经济核算的重要内容，由于农业企业经营对象的特殊性和生物质资源生产的特征，农业企业的生产成本核算对象和方法与其他企业具有较大的差别。

2013 年 8 月 16 日，财政部以财会〔2013〕17 号印发《企业产品成本核算制度（试行）》，自 2014 年 1 月 1 日起施行。该制度中规定了农业企业成本核算的相关条款。

（一）种植业生产成本的核算

1. 成本核算对象

种植业成本核算对象根据“主要从细，次要从简”的原则确定，按我国种植业中各种作物的产量、播种面积以及在种植业中的重要程度，依据《农业企业会计核算办法》的规定，将主要产品确定为小麦、水稻、大豆、玉米、棉花、糖料、烟叶、草、剑麻纤维等。对于主要产品，应单独核算其生产成本；对于次要作物，可以每类作物作为成本计算对象，先计算出各类作物的产品总成本，再按一定标准确定该类中各种作物的成本。

对于不同收获期的同一种作物必须分别核算。对于每一农产品成本，成本计算对象又具体区分为农产品本身和生产该种农产品的播种面积。最终以农产品本身为对象计算出农产品总成本和单位成本，以播种面积为对象计算单位面积农产品成本。

2. 成本计算期

种植业的成本计算期一般与其生产周期相一致，在产品产出的月份计算成本，但产品生产成本计算的截止时间因农作物产品特点而异。

粮豆的成本算至入库或在场上能够销售；棉花算至皮棉；纤维作物、香料作物、人参、啤酒花等算至纤维等初级产品；草成本算至干草；不入库的鲜活产品算至销售；入库的鲜活产品算至入库；年底尚未脱粒的作物，其产品成本算至预提脱粒费用。下年度实际发生的脱粒费用与预提费用的差额，由下年同一产品负担。

3. 成本项目

企业应根据具体情况设置成本项目。一般情况下可设置以下成本项目。

直接材料：它是指生产中耗用的自产或外购的种子、种苗、肥料、地膜、农药等。材料费一般按实际购买价格加运杂费计算。自留的种子按使用期的正常购买价格计算；政府部门、企业或他人无偿或低价提供的化肥按市场价格（或当地规定的化肥综合价格）计算；农户自积的各种粪肥，按规定的价格或市价计算；沤肥按绿肥的种植成本分摊计算或农作物副产品折价计算；饼肥按规定价格或市场价格计算；菌肥按成本价计算。

直接人工：它是指直接从事种植业生产人员的工资、工资性津帖、奖金、福利费。包括直接用工费和间接用工费。直接用工费是某作物生产过程直接耗费的劳动用工，其费用可以直接计入生产成本。间接用工费是作物生产过程中发生的，不便于直接计入某作物产品需分摊才能计入成本的人工费用。

机械作业费：它是指生产过程中进行耕耙、播种、施肥、中耕除草、喷药、收割、脱粒、运输、排灌等机械作业所发生的费用支出。租赁的机械设备作业，只有一种作物则按实际支付报酬计算；多种作物作业，先按实际支付作业报酬记录，再按照各作物实际作业量进行分。自有机械作业按实际成本计算。自有农机作业费等于自有农机总支出（包括折旧费、零件购买及修理费等）扣除副业及其他作业应摊费用。

其他直接费：它是指除直接材料、直接人工和机械作业费以外的其他直接费用。如某种农作物的专用工具、用具购置费、运输费等。

制造费用：它是指应摊销、分配计入各产品的间接生产费用。包括：各种作物共同使用的工具、用具购置修费，当年投资当年受益的小型农田建设开支的材料费、工具费，农用物资仓库的折旧费、修理费，为购买种子、化肥、农药开支的差旅费，因绝产作物的损失费用等。农业共同费是间接费用，应单独进行汇集，然后按各种作物的面积进行分摊。

管理费和其他支出：各种作物应该分摊的管理费用和其他支出。管理费是生产单位行政管理方面的支出，如办公用房折旧费与修理费、办公费、电讯费、会议差旅费等。其他支出指以上支出以外的费用，如贷款利息支出、租金支出等。管理费和其他支出是间接费用，应单独进行汇集，按各种作物的收入比例或直接费用比例或直接用工比例进行分摊。

4. 成本计算参考公式

$$\text{某种作物单位面积（公顷）成本} = \text{该种作物生产总成本} \div \text{该种作物播种面积} \quad (8-17)$$

$$\begin{matrix}\text{某种作物主产品单位}\\\text{产量（千克）成本}\end{matrix} = \left(\begin{matrix}\text{该种作物生产}\\\text{总成本}\end{matrix} - \text{副产品价值}\right) \div \begin{matrix}\text{该种作物主}\\\text{产品产量}\end{matrix} \quad (8-18)$$

$$\text{某种蔬菜应分配的温床（温室）费用}=\left[\text{温床（温室）费用总额}\div\text{实际使用的格日（平方米日）总数}\right]\times\text{该种蔬菜占用的格日（平方米日）数}\quad(8-19)$$

$$\text{草场单位面积（公顷）成本}=\text{种草生产总成本}\div\text{种草总面积}\quad(8-20)$$

$$\text{干草单位产量（吨）成本}=\text{种草生产总成本}\div\text{干草总产量}\quad(8-21)$$

某种粮户共有50亩耕地，其中：30亩种植水稻，其种籽费510元；肥料费2430元；农药及除草剂660元；用工360工日，30元/工日；机耕、灌溉、电力、燃油费3600元；本期农机具修理费1050元；购买稻田管理书籍花费75元；收割租赁机械作业费1800元；收获稻谷20500公斤，稻谷售价2.3元/公斤。稻草直接出售2400元。每亩粮食直补收入24元。所收稻谷自用1000公斤。计算每亩稻谷成本、每公斤稻谷成本是多少？

解：该农户生产稻谷总成本为：

$(510+2430+660+360\times30+3600+1050+1800)-2400=18450$ 元

每亩稻谷成本 $=18450\div50=369$ 元/亩

每公斤稻谷成本 $=18450\div20500=0.9$ 元/公斤

多次收获的多年生作物，未提供产品前累计发生的费用，按规定比例摊入投产后各期的产品成本。

在实际工作中，农产品成本的计算一般通过成本计算表进行，农产品成本计算表格式见表8－5。

表8－5　农产品成本计算表

项目		单位	产品名称			合计
			小麦	玉米	水稻	
播种面积		亩				
产量		千克				
人工费用	标准工日	个				
	工日单价	元/日				
	人工费用	元				

续表

项目		单位	产品名称			合计
			小麦	玉米	水稻	
物质费用	种子费	元				
	肥料费	元				
	农膜费	元				
	排灌费	元				
	农药费	元				
	机械作业费	元				
	排灌作业费	元				
	畜力作业费	元				
	其他直接费	元				
	农业共同费	元				
	管理费和其他支出	元				
	合计	元				
生产总成本		元				
单位面积（亩）成本		元/千克				
副产品价值		元				
主产品成本		元				
主产品单位（kg）成本		元				

（二）畜牧养殖业生产成本的核算

1. 成本核算对象

畜牧业包括养猪、养牛、养禽、养羊等畜牧业生产。畜牧养殖业的成本核算对象是畜（禽）群及其产品。主要畜（禽）产品有牛奶、羊毛、肉类、禽蛋、蚕茧等。

畜牧业的核算可以采取分群核算和混群核算两种方法。混群核算是按畜禽种类划分，内部不分畜龄核算，生产费用的归集和成本的核算按畜禽的种类进行，适用养殖量比较小或不需明细核算企业或养殖户。分群核算是按不同种类的畜禽的不同畜龄，划分若干群，归集生产费用，分群计算成本。混群核算与分群核算没有本质的差别，仅是对畜禽存栏价值的核算有所不同。混群核算的生产成本不仅核算存栏价值，还包括当期的饲养成本，而分群核算则是将存栏价值单独列为“幼畜及育肥畜”，当期饲养成本计入“生产成本”。

实行分群饲养的主要畜（禽）群别划分如下。

养猪业：基本猪群（包括母猪、种公猪、检定母猪、2 个月以内的未断奶的仔猪）；2 ~4 个月幼猪；4 个月以上幼猪和育肥猪。

养牛业：基本牛群（包括母牛和公牛）；6 个月以内的犊牛；6 个月以上的幼牛。

养马业：基本马群（包括母马、种公马、未断奶的马驹）；当年生幼马；2 年生幼马；3 年生幼马。

养羊业：基本羊群（包括母羊、种公羊、未断奶的羔羊）；当年生幼羊；往年生幼羊；去势羊和非种用公羊。

养禽业：基本禽群（包括成龄禽）；幼禽和育肥禽；人工孵化群。

2. 成本项目

直接材料：它是指畜牧养殖业生产耗用的仔畜、饲料饲草、燃料、动力、畜禽医药费、饲料加工、保温过程中使用的燃料、动力费等。仔畜指购买或自育仔畜、仔禽的费用。生猪、肉鸡、肉牛、肉羊养殖购进的仔猪、鸡雏、牛犊、羊羔按实际购买价格加运杂费计算；自繁自育的按同类产品的市场价格或实际饲养发生的成本计算。实行混群核算没有区分仔畜与产品畜的，核算仔畜进价后将仔畜饲养费用从产品成本中剔除，避免重复计算。蛋鸡的仔畜进价按购进的育成鸡的实际购买价格加运杂费计算；自繁自育的按仔鸡转为育成鸡的市场价格计算。奶牛按生产性生物资产核算，购进的奶牛犊或自繁自育的奶牛犊转为产奶牛时按当时市场价值计算产奶牛价值，并按产奶年限计提折旧。购进的饲料按照实际购进价格加运杂费计算，自产的按照正常购买期市场价格计算。

直接人工：它是指直接从事畜牧养殖业生产人员的工资、工资性津贴、奖金、福利费，包括家庭用工折价和雇工费用。

其他直接费：它是指除直接材料、直接人工以外的其他直接费用，包括配种费、放牧用具费、转场搬迁费、畜舍用塑料支出等。

制造费用：它是指应摊销、分配计入各群别的间接生产费用，如产役畜折旧、生产单位的人员工资及福利费、折旧费、修理费、办公费、保险费、土地租赁费等。

3. 成本计算参考公式

（1）混群核算的成本计算参考公式。

$$\text{某类畜（禽）本期生产总成本（元）}=\text{期初存栏价值}+\text{本期饲养费用}+\text{本期购入畜（禽）价值}+\text{本期无偿调入畜（禽）价值}-\text{期末存栏价值}-\text{本期无偿调出畜（禽）价值} \quad (8-22)$$

$$\text{某类畜（禽）主产品单位成本（元）}=\left(\text{某类畜（禽）生产总成本}-\text{副产品价值}\right)\div\text{该类畜（禽）主产品总产量} \quad (8-23)$$

（2）分群核算的成本计算参考公式。

$$\text{畜（禽）饲养日成本（元/头（只）日）}=\text{该群本期饲养费用}\div\text{该群饲养头（只）日数} \quad (8-24)$$

$$\text{离乳幼畜活重单位成本（元/千克）}=\left(\text{该群累计饲养费用}-\text{副产品价值}\right)\div\text{离乳幼畜} \quad (8-25)$$

$$\text{活重幼畜或育肥畜增重单位成本（元/千克）}=\left(\text{该群本期饲养费用}-\text{副产品价值}\right)\div\text{该群增重数} \quad (8-26)$$

$$\text{某畜群增重量（千克）}=\text{该群期末存栏活重}+\text{本期离群活重（不包括死畜重量，下同）}-\text{期初结转、期内购入和转入的活重} \quad (8-27)$$

$$\text{某群幼畜或育肥畜活重单位成本（元/千克）}=\left(\text{期初活重总成本}+\text{本期增重总成本}+\text{购入、转入总成本}-\text{死畜残值}\right)\div(\text{期末存栏活重}+\text{期内离群活重}) \quad (8-28)$$

$$\text{主产品单位成本（元/千克）}=\left(\text{该畜群累计全部饲养费用}-\text{副产品价值}\right)\div\text{该畜群主产品总产量} \quad (8-29)$$

某猪场实行分群核算制，本期2—4月幼猪及育肥猪饲养费用为156840元（含饲料费、人工费等），副产品价值600元（包括厩肥和死猪残值）；期初存栏幼猪50头，活重1000公斤，成本5740元；期内由离乳仔猪群转入480头，活重7700公斤，成本44198元；购入幼猪100头，活重2200公斤，成本

13200 元；本期由 2—4 月幼猪转为 4 个月以上幼猪及育肥猪 520 头，活重 34800 公斤；死亡 1 头，活重 45 公斤；期末结存 109 头，活重 6540 公斤。

根据上述资料计算成本如下：

该群增重量（公斤）= 6540 + 34800 − (1000 + 7700 + 2200) = 30440 公斤

幼猪（育肥猪）增重单位成本（元/公斤）= (156840 − 600) ÷ 30440 = 5.13 元/公斤

幼猪（育肥猪）活重单位成本（元/公斤）= (5740 + 156840 + 13200 + 44198 − 600) ÷ (6540 + 34800) = 5.31 元/公斤

计算出某猪群的活重单位成本后，即可分别计算出本期转出、售出和期末存栏的全部活重成本。

本期幼猪（育肥猪）活重总成本 = 34800 × 5.31 = 184788 元

期末存栏幼猪（育肥猪）活重总成本 = 6540 × 5.31 = 34727.4 元

为计算畜牧业产品的生产成本，需要设置一些日常的记录表格，作为成本核算的依据。

以养猪业为例，常用的表格有：记录群的增减变动的"××群动态月报表"、产品成本计算表等，格式见表 8－6。

表 8－6　猪群动态月报表

场别：北京原种猪场　　××××年××月××日　　单位：头/公斤

项目		基础猪		0—1 月仔猪		1—2 月幼猪		2 月以上肥猪	
		头数	重量	头数	重量	头数	重量	头数	重量
期初存栏									
出生									
外购									
转入									
捐赠									
增加小计									
转出									
出售	种猪								
	肥猪								
	淘汰								
死亡									

续表

项目	基础猪		0—1 月仔猪		1—2 月幼猪		2 月以上肥猪	
	头数	重量	头数	重量	头数	重量	头数	重量
自宰								
捐赠								
减少小计								
月末存栏								
饲养日数								

资料来源：科柏盛环保网。

表 8－7　　产品成本计算表

单位名称：北京原种猪场　　××××年××月　　单位：千克、元

项目		行次	仔猪		幼猪		肥猪	
			本月数	累计数	本月数	累计数	本月数	累计数
期初活重		1						
期末活重		2						
本期增加重量		3						
本期离群重量		4						
本期死亡重量		5						
本期增重总量		6						
本期活重总量		7						
饲养日数		8						
饲养费用	工资及福利费	9						
	饲料费	10						
	兽药、兽械费	11						
	种猪价值摊销	12						
	固定资产折旧	13						
	低值易耗品	14						
	制造费用	15						
		16						
		17						
		18						
饲养费用合计		19						
减：副产品价值		20						

续表

项目	行次	仔猪		幼猪		肥猪	
		本月数	累计数	本月数	累计数	本月数	累计数
增重成本	21						
单位产品增重成本	22						
加：购入、转入成本	23						
加：期初活重总成本	24						
主产品总成本	25						
单位产品（kg）活重成本	26						
饲养日成本	27						

注：1 行（累计数）＝年初活重 2 行（累计数）＝本期期末数 7 行＝2 行＋4 行
6 行＝2 行＋4 行＋5 行－1 行－3 行 22 行＝21 行/6 行 26 行＝25 行/7 行 27 行＝19 行/8 行。

（三）林业生产成本的核算

1. 成本核算对象

林木生产包括种子、苗木、木材生产等，其主要产品有种子、苗木、原木、原竹、水果、干果、干胶（或浓缩胶乳）、茶叶、竹笋等。林木按生产阶段一般可分为种苗、造林抚育、采割三个阶段，不同阶段的林木也应分别核算其成本。

种苗成本核算对象：种子应按树种分别归集费用，核算种子成本；育苗阶段应按树种、育苗方式、播种年份分别归集费用，核算育苗成本。

造林抚育成本核算对象：消耗性林木资产和公益林根据企业管理的需要，可按照小班、树种等归集费用，核算造林抚育成本。

木材生产成本核算对象：按木材采伐运输方式、品种、批别及其生产过程等，根据企业管理的需要归集费用，核算木材生产成本。

其他林产品成本核算对象：按照收获的品种、批别、生产过程等，根据企业管理的需要归集费用，核算收获品的成本。

2. 成本计算期

各阶段林木及林产品的生产成本计算：育苗阶段算至出圃时；造林抚育阶段，消耗性林木资产和公益林算至郁闭成林前；采割阶段，林木采伐算至原木产品，橡胶算至干胶或浓缩胶乳，茶算至各种毛茶，其他收获活动算至其他林产品入库。

3. 成本项目

林业企业的成本项目可按照种植业企业的生产成本项目设置，也可根据管理需要自行设置。

4. 成本计算参考公式

某树种苗木单位面积培育成本＝该树种生产费用÷该树种苗木面积（公顷） (8－30)

某树种出圃苗木单株成本＝该树种出圃苗木总成本÷该树种苗木产量（株） (8－31)

经济林木的培育成本＝成熟前经济林木造林抚育成本＋成熟前经济林木管护费用 (8－32)

消耗性林木资产的培育成本＝郁闭成林前消耗性林木资产造林抚育成本＋郁闭成林前消耗性林木资产管护费用 (8－33)

消耗性林木资产的木材生产成本＝采伐的消耗性林木资产账面价值＋木材采运成本 (8－34)

（四）水产业生产成本的核算

1. 成本核算对象

水产业一般是以水产品品种为成本核算对象。淡水养殖主要是按养殖鱼苗、鱼种和商品鱼、淡水虾、蟹等主要品种来计算产品成本；海水养殖是按海水虾、蟹、蛤、贝类以及海水鱼等来计算主要产品成本。

2. 成本项目

直接材料是指直接用于养殖生产的苗种、饲料、肥料和材料等。其中：苗种是指直接用于养殖生产的鱼苗、鱼种、虾苗、蟹苗、贝苗、藻苗、水生植物的种子等，孵化用的亲鱼、亲虾也属于本项目；饲料是指直接用于养殖生产的各种饲料；材料是指直接用于养殖生产的各种渔需物资和渔具等低值易耗品摊销外，还包括用于生产的机油、柴油、水电等。

直接人工是指直接从事水产养殖人员的工资、工资性津贴、奖金、福利费。承包人员的工资等也在此核算。

其他直接费是指除直接材料、直接人工以外的其他直接费用。

制造费用是指应摊销、分配计入各产品的间接生产费用。

3. 水产养殖核算周期

由于渔业生产要经过育苗、繁殖、培育、投入放养等过程，其生产周期一般在1—2年或以上，具有培育周期长的特点。因此，水产养殖的成本计算期从购入幼苗或育苗开始，不入库的鲜活产品，计算到销售为止；入库的成品成本，则计算到入库为止。其成本计算期一般应与生产周期相一致。

4. 成本计算公式

鱼苗成本计算的对象就是鱼苗。鱼苗又称“鱼花”，是孵化不久的幼鱼，可以人工繁殖，也可以从江河中张捕。一般采用估计或通过抽样清查方法推算总数，其结果只能做到大致准确。通常以万尾为成本计算单位。

$$每万尾鱼苗成本=育苗期的全部生产费用÷育成鱼苗万尾数 \quad (8-35)$$

$$每万尾（千克）鱼种成本=育种期的全部生产费用÷育成鱼种万尾（千克）数 \quad (8-36)$$

生产周期跨年度的渔业产品，在会计年度终了时，进行实地盘点。盘点时，要根据不同的产品采用不同的方法。在产品计价应结合当年市价、明年市价、当年实际成本，使用成本与市价孰低法计算在产品价值。计算的在产品成本与账面在产品成本的差额列当期损益。当年销售部分在产品的，按以上计算的在产品结转销售成本。待明年销售时，将盘存在产品成本加上明年的投入作为全部生产成本。

$$多年放养成鱼单位（千克）成本=(捕捞前各年发生的生产费用+本年生产费用)÷成鱼总产量 \quad (8-37)$$

逐年放养、逐年捕捞的成鱼成本由当年捕捞的成鱼负担，可不计算在产品价值。平时零星销售不结转销售成本，在收获清池后进行清算。发生的实际成本（如材料费、人工费、水电费、折旧费等成本费用）归集起来作为产品成本，根据发生的总成本和总产量计算产品的单位成本，以此结转产品的销售成本。

$$逐年放养成鱼单位（千克）成本=本年成鱼放养的全部费用÷本年成鱼产量 \quad (8-38)$$

海水养殖成鱼单位成本

=（捕捞前各年结转的生产费用＋当年发生的生产费用＋捕捞费用）

÷海水养殖成鱼总产量 （8－39）

三、农业企业利润管理

（一）农业企业利润及分配

1. 利润的形成

利润按其形成过程，分为税前利润和税后利润。税前利润（即利润总额），作为企业在一定期间内生产经营成果的总和，是企业财务活动的最终成果，由营业利润、投资净收益和营业外收支净额三个部分构成的。

利润总额＝营业利润＋投资净收益＋营业外收入－营业外支出 （8－40）

（1）营业利润。营业利润是企业在一定期间从事生产经营活动所取得的利润，是利润总额的主体，集中体现了当期生产经营的财务成果。

营业利润＝主营业务利润＋其他业务利润－管理费用－财务费用 （8－41）

在式（8－41）中，主营业务利润是指企业从事基本生产经营活动取得的利润，在生产性企业中主营业务利润就是产品销售利润，包括销售产成品、自制半成品、提供代制品、代修品和劳务等所取得的利润。

其他业务利润是指企业从事基本生产经营活动以外的其他经营活动所取得的利润，在生产性企业中就是其他销售利润，包括材料销售、固定资产出租、包装物出租、外购商品销售、无形资产转让以及提供非生产性劳务等取得的利润。

管理费用是指管理部门及其派出机构，为管理和组织经营活动而发生的各项费用。它包括公司经费、工会经费、职工教育经费、劳动保险费、技术开发费、无形资产摊销、开办费摊销、土地开发费摊销等。

财务费用是指企业为筹集资金而发生的各项费用，包括生产经营期间发生的利息支出（减利息收入）、金融机构手续费以及其他业务费用。

（2）投资净收益。投资净收益是企业对外投资取得的收益扣除投资损失后的余额。

投资净收益 = 对外投资收益 − 对外投资损失 （8−42）

在式（8−42）中，投资收益包括：对外投资分得的利润、股利和债券利息，投资到期收回或者中途转让时取得的收入高于账面价值的差额，以及按权益法核算的股权投资在被投资单位增加的净资产中所拥有的份额（即长期投资的增加额）。

投资损失包括投资到期收回或者中途转让时取得的收入低于原账面价值的差额，以及按权益法核算的股权投资在被投资单位减少的净资产中所分担的数额（即长期投资的减少额）。

（3）营业外收支净额。营业外收支净额是指与企业生产经营活动没有直接联系的各种营业外收入减去营业外支出后的余额。

营业外收支净额 = 营业外收入 − 营业外支出 （8−43）

在式（8−43）中，营业外收入包括固定资产盘盈和出售的净收益、因债权人原因确实无法支付的应付款项、教育费附加返还款、物资及现金溢余等。

营业外支出包括固定资产盘亏、报废毁损和出售的净损失、非季节性和非修理期间的停工损失、非常损失、公益救济性捐赠、赔偿金、违约金（不包括税收罚款和滞纳金）、防汛抢险支出等。

（4）企业的利润总额。企业的利润总额是计算企业所得税的主要依据。当企业的利润总额小于零时，企业发生亏损。企业发生的年度亏损可以用下一年度的利润弥补；下一年度利润不足弥补的，可以在五年内用所得税前利润延续弥补，延续五年未弥补的亏损，用缴纳所得税后的利润弥补。

▶ 拓展阅读：

农业：农民能做，企业做却亏损，农业的利润究竟在哪里？

各地生猪价格不断飙升，在2019年的4.8元/斤的基础上翻一倍，涨到这个月的9.6元/斤。与此同时，猪肉批发价也不断上涨，6月22日猪肉价格再创新高，平均价格为25.46元/公斤，比6月21日（23.91元/公斤）猪肉均价上涨1.55元/公斤。在目前我国整体通胀压力较大的背景下，猪肉价格也同样触动着每个人的神经。为此，《中国日报》记者深入探访了从猪圈到超市的各个环节，寻找猪肉涨价背后的原因。

猪肉涨价主要是由于供应短缺以及生产资料价格上涨造成的，不仅增加了通胀的压力，也打压了屠宰场，给消费者增加压力。收猪困难屠宰量下降两成。人们通常认为，猪肉涨价了，屠宰厂会更赚钱。其实不然。淄博当地最大的生猪屠宰企业齐美斯厂长张友唐表示，生猪上涨后厂里的利润降低了近20%，主要是因为收猪很困难，因而销售额降低了。

好多企业投资农业后亏损的一塌糊涂，但还搞不明白是怎么回事，明明纸上计算利润非常可观、绝对大赚钱的产业，怎么会亏死了呢？那么，农业产业利润哪去了？

数字计算出来的利润怎么对农业不起作用了？以养殖业为例，业内人都知道养猪养羊三年一轮回，行内有“一年赚一年平一年亏”“赚一年空两年”的说法，而纸上计算利润则是以每养一头生猪赚100元来计算的，按这样的计划操作下去，不赔才怪。还有菜店，菜店必须保证30%～50%的毛利润，才能赚到5%—10%左右的利润。那么，农业产业的毛利润需要达到多少才能赚钱呢？这其实是个没有答案的问题，任何数据测算在农业里只能起到一丁点儿参考作用。农村谚语说：“早知三年不受穷”。因为干扰农业的外部因素太多，市场波动太大，数据测算根本不适用于农业。这几年葱姜蒜忽然阶段性的价格暴涨，也只是各种外部因素干扰下的结果。

企业投资农业产业中，人工和原料是最大的成本。同样是农业，农民就是种地，而企业种地就可能赚不到钱。因为，农民不计算人工费，就连肥料大部分都是不花钱的农家肥。

比如养牛，大家都知道养牛周期长，一般情况都需要两年以上时间。山区农民养牛，不用专门建场地，草料都用山上的草解决，不用花钱，人工费用也很小，都是种地捎带着养几头牛，两年后卖掉基本上是纯利，利润非常不错，同样企业养牛，则场地、草料、人工、管理等都得花钱，成本太高，赚钱太难。

还有果蔬类农产品，苹果这几年价格一直上涨，这算起来利润很高，但企业为什么做不了呢？原因就是人工费用计算不好，水果蔬菜属于劳动密集型产业，从疏花、施肥、喷药、疏果、套袋、除袋、采摘等各个环节，人工费一天就一二百元，还请不到工人，又要受农忙秋收特殊天气影响，人工费用一涨再涨，利润一降再降。

再就是很多企业忽略了农产品的鲜活性。运输保鲜储藏技术要求高、成本也很高，生鲜农产品在保鲜储藏方面损失是非常大的，再加上失水、掉叶，一般正常损失在30%左右。这还只是正常损耗。

农业是最不好赚钱的行业。千计百算的利润数据根本禁不起一个意外的冲击，旱、涝、冰雹、霜冻、病虫害等，随便一个就可能什么也没有了。我记得前几年一场倒春寒正是桃花开的时候发生，把桃花全冻掉了，导致我们地区那年没有一个本地产的桃，碰到这种情况，你还能有什么想法，只能说农业是最容易赔钱的行业了。

再者，农产品涉及民生问题。农业市场并不会完全市场化，国家会随时进行宏观调控，确保价格平稳，人民生活稳定。宏观调控必然会影响农产品的利润，这是一定的。所以，很多企业头脑一热，不做详细的调研就投入农业产业，是不可取的。

资料来源：三农影视圈，2020 年 11 月 7 日。

2. 利润的分配

企业利润分配是指对利润的所有权和占有权进行划分，以保证其合理的归属与运用的管理活动，也就是把企业实行的利润按照国家规定或投资人的决议进行分配的活动。对实现的利润，首先应依法缴纳所得税，缴纳所得税后的利润应按规定提取盈余公积金，并向投资人分配利润。

企业税后利润除国家另有规定者外，按下列顺序分配。①用于抵补被没收财物损失，支付违反税法规定的各项滞纳金和罚款。②弥补企业以前年度的亏损。缴纳所得税的企业，其发生的年度亏损，可以用下一年度的利润在所得税前弥补，下一年度利润不足弥补，可在 5 年内延续弥补。5 年内不足弥补的，用税后利润弥补。③提取法定盈余公积金。盈余公积金是企业从税后利润中提取的积累资金，包括法定盈余公积金和任意盈余公积金。企业要按税后利润扣除前两项后的 10% 提取，用于发展企业的生产、弥补经营亏损或按国家规定转增资本金等，其累计额已达到注册资本的 50% 时，可不再提取。④提取公益金。公益金是企业从税后利润中提取的用于企业职工的集体福利设施支出的资金，包括法定公益金和任意公益金。其提取比率按企业章程规定或由董事会决定。公益金主要用于安排建造职工宿舍、食堂、幼托设施及医疗保健设施等集体福利，不能发给职工个人消费。⑤向投资者分配利润。企业税后利润按上述顺序分配后，可向投资者分配。企业以前年度未分配的利润可以并入本年度分配。分配时，应遵循纳税优先、企业积累有效、无盈利就不分配的原则。

拓展阅读：

新希望公司利润分配政策：关于未来三年股东分红回报规划（2019—2021年）的公告

一、利润分配原则

公司的利润分配应重视对社会公众股东的合理投资回报，以可持续发展和维护股东权益为宗旨，应保持利润分配政策的连续性和稳定性，并符合法律、法规的相关规定。公司董事会和股东大会在对利润分配政策做出调整的具体条件、决策程序和论证过程中应充分听取独立董事和中小股东的意见，并严格履行信息披露义务；公司利润分配不得超过累计可分配利润的范围。

二、利润分配方式及优先顺序

公司利润分配可采取现金、股票、现金股票相结合或者法律许可的其他方式；公司具备现金分红条件的，应当采用现金分红进行利润分配。利润分配中，现金分红优先于股票股利；在具备条件的情况下，根据实际经营情况，公司可进行中期分红。

三、公司现金分红的条件

如无重大投资计划或重大资金支出发生，且审计机构对公司的该年度财务报告出具标准无保留意见的审计报告的，公司应实施现金分红。

四、现金分红比例

公司最近三年以现金方式累计分配的利润不少于最近三年实现的年均可分配利润的30%。

五、发放股票股利的条件

公司可以根据累计可供分配利润、公积金及现金流状况，在保证足额现金分红及公司股本规模合理的前提下，并考虑公司成长性、每股净资产摊薄等合理因素，公司可以采用发放股票股利方式进行利润分配，具体分红比例由公司董事会审议通过后，提交股东大会决议。

六、差异化的现金分红政策

公司董事会应当综合考虑所处行业特点、发展阶段、自身经营模式、盈利水平以及是否有重大资金支出安排等因素，区分下列情形，并按照公司《章程》规定的程序，提出差异化的现金分红政策。

（1）公司发展阶段属成熟期且无重大资金支出安排的，进行利润分配时，现金分红在本次利润分配中所占比例最低应达到80%；

（2）公司发展阶段属成熟期且有重大资金支出安排的，进行利润分配时，现金分红在本次利润分配中所占比例最低应达到40%；

（3）公司发展阶段属成长期且有重大资金支出安排的，进行利润分配时，现金分红在本次利润分配中所占比例最低应达到20%。

公司发展阶段不易区分但有重大资金支出安排的，可以按照前项规定处理。

公司在实际分红时具体所处阶段，由公司董事会根据具体情形确定。

七、公司利润分配方案的决策机制

公司在制定现金分红具体方案时，董事会应当认真研究和论证公司现金分红的时机、条件和最低比例等事宜，独立董事应当发表明确意见。

独立董事可以征集中小股东的意见，提出分红提案，并直接提交董事会审议。

公司董事会审议通过的公司利润分配方案，应当提交公司股东大会进行审议。股东大会对现金分红具体方案进行审议前时，公司应当通过投资者电话、邮件、投资者互动平台等多种渠道与股东特别是中小股东进行沟通和交流，充分听取中小股东的意见和诉求，并及时答复中小股东关心的问题。

（二）农业企业分业盈利核算

1. 种植业盈利核算

种植业盈利是指农产品收入扣除成本、费用和支出后的剩余部分。其实质就是利润总额，所以盈利的核算就是利润的核算。对利润的核算包括利润额的计算和利润率的计算。

利用农产品成本核算资料，则农产品利润公式如下。

每亩利润 = 每亩收入 - 每亩成本 - 税金

每百斤主产品利润额 = 每百斤主产品收入 - 每百斤主产品成本 - 每百斤主产品税金

利润额是一个绝对指标，只能说明利润的多少，不能说明经营的利润程度。所以，还要用利润率指标来表示不同生产单位或同一生产单位不同农产品的利润水平。

$$\text{成本利润率} = \frac{\text{利润总额}}{\text{产品成本总额}} \times 100\% \quad (8-44)$$

式（8－44）表明投入 1 元成本能创造多少利润。这个指标督促企业以最少的消耗创造尽可能夺得财富。

$$\text{产值利润率} = \frac{\text{利润总额}}{\text{年总产值}} \times 100\% \quad (8-45)$$

式（8－45）表明每 1 元产值能创造多少利润。

$$\text{资金利润率} = \frac{\text{利润总额}}{\text{年资金占用额}} \times 100\% \quad (8-46)$$

式（8－46）表明企业占用每 1 元资金，能创造多少利润。这个指标能够全面反映企业资金利用的效果，有利于促使企业更合理有效地使用资金。

2. 畜牧业盈利核算

畜牧业的盈利是指出售畜产品及其副产品取得的收入扣除产品的成本费用后的差额。产品的收入包括主产品收入、副产品收入和其他收入。产品的成本是为了生产和销售畜产品而花费的全部成本费用，由生产成本、管理费用、财务费用和销售费用所组成。

畜牧业的盈利考核指标主要有：

总收入 = 总育成数 × 出栏重/只 × 价格/公斤

（或总收入 = 产品总量 × 单价）　（8－47）

总盈利 = 总收入 - 总成本

单位产品盈利 = 总盈利 ÷ 总育成数（或产品总量）　（8－48）

养鸡成本利润核算

养鸡成本利润计算方法。鸡的品种很多，有火鸡、乌鸡、野鸡、麻鸡、黑鸡、乌鸡等，但现在常见的放养鸡主要是土鸡，下面以1000只土鸡来计算其成本和利润。

1. 成本

鸡苗：3元/只，共需3000元

疫苗药品：2元/只，共需2000元

育雏期饲料、以及后期补喂粮食：10元/只，共需10000元

总计：15000元

2. 利润

现在土鸡批发价格仅在50—60元/只，加上饲养过程中可能出现5%左右伤亡，于是出售的950只土鸡可以获得效益47500—57000元。除去成本的情况下，可以获得纯利润32500—42000元。

动动脑：

1. 如何控制关键点实现农业企业的盈利？
2. 农业企业的利润组成包括哪些内容？

第三节　农业企业经营效益评价

案例导入：

农业企业效益分析

农业企业是指通过合同或订单的方式与农户建立起利益关联纽带，对农产品进行加工、处理、运输、销售等过程，实现分散农户的产供销和贸工农一体化的新型农业经营主体。农业企业主要从事种植业、畜牧业、水产养殖业等一体化经营，或是一体化经营中的某些中间环节，并通过科学的经营管理方式、先进的生产技术以及雄厚的经济实力，为分散农户提供产前、产中、产后的各类生产性服务。农业企业在流转土地时往往要求土地集中连片，这样不仅可以提高农业机械的使用效率，更能减少相应的管理成本。然而，由于高昂的土地流转成本、农地改造成本以及劳动力雇佣成本，农业企业一般都有着强烈的借贷诉求。同时，由于经营规模较大、生产周期和投资链条较长，农业企业只能采用粗放式管理，并且极容易受自然风险与市场风险的影响，因而具有一定的风险性和不稳定性。总的来说，农业企业仍然是一种机械化程度较高、雇工较多、管理较为规范、容易对接市场、以营利为目的，具有明晰的资本收益率的新型农业经营主体。

农业企业的经济效益

经济效益是衡量一切经济活动的综合指标。农业企业的经济效益，就是生产总值与生产成本之间的比例，即：经济效益＝生产总值÷生产成本。其中，生产总值是产品总量乘以产品单价，生产成本则包括了土地流转成本、物质投入成本以及生产管理成本。土地流转方式有私下流转和正规流转两种，其流转成本并不相同；物质投入成本则包括种子、化肥、农药、除草剂等生产资料的使用；生产管理成本则是雇工工资、农机使用费以及水电费等。

以南京市为例，规模750亩以上的农业企业每亩生产成本1570元，每亩生产总值为1950元。其中，在物质投入成本上，农业企业在种子、化肥的购买量以及农用机械的使用量上远高于传统小农与专业大户，因而具有一定的规模效应，商家在价格上给予了一定优惠。在农药和除草剂的使用上，农业企业由于经营规模较大且劳动力投入方式不同，更倾向于质量较好、价格较高的名牌。在生产管理成本上，农业企业由于经营规模较大，不得不雇佣额外劳动力。农业企业则是完全雇工，甚至还要雇佣管理人员。雇工工资是从事农业生产的天数乘以当地临时雇工的日工资，南京溧水区的雇工工资为 120 元/天。在土地流转成本上，农业企业通过正规途径流转大量的土地，协议流转价格为 450 元/亩，并每年递增 10 元。由于流转年份不同，2017 年农业企业的流转价格则为 600 元/亩。在水稻和小麦的产量上，农业企业更是因为雇工较多且周期较长，无法很好地做到激励和监督，产量因此大幅度下降。

农业企业的经济效益分析

对于农业企业，较低的经济效益主要是土地流转方式和劳动力投入方式导致的。一是正规的土地流转方式与大量雇工极大地增加了生产成本；二是较大的经营规模、分散化的工作方式以及较长的农业生产周期，使农业企业不仅无法对雇工人员进行全面监督，更无法建立以结果为导向的奖惩机制，在监督和激励机制双双失效的情况下，不可避免地出现了“磨洋工”现象；三是农业企业的雇工人员多是相对弱势的留守群体，他们缺乏处理偶发性问题的主动性，甚至会出现偷工减料行为。因此，较高的生产成本与较低的生产效率共同导致了农业企业极其低下的经济效益。

总的说来，尽管农业企业的经济效益十分低下，但在全国各地实践中其发生率却呈上升趋势。原因在于农业企业的发展不仅遵循着经济逻辑，更遵循地方政府的政治逻辑和治理逻辑。一方面，地方政府在压力型考核体制下将发展现代农业作为政治任务，传统小农和专业大户因其分散性和弱质性特征并不符合要求，地方政府往往选择规模较大且资金较为雄厚的农业企业来打造“政绩工程”与“亮点工程”。另一方面，在项目下乡时代，地方政府的惠农资金难以对接传统小农和专业大户分散细碎的需求，为了减少治理麻烦，地方政府更倾向于将项目资源直接投放给容易对接的农业企业。调研发现，除前期的税收减免、财政支持、金融扶持等优惠政策外，地方政府还投入了大量的项目资金用于改善农业企业的基础设施，包括拓宽机耕道、修缮沟渠、兴修水利、平整农田等，同时在生产过程中也投入了农业综合开发、农技推广、农机使用、农业保险等项目补贴。而传统小农与专业大户除了基于承包地面积测算的惠农补贴外，基本再无其他惠农项目，农业生产条件十分落后，存在着明显的财政支持失衡现象。

资料来源：张新文，高啸，农业经营主体的类型比较、效益分析与进路选择，2020 年 11 月 15 日。

案例思考： 农业企业应如何提高经营效益？如何设计科学合理的农业企业经营效益评价指标？

一、农业企业经营效益

经营效益是指企业在生产经营过程中所获得的效益，包括企业在其经营活动中表现出来的经营能力或经营实力所形成的经济效果、经济效益、经济效率等。农业企业经营能力大，经营活跃程度高，经营安全性能好，经营效益就好。影响企业经营效益的因素主要有外部因素和内部因素两大类，比如生产力布局和发达水平、交通运输条件、产业结构、居民购买力水平、市场行情、税收金融法律环境等企业外部环境以及产品结构、销售网络、职工劳动态度和业务水平、资金周转速度、设备利用率、费用水平等企业内部因素。

农业生产的特点决定农业企业的经营效益。农业企业经营效益主要表现为经济效益、生态效益和社会效益。

任何一种生产经营活动，都包含着经济效益的内容。经济效益按其在经济活动中形成的途径和存在方式的不同，分为规模效益、结构效益和管理效益。企业规模效益是指企业适度的规模所产生的最佳经济效益。在微观经济学理论中，它是指由于生产规模扩大而导致的长期平均成本下降的现象。结构效益是指通过优化企业的经营结构，使资源合理配置、充分利用而产生的经济效益。农业企业经营结构包括企业组织结构、人力资源结构、生产结构、技术结构、收入结构、分配结构等，还可以把这些结构进行进一步细分，如生产结构进一步细分为种植业、畜牧养殖业，种植业结构进一步细分为粮、棉、油、麻、桑、茶、糖、菜、烟、果、药、杂等，粮食结构进一步细分为小麦、大麦、玉米、大米等。管理效益指的是企业经营过程中运用科学的管理方法所取得的经济效益。企业采用科学、有效的管理方法，能够节约生产、经营、管理中的劳动耗费，降低单位产品成本，增加产量，提高经济效益。

生态效益就是指企业的经营活动对社会环境、生态环境的影响，如对环境卫生、周围的生态平衡的改善等。

社会效益是指企业的经营活动为社会和他人所带来的效益。

按照投入内涵的不同，农业经营效益可以分成三种形式：①总产出与总消耗之比率，如总成本收入率、总成本产值率、物耗生产率等；②总产出与资源占用之比率，如总资产收入率、资本产出率、固定资产产出率、流动资产周转率等；③总产出与资源总投入之比率，如总投入产出率、全要素生产率等。

二、农业企业经营效益评价指标

（一）生产效率考核指标

在实际考核中，按照投入要素具体内容不同，可以设置土地投入量生产效率类指标、物质投入产出率类指标、农业生产活动最终目的类指标、活劳动生产率类指标四类。

各类指标的具体计算指标如下。

（1）反映土地投入量生产效率类指标有：

单位面积产量（公斤/亩）=粮食总产量÷耕地播种面积　　（8-49）

单位面积产值（元/亩）=农业总产值÷耕地播种面积　　（8-50）

（2）反映物质投入产出率类的指标有：

固定资产产出率=农业总产值÷农用固定资产　　（8-51）

物耗产值率=农业总产值÷农业物耗值　　（8-52）

（3）反映农业生产活动最终目的类的指标有：

农产品商品率=农产品商品量÷粮食总产量　　（8-53）

（4）反映活劳动生产率类的指标有：

农业人均产值（元/人）=农业总产值÷农业劳动力数量　　（8-54）

农业人均收入（元/人）=农业总收入÷农业劳动力数量　　（8-55）

拓展阅读：

猪价破“6”，肉价破“10”，一头生猪亏千元，猪价大跌为哪般？

2022年春节过后，生猪价格一路下行，由于消费不振、产能过剩、出栏增多以及饲料原材料成本的不断上涨，养猪户“腹背受敌”亏损加大，导致整个生猪行业“摇摇欲坠”。

猪价方面已经破“6”，环比2021年同期的30元/公斤大关，一斤生猪缩水了2倍还多，受此影响，猪肉市场急剧回落。目前，批发市场猪肉批发均价跌破10元大关，行情走势直逼2021年6—7月的历史低点。

另一方面，由于国际粮价上涨的波动，因而国内小麦、玉米豆粕价格也在不断突破新高，特别是俄乌冲突以后粮食危机一触即发。

由于担心黑海港口停运受阻以及各国为了粮食安全减少限制了粮食，因而市场恐慌情绪频发、带领全球粮价飙升。

目前，小麦已经突破14年新高，玉米均价也飙到了1.5元/斤，豆粕更是涨到了5000元大关，普通生猪养殖成本达到了7—8元/斤，高规格高安全的养殖场甚至达到了8—9元/斤，而生猪均价只有5—6元/斤，也就是说，按照目前的养殖成本，养殖场出栏一头生猪亏损至少在300—1000元，行情的亏损严重地打击了养殖户的积极性。

当前粮价还在上涨，生猪亏损还在持续扩大；但是好消息是，随着猪价下跌一级预警区间的出现，国家出台了临储托市收储计划，首批4万吨猪肉收储虽然没有起到太大的浪花，很快就推出了两批猪肉收储计划，加上亏损加大，养殖户压栏惜售的增多，猪价终于在3月10—14日迎来了久违的行情反弹，东北、华北生猪产区甚至还有了全新飘红，强势反弹的迹象。

但是行情反弹仅仅维持了两天，震荡回调的迹象再次凸显。根据猪价系统发布的数据显示，国内生猪价格涨跌互现，外三元平均报价在12.15元/公斤，但是主流产区北方猪价已经出现下跌迹象。其中东北、西南横盘企稳，主流报价在5.5—6.1元/斤，华中、华北小幅反弹，单日上涨0.01—0.05元/公斤，屠企报价5.8—6.3元/斤，而在华南，华东猪肉销区目前猪价震荡回调，单日下跌0.1元，屠企报价在5.9—6.4元/斤。

资料来源：养猪网，2022年3月13日。

（二）经营效率考核指标

1. 企业盈利能力评价指标

企业盈利能力是指农业企业获取利润的能力。反映和评价农业企业盈利能力的指标主要有销售利润率、资产利润率、权益资本利润率等指标。

（1）销售利润率。销售利润率是企业利润总额与销售收入的比值。它反映了百元销售收入中利润所占的比重。在实务中销售利润率有销售净利润率、销售毛利率和销售息税前利润率三种表现形式。计算公式如下：

销售净利润率 = 净利润 ÷ 销售收入 （8－56）

销售毛利率 = 毛利 ÷ 销售收入 （8－57）

销售息税前利润率 = 息税前利润 ÷ 销售收入 （8－58）

（2）成本费用利润率。成本费用利润率是指企业利润总额与成本费用总额的比率，是反映企业生产经营过程中发生的耗费与获得的收益之间关系的指标。计算公式如下。

成本费用利润率 = 利润总额 ÷ 成本费用总额 （8－59）

该比率越高表明企业成本费用等耗费所取得的收益越高。企业可通过增加生产销售和节约费用开支来提高该比率。

（3）权益资本净利润率。这是净利润与平均所有者权益之间的比值。计算公式如下。

权益资本净利润率 = 净利润 ÷ 平均所有者权益 （8－60）

平均所有者权益 =（期初所有者权益 + 期末所有者权益）÷2 （8－61）

该指标反映了企业运用权益资本获取净利润的能力，指标值越高，表明企业权益资本使用的效益越高；反之，说明权益资本利用效果不好。

2. 企业营运能力评价指标

营运能力也称“资产管理能力”，是指通过农业企业生产经营资金周转速度的有关指标所反映出来的企业资金利用的效率。企业生产经营资金周转的速度越快，表明企业资金利用的效果越好效率越高，企业管理人员的经营能力越强。营运能力的评价主要是分析、评价企业的资产管理水平，包括流动资产周转情况、固定资产周转情况和总资产周转情况等。

（1）流动资产周转情况评价指标。反映流动资产周转情况的指标主要有应收账款周转率、存货周转率和流动资产周转率。

①应收账款周转率。应收账款是企业销售商品和提供劳务应向购货单位或接受劳务单位收取的款项。应收账款周转是一定时期内赊销收入净额与平均应收账款之间的比率。应收账款周转率计算的公式如下。

应收账款周转次数 = 赊销收入净额 ÷ 平均应收账款　　(8－62)

赊销收入净额 = 赊销销售收入 － 销售折扣与折让　　(8－63)

平均应收账款 =（期初应收账款 + 期末应收账款）÷2　　(8－64)

平均收现期 = 360 天 ÷ 应收账款周转率　　(8－65)

在一定时期内应收账款周转的次数越多，表明应收账款回收速度越快，企业管理工作的效率越高。这不仅有利于企业及时收回贷款，减少或避免发生坏账损失的可能性而且有利于提高企业资产的流动性，提高企业短期债务的偿还能力。应收账款周转率和平均收现期提供了企业应收账款管理方面的信息。一般来说，应收账款周转率越高，平均收现期越短，说明企业的应收账款回收的速度越快；反之，企业过多的营运资金占用在应收账款上，就会影响到企业资金的正常周转。

②存货周转率。存货是企业为了生产和销售而储备的各种货物。一般来说，企业流动资产中存货占的比重较大，因而存货的流动性，将直接影响到企业的流动比率。存货周转率是一定时期内企业销售成本与存货平均余额的比率。存货的周转天数反映了从存货的购买到销售所占用的天数。存货周转率和周转天数的计算公式如下。

存货周转率 = 销售成本 ÷ 存货平均余额　　(8－66)

存货平均余额 =（期初存货 + 期末存货）÷2　　(8－67)

存货周转天数 = 360 天 ÷ 存货周转率　　(8－68)

在一般情况下，存货周转率越高越好。在存货平均水平一定的条件下，存货周转率越高，表明企业的销货成本数额增多，产品销售的数量增长，企业的销售能力加强。反之，则销售能力不强。企业要扩大产品销售数量，增强销售能力，就必须在原材料购进、生产过程中的投入、产品的销售、现金的收回等方面做到协调和衔接。因此，存货周转率不仅可以反映企业的销售能力，而且能用以衡量企业生产经营中的各有关方面运用和管理存货的工作水平。

③流动资产周转率。流动资产周转率是指销售收入净额与平均流动资产的比值，是反映企业流动资产周转速度的指标。其计算公式如下。

流动资产周转率 = 销售收入净额 ÷ 平均流动资产　　(8－69)

平均流动资产 =（期初流动资产 + 期末流动资产）÷2　　(8－70)

流动资产周转天数 = 360 天 ÷ 流动资产周转率　　(8－71)

在一定时期内，流动资产周转率高，表明以相同的流动资产完成的周转额越多，流动资产利用的效果越好，会相对节约流动资产，等于相对扩大资产的投入，增强企业的盈利能力。

（2）固定资产周转情况评价指标。企业固定资产的周转情况通常用固定资产周转率来反映和衡量。固定资产周转率是指企业年销售收入净额与固定资产平均净值的比率。其计算公式如下。

固定资产周转率 = 销售收入净额 ÷ 平均固定资产净值　　(8－72)

平均固定资产净值 =（期初固定资产净值 + 期末固定资产净值）÷2　　(8－73)

固定资产周转天数 = 360 天 ÷ 固定资产周转率　　(8－74)

固定资产周转率高，表明企业固定资产利用充分，也能表明企业固定资产投资得当，固定资产结构合理，能够充分发挥效率。反之，如果固定资产周转率不高，则表明固定资产使用效率不高，提供的生产成果不多，企业的营运能力不强。

（3）总资产周转情况评价指标。反映总资产周转情况的指标是总资产周转率。它是企业销售收入净额与平均资产总额的比率。其计算公式如下。

总资产周转率 = 销售收入净额 ÷ 平均资产总额　　(8－75)

平均资产总额 =（期初资产总额 + 期末资产总额）÷2　　(8－76)

总资产周转天数 = 360 天 ÷ 总资产周转率　　(8－77)

该项指标用来反映企业对总资产的使用和管理效率。如果总资产周转率高，则说明企业能有效地运用资产创造收入；反之，如果该比率较低，则说明企业利用全部资产进行经营的效率较差，最终会影响企业的获利能力，企业需要采取措施提高各项资产的利用程度从而提高销售收入或处理多余资产。

三、农业企业经营效益评价方法

（一）农业企业经营效益评价的原则

1. 全面性原则

企业经营效益综合评价应当通过建立综合的指标体系，对影响企业绩效水平的各种因素进行多层次、多角度的分析和综合评判。

2. 客观性原则

企业经营效益综合评价应当充分体现市场竞争环境特征，依据统一测算的、同一期间的国内行业标准或者国际行业标准，客观、公正地评判企业经营成果及管理状况。

3. 效益性原则

企业经营效益综合评价应当以考察投资回报水平为重点，运用投入产出分析基本方法，真实反映企业资产运营效率和资本保值增值水平。

4. 发展性原则

企业经营效益综合评价应当在综合反映企业年度财务状况和经营成果的基础上，客观分析企业年度之间的增长状况及发展水平，科学预测企业的未来发展能力。

（二）农业企业经营效益评价的标准

1. 计划标准

计划标准是评价农业企业经营效益的基本标准。参照企业的历史和同行业状况，确定经营效益的计划指标，把某项效益指标实际达到的水平与计划标准进行对比，可以表明该项效益达到计划目标的程度，在一定程度上反映该企业生产经营管理水平。

2. 历史标准

历史标准是以该企业历史上最好水平或企业前一期水平为标准。将企业某项效益指标的实际水平与历史标准进行纵向对比，可以反映经营效益的动态变化，为进一步挖掘提高经营效益的潜力提供依据。

3. 行业标准

行业标准是以国内同行业农业企业已达到的先进水平作为评价经营效益的尺度。将该企业实际水平与行业标准相比，可以反映其经营效益与同行先进水平之间存在的差距，有利于促进该企业赶超同行业先进水平。

4. 国家标准

国家标准是国家根据不同时期经营政策的要求和各地区、各部门情况制定的标准。评价企业经营效益以国家标准为尺度，具有广泛的适用性、可比性和更大的一致性。

（三）企业经营效益评价方法

1. 比较分析法

比较分析法是一种常用的经营效益评价方法。它是指将通过调查或试验所收集的有关技术经济方面的数据和资料加以整理，通过一系列性质相同的指标对比，分析经济现象之间的联系和差异，研究差异产生的原因和影响程度并寻求改进措施，区分经营效益大小的一种方法。

运用比较分析法，必须有两个以上的研究对象，按照一定原则和目的，可以在不同地区、不同年份、不同单位之间进行。该方法一般应注意以下四条原则。

（1）时间的可比性（间隔计算期一致）；

（2）指标范围的可比性（指标所表示的范围一致）；

（3）经济性质的可比性（指标的经济内容一致）；

（4）计算方法的可比性（计算价格、计量单位、计算公式一致）。

这种方法被广泛应用于不同生产技术措施的投资、用工、成本、产量、效益等指标的对比分析，或对某一生产技术措施在不同作物、不同地区和不同年份之间进行对比分析。

2. 因素分析法

因素分析法也称“连环代替法”，是根据指标及其构成因素间的相互制约关系，把综合指标分解成若干组成因素，观察各因素变动情况及其对指标影响程度的一种分析方法。

该方法是在假定其他因素不变的条件下，逐个地分析其中一个因素的作用，以便总结经验，进一步寻求提高经营效益的途径。例如：影响单位农产品成本的因素，一是单位土地面积上的产量；二是单位土地面积上消耗的物质费用；三是单位土地面积上支出的劳动报酬。为了考察这三个因素对农产品成本的影响程度，就可以采用连环代替法来进行分析。

基本计算程式如下。

$$\text{计划数 } P = a \times b \times c \tag{8-78}$$

$$\text{实际数 } P_1 = a_1 \times b_1 \times c_1 \tag{8-79}$$

其中，p 为指数，a、b、c 分别为构成指数的因素。

代替 a 因素：$P_2 = a_1 \times b \times c$，由变动影响数为：$\Delta a = P_2 - P$ (8-80)

代替 b 因素：$P_3 = a_1 \times b_1 \times c$，由变动影响数为：$\Delta b = P_3 - P_2$ (8-81)

代替 c 因素：$P_4 = a_1 \times b_1 \times c_1$，由变动影响数为：$\Delta c = P_4 - P_3$ (8-82)

各因素变动对指标的综合影响数：

$$\Delta a + \Delta b + \Delta c = P_1 - P = P_4 - P \tag{8-83}$$

结论：在计划与实际的差额中（$P_1 - P$），因素 a、b、c 的影响程度分别为 Δa，Δb，Δc。从中找出较大的差值，也就是主要因素，以便加强管理。

某农业企业种植一种作物，总收入与价格、播种面积和单位面积产量有关。生产计划和销售情况因某种原因发生了变化。基本数字是：

计划数是：价格 P = 0.4 元/公斤；

播种面积 T = 300 亩；

单位面积产量 Q = 400 公斤/亩。

总收入 W = 300 亩 × 400 公斤/亩 × 0.4 元/公斤 = 48000 元；

实际数是：价格 P1 = 0.5 元/公斤；

播种面积 T1 = 250 亩；

单位面积产量 Q1 = 450 公斤/亩；

总收入 W1 = 250 亩 × 450 公斤/亩 × 0.5 元/公斤 = 56250 元；

结果是：实际 - 计划 = 56250 元 - 48000 元 = 8250 元。

需要说明的是，三项因素（或多项因素）的排序很重要。排序不同，结果则不同。在农业经济分析中，一般把土地面积放在第一位，然后是单位面积产量，最后是单价或价格。本书现在的排序就是按照以上规则进行的。

分析：(1) 先替换播种面积 T：由变动影响数为：

W2 = T1 × Q × P = 250 亩 ×400 公斤/亩 ×0.4 元/公斤 = 40000 元

ΔT = W2 − W = T1 × Q × P − T × Q × P = 40000 元 − 48000 元 = −8000 元。

影响程度：ΔT/W = (−8000 元 ÷48000 元) ×100% = −16.67%

(2) 替换单位面积产量 Q：由变动影响数为：

W3 = T1 × Q1 × P = 250 亩 ×450 公斤/亩 ×0.4 元/公斤 = 45000 元

ΔQ = W3 − W2 = T1 × Q1 × P − T1 × Q × P = 45000 − 40000 元 = 5000 元

影响程度：ΔQ/W2 = (5000 元 ÷40000 元) ×100% = 12.5%

(3) 替换价格 P：由变动影响数为：

W4 = T1 × Q1 × P1 = 250 亩 ×450 公斤/亩 ×0.5 元/公斤 = 56250 元

ΔP = W4 − W3 = T1 × Q1 × P1 − T1 × Q1 × P

= 56250 元 − 45000 元 = 11250 元

影响程度：ΔP/W3 = (11250 元 ÷45000 元) ×100% = 25%

各因素变动对指标的综合影响数：

ΔT + ΔQ + ΔP = W1 − W = W4 − W = 56250 元 − 48000 元 = 8250 元

= −8000 元 + 5000 元 + 11250 元 = 8250 元

各因素变动对指标的影响程度：= −16.67%

= 12.5%

= 25%

3. 综合评分法

综合评分法是对技术决策、措施或方案的多项指标进行综合分析评价和选优的数量化方法。综合评分法不是从多指标分析评价，而是把各个具体项目的评分综合起来加以集中，以反映整个评价对象的优劣。也就是将各个评价项目的具体指标数值综合加权，用一个数字来表示整个技术措施方案的状况，从而可以从总体上概括地评价农业企业经营活动的成果。

综合评分法可用下列数学式表示：

$$某一评价对象的加权总分 = W_1P_{1j} + W_2P_{2j} + ... + W_nP_{nj} = \sum_{j=1}^{n} W_jP_{ij} \quad (8-84)$$

式（8－84）中：P_{ij}代表各个项目的评分；W_j代表各个项目的权重。

即某一技术措施方案的总分＝各评价项目的权重与其评分数的乘积之和。

运用综合评分法的具体操作步骤如下。

（1）正确选定评价项目。每个备选方案都有很多具体的评价项目，评分时应选择对整个方案的目标影响较大的评价项目参与评分。

（2）合理确定各个评价项目的权重。各个项目在整个方案中所占的地位和重要性不同，在评分的时候应根据各个项目的不同情况确定其不同的权重。每个项目的权重，用它在整个评分中所占的权重来表示，各个指标权重之和为1或100%。由于评价项目的权重是依靠人的经验来确定，因此有一定的主观随意性。

（3）正确确定评分标准。可根据具体情况和历史资料对评级项目进行分级，一般按五级评分，即5分为最高，1分为最低，中间状态的按1分的级差评分。

（4）编制决算表，比较优劣。对每个方案的得分进行汇总，得到每个方案的总分值，比较后选出最优方案。

动动脑：

1. 农业企业生产效率考核指标有哪些？
2. 农业企业经营效率考核指标有哪些？

▶ 链接案例：

农业企业的资金之困原因剖析

短估投资周期

桃树是从山东引进的早熟高品种，可以做到当年结果两年产生效益。种植之后，却发现，由于气候和环境的差异，当年结果量很少，第二年又发生病虫害，第三年由于气候突变、冰雹和春寒影响了收获，第四年勉强结果，第五年当地各种桃子种植泛滥。最终项目搁浅。

这个案例告诉我们，虽然按照理论上农业生产周期是明确的，实际上因为各种因素的影响，生产周期会出现很大差异，甚至会出现重大影响而延长周期。这种情况就会造成前期预计的生产周期和资金流转周期出现巨大偏差，由一个周期延长到二个甚至三四个都无法达到预期。

农业项目不可预期的因素太多。乐观的预估生产周期没有充分考虑到各项因素带来的影响，流动资金准备不充足，在漫长的周期下最终只能选择放弃。

低估融资难度

首先，我国农业生产者在地理上分布较为零散、需求多元化，而且往往具有“金额小、频率高、时间急”的特点，导致金融机构在为广大农户提供金融服务时，难以实现批量化、规模化操作，无法形成规模效应。加上交易过程中的路途损耗使为单个客户提供金融服务的业务成本较高。其次，抵押物确权成本较高。由于农村资产多为自然资源类型（如农田、林地、宅基地、矿山等），因而在界定产权的过程中往往会遇到困难，专门为农村建立相应的产权流通的制度设计需要花费大量的成本。最后，信息获取成本也比较高。在一般的金融服务中，银行必须获取借款人的信用信息，城市借款人往往可以通过查询征信系统、纳税证明、公司收入证明等方式来判断客户的信用。但对广大农村客户而言，社会体系不健全、征信的获取成本较高，也会造成交易成本的急剧上升。

正是受信息不对称、高交易成本的制约，金融在为“三农”提供服务时出现了“水土不服”，影响了金融机构在农村农业领域的业务推进。虽然近几年农村金融发展很快，农业领域里的融资规模、融资普及率都在提高，也出现了各种各样的成功案例、很多好的发展模式；但总体上看“三农”金融的成功模式仍主要是局限在某一个产业、某一个地域，普及率并不很广。

政策预期落空

过去讲农业，一靠政策，二靠投入，三靠科技。现在这个提法依然不过时。

由于农业的弱质性，国家的扶持对做农业而言，重要性不言而喻。只要观察一下就能发现，一些上市的农业企业，主要依靠政策性补贴来维持正利润水平以防止退市。但问题是，一般的市县缺少大量补贴农业的财力，主要依靠争取中省两级的项目，这个中间的变数相当大，虽然可能有上面的领导做了指示，当地行政主管打了包票，但结果依然不可靠。更不要说，国家的政策会随着市场的变化而调整，以农业这样的长周期去追赶国家政策的变化调整显然是不可能的。

还有一种情况就是地方以招商引资名义邀请企业入驻，但很可能落地之后优惠政策无法到位，还有可能是县上主要领导变更而导致的政策变化让早先的政府承诺化为云烟。虽然不能说靠项目为生，但一旦遇上政策预期的落空，对农业企业的生产经营影响是相当大的。

— 复习思考题 —

1. 简述农业企业财务管理的内容。
2. 什么是流动资金的循环与周转？怎样加快农业企业流动资金周转？
3. 简述农业企业流动资金日常管理的内容和方法。
4. 应收账款的信用政策包括哪些内容？
5. 存货的日常管理方法有哪些？
6. 农业企业有哪些特殊的固定资产？
7. 什么是固定资产折旧？农业企业固定资产折旧的具体方法有哪些？
8. 简述农业企业的成本费用包括哪些。
9. 农业企业分行业的成本核算有哪些特点？
10. 企业经营效益是什么？
11. 农业企业经营效益评价的方法和指标有哪些？

第九章 农业企业经营风险管理

学习目标

1. 了解农业企业主要的经营风险；风险规避和控制的主要方法和工具；针对农业产业链风险管理的内容；

2. 掌握农业企业经营风险的内容；主要避险工具的原理及应用；

3. 理解农业产业链面临的风险及管理方法。

第一节 农业企业经营风险的概念及分类

▶ 案例导入：

新希望六和集团（000876）的经营风险及防范

一、疫情及自然灾害风险

疫病发生带来的风险包括三类：一是疫病的发生将有可能导致养殖动物死亡，直接导致产量降低、成本上升和价格下降；二是疫病的大规模发生与流行，易影响消费者心理，导致市场需求萎缩，也对饲料的生产经营造成了影响；三是一些具有危害公共卫生安全的传染性疫情暴发后，政府为防控疫情扩散，会采取封锁交通等措施。这些防疫举措会严重阻碍饲料、动保产品、活畜禽的运输以及务工人员返岗以及消费减少对养殖业生产经营造成很大影响。

在自然灾害风险方面，饲料、屠宰与种植、畜禽养殖业紧密关联，因此气温反常、干旱、洪涝、地震、冰雹、雪灾等自然灾害均会对行业经营和发展带来不利影响。例如，2020 年入汛以来，我国南方地区发生多轮强降雨过程，多地发生洪涝灾害，对产业链上的种植、养殖、农产品物流、项目建设、肉类价格等多个环节产生不同程度的影响。

风险应对措施：在应对动物疫情方面，公司养殖基地所规划建设的养殖场，系规范化、标准化的养殖场，配备了专业的养殖技术人员，采取了严格的防疫措施，能够很好地防范和控制疫病的发生。在应对自然灾害方面，公司各项业务布局在国内外较为广泛的布局，保证了特定区域发生自然灾害时，不会对公司整体业务产生重大影响。

二、饲料原料价格波动风险

饲料原料成本通常占饲料总成本的90%以上。在过去，饲料业务占公司营收的比重较大，但由于饲料行业通常采用成本加价法的定价方式，饲料原料价格的波动还可以部分向下游养殖环节传导，缓解原料价格上涨带来的压力。但随着畜、禽养殖业务在公司营收中的占比越来越大，原料价格上涨对公司整体的影响就会越来越大。

风险应对措施：公司是国内最大的饲料企业，在原材料采购上具备规模优势和一定的话语权。公司从2017年开始对原料采购体系进行重组优化，积极开展供应商体系梳理，与多家国内外优秀原料供应商建立战略合作伙伴关系，并积极开展多种形式的供应链融资、优化采购成本及相关财务费用。2020年新冠肺炎疫情对饲料原料、饲料添加剂价格造成了阶段性影响，公司饲料供应链管理部加大了套期保值工具的应用来控制原料价格波动风险，在应对新冠肺炎疫情期间，公司技采产销紧密联动，这些经验也已经被总结并应用到饲料业务的日常经营管理当中。

三、畜禽价格波动风险

公司养殖的产成品主要是鸡苗、鸭苗、白羽肉鸡、白羽肉鸭、以及种猪、仔猪、肥猪，在2020年生猪外销量已经达到829万头，自养及委托代养的商品代鸡、鸭销量也超过5亿只，使畜禽养殖在公司整体营收与利润中的占比贡献更大，畜禽价格将会更明显地影响到公司的营收与利润水平。

风险应对措施：在排除掉偶发性疫情的影响，畜禽价格波动主要取决于养殖供给量的周期性增减。在这种背景下，公司只要做好自身的养殖效率提升，使自己的养殖成本低于竞争对手；那么在价格下行过程中就能相比竞争对手仍能获得更多收益，或者经受更少亏损。另外，与大部分农牧企业不同，公司在养殖的下游环节还拥有屠宰加工业务，正好与养殖环节形成对冲。当畜禽价格下行时，屠宰加工业务的原料肉成本也有所下降，其利润空间则会增大，这也可以适度缓解畜、禽价格下行对公司整体的影响。

四、环保政策影响

《畜禽规模养殖污染防治条例》《环境保护法》《“十三五”生态环境保护规划》、2018 年第一批中央环境保护督察“回头看”等政策，导致养殖场拆迁、禁养、限养，排放不达标被责令停产、修复环境或关闭取缔。养殖量缩减，会给公司饲料业务增长和屠宰业务收购生猪和家禽带来一定影响。

风险应对措施：公司针对养殖市场发生的变化。一方面全力掌握存量，通过转换饲料营销模式，充分发挥产业化配套与综合服务的优势，加强与符合环保标准的大中型养殖场和养殖户的合作。在养殖新模式的探索过程中，把生态、环保、高效、安全作为项目设计的首要考虑因素，帮助养殖户改造、建设符合更高环保标准要求的棚舍，提升养殖效益，积极带动国内畜禽养殖业的健康发展。另一方面积极发展增量，借助公司在全国范围的已有业务布局，在环境适宜区域通过新建、收购、合资、合作等多种形式培养新的畜禽养殖基地，确保公司的养殖资源稳定。

五、食品安全风险

食品企业发生食品安全问题或事故会导致企业被追索、诉讼或受到相关处罚，甚至影响企业的品牌和美誉度，从而对企业的业务、财务状况、股票价格或经营业绩产生不利影响。

风险应对措施：公司高度重视食品安全，严格要求把食品安全落实到生产经营的每个环节。2015 年，公司成立了安全环保部以保障产品的安全、健康和环保，并将“三级”检测体系的设备更新换代，各分子公司化验室也增员、增物，保障对食品产业链资金、资源和人才的配置与投入，使食品安全组织管理、设备设施、流程管理、关键环节控制等都实现了升级。公司目前已经打造出从饲料、畜禽养殖到餐桌的食品安全管控链。2019 年，公司承办了 GFSI 第八届中国主题日活动，这是自 2012 年 GFSI 开始在华举办中国主题日活动以来，首次由民营企业承办该活动。目前，公司旗下所有食品企业均通过了 China - HACCP 标准认证，60 余家食品公司在陆续完成

BRC、Global－GAP 等标准认证。此外，公司还利用 GFSI 平台资源与多方合作，系统开展了减抗、无抗的实践探索工作，并积极推动减抗、无抗成功案例的推广。

六、汇率波动风险

当前，饲料生产的原料全球化采购程度越来越深，玉米、大豆、乳清粉、鱼粉、DDGS 等国外供应为主的饲料原料的采购，受到汇率影响越来越大。同时，本公司相比国内同行而言国外业务规模较大，在对外投资与国外经营中，涉及的跨境资金往来与结算额度也越来越大，也会受到汇率波动的影响。2019 年以来，中美关系影响人民币对美元汇率。2020 年全年，人民币汇率整体呈现先抑后扬的走势，上半年受疫情冲击影响，人民币汇率震荡下行，下半年随着我国率先控制住新冠肺炎疫情，复工复产提速又开启一轮快速升值。这种剧烈震荡给公司的外汇管理带来了影响。

风险应对措施：为了应对日益扩大的海外原料采购与投资经营需要，公司从 2016 年开始将以新加坡公司为基础，打造国外商贸中心与投融资中心，在新加坡平台上积极开展国际性原料集中采购、国外直接融资、供应链金融、外汇风险管理与原料采购风险管理，减少国外业务资金往来所受到的汇率波动影响。同时，公司也进一步加强与国外金融机构、我国政府驻外机构、东道国政府的紧密联系与沟通，及时分析东道国本币汇率的走势，并通过国外本币直投等方式缓解汇率波动的不利影响。

七、人力资源风险

公司在人力资源方面的风险表现在四个方面。一是公司养猪规模正处于实现跨越式发展阶段，截至年报披露之时，养猪队伍总人数已达到 5 万人，且仍将继续扩充，存在较大压力和挑战；二是随着公司从传统农牧企业向农牧食品一体化企业转变，公司将面临新业务领域中高素质经营管理人才、食品零售、工程技术、信息化等新兴领域人才储备不足的风险；三是随着人力成本的不断提高，员工的薪酬也成为公司成本增加的重要因素；四是公司作为中国农牧行业的龙头企业，在多年发展历程中培养了大量优秀人才，随着行业竞争不断加强以及近年来各种跨界资本进入农牧行业，各类企业对人才资源的争夺更加激烈，人才流失会给公司带来损失并影响到公司持续发展。

风险应对措施：公司将人才培养和组织激活作为公司长期战略任务。在养猪人才招聘方面，公司不局限于招聘农牧专业学生，还拓宽招聘渠道，加大了对非农牧专业学生、退伍军人等人员的招聘力度。在养猪人才培养方面，公司将日常生产作业流程进行标准化分解，并辅以信息化手段进行固化，通过内部的养猪大学、猪产业研究院等开设针对从总经理、场长，到一线刚入职的新人不同层次的专业课程，高频学习和培训教学，并通过猪场内部现代师徒制，成熟员工"一对一"的指导和强化缩短新进员工的培养时间。公司持续健全完善猪产业人才激励体系，使猪产业各层人员根据其价值产出，获得业内领先的经济回报。此外，公司为减少人力成本压力，也加大了楼房养猪、智能化猪场、物联网等项目的建设力度，用人效率将得到明显提升。

公司还通过精岗增效、精益化、优化产业链设计、组织扁平化，实现人均效率的继续提升；通过构建竞争、选拔、淘汰机制，形成优胜劣汰的职业经理人发展通道；通过构建合理的评价和激励机制及价值分享机制，打造员工与公司成长共同体。2019 年，公司首次实施了限制性股票和股票期权激励计划。

资料来源：新希望六和 2020 年度报告。

案例思考：畜牧企业的主要经营风险有哪些？如何应对这些风险？

一、经营风险概述

（一）经营风险的含义

经营风险（Agricultural Risk）是指农业企业在从事农业生产和经营过程中遭受到能够导致风险损失或获得风险报酬的不确定性。这种不确定性包括企业生产经营中面临的不确定因素（如自然条件、市场供求等风险因素和风险事件）和经营结果的不确定性（可能的风险损失和风险报酬）两个方面。当遇到有利条件时，企业会获得高于无风险项目收益的额外收益（即风险报酬）。当遇到不利条件时，企业会蒙受低于无风险项目收益的损失额（即风险损失）。农业企业经营风险存在于农业产业链的各个环节。

（二）经营风险的特征

1. 普遍性

企业的经营活动具有目标性，风险与目标相伴相生导致风险嵌入经营活动的方方面面。企业经营中时刻面临着自然风险、市场风险、技术风险、政治风险等不确定事件。与风险斗争的结果促进了科学技术的发展、生产力的提高，旧的风险得到控制的同时产生了新的风险，且风险事故造成的损失也越来越大。无论是自然界的物质运动，还是社会发展的规律都是由事物的内部因素所决定、由超过人们主观意识所存在的客观规律所决定，风险是不可能彻底消除的。

认知风险普遍性特征的意义是要人们树立风险意识，在一定的时间和空间内改变风险存在和发生的条件，降低风险发生的频率和损失程度。

2. 两重性

风险定义认为风险对目标影响的后果具有“两重性”。风险既可能造成无法估测的风险损失，威胁目标实现；又可能为实现目标提供机会。“不入虎穴，焉得虎子”，一语道出了风险的两重性。当决定要冒风险入虎穴得虎子，实现这一获虎子的目标，就有“两种可能性”。进入虎穴得了虎子——获得收益；进入虎穴被虎吃掉——造成损失。这就说明了风险的“两重性”。

风险的“两重性”还表现在：同一项“风险”对不同的目标主体来说，具有不同的影响后果。不同的风险对同一个目标，可能是“机会”，也可能是“威胁”。同一个风险对于不同的目标，可能是“机会”，也可能是“威胁”。同一个风险对于同一个目标，可能是“机会”与“威胁”并存。例如“禽流感”造成的影响，对多数养殖企业来讲是一种威胁，企业蒙受损失；但对于生产疫苗的兽药企业却是“机会”。

认知风险“两重性”特征的意义，是要人们明白风险对目标的影响不都是坏的/负面威胁，还有好的/正面的提供创造价值的机会，从而在实现目标过程中，积极主动开拓思路创造条件，寻找机会、规避危险较好地实现预期目标。

3. 偶然性

风险的存在具有普遍性，不以人的意志为转移，而其发生却带有偶然性，风险的偶然性是由风险事故的随机性决定的，对经营目标的影响而言，其有或无、大或小、好或坏等都具有不确定性。风险的偶然性表现为：①风险事件发生具有偶然性，如火灾一定会发生，但具体到某一企业、单位，就具有偶然性；②风险事件何时发生也具有偶然性；③风险事故怎样发生，对目标影响大小也具有偶然性。这与当时的主客观条件有关，有时是一种外生的强加于人的风险事故。

认知风险偶然性的意义，是提醒人们认清风险有时是在外在因素影响下，或在特定条件下才会产生，有时偶然与条件密切相关，要时时刻刻提高防范风险的意识、做到防患于未然。

4. 可变性

风险的可变性是指随着外部环境和内部条件的变化，风险也在变化。这种变化既有量的增减，也有质的改变；既有向有利目标实现方面变化，也可能向不利于目标实现方面变化；还有原有的风险可能消亡了，而新的风险又可能产生。

风险的变化主要来自三个方面。①随着科学技术水平的发展提高，人们认识风险、抵御风险的能力增强，使风险事故发生概率降低、风险损失减少，有些风险威胁被消除，但同时会产生新的风险因素（如转基因农作物的风险，农药造成的环境污染等）。②对风险的认识能力也在不断变化，掌握风险发生的规律，预防风险的发生，前控风险的能力也在变化与提高。③社会环境、政治、法律、法规、社会结构的变化影响目标实现风险的变化。

认识风险可变性特征的意义在于认识到风险是会随着环境、条件的变化而变化的，从而促进研究探索风险变化的条件及产生的动因，使风险向有利目标实现方面转化。

除此之外，风险具有经济性特征，各种风险影响的后果往往都与经济有一定联系，既可能带来经济利益也可能造成经济损失。风险具有时限性，一定时期内的风险，随时间延续其相关风险也会变化；风险具有关联性，随着企业间分工协作和技术经济联系日益紧密，风险的发生有“多米诺骨牌效应”，风险的发生可能会波及整个行业乃至上下游企业；风险具有规律性，对大量独立的事件的统计显示风险具有明显的规律性，使可以利用概率论和统计的方法去预测风险发生的概率和损失程度。

（三）经营风险的影响

1. 增加了决策的难度

现代企业处于复杂的经营环境中，面临着不计其数的风险和不确定性。在决策中，需要考虑的决策变量增加导致难以准确预测企业的经营成果。风险预测和防范成为企业经营决策中的重大难题。

2. 增加了营运成本

为了预测和规避风险，企业投入大量的人力、物力、财力希望能及时、准确地预测各种风险。另外，企业也会采取多种风险锁定和转移的措施（如购买保险、签订期货合约等），对风险的管理、防范，占用了大量的企业资源，增加了企业运营的成本。

3. 增加了潜在损失的可能性

随着企业面临的风险越来越复杂，企业经营决策失误造成损失的可能性也随之增加。企业在进行经营决策时，不仅要考虑行业因素，还要考虑整个产业链的影响；除了考虑国内经济、政策等因素的影响，还要考虑国际相关因素的影响；既要考虑现时面临的因素，还要考虑远期的因素；既要考虑经济效益的损失，还要考虑企业声誉等损失等。复杂的因素导致企业的潜在损失发生的可能性大大增加。

二、农业企业经营风险的分类

（一）按风险的成因划分

1. 自然风险

自然风险是自然因素的变化（如地震、洪涝、火灾、战争、瘟疫等突发事件）带来的不可抗拒的风险。

农业企业的主要经营活动是农业生产，具有自然生产和经济生产交织进行的特征，自然灾害这种自然环境的变化对现代农业的影响是破坏性的，甚至是毁灭性的。我国的自然灾害不仅具有种类多、频率高、强度大，而且还具有时空分布广、地域组合明显、受损面广、损害严重等特征。近年来，由于温室效应而带来的全球气候变化明显，包括我国在内的世界各地自然灾害频发，农业的自然风险有日趋增强的趋势。自然灾害发生后，会给农业经营主体造成直接或间接的经济损失。直接的经济损失表现为整个农业或某些农产品的减产或绝收，以及对农业基础设施的破坏；间接的经济损失表现为，农产品品质下降所引起的市场售价的降低。

▶ **拓展阅读：**

2021 年全国十大自然灾害

2021 年，我国自然灾害形势复杂严峻，极端天气气候事件多发，经应急管理部会同工业和信息化部、自然资源部、住房城乡建设部、交通运输部、水利部、农业农村部、卫生健康委、统计局、气象局、银保监会、粮食和储备局、林草局、中国红十字会总会、国铁集团等部门和单位对 2021 年全国重大自然灾害事件会商核定，全国十大自然灾害如下：7 月中下旬河南特大暴雨灾害；黄河中下游严重秋汛；7 月中下旬山西暴雨洪涝灾害；8 月上中旬湖北暴雨洪涝灾害；4 月 30 日江苏南通等地风雹灾害；8 月中下旬陕西暴雨洪涝灾害；11 月上旬东北华北局地雪灾；云南漾濞 6.4 级地震；2021 年第 6 号台风“烟花”；青海玛多 7.4 级地震。

资料来源：中华人民共和国应急管理部，2022 年 2 月。

2. 技术风险

技术风险是指由于某些技术因素如半机械化作业、产品品种的改良、农业生产技术的改进、农业科技成果的推广和应用等的实际收益与预期收益发生背离的可能性。技术风险包括两个方面的内容。①技术研发和应用能否转化为现实生产力的可能性，如技术难度、成果成熟度、技术的先进性、实用性、技术创新的持续性等；②科学技术的副作用（如转基因对食物安全的可能损害、农业在杀害虫的同时可能使牲畜因误食而中毒等）、局限性或其不适当的使用而给农业生产和经营带来的各种损失的可能性。

实际工作中导致技术风险的因素很多。例如：农业生产一般都是露天作业，导致农业技术的保密性很差。对于一些经验型技术，很容易被模仿，无度的技术模仿使产品供给增加、价格下降，导致技术原创企业实际收益小于预期收益。在现有的技术市场及农业技术推广下，由于信息不对称和不完全而产生的信息错误、道德败坏行为传递错误信息等，很容易引发技术风险。农业技术的推广对外界环境，主要是自然环境和社会经济环境，有较为严格的选择性。当自然环境发生变化时，技术的优势不仅不能显现，还可能适得其反，遭受到巨大损失。另外，技术的推广取决于市场的需求和价格的变化，当市场需求发生逆转时，最先进的技术也可能实现不了效益。技术使用人员的素质也限制了技术的推广，导致不能达到预期收益。

3. 市场风险

市场风险是指农业企业市场竞争能力的不确定性而引发的风险。市场风险主要受市场的增长潜力、市场需求程度、产品的可替代性、产品的性价比、产品的营销网络、产品的生命周期及市场竞争的激烈程度等方面的影响，或者由于经营管理不善、信息不对称、市场前景预测偏差等遭受损失的风险。

从需求的角度来讲，农产品的需求弹性较小，储存难度大，很容易因为产品过剩产生“谷贱伤农”的现象。同时，由于供求信息的不对称，对市场需求的判断能力弱，导致蛛网效应明显。经济全球化的发展趋势以及农产品作为金融衍生品的特征，导致价格与需求严重背离，加大市场风险发生的可能性。

4. 制度风险

制度风险是指企业外部的政治、经济、法律、政策或政策、法规的不健全，或频繁调整和变化给风险投资所造成的始料不及的负面影响，如政府对农业行业的调控及调控方式，财政、税收、环境保护等政策的变化，将直接影响到农业企业的资金环境，所有这些因素都会给风险投资带来很大不确定性。

拓展阅读：

国家连续10年支持农业企业上市

中国农业是个政策性很强的企业，其中受政策、资本影响力最大。

国务院6月8日发布《关于促进乡村产业振兴的指导意见》（以下简称

《意见》）指出，引导县域金融机构将吸收的存款主要用于当地，支持小微企业融资优惠政策适用于乡村产业和农村创新创业，支持符合条件的农业企业上市融资等。

其中，有一个很关键的信息就是“国务院支持符合条件的农业企业上市融资”。农业企业上市再次成为行业话题！其实，国家持续支持农业企业上市，有2个关节点：①乡村振兴；②党的十九大目标。

全国政协委员、中国银监会河南监管局局长田建华表示，“金融支持力度不够，企业发展就缺乏后劲。农业产业化龙头企业迫切需要更直接、更有力、更有效的金融政策支持。”

然而，在这10年中，能上市的农业企业却是屈指可数，企业上市之路也是痛并快乐着。当然遭遇困难种种，与我国农业融资环境和土地政策都有极大的关联。

资料来源：农业行业观察，2019年7月8日。

5. 社会风险

社会风险也称“行为风险”。它是指由于个人或团体的社会行为造成的风险。农业企业的社会风险主要表现在如下几个方面。①伪劣种子、化肥和农药等农业生产资料造成的农业生产损失；②错误的行政干预造成的农业生产损失；③工业污染给农业生产和经营造成的损失；④由于道德风险和逆向选择的问题而改变企业的决策行为，从而导致资产风险的上升；⑤价格支持等措施有可能会改变政府政策选择偏好，带来制度变迁的不稳定；⑥为降低技术风险而加大技术投资和推广力度，有可能会带来农产品价格的更大不确定性以及农产品市场制度的不稳定。

（二）按风险在产业链所处的环节划分

农业企业的经营风险与农业生产所处的产业链环节紧密相关，按农业产业链的环节可将农业企业经营风险分类如下。

1. 产前环节风险

农业产业链的产前环节主要指农业生产前期的准备和投入阶段，包括生产资料的供应（如种子、化肥）、农户决策和预期（如种植结构、方式）等。该环节主要风险是市场风险和制度风险。

2. 产中环节风险

农业产业链的产中环节是指农业基本产品的生产过程，包括自然作用、种植管理（如田间管理）、技术投入（如抗病虫害技术应用）等。该环节的主要风险是自然风险和技术风险，也受到制度和社会风险等影响。

3. 产后环节风险

农业产业链的产后环节是指农业基本产品的销售、流通、加工以及产业链的延伸过程。该环节主要风险是市场风险和制度风险。此外，农业企业作为这一环节的重要生产主体，还将面对一般企业的潜在风险。

动动脑：

以某一农业企业风险事件为例分析农业企业面临的经营风险主要有哪些？

第二节　农业企业经营风险的规避与处置

▶ 案例导入：

报告期衍生品持仓的风险分析及控制措施

风险分析

商品期货套期保值操作可以有效管理原材料的采购价格风险，特别是减少原料大幅下跌时，较高的库存带来的跌价损失对公司的影响，但也会存在一定风险。

①价格异常波动风险：理论上，各交易品种在交割期的期货市场价格和现货市场价格将会回归一致，极个别的非理性市场情况下，可能出现期货和现货价格在交割期仍然不能回归，因此出现系统性风险事件，从而对公司的套期保值操作方案带来影响，甚至造成损失。

②资金风险：期货交易按照公司下达的操作指令；如投入金额过大，可能造成资金流动性风险，甚至因为来不及补充保证金而被强行平仓带来实际损失。

③技术风险：可能因为计算机系统不完备导致技术风险。

为防范汇率及利率波动对公司利润和股东权益造成不利影响，公司需要开展保值型汇率和利率的资金交易业务，以减少外汇与利率风险敞口，但存在一定风险。

①市场风险。保值型资金交易业务的合约汇率/利率与到期日实际汇率/利率的差异将产生投资损益；在保值型资金交易业务的存续期内，每一会计期间将产生重估损益，至到期日重估损益的累计值等于投资损益。

②流动性风险。保值型外汇资金交易业务以公司外汇收支预算为依据，与实际外汇收支相匹配，以保证在交割时拥有足额资金供清算，或选择净额交割衍生品，以减少到期日现金流需求；保值型利率资金交易业务均将按照利率差额的净额来进行交割。

③履约风险。公司保值型资金交易业务交易对手均为信用良好且与公司已建立长期业务往来的银行，基本不存在履约风险。

④其他风险。在开展业务时，如操作人员未按规定程序进行保值型资金交易业务操作或未充分理解衍生品信息，将带来操作风险；如交易合同条款的不明确，将可能面临法律风险。

商品期货套期保值风险管理策略

①将套期保值业务与公司生产经营相匹配，严格控制期货头寸。

②严格控制套期保值的资金规模，合理计划和使用保证金，严格按照公司期货交易管理制度规定下达操作指令，根据规定进行审批后，方可进行操作。

③公司已制定了《衍生品投资管理制度》《套期保值业务管理制度》，对套期保值业务作出了明确规定，设立了专门的期货操作团队、期货操作监控团队和相应的业务流程，通过实行授权和岗位牵制以及进行内部审计等措施进行控制。

④建立了主要品种中长期走势预警机制，按照市场价格走势的监控机制，由公司期货操作和监控团队定期对主要品种的未来一个时期的走势进行预判，以保证期货品种在异常波动时做出及时判断和处置。

资料来源：新希望六和2020年度报告整理。

一、农业企业经营风险规避与处置的原则

农业经营风险的规避与处置是指运用适当的手段对各种风险源进行有效的控制，以减少农业生产经营的波动，并力图以最小的代价获得最大的安全保障的一系列经济管理活动。其主要功能有两个：①减少农业风险发生的可能性；②降低农业风险造成意外损失的程度。

以下四个部分请按照统一风格形成文字：如先说概念、再说内容等。尽量保持风格一致并适当增加案例。案例请按规定要求编写。

（一）保留风险

保留风险是指当风险不能避免或因风险有可能获利时，企业以自身财力承

担风险损失的一种作法。

具体内容包括有意识的和无意识的保留风险两种。无意识保留风险是指不知风险的存在而未加处理或风险已经发生，但未意识到而未作处理。有意识保留风险是指虽然明知风险事件已经发生，但经分析由自己承担风险更为方便，或者风险较小自己有能力承担，从而决定自己承担风险。

▶ **拓展阅读：**

企业如何应对经营中的自然风险

华北等多地出现大旱，通过实地考察发现：因为种植方式的落后，很多农田是直接引黄河水大水漫灌，而黄河水量少，导致旱情严重。但如果相关地区能普遍修建灌溉设施和小水库，旱情就会缓解很多。例如，河南商丘的一家农业企业，其玉米地到8月下旬仍然是绿油油的，跟周边玉米地枯黄绝收的景象形成鲜明对比，原因就在于这家企业建设了喷灌系统。另外，从企业经营的角度来看，还可以通过区域分散、产业分散等方式来分散自然灾害的潜在风险。所以，不应该在农业自然风险面前束手无策，而是要积极应对而且应对的办法也有很多。

（二）回避风险

回避风险（即风险预防），企业对可能发生风险的农业经营项目采取主动放弃、拒绝实施或者提前准备降低风险损失。

回避风险具体内容包括：增强企业的预测能力，准确预测风险事件发生的概率、估计风险的损失程度；增强抵抗自然灾害的能力，加强企业的基础设施建设，改善生产条件，预防自然风险的发生；增强企业的应变能力，根据生产经营环境的变化，及时调整企业的组织结构、生产方式等，提高企业经营决策和预测的科学性，健全信息服务体系，预防和减少市场风险；增强安全生产意识，严格技术操作规程，完善责任制度，预防和减少技术风险。

农业企业通过有效的管理规范和技术提升来规避风险。如以生鲜为特色的超市，同样是从海南采购水果运到北京，这家企业的损耗率比一般超市要低30%。又如，在“哀鸿遍野”的生猪市场中，有的生猪养殖场效益依然不错，其核心就是用管理换效益。标准化的科学饲养、规范的免疫程序、到位的疫病防控，节约了饲料，也减少了生猪的病死损失和相关费用，这些都转化成为良好的利润点。

（三）分散风险

分散风险是指当风险不可避免时，充分利用避险工具减少风险的规模，以一定的代价和方式将部分或全部风险损失分散给其他主体承担。

分散风险的具体内容包括以下内容。向保险公司投保。通过向保险公司支付一定的保险费用，将风险投资未来的损失转移给出保人。保险的目的在于转嫁损失而不是获利，使保险公司承担技术创新和风险投资项目失败的部分风险损失。联合投资。联合投资、股份制经营等方式，通过商业模式设计，使多个主体参与风险损失和风险收益的分摊。通过各种合同实现风险转移，如通过定单农业、金融工具创新等方式转移企业的市场风险。

▶ 拓展阅读：

设计商业模式规避投资风险

投资农业最核心的要素是要设计好商业模式。比如养牛，犊牛从出生到出栏要3年时间，那么可以选择分段养殖，每一段可能只需要1年时间，这就并不算长。如果资本性开支比较大，则可以去寻找资本性开支比较小的发展模式（比如“公司+农户”）。我们投资的一家肉鸡养殖企业，年出栏约2亿只鸡。该企业建设了自己的种鸡场、饲料厂，但没有建设肉鸡养殖场，而是向合作农户提供鸡苗、饲料、防疫和技术服务，并收取一定的保证金。这样，公司避免了支出大额资本导致回收期长的问题，也保持了非常好的现金流。

（四）组合风险

组合风险是指各种不同风险进行搭配，通过优化组合达到减少整体风险损失的目的。

组合风险具体内容包括：由于农业经营风险的多样性和季节性，在风险管理中可以将不同时发生或强度不同的风险经营项目进行组合，以达到利益互补、增强企业整体的抗风险能力，从而减少企业的风险损失。

二、农业企业的主要避险工具

农业企业的主要避险工具包括商业性农业保险、政策性农业保险、创新性农业风险管理工具等多种。

（一）商业性农业保险

商业性农业保险是指保险机构根据农业保险合同，对被保险人在种植业、林业、畜牧业和渔业生产中因保险标的遭受约定的自然灾害、意外事故、疫病、疾病等保险事故所造成的财产损失，承担赔偿保险金责任的保险活动。其功能主要是化解生产中的自然风险，从而为农产品加工或流通企业提供原料。

商业性农业保险按农业种类不同分为种植业保险、养殖业保险；按危险性质分为自然灾害损失保险、病虫害损失保险、疾病死亡保险、意外事故损失保险；按保险责任范围不同，可分为基本责任险、综合责任险和一切险；按赔付办法可分为种植业损失险和收获险。农业保险的保险标的包括农作物栽培（农业）、营造森林（林业）、畜禽饲养（畜牧业）、水产养殖、捕捞（渔业）以农村中附属于农业生产活动的副业。

1. 种植业保险

（1）农作物保险。农作物保险以稻、麦等粮食作物和棉花、烟叶等经济作物为对象，以各种作物在生长期间因自然灾害或意外事故使收获量价值或生产费用遭受损失为承保责任的保险。在作物生长期间，其收获量有相当部分是取决于土壤环境和自然条件、作物对自然灾害的抗御能力、生产者的培育管理。因此，在以收获量价值作为保险标的时，应留给被保险人自保一定成数，促使其精耕细作和加强作物管理。如果以生产成本为保险标的，则按照作物在不同时期、处于不同生长阶段投入的生产费用采取定额承保。

（2）收获期农作物保险。收获期农作物保险以粮食作物或经济作物收割后的初级农产品价值为承保对象，即是作物处于晾晒、脱粒、烘烤等初级加工阶段时的一种短期保险。

（3）森林保险。森林保险是以天然林场和人工林场为承保对象，以林木生长期间因自然灾害和意外事故、病虫害造成的林木价值或营林生产费用损失为承保责任的保险。

（4）经济林、园林苗圃保险。这种险种承保的对象是生长中的各种经济林种。其包括这些林种提供具有经济价值的果实、根叶、汁水、皮等产品以及可供观赏、美化环境的商品性名贵树木、树苗。保险公司对这些树苗、林种及其产品由于自然灾害或病虫害所造成的损失进行补偿。此类保险有柑桔、苹果、山楂、板栗、橡胶树、茶树、核桃、枣树等保险。

2. 养殖业保险

（1）牲畜保险。牲畜保险是以役用、乳用、肉用、种用的大牲畜，如耕牛、奶牛、菜牛、马、种马、骡、驴、骆驼等为承保对象，承保在饲养使役期，因牲畜疾病或自然灾害和意外事故造成的死亡、伤残以及因流行病而强制屠宰、掩埋所造成的经济损失。牲畜保险是一种死亡损失保险。

（2）家畜保险、家禽保险。以商品性生产的猪、羊等家畜和鸡、鸭等家禽为保险标的，承保在饲养期间的死亡损失。

（3）水产养殖保险。以商品性的人工养鱼、养虾、育珠等水产养殖产品为承保对象，承保在养殖过程中因疫病、中毒、盗窃和自然灾害造成的水产品收获损失或养殖成本报失。

（4）其他养殖保险。以商品性养殖的鹿、貂、狐等经济动物和养蜂、养蚕等为保险对象，承保在养殖过程中因疾病、自然灾害和意外事故造成的死亡或产品的价值损失。

我国开办的农业保险主要险种有：农产品保险，生猪保险，牲畜保险，奶牛保险，耕牛保险，山羊保险，养鱼保险，养鹿、养鸭、养鸡等保险，对虾、蚌珍珠等保险，家禽综合保险，水稻、油菜、蔬菜保险，稻麦场、森林火灾保险，烤烟种植、西瓜雹灾、香梨收获、小麦冻害、棉花种植、棉田地膜覆盖雹灾等保险，苹果、鸭梨、烤烟保险等。

（二）政策性农业保险

我国自 2004 年开始政策性农业保险试验，主要由地方政府主导，给予适当保费补贴。从 2007 年起，中央政府开始主导政策性农业保险试验，支持在吉林、四川、新疆等6省区进行水稻、玉米、小麦、大豆、棉花5种主要粮食作物保险试验和能繁母猪保险。2008年扩大到16省市自治区，保险作物增加了油菜、花生等油料作物，保险牲畜增加了奶牛。

（三）创新性农业风险管理工具

1. 套期保值

套期保值交易是指在期货市场上建立交易部位来代替现货市场的实物交易中已经进行的或将要进行的交易，在期货市场设立与现货市场方向相反的交易部位，使一个市场的盈利弥补另一个市场的亏损，从而转移、规避价格风险的交易行为。

农产品期货是防范农业风险的有效手段，对于管理农业风险意义重大。通过套期保值可以规避原材料价格剧烈波动的风险套期保值分为买入保值和卖出保值，是用期（现）货市场的盈利来弥补现（期）货市场的亏损，只要整体计算不亏或少量亏损，就达到了套期保值效果。

期货市场和现货市场价格同方向波动是成功套期保值的前提，如果两个市场波动方向相反，其中会蕴含较大的风险。套期保值只是一个工具和手段，公司利用这个工具的目的是锁定成本风险，并非扩大利润。

2. 订单农业+期货市场

订单农业的主要功能是通过订单，将农户面临的市场风险分散和转移给订单企业，帮助农户获得稳定的收益，同时确保企业获得稳定的农产品。农产品期货市场的功能在于提供一种有效的避险工具，利用套期保值交易，预先将其农产品的销售价格固定在一个稳定的价位上，从而避免从产品生产到最后出售期间发生不利价格波动造成的损失。此外，在农产品期货市场中，期货价格能为订单农业提供合理的参考。它的发现价格功能还能为农业提供及时的未来价格信息，有利于减少订单农业实施过程中的盲目性，改善资源的配置和提高农业的效率。

▶ **拓展阅读：**

生猪期货，养殖企业多了个避险工具

中国证监会于4月24日发布公告正式批准开展生猪期货交易。多年来，由于缺乏有效的风险管理工具，每每遇到生猪价格波动养殖企业不得不承受价格波动的风险，打破“猪周期”是所有生猪养殖企业翘首以盼的事情。

“生猪期货上市后能为生猪市场提供公开、公平、公正、权威的信息服务和价格参考。”牧原股份农产品分析师认为，利用期货市场的价格发现功能，有助于生产经营者调整生猪的生产计划，有效缓解“猪周期”对相关产业的影响，创造公平透明的生猪信息体系，有助于降低生猪价格的非理性涨跌，推动产业健康发展。

期货市场具有价格发现和套期保值的功能。养殖企业普遍认为，生猪期货上市后，可以提前反映未来价格走势，有利于生猪养殖企业利用期货价格做好生产经营规划，有利于在价格高点提前锁定销售价格，锁定销售利润。

资料来源：农民日报，2020年5月30日。

3. 指数保险

指数保险主要包括气象指数指数保险、区域产量指数保险、农产品价格指数保险等。指数保险能有效克服农业保险中的道德风险、逆选择及管理费高的弊端。

▶ 拓展阅读：

平安产险生猪“保险+期货”模式

2019年财政部、农业农村部等部门联合印发《关于加快农业保险高质量发展的指导意见》，鼓励探索开展“农业保险+”，推进农业保险与信贷、担保、期货（权）等金融工具联动，不断实现对“保险+期货”模式的创新升级。平安产险生猪“保险+期货”模式，联合生猪养殖户、期货交易所、证券期货公司等多方力量，以期货市场价格（非现货市场价格）作为保险产品中的“价格指数”确定目标价格和赔付标准，更加精准反映未来市场预期，提高保险设计的精准度，有效保障生猪养殖者收入稳定；同时，引入同在期货市场有相应产品的生猪饲料价格，帮助养殖户及时了解未来生猪市场价格走势，合理调整养殖规模和饲养周期，减少因市场波动造成的损失，降低养殖风险。

河南作为全国生猪出栏大省，广大养殖户深受“猪周期”困扰，生猪价格频繁大起大落，由于缺少有效的远期价格指导，养殖户往往盲目扩产，易造成较大财产损失。平安产险承保了当地生猪价格指数保险，提供超300万保额，可有效化解因市场生猪供应量上升及需求下降导致的价格下跌风险。

资料来源：新浪财经，2021年1月11日。

国际上的指数保险主要有两种类型：一类称“气象指数保险”，另一类称“区域产量指数保险”。例如加拿大安大略湖的降雨指数保险，就是先研究确定降雨量与作物产量之间的关系，再规定降雨量不足某水平时进行赔付。2007年，上海安信农业保险公司在南汇西瓜种植区域推出气象指数保险试点。

农产品价格指数保险与气象指数保险承担生产中的自然风险不同，农产品价格指数保险承保的是市场风险，以“价格指数”为赔付依据。在国外期货市场发达的国家一般以期货市场价格作为农产品价格指数保险产品中的“价格指数”。例如美国的肉牛价格保险，目标价格以保单签订日芝加哥商品交易所上保障期限末交割的肉牛期货价格为依据确定。当保单到期日的肉牛期货价格低于“目标价格”时，保险公司对差额部分进行赔偿。

4. 保险证券化

20世纪80年代末期和90年代初期，一系列自然灾害的发生使美国保险公司遭受了巨大损失，保险业尝试用金融手段为大规模自然灾害提供资金来源，其中运用的最成功就是巨灾债券，即保险公司通过再保险机构或特定的专业公司发行承担债务的附息证券，保险公司保留根据公司特定损失或全行业损失的情况改变债券利息率的权利。美国政府每年都要发行一定数量的农业巨灾债券，以保障发生巨灾时保险公司的应急资金。

▶ 拓展阅读：

保险风险证券化破题

——我国巨灾保险迈出扎实一步

长期以来，我国的巨灾救助主要是靠紧急财政拨款。建立巨灾保险制度的目的就是为了通过制度创新，形成多层次的巨灾风险分散机制。

2014年8月出台的保险业新“国十条”提出，以商业保险为平台，建立巨灾保险制度，逐步形成财政支持下的多层次巨灾风险分散机制。2017年6月22

日，由中再集团主办的“首届巨灾风险与保险高峰论坛暨中国再保险巨灾研究中心成立大会”在北京举行。中国保险行业协会会长朱进元表示，长期以来我们国家很多巨灾风险事故的解决依托于财政和政府对口资源的捐助。中国保险学会姚庆海指出，巨灾风险要依靠科技支撑，建立巨灾风险数据的采集标准，必须有高质量的数据，建立数据库、数据模型，才能有高质量的巨灾风险评估。

资料来源：中国经济网，中再集团网页，自媒体平台“网易号”。

保险证券化是指通过建立保险支持证券，使资本市场的资金更好地进入保险市场，从而更好地帮助保险公司或再保险公司转移保险风险。保险证券化包含两个方面内容：资产证券化、负债证券化。保险资产证券化是指把保险公司的缺乏流动性但具有预期未来稳定现金流的资产聚集起来，形成一个资产池，通过结构性重组，将其转为可以在资本市场上出售和流通的证券，其实质是将保险公司的现金流转换成可交易的金融证券。保险负债证券化是指保险市场上的风险的再分割和出售的过程；即利用证券化技术，通过构造和在资本市场发行保险支持证券使保险市场上的风险得以被分割和标准化，从而将承保风险转移到资本市场。通过证券化将原有的资产或负债从资产负债表上去掉，从而提高资本比率。

5. 再保险

再保险是指保险人将其承担的保险业务，部分转移给其他保险人的经营行为。转让业务的是原保险人，接受分保业务的是再保险人。这种风险转嫁方式是保险人对原始风险的纵向转嫁，即第二次风险转嫁。

受到全球变暖的影响，极端气候事件发生的概率在不断增加，区域性、流域性风险正在逐步暴露。2013 年黑龙江特大洪涝灾害、2014 年辽宁特大旱灾和海南两次台风，相关省份均出现了巨额超赔。从国际市场看，2011 年泰国洪水和 2012 年美国特大旱灾，都出现了创纪录的赔付，给相关国家保险体系的稳健运行带来较大影响。当前，我国正处于推进农业现代化的新时期，农业生产逐步向适度规模经营转变、投入的规模更大、面临的风险更高，对农业保险的风险保障需求也必然更加强烈。但是大灾风险分散机制不健全不仅影响了农业保险体系运行的稳健性，而且制约了保险水平的提高和覆盖面的进一步扩大，成为农业保险下一步发展迫切需要解决的瓶颈性问题。

▶ 拓展阅读：

中国农业再保险股份有限公司获批筹建

2020年8月，银保监会正式批复筹建中国农业再保险股份有限公司（简称“中农再”）。中农再由财政部、中再集团、人保财险、平安产险、太平洋产险、国寿财险、中华联合财险等9家单位共同发起筹建，注册资本161亿元。

“成立农业再保险公司的政策目标是进一步完善农业保险大灾风险分散机制与农业保险再保险体系。”国务院发展研究中心金融研究所保险研究室副主任朱俊生认为，农业再保险公司可以通过有效分散风险，稳定原保险人承保绩效，以此促进农业保险的普遍可得性，扩大农业保险的覆盖面，逐步提高保障水平。

从海外经验来看，农业再保险也是典型的政府主导模式。以美国为例，农业保险是美国农业安全网的三大支柱之一，农业再保险是美国农业保险体系的核心内容。美国农业再保险是典型的政府主导型模式，通过法律法规、政策手段和市场机制建立了直接保险和再保险之间风险共担、利润共享的再保险模式，有效实现了农业大灾风险的逐级分层分散。

资料来源：中国银行保险报，2020年8月25日。

我国农业保险再保险共体的成立为我国不同地域和不同层次的农业风险提供多样化的再保险服务，例如为包括北京生猪价格指数保险、上海绿叶菜价格保险、山东大蒜目标价格保险以及黑龙江水稻目标价格保险等在内的全国20多个省市开展的目标价格保险等创新型业务提供产品设计和再保险支持，为稳定农产品价格、促进农民增收和提高农业再生产能力发挥积极作用。

三、农业产业链各环节的风险管理

（一）产前环节的风险管理

1. 产前环节的风险

农业产业链的产前环节主要是指农业生产前期的准备和投入阶段，包括生产资料的供应（如种子、化肥）、农户决策和预期（如种植结构、方式）等。

该环节主要风险是市场风险和资产风险。

2. 产前环节风险管理的方式

产前环节的风险管理方式可考虑生产资料补贴、供应链体系、信息服务等。生产资料补贴稳定了农户购买能力，缓解了价格波动的冲击，供应链体系保证了购买渠道、降低了交易成本，重点解决了该环节的主要风险。生产资料补贴可利用供应链体系以降低操作成本、提高补贴效率。信息服务作为软要素也可与供应链体系结合，这保证了风险管理方式之间的协调。生产资料补贴通过稳定农户投入能够提高农业保险的需求，供应链体系能够带动技术推广体系的完善，实现了与产中环节风险管理方式的紧密联结。

农业企业应定期预测原材料和产成品市场可能出现的波动，采用长期合同或选择权期权合约的方式，保证企业以合理的价格采购到原材料。农业企业不能进行以投机为目的的期权或期货交易，不应进行期指买卖，套期保值交易应保证企业买入和卖出交易的数量基本对等，防止出现不利波动时企业亏损无法挽回或利益无法保障的情况。

（二）产中环节的风险管理

1. 产中环节的风险

农业产业链的产中环节是指农业基本产品的生产过程，包括自然作用、种植管理（如田间管理）、技术投入（如抗病虫害技术应用）等。该环节的主要风险是自然风险和技术风险，也受到资产风险等影响。

2. 产中环节风险管理的方式

产中环节风险管理方式可考虑农业保险、技术推广和服务体系、风险基金等。农业保险结合农业风险基金以重点应对自然风险，技术推广和服务体系来稳定农业技术的供给、降低技术风险的冲击；风险基金可协调农业保险的政策性问题，技术推广和应用则能推动农业保险的创新、提高农业保险的需求，风险基金也可配合新技术的推广和应用；农业保险通过稳定收益水平以保障产后环节中套期保值的顺利实施，技术的推广则为订单农业提供了基本条件，而风险基金与价格支持相互协调以实现风险管理的低成本和高效率。

农业企业通常应采用购买保险的方式转移自然灾害风险，但这种风险管理方法较为单一、限制较多。农业保险结合农业风险基金以重点应对自然风险，技术推广和服务体系来稳定农业技术的供给、降低技术风险的冲击；风险基金可协调农业保险的政策性问题，技术推广和应用则能推动农业保险的创新、提高农业保险的需求，风险基金也可配合新技术的推广和应用；农业保险通过稳定收益水平以保障产后环节中套期保值的顺利实施，技术的推广则为订单农业提供了基本条件，而风险基金与价格支持相互协调以实现风险管理的低成本和高效率。

面对备受关注的产品质量问题，农业企业在生产流程中可以考虑通过构建质量控制体系、岗位责任制度等进行风险管理。如种植类企业通常在生产流程中采取持续的检查与预防措施对自然灾害风险进行控制，加工类农业企业则通常参考 ISO 质量控制体系或国家质量控制体系对产品质量风险进行控制。在此过程中，农业企业应注意对质量控制体系或内部控制制度进行持续的评估与改进，保证企业风险管理体系的有效性。

（三）产后环节的风险管理

1. 产后环节的风险

农业产业链的产后环节是指农业基本产品的销售、流通、加工以及产业链的延伸过程。该环节主要风险是市场风险和制度风险，也受到资产风险等的影响。此外，农业企业作为这一环节的重要生产主体，还将面对一般企业的潜在风险。

2. 产后环节风险管理的方式

产后环节的风险管理方式可考虑期货市场和基金、订单农业、价格支持等。国内农产品贸易商和加工企业普遍缺乏市场风险（包括国内和国际市场）管理意识和管理经验，无法利用期货市场这一现代市场风险管理工具转移和分散风险，也没有行业性管理机构从产业链角度进行一体化风险管理的设计和指导，当市场发生不利于自身的变动后，最终只能导致农户和农产品加工（流通）企业“风险自担，利益独享”，农户和加工（流通）企业无法成为真正意义上的一体化组织。政府可以建立引导型的期货投资基金解决分散农户利用期货市场的困难，价格支持体系的建设推动农业支持政策的完善，并为制度风险的应对提供借鉴。

表 9-1　　农业产业链各环节风险管理

风险管理环节	主要风险	风险管理方式
产前环节	市场风险、资产风险	生产资料补贴、供应链体系、信息服务等
产中环节	自然风险、技术风险、产品质量风险	农业保险、质量控制体系、岗位责任制度等
产后环节	市场风险、制度风险	期货市场和基金、订单农业、价格支持等

动动脑：

1. 创新型避险工具在应用中存在哪些问题（如生猪价格指数等）？

2. 农业企业在产业链的各环节如何识别风险并进行有效的风险规避与处置？

链接案例：

新冠肺炎疫情下生猪价格波动的风险及防范

2020 年，由于新冠肺炎疫情造成年初生猪出栏受阻，屠企开工延期，市场供给阶段性不足，生猪价格保持高位运行。2021 年，生猪供应仍将维持偏紧格局，猪价仍可能保持高位运行。若生猪销售价格回落，公司面临利润下降风险。

（一）疫情下农业企业面临的风险因素分析

（1）重大疫情和自然灾害风险。在研制出有效疫苗之前，非洲猪瘟疫情风险将一直存在。生猪养殖疫病还有蓝耳病、猪瘟、猪呼吸道病、猪流行性腹泻、猪伪狂犬病等。这些疫病会给公司带来重大经营风险，导致生猪产量、存栏数量降低，并传导到上游猪饲料行业，影响饲料需求，造成猪饲料的产销量大幅降低。

（2）市场风险。商品期货套期保值能有效降低原材料的采购价格风险，特别是当原料大幅下跌时，降低高库存带来的跌价损失对公司的影响，但也会存在一定风险，如市场行情异常波动风险：理论上，各交易品种在交割期的期货市场价格和现货市场价格将会回归一致，在极个别的非理性市场情况下，可能出现期货和现货价格在交割期仍然不能回归，因此出现系统性风险事件，从而对公司的套期保值操作方案带来影响，甚至造成损失。

（二）风险应对措施

（1）利用期货的风险规避功能。2020 年 4 月 24 日，中国证监会正式批准大连商品交易所开展生猪期货交易。在大商所的积极推动下，生猪期货已形成了比较完备的业务规则体系。对于具有一定规模的生猪养殖企业，可充分利用生猪期货的风险规避功能，发挥自身的资金和技术优势，有计划地进行生产扩张进而规避风险。生猪期货的推出可以有效抵御猪价波动风险，利用期货市场能够帮助养殖企业预测未来生猪价格走势，锁定养殖收益，加快资金运转，进而提高养殖水平，使我国生猪行业朝着规模化、标准化方向平稳发展。

（2）将套期保值业务与公司生产经营相匹配，严格控制期货头寸。

（3）严格控制套期保值的资金规模，合理计划和使用保证金，严格按照公司期货交易管理制度规定执行，根据规定进行审批后，方可进行操作。公司将合理调度资金用于套期保值业务，不得使用募集资金直接或间接进行套期保值。

资料来源：农业上市公司 2020 年度报告整理。

— 复习思考题 —

1. 简述农业企业主要的经营风险。
2. 农业保险包括哪些内容？我国目前已有的农业保险有哪些？
3. 经营风险管理有哪些创新的风险管理工具？
4. 如何管理农业产业链各环节的风险？

第十章　农业企业国际化经营

学习目标

1. 了解农业企业国际化经营的背景；
2. 掌握农业企业国际化经营的概念；
3. 了解目前国际市场划分及各市场的特征；
4. 掌握进入国际市场的步骤和方法。

第一节　农业企业国际化经营背景

▶ 案例导入：

成为国民品牌，蒙牛20年的升级之路

一家于1999年白手起家的小企业，在呼和浩特仅53平方米的办公室里提出了国际化战略。蒙牛不但有胆子去想，而且还真的有实力去将它实现。最开始，蒙牛的国际化更像摸着石头过河，在陆续引入中粮、丹麦阿尔乐、法国达能三大国际化战略股东后，借助这三家公司在全球范围内的影响力和先进的创新、管理经验，蒙牛建立起国际化的牧场管理标准和研发体系，为产品和品牌的全球化国际化打下了坚实的基础。

现今，蒙牛已在澳大利亚、新西兰、印尼等国家和地域打通了从奶源到生产销售、从研发到质量管控的全部环节，构筑了一条完整的产业链。在此基础上，蒙牛还与美国、法国、澳大利亚、白俄罗斯等近30个国家都开展了不同层面的合作。

2017年，蒙牛总裁卢敏放提出了打造“全球乳业共同体”的战略构想，这一希望通过促进全产业链的高质量、可持续发展，以实现全球乳业的共生、共治、共享、共赢为最终目标的战略规划。这一战略构想实际上可以看作蒙牛国际化战略的阶段性成果和新起点。在卢敏放看来，“全球乳业共同体”的构建，有助于乳业在第四次工业革命推动下，实现技术革命和供应链、价值链重塑，更将在地缘经济重构的剧烈变化中，推进全球乳业实现共治、共享、共赢的包容性和可持续发展。而要实现这一目标，显然并不容易。对蒙牛而言，这是一场对质和量都明确提出明确量化目标的大考。

当然，蒙牛从不缺这样的勇气和决心的同时，也不缺这样的魄力和能力。2005 年，蒙牛与《超级女声》的合作一炮打响，成为迄今都让业内叹为观止的教科书级营销。决战夜高达 3 亿的收视率让这档娱乐节目达到了前所未有的高潮，其给赞助商带来的回报率相当惊人。据事后统计，超女的火爆让蒙牛酸酸乳品牌提及率跃升为 18.3%、品牌力和市场占有率迅速攀升成为乳饮料第一品牌。

从中国制造到中国品牌，蒙牛继敢想之后延续了敢作敢为的风格，他讲了一段独属于自己的故事，在这段冗长的故事和 20 年的历史变迁中。蒙牛从草原走向全中国，再从中国走向世界，但这只是世界品牌万里长征路上的第一步。让世界看见，或许只是“一抹景色”，而让世界记住和选择真正需要强大的品质基础和品牌内涵。

改革开放 40 多年来，中国作为世界第一大消费品市场为全球经济的增速和增量贡献极大，但其中最大的红利却被居于产业链上游的欧美、日韩发达国家的大企业、大品牌所攫取。所以，不管是从国家战略层面，还是从企业自身长远发展的战略讲，要赢得市场竞争必须打造自主品牌，才能真正提高企业的自身抗风险能力。

从中国制造到中国智造再到中国品牌，这其中是一条从产品力、创新力到品牌力的巨大融合变革之路。一个国家的公信力、实力不仅依赖于其在军事科技领域的强大竞争力，也依赖于其在经济领域拥有多少全球消费者耳熟能详的知名品牌，而蒙牛的国际化之路，恰是这样一条极具代表性的征程，极具参考价值和象征意义。

资料来源：搜狐新闻，2021 年 4 月 26 日。

案例思考：

蒙牛为实现国际化战略进行了哪些准备？

经济国际化是指一国经济发展超越国界，与别国经济的相互联系、相互渗透不断扩大和深入的经济发展过程，经济国际化的内容非常丰富，其核心内容是资源配置的国际化。这是一个动态的过程。进入20世纪八九十年代以来，经济国际化潮流在全球范围内进一步高涨，国际经济联系和合作无论在广度还是在深度上都取得全新的突破，知识信息网络化、全球贸易自由化、金融资本国际化、生产体系跨国化和运行机制趋同化等方面趋势都有了空前的加强，经济国际化进程迈向了一个更高级的阶段，表现出经济全球化的趋势。

一、知识信息网络化

知识信息网络化是由数字化技术、信息存储技术、数据库技术、网络通信技术与多媒体超文本、超媒体技术所支控的知识信息资源的一种崭新的运动形式，也是信息社会化和信息产业化的一种重要组织形式，也就是现在最流行的“互联网+”。以信息技术和互联网为基础的知识信息网络化迅猛发展，不仅冲破了国界，而且缩小了各国和各地的距离；推动了生产方式的转变，更重要的是促进产品的生产、销售、筹资等全球网络的形成，直接促进了国际贸易。

▶ 拓展阅读：

2021年7月16日下午，广东中食冷链科技有限公司与布瑞克农业互联网就组建“大宗进口冻品肉类产品交易平台”签署战略合作协议。农产品集购网是布瑞克农业互联网旗下以农业大数据为依托的城市数字化供应产业互联网平台，拥有BDS消费大数据、智能仓储、供应链金融、行情指数、产品研报等应用。注册企业采购用户超10万人，平台积极发挥互联网聚合能力，通过集合采购、“一站式”采购、供应链延伸、终端联盟等多种自营电商模式，帮助用户提升采销效率、降低采销成本。

广东中食冷链科技有限公司是由中国食品集团有限公司牵头组建的大型进口冷冻猪肉贸易项目，是中食产业联盟成员。以广州为总部基地，为国内多家大型食品集团提供冷冻猪肉贸易服务。

本次合作农产品集购网基于企业消费大数据服务百万级B端用户，中食冷链拥有大宗冻肉进口、存储、物流为一体的大型综合服务能力，充分发挥双方各自优势，基于“BDS 大数据＋在线交易平台＋稳定优质货源”组建冻品肉类进口供应链数字化交易平台。实现进口冷冻肉农产品供应全数字化，打造跨境综合性冷冻肉交易平台。

资料来源：新浪网，2021 年 7 月 19 日。

二、全球贸易自由化

贸易自由化是指一国对外国商品和服务的进口所采取的限制逐步减少，为进口商品和服务提供贸易优惠待遇的过程或结果。全球经济一体化的不断推进和趋同，促进了贸易全球化的加速发展，贸易自由化是经济全球化的先导，是其程度加深的主要促动因素。贸易自由化的突出表现是 GATT 和 WTO，而我国提出的“一带一路”倡议、自贸区的建立也是贸易自由化的表现。贸易自由化为世界不同类型的国家创造了有利的经济发展条件，使世界范围内生产分工得以改善，为世界经济注入了生机和活力。

▶ 拓展阅读：

2020 国际农机展以“农业机械化·乡村振兴·脱贫攻坚”为主题，分为农机展览、高端论坛及专题活动两大部分。本届展会展览面积近 20 万平方米，中外展商近 1800 家，在展示内容上，围绕农业机械化主攻方向，将展区分为传统展区、功能专区、特色专区三个部分，展示范围涵盖农业生产中的种植业、养殖业、加工业全产业链。

据了解，本届展会更加注重推动农机与农艺融合、机械化与信息化融合、农机服务模式与农业适度规模经营相适应、机械化生产与农田建设相适应，推动农机装备产业向高质量发展转型，推动农业机械化向全程全面高质高效升级，为实施乡村振兴战略、实现农业农村现代化、决胜脱贫攻坚提供机械装备支撑。

此次国际农机展将同步举办 2020 中国国际农业机械展览会线上展会直播活动。“国际农机展线上展会”经过五年的不断升级完善，今年将以全新面貌亮相，从产品、品目、展区分布等多方位、立体式地将展会内容一一呈现于观众面前。

国际农机展具有60余年的历史，是亚洲第一规模的世界级年度农业机械专业大展。国际农机展享誉世界，被称为国际化、全球性的农机商贸与品牌传播平台、农机信息集聚与交互平台、产业政策与学术交流平台、现代农业科技与装备集成示范平台。国际农机展于2013年、2015年、2019年在青岛市举办过三届。

资料来源：央广网，2020年11月13日。

三、金融资本国际化

1994年以来，全球跨国并购大幅度升级，成为当今国际直接投资最重要的方式，2000年的跨国公司并购总值占到了FDI流入总量的90%。国际上的直接投资以前主要是发达国家之间互相投资，或者是发达国家向发展中国家投资。近年来，流向发展中国家的直接投资在增加，甚至出现了发展中国家向工业发达国家投资和发展中国家互相投资的现象。金融资本的国际化为生产融资国际化创造了良好的条件。

▶ **拓展阅读：**

创设五年，亚投行的这份成绩单令人瞩目

2016年1月16日，北京钓鱼台国宾馆，历经800多天筹建的亚洲基础设施投资银行正式扬帆启航。“众人拾柴火焰高。亚投行是各成员国的亚投行，是促进地区和世界共同发展的亚投行。”开业仪式上，中国国家主席习近平为亚投行标志物“点石成金”揭幕，并为亚投行驶向广阔的蓝海指明航向。

五年来，这家由中国倡议设立的新型多边开发银行，如何“点石成金”？何以朋友圈越来越大？未来又将“投”向何方？回望五年，硕果累累；展望未来，前景可期。

后疫情时期，亚投行如何帮助亚洲地区乃至世界应对挑战，在实现包容性和可持续发展中发挥更大作用？有挑战，更有机遇。危机是检验管理水平的试金石。新冠肺炎疫情暴发以来，亚投行迅速行动，2020年4月初，宣布推出50亿美元危机恢复基金。就在当月下旬，亚投行把基金规模增加到100亿美元。随后，亚投行再次“加码”，基金规模扩大到130亿美元。截至目前，亚投行已经在这一框架下批准了70.75亿美元贷款。

基础设施，是亚投行的核心关切和投资主题。拓展社会基础设施，建设绿色基础设施，动员私营资本，促进互联互通和区域合作，建设技术驱动的基础设施——亚投行为后疫情时期列出五大战略优先项。金立群说：“基础设施建设永无止境。”“面向未来的基础设施”意味着既能促进当地经济社会发展，又不对生态环境“留脚印”；能将传统基础设施与数字技术更好地融合；既能发挥好公共资本作用，又能动员更多私营资本参与。

未来，亚投行将更加聚焦社会化基础设施、更加聚焦绿色基础设施、更加聚焦技术驱动的基础设施，不忘初心，与时俱进。

资料来源：新华社，2021年1月15日。

四、生产体系跨国化

随着技术进步加快，当代国际分工早已从产业之间的分工深化到产业内的分工，即同一产业不同商品生产上的分工。近年来，进一步出现了同一商品不同零部件生产上的分工，甚至出现了同一零部件不同生产工序上的分工，生产体系跨国化逐渐深入。同一产品可以同时分布在十几个、几十个国家和地区生产，使每个国家和地区可以发挥其技术、劳动力成本等方面的优势，最终产品最终也就成为一种各国协作生产的“国际性产品”。

在农业国际化进程中，农业国际合作与跨国公司扮演着极其重要的角色，其对中国农产品对外贸易的商品结构及市场结构变化的影响不断加深，在促进资本、技术和产品自由流动的同时，亦不断强化农业资源的双向流通。跨国公司对农业产业链的控制，给发展中国家农业产业健康发展带来隐患。因此，农业产业安全日益受到发展中国家广泛重视。

▶ 拓展阅读：

甘肃省的农业对外合作是从2009年正式起步的，也是在那个时候甘肃省的农业发展走上了快车道，逐步实现了从无到有、从少到多、从单一到多元化的转变。从最开始较为单一的畜产品加工领域，目前已经扩展到了农牧业生产、仓储、服务等，而农业国际区域的合作也在趋于多元化。

近些年来，农产品的外贸需求有较为明显增加的，而甘肃省农特产品的出口也逐渐成为了外贸发展的新亮点。这两年甘肃省借助于“一带一路”倡议的发展机遇，让甘肃的农业真正的“走出去”，已经陆续完成了陇南鲟龙鱼、庆阳小粗粮、武威黑瓜子等农特产品的初次出口，“平凉金果”出口国家和地区增加 6 个。

虽然在目前新冠肺炎疫情的影响之下 2020 年进出口总值下降，但是甘肃省的特色农产品出口仍然保持了增长的态势。在 2020 年前 5 个月，甘肃省特色农产品出口同比增长 22.5%。其中，蔬菜、果蔬汁均实现大幅增长，分别较同期增长 15.2%、440%，往哈萨克斯坦、越南、欧盟等国家和地区出口的农产品主要包括辣椒、番茄、洋葱等。

资料来源：中华人民共和国农业农村部，2021 年 1 月 13 日。

五、运行机制趋同化

在当今世界各国经济发展中，根本不存在单一调节机制的运行体制或运行模式，不论其社会经济制度性质如何，往往都是多种经济运行机制的复合体或混合体，也就是说，世界各国经济运行机制上越来越显示出趋同的特征。这种趋同化使“经济国界”日趋淡化，更有利于跨国公司的发展，为国际贸易、国际投资以及高新技术的推动提供良好的环境。

▶ 拓展阅读：

近日，2021 青岛国际标准化大会在青岛国际会议中心盛装开启。本届大会以“标准与可持续发展”为主题，汇聚了全球标准化领域的高级别专家，旨在打造更高能级对外交流合作平台，探讨国际标准在完善全球治理、促进可持续发展中的作用。

标准化确实是必要的。幸运的是，在种质资源保护领域可以通过基因库来实现这种标准化。现在世界上大约有 1700 个基因库，它们有大约 750 万份不同种类、不同形式的种质资源。其主要责任是收集、再生、保存、描述、评估和提供材料，并将其分配给其他人。欧洲植物育种协会主席理查德·威萨认为以种子的收集为例，因为有了对标准的需求，那么大家就必须标记它是在哪里获得的、天气条件如何、土壤类型如何以及它是如何被采集的、在哪一年采集、之后如何进行了储存、材料的可用性如何以及材料的再生和评估情况。而那些处理它们的人员，也需要进行一定程度的培训。这些规定的、强制性的标准，在一定程度上给粮食安全提供了保障。

由于国际标准的研究是一项重大的工程，所以技术必须要达到炉火纯青，而且不可挑剔，否则在国际博弈中往往会因为少数人的意见而否定大多数人的意见。“在这种情况下，我们设计了一个国际协同研究方案，可以说是把当时的三大主流技术基本全覆盖。我们把三大洲 10 个国家 30 个实验室邀请参加这项研究，同时，500 份研究样品，每个样品仅做一次研究测定，所以说极具难度和挑战性。”怀着宁可失败也不降低条件的想法，庞国芳院士坚持一个样品一次检测，不做两次对比。最后，8 万多批数据全部符合国际 AOAC 要求。

资料来源：大众网，2021 年 7 月 28 日。

从目前的发展趋势来看，我国将加大对农业内资企业的扶持力度，加强对外资的引导工作，降低中国农业对外资的依赖程度，通过优惠政策鼓励内资企业扩大投资，减少外资对内资的挤出效应。同时，与其他国家建立互利共赢的国际农业合作机制，实现互补。中国可以充分利用农业大国优势，除了传统的进出口贸易，在农业科技、人才培养交流和服务贸易等方面进行协商，建立互利共赢的合作机会，结成农业发展共同体。

动动脑：

1. 经济国际化有哪些表现？
2. 我国在经济国际化潮流中扮演什么角色？

第二节　农业企业国际化经营概述

案例导入：

近年来，中粮集团乘着国企改革的“东风”，以改革做大农粮核心主业规模、提升效率，以改革引领发展、以改革释放活力，走出了一条以改革促高质量发展的路子。中粮集团始终坚持“忠于国计、良于民生”的企业使命，积极谋篇布局“十四五”规划，全面抓好国企改革三年行动方案贯彻落实，致力于打造具有全球竞争力的世界一流粮食企业，构建具有中粮特色的国有资本投资公司。

“因粮而生、以粮为本的中粮集团，近年来，将事关国人餐桌的粮油糖棉肉乳作为核心主业，加大农粮主业投资额度，不断推进资产整合优化，产业链控制力和影响力不断增强。”中粮集团党组书记、董事长吕军表示，截至目前，中粮集团全球农产品年经营总量超过1.6亿吨，主要农产品全球年综合加工能力超过7000万吨，其中国内加工能力超过4600万吨，较2015年增长超过40%。

“十三五”期间，中粮集团持续提升大宗农产品经营能力，依托从“田间到餐桌”的全产业链优势，着力促进农产品种植、仓储物流、生产加工、终端销售等各环节有机衔接，农粮主业五年累计投资超过320亿元。在全球主要粮食产区和亚洲新兴市场间建立起稳定的粮食走廊，将全球粮食供应链系统与国内物流、加工、分销网络有机对接，通过内外一体化运营，实现对供应链的高效掌控，畅通供需循环。

“立足强大的粮油食品核心主业，中粮集团能够迅速调整调集，把原料、产能、库存和整个市场需求对接起来，守护市场供应稳定的生命线。”吕军表示，未来，中粮集团将继续聚焦主业，通过不断推进资本和业务整合，提高资源开发和控制能力，通过技术创新、结构升级、提质增效等举措，弥补全产业链关键环节、关键能力的短板，打造全球领先国际化大粮商。

浩渺行无极，扬帆但信风。面向“十四五”，中粮集团瞄准具有全球竞争力的世界一流大粮商，闯峡口、扬激流、育沃野，奔向更加壮阔的新航程。

资料来源：中国证券报，2021 年 5 月 6 日。

案例思考：

中粮实行的全球布局战略包含了哪几个方面？

一、农业企业国际化经营的概念

农业企业国际化经营是农业企业由国内经营向全球经营发展的过程，具体是指农业企业为了寻求更大的市场和更好的资源、追逐更多的利润，突破国家界限、向国外发展经营业务、参与国际分工相交换，实现农产品的产品交换国际化、生产过程国际化、信息传播与利用国际化以及企业组织形态逐渐国际化的过程。

农业企业开展国际化经营活动，必须要在全球经济范围内综合考虑农业产业结构调整和农业企业的发展，按照国际化标准组织生产和经营，建立国际化的生产体系和全球化的销售网络，大力开拓国际市场，提高农业企业的国际竞争力。而且，随着国际经营业务的扩大，农业企业将在海外直接投资，建立海外企业，进而建立国际生产体系和营销网络成长为跨国公司甚至全球公司。

拓展阅读：

近日，湖北省赤壁市神山兴农科技有限公司在赤壁举办了上市启动仪式。伴随开市祥锣敲响，该公司正式登陆新加坡交易所主板。神山兴农是湖北省第一家境外上市的农业公司，也是国内第一家猕猴桃产业主板上市的公司，该公司的成功上市，弥补了我国猕猴桃产业在资本市场上的空白，也标志着湖北省农业产业进入国际资本市场。

随着神山兴农正式上市，这种国际化不断产生着新内涵，包括对接国际资本市场，开辟更多国际市场需求等。在某种程度上，神山兴农从鄂南山区走向海外资本市场，是湖北农业产业化发展的一个亮点，为湖北企业、湖北农业发展注入了信心，为更多的湖北企业，为我国更多的农业企业寻找国际化，打开了新通道和新平台。

当然，这种合作也开辟了新加坡高端农业与湖北赤壁，乃至我国开展更大范围、更深度的互动合作的新通道。从这个角度上来说，神山兴农在新加坡上市，可以说是中国农业产业的骄傲，也是中国现代农业发展模式的重大探索。它也许开启了我国农业发展国际化的新阶段。

资料来源：湖北农业农村厅，2021 年 7 月 6 日。

二、农业企业国际化经营的特征

农业企业进行国际化经营与国内市场经营有较大的差别。具体表现在以下几个方面（见图 10－1）。

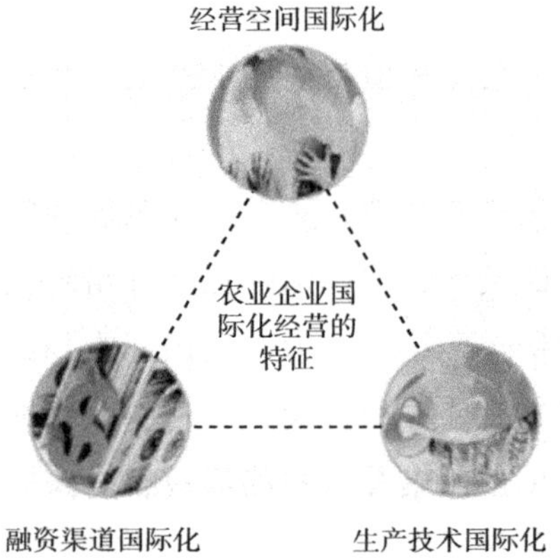

图 10－1　农业企业国际化经营的特征

（一）经营空间国际化

不同国家或地区的农业企业为了在国际市场上获得比较利益，按照比较优势的原则开展生产经营活动，越来越多的农业企业选择在海外开办分公司，建立全球性的生产经营网络，与东道国的自然资源、劳动力和市场优势相结合，以实现生产要素的最优配置和企业利润的最大化。农业企业的国际化经营特别是跨国公司的迅速发展和全球发展，进一步促进了国际农产品市场的形成。

▶ 拓展阅读：

国内零食市场竞争日益激烈，对于主打坚果类的产品的零食企业，开发对坚果类零食需求颇高的海外市场是条出路。早在2018年，三只松鼠就开始进行海外市场布局。截至目前，已有100多款SKU进入了美国、马来西亚、泰国、新加坡等市场，在主流跨境电商平台Lazada、亚马逊、京东上建立了品牌旗舰店。

近年来，跨境电商外部环境利好，国内商家纷纷投入精力于出海业务，但出海链路较长且较为复杂。尤其在食品领域，各国对食品进口的要求非常高。所以，在零食出海过程中，前期筹备很重要，国内外对应的进出口资质、物流链路、财税风险等都需设法规避。

为了解决长久以来的国际物流问题，三只松鼠使用海派、空派方式作为大宗货物运输出口的主要手段，同时采取国际快递形式作为辅助手段，基本满足了海外市场需求。同时，成功办理了输美食品企业快速通关验证，通过了美国食品安全现代法案FSMA下的VQIP审核，加快了在美国通关的流程。未来三只松鼠将致力于满足更多国家的出海资质要求，为品牌出海打好基础。

在海外市场引流方面，三只松鼠以1亿海外华人及留学生为切入点，逐渐辐射当地用户群体，潜移默化地引流拉新。同时，通过技术合作布局供应链，研发新产品以改善零食品类的产品结构，用品类丰富、口味多样的产品来获得众多海外消费者的青睐。

三只松鼠海外运营负责人表示，目前出海业务正在孵化中，还有非常大的增长空间。未来，三只松鼠将聚焦坚果"出海"，以坚果产品作为品牌心智单品，定制化本地包装，全链路、全渠道推广松鼠单品出口；精细化运营亚马逊店铺，抢占主流流量渠道；同时将着重品牌打造，深耕海外社交媒体平台。

资料来源：国际在线，2021年7月5日。

（二）融资渠道国际化

随着全球资本市场的形成，国际资本的流动达到了空前规模。这就为农业企业国际化经营的资金供应提供了有利的条件。农业企业国际化经营中所需资金大多以跨国公司和国际金融机构的投资为主要来源。

（三）生产技术国际化

生产要素在全球范围流动和配置的同时，各国间的农业企业生产技术交流与合作的领域也在不断拓宽，合作研究的范围不断延伸和扩展。特别是由于科学技术的迅速发展出现了农业生产的新品种、新技术。这些新品种和新技术在全世界范围内得到了广泛的推广和使用。

▶ 拓展阅读：

“这款蜜处理的咖啡豆叫作‘蜜露美人’，另一款日晒处理的叫作‘杜松子酒’，因为冲煮之后喝起来有杜松子酒的风味。”在位于中国西南边陲云南省普洱市的炬点咖啡实验室一角，白马山咖啡种植场的主人董来成正向记者介绍其最新推出的两款单品手冲咖啡豆。

董来成说：“新技术的引入得益于炬点咖啡实验室联合创始人马丁·波拉克的指导与帮助，如果只做商业水洗豆的话，这两年的市场价很低，无法保证咖农的收益。所以马丁教我们通过日晒和蜜处理来改良咖啡豆的品质和风味，种咖啡的效益也随之提升了。”

在普洱揭牌成立的云南国际咖啡交易中心，通过与精品咖啡协会和咖啡品质学会合作，制定了符合国际惯例且适应云南实际的咖啡质量检测标准体系。连年举办的云南咖啡生豆大赛，逐步引导“咖农”“咖企”树立打造精品咖啡的意识，并进一步提升咖啡的种植管养和加工水平。此外，更有大量研究机构相继落户普洱，为当地咖啡产业发展提供全方位服务。普洱咖啡产业的国际化发展也是马丁在此创办炬点咖啡实验室的原因之一。这家坐落在普洱市区的咖啡店集烘焙坊、培训实验室于一体，一方面普及专业知识，另一方面则作为沟通生产端与消费端的桥梁，为“咖农”连接市场。

“既然认定了咖啡这个产业，就要坚持做下去。”在“咖农”眼中，云南精品咖啡产业的发展大有希望。

资料来源：新华社，2021 年 5 月 30 日。

动动脑：

农业企业国际化有哪些本质特征？

第三节　农业企业国际化实务

▶ 案例导入：

五粮液的国际化探索之路

全球化是中国大型品牌发展的必经之路，迈向国际化更是五粮液自身的发展要求。五粮液集团党委书记、董事长李曙光曾说，白酒行业要坚定“走出去”的信心和决心，深度融入“一带一路”倡议，不断完善海外市场布局。

世博会作为一个高规格、高质量、高水准的国际性交流平台，是五粮液参与国际化的重要阵地。1915 年，五粮液远赴巴拿马万国博览会，在世界的舞台上散发迷人芬芳；2010 年，五粮液作为一张飘香的中国名片，再次精彩亮相上海世博会；2015 年，五粮液在意大利米兰世博会获得“百年世博百年金奖”“世博金奖产品”“最受海外华人喜爱白酒品牌”等多项殊荣。

今年下半年，举世瞩目的迪拜世博会即将开幕，作为中国馆官方合作伙伴，五粮液届时将亮相中东，深度参与中国馆的相关工作和各类活动，让世界感知 653 年不间断酿造至今的明初古窖池群和匠心超凡的非遗技艺，向世界展现大国浓香、五粮佳酿的独特魅力。

深度参与世博会是五粮液深度推进国际化的一个缩影。世博会之外，五粮液还积极参与 APEC 工商领导人峰会、G20 峰会，主动融入进博会、东博会、博鳌亚洲论坛等国际大平台，以酒为媒，向全世界展示民族品牌的独特魅力，推动中国白酒产业开放合作、共同发展。

近年来，五粮液在参与国际性经济文化交流活动的同时，抢抓“一带一路”建设机遇，加快全球市场布局，着力打造海外运营模式，不但增强了五粮液品牌的国际美誉度，还为弘扬中国白酒文化，讲好中国白酒故事，拓展海外市场打下坚实的基础。目前，五粮液已设立欧洲、美洲、亚太三大国际营销中心，在日本东京、韩国首尔等国家和我国香港等地设有五粮液大酒家，在德国杜塞尔多夫、意大利米兰建有五粮液品鉴中心，并强化打造“中国酒＋中国菜”以及“展示＋品鉴”“产品＋文化”的海外运营模式；积极参与国际性经济文化交流活动，发起成立“一带一路”国际名酒联盟，推动中国白酒和文化“走出去”。

和美五粮香，世界共分享。当前，中国已经成为世界经济增长的重要引擎和主要稳定器，百年未有之大变局中世界合作发展呼声日益高涨。而以五粮液为代表的中国品牌，只要顺应历史发展的潮流，势必能走出一条漂亮的全球化之路。

资料来源：人民网，2021 年 7 月 21 日。

案例思考：

五粮液在走向国际市场时采取了怎样的策略？

农业企业国际化就是要农业企业进入国际市场，进行国际贸易。一般来说，它需要五个步骤：国际贸易交易前期准备、国际贸易合同的磋商和订立、国际货物运输及商品检验、国际货款的收付与合同履行以及国际贸易争议的预防和处理。

一、国际贸易前期准备

国际贸易交易前的准备工作一般包括国际市场的调研、目标市场的选择、企业选择进入国际市场的渠道、制订进出口商品经营方案、出口商品商标的注册和价格制订与成本核算。

（一）国际市场的调研

国际市场调研是指运用科学的调研方法与手段，系统地搜集、记录、整理、分析有关国际市场的各种基本状况及其影响因素。以帮助企业制订有效的市场营销决策，实现企业经营目标。国际市场调研的方法包括网上调研、付费调查、实地考察等。国际市场调研一般分为四步：确定问题、制订调研计划、执行调研计划及解释并报告调研结果（见表 10－1）。

表 10 - 1 国际市场调研方法对比

	网上调研	付费调查	实地考察
优点	费用低 速度快 信息量大	内容详实 结论科学 针对性强 实施性强	结果具体 突破性强
缺点	缺乏针对性	成本较高	费用较高

（二）目标市场的选择

选择国际目标市场的总体标准是要能充分利用企业的资源以满足市场上消费者的需求。其具体表现为可测量性、需求足量性、可进入性、易反应性四个方面。农业企业选择国际目标市场的过程一般包括以下两个步骤：①对所有国家的市场进行筛选，确认选取哪些国家的市场，以缩小选择的范围，降低进一步评估成本；②对特定国家进行筛选，也就是对经过第一阶段的初步选择后的较少的国家和地区进行筛选，对于这些国家或地区市场，企业需要进一步对其市场潜力（包括市场的现实规模、行业在企业的战略计划期内的增长率等）做出较深入评估。

（三）企业选择进入国际市场的渠道

企业进入国际市场的渠道分为产品出口和国外生产两种。

1. 产品出口

产品出口又分为间接出口和直接出口。间接出口是指将产品卖给国内的中间商，由其负责出口。直接出口是指企业把产品直接卖给国外的中间商或最终用户。选择直接出口方式进入国际市场可以使企业摆脱中间商渠道与业务范围的限制，以对即将进入的海外市场进行选择；企业可以获得较快的市场信息反馈，并制订更加切实、可行的营销策略；企业拥有较大的海外营销控制权，可以建立自己的渠道网络；也有助于提高企业的国际营销业务水平。

▶ 拓展阅读：

我国是茶树的原产地，是世界上发现和利用茶树最早的国家。改革开放以来，茶叶行业已逐渐成为主产区农村经济的重要行业和出口创汇的优势农业行业，备受国家重视。2019 年，在中美贸易摩擦和世界经济不确定因素的严峻环境下，经过全国茶人的集体努力，我国茶叶出口呈现了总体平稳、稳中提质的态势。

近几年，我国中西部地区发展较快，中国茶叶出口省市向中西部战略转移的趋势明显。具体来看，浙江省继续保持领先，上半年茶叶出口 7.8 万吨，占全国茶叶出口总量 44.4%，同比下降 1.1%；其后四位依次是安徽省、湖南省、福建省、湖北省，茶叶出口量分别为 3.1 万吨、1.7 万吨、1.2 万吨和 8205 吨。其中，安徽省、福建省、湖北省茶叶出口实现逆势增长，同比分别上升 17.8%、6.7%和 4.7%。

2019 年，我国茶叶出口六大洲共 129 个国家和地区。亚洲和非洲是我国最主要的茶叶出口市场，合计占出口总量和出口总额的 80%以上。按量排序，主要出口国家依次是摩洛哥、乌兹别克斯坦、美国和加纳，摩洛哥占出口总量的 22.7%；

2020 年上半年，我国对摩洛哥、乌兹别克斯坦、加纳等国的茶叶贸易总体稳定且呈不同程度增长；对美国的茶叶出口大幅下滑，同比下降了 33.4%。在当地严峻的新冠肺炎疫情形势下，物流不畅、需求不稳以及实施入境货物管控措施等是影响茶叶订单执行或新订单萎缩的主要因素。

资料来源：东方财富网，2021 年 4 月 1 日。

2. 国外生产

国外生产的主要形式有国外组装、合同制造、许可证贸易、合营企业和海外投资生产等。

（1）国外组装。国外组装是指国际企业先在母国生产出某种产品的全部或大部分零部件，运往东道国组装成成品，再将成品就地销售或再予出口。这种方式的优点是运费低、关税低、投资少、制造成本低，能为当地提供就业机会，易被当地政府支持。

（2）合同制造。合同制造是指国际企业与东道国企业签订某种产品的制造合同，在东道国企业按合同要求生产出成品后，交由国际企业销售。这种方式的优点是有利于发挥母国企业在技术、工艺和营销上的优势，投资少、风险小，并且市场控制权仍在母国企业手中产品在当地制造有利于维护与东道国的公共关系。该方法的局限在于难以找到有资格的制造商，质量难以控制，需与制造商分享利润，一旦合同终止，则制造商易成为当地市场的竞争者。

（3）许可证贸易。许可证贸易是指国际企业与东道国企业签订许可协议，授权东道国企业使用国际企业的专利、商标、服务标记、商品名称、原产地名、专有技术等在一定条件下生产和销售某种产品，并向东道国企业收取许可费用。这一方式的优点是以低成本快速进入海外市场，可避开关税、配额、交通运输费等不利因素，风险较小、在当地销售后如需修改的商品不用支付修改费用。其缺点是对被授权企业控制力有限。一旦合同终止，则被许可方易成为当地市场的竞争者。

（4）合营企业。合营企业是指国际企业在东道国选择一个或若干个企业共同投资、共同经营共负盈亏的企业。这一方式的优点是与海外独资生产相比，可以减少投资和人力，易获得当地政府与社会的支持，较容易获得当地的资源支持，能更多、更快地获得当地市场的信息，对生产和营销的控制程度较高。其缺点是投入大、风险高。

（5）海外投资生产。海外投资生产是指国际企业在国外市场上全资控制一个企业的生产和营销国际企业既可选择收购当地现存企业，也可投资设立一个新企业。这一方式的优点是国际企业可以独享利润，能更好地贯彻自己的经营目标与管理思想、能更直接更全面地积累国际营销经验，并将独资企业更有效地纳入其全球营销体系。其缺点是投资大、风险高，相对合营企业较难取得当地政府部门和社会公众的认同与资源支持。

▶ 拓展阅读：

2020 年 11 月 19—21 日，新西兰农业科技展览会上的成果备受瞩目，蒙牛、雅士利在新西兰的系列合作项目正式签约，不仅加速了企业的国际化进程，更推进了中国乳业的发展与升级。

据了解，蒙牛与新西兰的系列合作项目，包括特仑苏海外奶源代工项目、雅士利国际与奥克兰大学战略合作等蒙牛此次与新西兰乳业的携手合作，亦是实现国际化战略布局的重要一步。蒙牛总裁孙伊萍表示："选择在新西兰投资扩建，不仅仅是考虑到新西兰的优质奶源地，更是想通过此举吸收国外的先进技术、全产业链管理等，为消费者奉献更安全、更优质的乳制品。并以此来完善蒙牛牛奶业务板块的战略化布局，向现代化，国际化迈进。"

蒙牛合作伙伴雅士利，作为中国婴幼儿配方乳粉的第一阵营企业，在推进国际化方面同样不遗余力。除大力引进国际高端检验、生产设备以外，还早与新西兰梅西大学等国外高校建立产品技术开发科研项目的合作关系。

而此次雅士利与奥克兰大学奥克兰大学研发机构 UniServices 达成战略合作协议，则将共同推进婴幼儿、孕妇营养方面，婴幼儿成长等领域的研究、开发工作，为其国际化进程添上重彩。

资料来源：中国日报网，2020 年 12 月 3 日。

企业具体选择以何种方式进入国际市场，要考虑企业自身的因素，如企业目标、产品条件、技术条件、人员要素、市场规模和产品出口的历史和经验，也要考虑其他主要因素，如市场信息、经验积累、投资、风险、控制程度、竞争状况及灵活性等。

（四）制订进出口商品经营方案

企业制订进出口商品经营方案，并通过相关渠道对交易客户进行必要的资信调查以保证经营意图的贯彻和实施。出口商品经营方案是对外洽商交易、推销商品和安排出口业务的依据，主要包括货源情况、国外市场情况、出口经营情况及推销计划和措施。进口商品经营方案主要包括订货数量的掌握、采购市场的安排、交易对象的选择、价格的掌握、交易方式的运用及交易条件的掌握。

▶ 拓展阅读：

我国海关总署于 2021 年 4 月 12 日公布了《中华人民共和国进出口食品安全管理办法》（海关总署令第 249 号，以下简称《进出口食品安全管理办法》），将自 2022 年 1 月 1 日起施行。原《进出口食品安全管理办法》于 2012 年 3 月 1 日发布施行，对进出口食品安全监管发挥了重要作用。近年来，党中央、国务院对食品安全提出更高要求，《中华人民共和国食品安全法》及其实施条例也分别于 2015 年和 2019 年进行整体修订，海关全面深化改革和关检业务深度融合、我国进出口食品贸易量大幅增加、新冠肺炎疫情、国际贸易摩擦、国际食品安全面临新风险新挑战等新形势新变化，都对海关进出口食品监管提出更高要求，现行规定已不能完全适应监管需要，因而有必要予以修订。

资料来源：中华人民共和国海关总署办公厅，2021 年 4 月 28 日。

此外，对客户的资信调查可避免贸易双方发生索赔纠纷、履约发生障碍或收回货款方面发生阻碍等，有利于国际贸易的顺利进行。对客户资信调查的内容和范围主要包括国外企业的组织机构情况、政治情况、资信（资金和信用）情况、经营范围及经营能力等。对客户进行资信调查与咨询的途径有：通过银行调查；通过国外的工商团体进行调查；通过举办的国内外交易会、展览会、技术交流会、学术讨论会主动接触客户进行了解；通过实际业务的接触和交往活动考察客户；通过驻外机构和在实际业务活动中对客户进行考察；通过外国出版的企业名录、厂商年鉴以及其他相关资料进行考察；通过国外的咨询机构调查等。

（五）出口商品商标的注册

我国商品在向国外市场（特别是主销市场）销售之前，必须按照有关国家规定的法律程序办理商标注册，取得商标所有权及法律的保护，防止他人仿造冒用。而我国出口商品商标在国外办理注册之前，最好先在国内注册以便在国内取得商标专用权的法律保护。在国外注册，一般委托中国国际贸易促进委员会或者直接委托客户作为代理人在当地办理。我国商标在国外注册后，应注意有无仿冒我国商标的情况。

▶ 拓展阅读：

《商标注册申请快速审查办法（试行）》

第一条　为了服务国家高质量发展，落实知识产权领域“放管服”改革决策部署，依法快速审查涉及国家利益、社会公共利益或者重大区域发展战略的商标注册申请，根据《中华人民共和国商标法》和《中华人民共和国商标法实施条例》的有关规定，结合商标工作实际，制定本办法。

第二条　有下列情形之一的商标注册申请，可以请求快速审查：

（一）涉及国家或省级重大工程、重大项目、重大科技基础设施、重大赛事、重大展会等名称，且商标保护具有紧迫性的；

（二）在特别重大自然灾害、特别重大事故灾难、特别重大公共卫生事件、特别重大社会安全事件等突发公共事件期间，与应对该突发公共事件直接相关的；

（三）为服务经济社会高质量发展，推动知识产权强国建设纲要实施确有必要的；

（四）其他对维护国家利益、社会公共利益或者重大区域发展战略具有重大现实意义的。

第三条　请求快速审查的商标注册申请，应当同时符合以下条件：

（一）经全体申请人同意；

（二）采用电子申请方式；

（三）所申请注册的商标仅由文字构成；

（四）非集体商标、证明商标的注册申请；

（五）指定商品或服务项目与第二条所列情形密切相关，且为《类似商品和服务区分表》列出的标准名称；

（六）未提出优先权请求。

第四条　请求快速审查商标注册的申请，应当以纸件形式向国家知识产权局提交以下材料：

（一）商标注册申请快速审查请求书；

（二）符合本办法第二条规定的相关材料；

（三）中央和国家机关相关部门、省级人民政府或其办公厅出具的对快速审查请求的推荐意见；或者省级知识产权管理部门出具的对快速审查请求理由及相关材料真实性的审核意见。

第五条　国家知识产权局受理快速审查请求后，对符合本办法规定的，准予快速审查并依法作出审查决定。对不符合本办法规定的，不予快速审查，按照法律规定的一般程序审查。

第六条　国家知识产权局准予快速审查的，应当自同意之日起 20 个工作日内审查完毕。

第七条　在快速审查过程中，发现商标注册申请有下列情形之一的，可以终止快速审查程序，按法律规定的一般程序审查：

（一）商标注册申请依法应进行补正、说明或者修正，以及进行同日申请审查程序的；

（二）商标注册申请人提出快速审查请求后，又提出暂缓审查请求的；

（三）存在其他无法予以快速审查情形的。

第八条　快速审查的商标注册申请在依法作出审查决定后，依照法律有关规定，相关主体可以对初步审定公告的商标注册申请提出异议，对驳回或部分驳回的商标注册申请提出驳回复审。

第九条　国家知识产权局处理商标注册申请快速审查应当严格依法履职、秉公用权，接受纪检监察部门监督，确保快速审查工作在监督下规范透明运行。

第十条　易产生重大不良影响的商标注册申请的快速处置办法另行规定。

第十一条　本办法由国家知识产权局负责解释。国家知识产权局商标局承担商标注册申请快速审查的具体工作。

第十二条　本办法自发布之日起施行。其他有关商标注册申请快速审查的规定，凡与本办法相抵触的以本办法为准。

资料来源：国家知识产权局，2022 年 1 月 14 日。

（六）价格制订与成本核算

国际贸易商品的价格是国际货物销售合同中的主要条款之一，也是交易双方磋商的核心内容，在国际货物买卖中，如何确定进出口商品价格和规定合同中的价格条款，是交易双方最为关心的一个重要问题。进出口商品价格的费用对正确掌握价格有很重要的参考作用，是决定成交价格的基础。进出口商品价格的费用构成如表 10－2 所示。

表 10－2　　进出口商品价格的费用构成

进口商品价格的费用	出口商品价格的费用
成本费（或出口国 FOB 价） 海运和其他运费 保险费 银行费用 进口关税及其他税收 装卸费、理货费 商品检验费 仓储费（包括改装等加工费） 国内运费 杂费（码头费、业务通信费等） 毛利润 中间商佣金	进货成本费（或出厂价格）国内运费商品包装费 仓储费用（包括火险费和挑选、整理加工费）商品检验费 出口税金 出口关税及出口报关手续费货运保险费 办理托运、结汇及签发所需单据手续及各种杂费毛利率 中间商佣金

注：FOB（Free On Board，FOB），也称“离岸价”，是国际贸易中常用的贸易术语之一。按离岸价进行的交易，买方负责派船接运货物，卖方应在合同规定的装运港和规定的期限内将货物装上买方指定的船只，并及时通知买方。货物在装运港被装上指定船时，风险即由卖方转移至买方。

二、国际贸易合同的磋商和订立

（一）国际贸易合同订立步骤

交易磋商的一般程序应包括询盘、发盘、还盘和接受四个环节（见图 10－2）其中发盘和接受是合同成立的必要法律环节。通常情况下，一项有效发盘被对方有效接受时，合同即告成立。

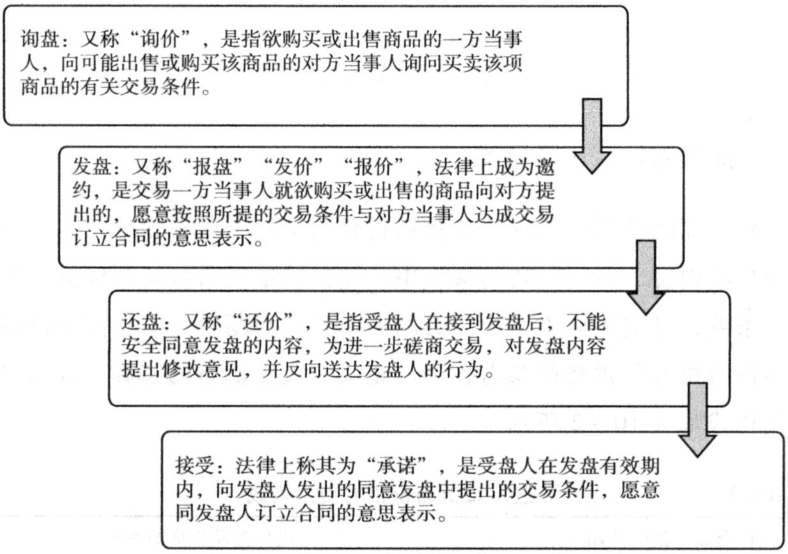

图 10－2　国际贸易合同订立步骤

（二）国际贸易合同生效条件

在国际贸易合同订立过程中，交易一方的发盘经对方接受的，当接受生效时合同即告成立，但合同成立并不意味着合同生效。合同只有具备一定的条件才具有法律效力，才受法律保护。

国际贸易合同有效成立的条件如下。

（1）合同必须自愿和真实；

（2）当事人须具有订约能力；

（3）合同的权利和义务必须对等：

(4) 合同的标的和内容必须合法；

(5) 合同的形式必须符合法律规定的要求。

三、国际货物运输及商品检验

（一）国际货物运输

国际贸易中的货物的国际运输线长、面广、中间环节多、情况变化大、涉及的问题也较多，是一项远比国内运输复杂的工作，涉及运输方式的选择、各项装运条款的规定及装运单据的运用等内容。

运输方式有海洋运输、铁路运输、航空运输、邮政运输、公路运输、江河运输、管道运输和联合运输等。在具体业务中买卖双方应根据进出口货物的特点、运量的大小、路程的远近、情况的缓急、运费的高低、风险的程度、装卸的情况、气候与自然条件以及国际政治形势的变化等因素，审慎选择合理的运输方式。在国际贸易中，通过海洋运输的货物约占世界贸易总量的80%以上，我国对外贸易货物绝大部分通过海洋运输（见表10－3）。

表10－3　　主要运输方式优缺点对比

	海洋运输	铁路运输	航空运输	邮政运输
优点	运输量大 通过能力高 运费低廉 对货物适应性强	速度较快 运载量大 不易受气候条件影响 风险较小	速度很快 运输质量高 不受地面条件限制	手续简便
缺点	速度较慢 风险较大	投资高 建设周期长	费用高	对邮件大小和重量有一定限制

▶ 拓展阅读：

2020年8月2日，我国青海首趟农产品进口中欧班列迎接仪式在西宁市举行，1118吨俄罗斯燕麦搭乘中欧班列顺利抵达西宁市，这也是青海首次进口燕麦。此趟中欧班列从俄罗斯车站出境，途经俄、蒙、中三国，昼夜不停行驶了5700多公里，最终顺利抵达我国青海西宁。

燕麦是世界性栽培作物，主产国有俄罗斯、加拿大、美国、芬兰、中国等，喜爱高寒、干燥的气候。近年来，因其产量低、经济效益差，种植面积大幅缩减，国产燕麦已远远不能满足生产加工和消费市场需求。青海燕麦生产加工企业从国外进口原料的意愿也愈发强烈，纷纷着手拓展国外市场。

西宁市商务局副局长叶智平说，自古以来西宁市就是丝绸之路南路和唐蕃古道的交汇点，是中国向西开放的前沿。同时，依托申报西宁综合保税区、组建西宁市口岸办公室、打通中欧班列运行通道等有效措施，切实推动了西宁市经济由传统内陆型向现代开放型转变，努力打造开放合作、开放创新、开放共享的现代经济体系。

资料来源：中国新闻网，2020 年 8 月 2 日。

（二）进出口商品检验

进出口商品检验（简称“商检”），是指由有资格的、有权威的、独立于买卖双方利益冲突之外的第三者（国家商检机构或民间公证鉴定机构）对进出口商品进行检验、鉴定，并对检验、鉴定的结果出具商检证书的行为。商品检验是进出口商品在贸易中不可缺少、至关重要的环节，其检验的内容包括质量、规格、数量、重量、包装及是否安全、卫生等。

商品检验的依据有两种：①法律、行政法规，②贸易合同。对于进口商品，一般按照生产国标准检验；对于出口商品，一般有国家标准、地方标准和企业标准。

1. 报验

报验是指对外贸易关系人（包括：出口商品的生产、供货部门，进口商品的收货、用货部门，运输、保险契约的有关部门）向商检部门提出的检验申请，是商品检验的必办手续，一般有出口检验申请、进口检验申请和委托检验三种做法。

2. 抽样

抽样是检验的基础，除了委托检验，一般不得由报验人送样，而是在商检部门接受报验后，随即派抽样员赴存货现场自行抽样，抽样员按照约定的方法和比例，从存货的不同部位抽取一定数量的能代表整批货物质量的样品（标本）供检验之用，抽样完毕由抽样员当场发给抽样收据。

3. 检验

检验是商检部门的中心工作，必须做到准确、迅速、证货相符，否则会影响检验结果的准确性和有效性。因此，商检部门在接受报验后要认真研究申报的检验项目，确定检验内容，按照检验的依据和合同（信用证）对品质、规格、包装的规定以及其规定的检验标准和检验方法，对抽样进行检验。

4. 签证

商检证书是商检机构对进出口商品检验、鉴定的结果所出具的证书，是买卖双方交接货物的依据，也是买卖双方收付货款、处理索赔和理赔的依据。因此，要求商检证书所载事实清楚，论证严谨、周密。

四、国际货款的收付与合同履行

（一）国际货款结算票据

国际贸易货款的收付采用现金结算的较少，大多使用的是作为信用工具的票据，在国际贸易中使用的金融票据主要有汇票、本票和支票，其中以汇票为主。汇票（Bill of Exchange/Postal Order/Draft/Money Order）是由出票人签发的，要求付款人在见票时或在一定期限内，向收款人或持票人无条件支付一定款项的票据（见图 10 - 3）。

No. ________　　　　Nanjing，China ____________
Drawn Under ______________________________
L/C No. ____________ dated ____________
Exchange for ____________ payable with interest@　　　% per annum
at ____________ of this FIRST of exchange（Second of exchange being unpaid）
pay to the order of ____________
The sum of ______________________________
To：______________________

____
Authorized Signature

图 10 - 3　汇票

汇票的使用是通过一系列规范的票据行为完成的，包括出票、提示、承兑、付款等票据行为。如需转让，则通常经过背书行为转让。汇票遭到拒付时，还要涉及做成拒绝证书和形式追索等法律权利。

汇票是协议付款的常见方式。国际货物贸易货款结算时，出口商往往开出汇票连同运输单据一起交给出口商所在地银行，银行再将其寄送给海外代收的银行（即进口商所在地银行）海外代收行通知进口商（代表货物的）单据已经收到，并在以下两个条件满足之一的情况下将单据交给进口商：第一，如果汇票（见票即付的）是“即期汇票”，买方全额支付汇票金额；第二，如果汇票是（以特定天数之后支付开付的）“远期汇票”买方承兑票据，即买方在汇票背面签字同意在规定日期全额支付货款。

汇票使用程序如图 10－4 所示。

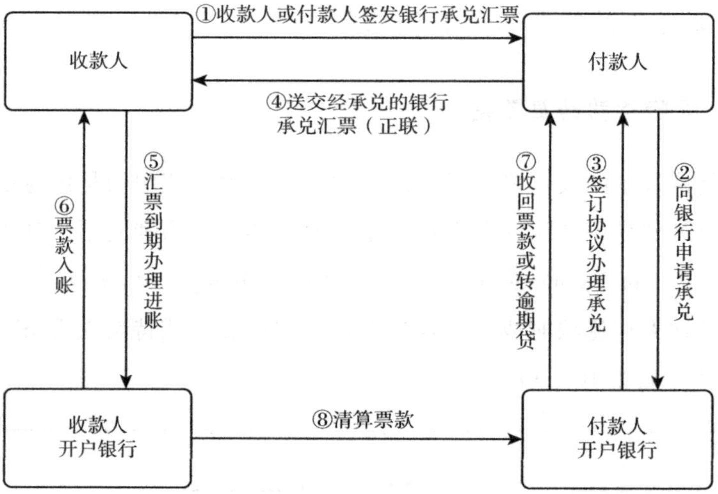

图 10－4　汇票使用程序

（二）国际货款常用支付方式

国际货款的常用支付方式主要有汇付、银行托收和银行信用证三种。其性质与特点各不相同，最常用的是汇付。

汇付又称“汇款”，是指付款人主动通过银行或其他途径将款项汇交收款人。国际贸易货款的支付如采用汇付，一般是由买方按合同约定的条件（如收到单据或货物）和时间，将货款通过银行汇交给卖方。

如图 10－5 所示，汇付的基本流程是汇款人（进口商）根据合同或经济事项将汇款交付汇出行，并填交电汇或信汇申请书，委托汇出行接受汇款委托，并通过电信工具或邮寄信汇委托书，委托汇入行解付汇款：汇入行经审核无误后通知收款人并向其解付汇款。

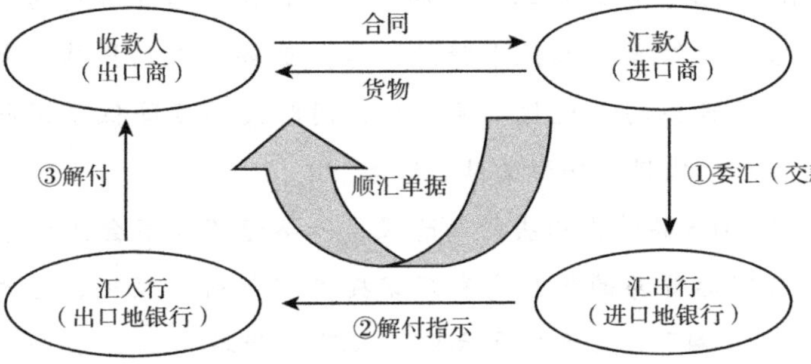

图 10－5　汇付的基本流程

▶ 拓展阅读：

国际结算难题如何解决？

近期，新疆维吾尔自治区出台的推进经济稳增长一揽子政策措施共包括 9 个方面 46 项具体举措。其中稳外贸稳外资政策措施，包括建立区、地两级联系服务机制，帮助外贸企业纾难解困；加强口岸开放，持续提高进出口通关效率；加快乌鲁木齐、阿拉山口、喀什跨境电商综试区建设，支持跨境电商加快发展；充分利用国家赋予新疆的一系列支持政策，支持外向型经济发展等方面。

近年来，新疆立足“东联西出”区位优势，大力培育跨境电商新业态，正从跨境电商物流通道迈向跨境电商产业基地。在跨境电商的各个环节当中，国际结算是每一个供应商和厂家最为关心的问题，因为这关乎大家是否有能力持续进行国际贸易。那么国际结算到底难在哪儿呢？一般来讲，国际结算的难表现在收款成本高、回款时间长、国外客户信用缺失、外贸信用卡收款账户冻结等等。今天，我们来了解一下一路通跨境电商（以下简称“一路通”）如何解决国际结算的难题！

一是四大银行完成结算。一路通充分发挥新疆在“一带一路”建设中的独特优势，与中国银行、中国工商银行、中国农业银行及中信银行完成了中吉跨境结算、中哈及中俄本币结算业务通道的搭建，解决了供应商结汇难的问题。

优势：通过银行进行国际结算，可以有效解决收款成本高、外贸信用卡收款账户冻结的问题。

二是国际贸易本币结算。早在 2019 年，俄罗斯和哈萨克斯坦已有多家银行接入中国 CIPS 系统，一路通与两国的中国工商银行当地分行达成合作，完成了中俄和中哈本币结算（人民币跨境结算）业务通道的搭建，大大促进中俄和中哈贸易结算服务的正规化、便利化，同时大幅度降低了国际结算的风险，为供应商和厂家提供有保障的结算服务。

在中国推动 CIPS 品牌走出去的新阶段，一路通不仅不会止步于“跟上”，更将设法向参与国际贸易的供应商和厂家提供“超前”服务，全力扩大我国 CIPS 系统的“朋友圈”，推动本币结算（人民币跨境结算）成为中亚五国和俄罗斯等俄语系国家和地区的国际结算主方式。

优势：使用本币结算有诸多好处，不仅可以规避汇兑风险、降低经营成本、提高资金效率，而且在一定程度上能够减少回款时间，降低收款成本。

三是国外子公司和运营中心。近年，商务部曾发布 X 国预警信息，中国企业投诉 X 国采购商，称在货物发至 X 国后，X 国采购商既不提货，也不付款，导致货物产生严重的滞留费。有的采购商甚至要求中国企业签发电放提单待其转卖货物后再付款给中国企业，此时中国企业往往进退维艰，产生巨大损失。

一路通在中亚五国和俄罗斯等国家和地区设立子公司和运营中心，在贸易活动开展前与当地采购商签订书面合同，采用信用证等相对稳妥的结算方式，避免通过赊销方式进行贸易，规避采购商违约风险。

资料来源：https：//new. qq. com/rain/a/20220623A0A0HM00。

（三）进出口合同的履行

进出口合同的履行是国际贸易的重要环节，是指进出口合同的当事人在合同生效后，全面、适当地完成进出口合同义务的行为。

其中，就进口合同的履行而言，依据成交方式不同，买卖双方承担的风险、费用和责任就不同，进口合同的履行程序也不同。假定进口合同以 FOB 价格成交、以信用证方式结算货款，则进口合同的履行程序包括：申领进口许可证；开立、修改信用证；租船（订舱）和催装；办理保险（投保）；审单、付汇与核销；进口货物的通关及验收；办理进口索赔等环节（见图 10－6）。

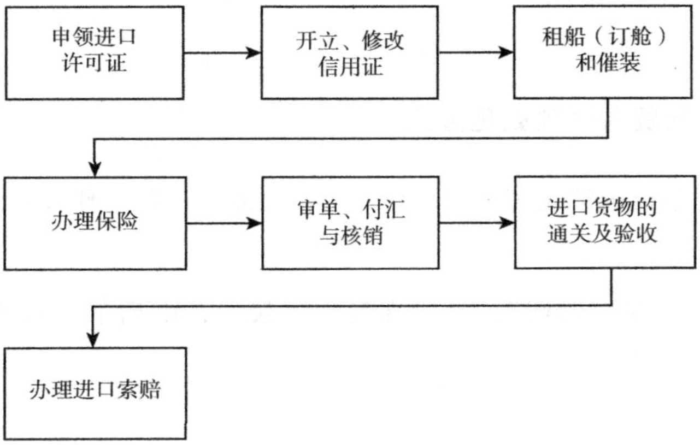

图 10－6　进口合同履行程序

出口合同的履行环节一般包括：备货和报验，催证、审证和改证，办理货运、报关和投保，信用证方式下制单结汇，以及出口收汇核销和办理出口退税环节。其中，以货（备货、报验）、证（催证、审证和改证）、船（租船订舱、办理货运手续）、款（制单结汇）四个环节的工作最为重要（见图 10－7）。

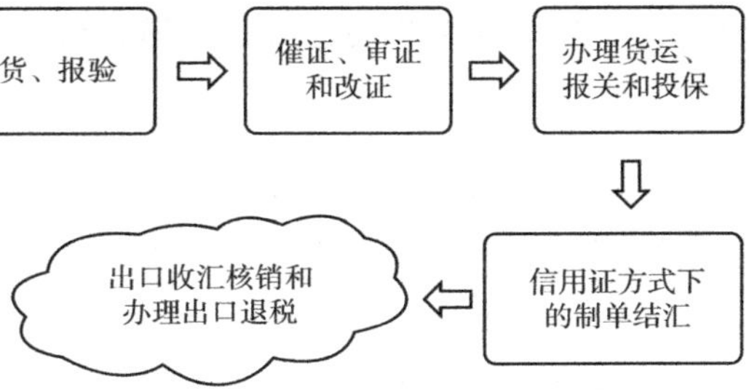

图 10－7　出口合同的履行

五、国际贸易争议的预防和处理

（一）国际贸易争议内涵

国际贸易争议是国际贸易的一方当事人认为另一方当事人未能履行全部或部分合同规定的义务而引起的业务纠纷，产生争议、纠纷的原因很多。从其性质上看，争议产生的主要原因：①当事人一方的故意行为导致合同履行违约而引起争议；②当事人一方的疏忽、过失或业务生疏导致违约而引起争议。

（二）国际贸易争议处理方式

国际贸易争议的解决可采用四种方式：协商、调解、仲裁和诉讼。

1. 协商

协商又称“友好协商”，是指在发生争议后，由当事人双方直接进行磋商，自行解决纠纷。

2. 调解

调解是指由双方当事人自愿将争议提交选定的调解机构（法院、仲裁机构或专门的调解机构），由该机构按调解程序进行调解。若调解成功，双方应签订和解协议，作为一种新的契约予以执行，若调解意见不为双方或其中一方接受，则该意见对当事人无约束力，调解即告失败。

3. 仲裁

仲裁是指双方当事人达成书面协议，自愿把争议提交给双方同意的仲裁机构，仲裁机构做出的裁决是终局性裁决，对双方都有约束力。

4. 诉讼

诉讼是指一方当事人向法院起诉，控告合同的另一方；一般要求法院判令另一方当事人以赔偿经济损失或支付违约金的方式承担违约责任，也有要求对方实际履行合同义务的。当事人没有订立仲裁协议或者仲裁协议无效的，可以向法院起诉。国际贸易争议解决方式对比如表 10－4 所示。

表 10－4　　国际贸易争议解决方式对比

比较	协商	调解	仲裁	诉讼
优点	节省费用 气氛缓和 灵活性大	和解性 经济性 灵活性	时间短 费用低 保密性高 裁决权威 异国执行方便	强制性 可冻结财产

续表

比较	协商	调解	仲裁	诉讼
缺点	涉及数额巨大，双方不让步，难以解决	稳定性较差 和解协议效力较低	被申请主体数量受限 财产保全不易 效力不确定	立案时间长 诉讼费用高 异国法院对判决认可度不同 比较复杂

动动脑：

1. 农业企业进行国际贸易前为什么要进行市场调研？
2. 在进行国际贸易过程中要注意哪些问题？

▶ 链接案例：

布局海外市场，洽洽开启坚果品牌全球化新征程

2019 年 7 月，洽洽泰国工厂正式投产，开启了中国坚果品牌全球化的新征程。这是洽洽全球“第一座”坚果海外工厂，一期已建成两条葵花籽类产品的自动化生产线。泰国工厂的建成，不仅仅是洽洽向国际化战略迈出的坚实一步，也成为世界和中国传统文化美食双向输送的桥梁和纽带。

中国地大物博，美食种类丰富。而随着中国经济实力和大国形象的崛起，越来越多的中国美食走出海外，为外国友人传递着舌尖上的中国，甚至掀起了一股中国美食风。

提到走出国门的中国美食，大家会想到老干妈，被调侃为有钱人才吃得起的“奢侈品”；还有辣条，美国的亚马逊都开始卖辣条了，在国外也刮起一阵辣条热。此外还有一种零食，就是瓜子，也在国外火了起来，并且表示吃了之后简直停不下来。

瓜子对中国人来说非常常见了，是一种打发时间、休闲聚会的小食品，不管男女老少都爱吃。北宋初年的《太平寰宇记》（卷六十九）在历史上第一次记载了“瓜子”。可见，中国人嗑瓜子这一生活习惯，至今已经延续了近千年。所谓民族的就是世界的，中国在影响着世界，中国的传统食品正在逐渐成为全球共享，而中国的瓜子文化也带给了世界。

洽洽早在2000年就开启了国际化之路，布局海外市场，目前已成长为我国出口国家最多、出口区域最广的民族品牌之一。把瓜子这种小食品推向世界，洽洽也做了很多的努力。

海外党在国外购买的“ChaCha”（即洽洽的英文商标）瓜子与国内不同，海外版的洽洽瓜子包装背后，贴心地为外国人附上了吃瓜子的详细教程，教外国人如何嗑瓜子。

为了普及瓜子品类教育，洽洽率先从韩国市场寻求解决办法，向首尔、釜山等500所中小学的中文老师提供瓜子品尝包作为教学道具，还给老师提供上课的课件范本，引导他们从更为正面和规范的角度介绍嗑瓜子的文化和好处，给青少年加深食用瓜子的好印象。该文化计划也将长期进行，不断增加学校，扩大影响范围，不断向海外传播中国瓜子文化。

在美国市场，当其他一些出口品牌都在做产品贸易，只关注销量的时候，洽洽在纽约、休斯顿、洛杉矶等地开展年货节，以瓜子为媒介，把中国的年文化传递出去，让国外友人更懂年俗、更知年味。在春节期间，作为“国货精品”的洽洽亮相世界舞台，登上韩国、澳大利亚、美国、新加坡等8个国家和地区的地标性建筑和户外大屏，播放新年祝福宣传片，向全世界展示中国品牌，向全球各地华人拜年。

如今，洽洽瓜子遍布全球的40多个国家和地区。从韩国到美国，从俄罗斯到东南亚，洽洽瓜子穿越太平洋、大西洋，给远在重洋的华人们带去家乡的味道，也给外国友人们带去了美味的葵花果实。洽洽以中国传统美食瓜子为媒介，向世界各个角落输出中华民族美食文化，让世界爱上中国味道。

— 复习思考题 —

1. 农业企业国际化背景是什么？
2. 什么是农业企业国际化经营？其特征有哪些？
3. 进行国际贸易前需要哪些准备？
4. 国际贸易怎样进行合同订立？货物交易时要经过哪些步骤？国际贸易合同履行要注意哪些问题？
5. 面对国际贸易争议如何处理？

附　　录

附录1　农产品生产主体质量安全控制基本要求（试行）

根据《农产品质量安全法》《农药管理条例》《兽药管理条例》等有关法律法规及《农业农村部关于印发〈全国试行食用农产品达标合格证制度实施方案〉的通知》（农质发〔2019〕6号）要求，生产者应当履行农产品质量安全第一责任，试行承诺达标合格证的生产主体应在严格落实质量控制相关要求的基础上开具承诺达标合格证，具体要求如下。

一、食用农产品生产企业、农民专业合作社、家庭农场质量安全控制要求

（一）内部质量控制人员

1. 至少有一名内部质量控制人员负责生产过程的质量管理，内部质量控制人员应当定期接受农产品质量安全知识培训，熟知国家农产品质量安全管理要求和标准化生产操作规范并积极推动实施落实。

2. 建立质量安全责任制，明确管理人员和重点岗位人员职责要求，关键岗位生产人员健康证齐全且有效（适用时）；国家对相关产品生产、加工从业人员有其他要求的应执行国家相关规定。

3. 定期对内部员工、社员农户等进行质量安全生产管理与技术培训。

（二）产地环境管理

4. 产地环境条件应符合相关产品产地环境标准要求，不在特定农产品禁

止生产区域生产特定农产品。产地周边环境清洁，无生产及生活废弃物，水源清洁，无对农业生产活动和产地造成危害或潜在危害的污染源，畜牧业生产主体应建有病死畜禽、污水、粪便等污染物无害化处理设备设施且运转有效。水产养殖主体应开展养殖尾水净化，排放的废水应达到相关排放标准。

（三）质量控制措施和管理制度

5. 建立或收集与所生产农产品质量安全相关的产地环境、生产过程、收储运等全过程质量安全控制技术规程和产品质量标准，收集并保存农产品质量安全相关法律法规及现行有效的有关标准文件。

6. 农民专业合作社应建立农户名册，包括农户名单、地址、产品类型、具体种类名称、种植养殖规模等信息；应与合作农户签署合作协议，明确农产品质量安全管理及处罚措施。

7. 建立并落实关键环节质量控制措施、人员培训制度、基地农户管理制度（适用时）、卫生防疫制度和消毒制度（畜牧业适用）、动物疫病及植物病虫害安全防治制度、投入品管理制度以及产地环境保护措施等；分户生产的，还应建立农业投入品统一管理和产品统一销售制度。

8. 在种植、养殖区范围内合适位置明示国家禁用农药兽药、停用兽药和非法添加物清单。

9. 产品收获、出栏应严格执行农药安全间隔期、兽药休药期规定。

10. 建立生产过程记录、销售记录等并存档，生产过程记录应包括使用农业投入品的名称、来源、用法、用量和使用、停用日期，动物疫病、植物病虫草害的发生和防治情况，收获、出栏、屠宰或捕捞日期等信息。生产记录档案至少保存两年。

11. 鼓励使用信息化、智能化手段保存记录档案。

（四）农业投入品管理

12. 通过正规渠道购买农业投入品，不购买、使用、贮存国家禁停用的农业投入品，索取并保存购买凭据等证明资料。

13. 养殖者自行配制饲料的，严禁在自配料中添加禁用药物、禁用物质以及其他有毒有害物质。

14. 进行自繁种源时应符合国家相关规定。自制或收集的其他投入品，应符合相关法律法规和技术标准要求。

15. 配备符合要求的投入品贮存仓库或安全存放的相应设施，按产品标签规定的贮存条件分类存放，根据要求采用隔离（如墙、隔板）等方式防止交叉污染，有醒目标记，专人管理。

16. 配有具备一定专业知识和技术能力的农技人员指导员工规范生产，遵守投入品使用要求，选择合适的施用器械，适时、适量、科学合理使用投入品。对变质和过期的投入品做好标记，回收隔离禁用并安全处置。

（五）废弃物和污染物管理

17. 设立废弃物存放区，对不同类型废弃物分类存放并按规定处置，保持清洁。

18. 及时收集质量安全不合格产品、病死畜禽、粪便等污染物并进行无害化处理，有条件的应当建立收集点集中安全处理。

（六）产品质量

19. 销售的农产品质量应符合食品安全国家标准。有条件的生产主体在产品上市前要开展自检或委托检测。

（七）包装和标识

20. 包装的农产品应防止机械损伤和二次污染。包装和标识材料符合国家强制性技术规范要求，安全、卫生、环保、无毒，无挥发性物质产生。

（八）产后处理

21. 产后处理和贮藏区域设有有害生物（老鼠、昆虫等）防范措施，定期对员工进行卫生知识培训和健康检查，及时清洁和保养设施设备。

22. 使用的防腐剂、保鲜剂、添加剂、消毒剂，应符合国家强制性规范要求并按规定合理使用、储存，同时做好记录。

23. 根据农产品的特点和卫生需要选择适宜的贮藏和运输条件，必要时应配备保温、冷藏、保鲜等设施。不与农业投入品及有毒、有害、有异味的物品混装混放。

二、种养大户、小农户质量安全控制要求

1. 应经过一定的农产品质量安全知识培训，了解和掌握国家农产品质量安全管理要求及相关标准化生产知识。

2. 产地环境条件应符合相关产品产地环境标准要求，不在特定农产品禁

止生产区域生产特定农产品。产地周边环境清洁，无生产及生活废弃物，水源清洁，无对农业生产活动和产地造成危害或潜在危害的污染源。

3. 通过正规渠道、在具有合法经营资质的经销商处采购农药、兽药、饲料和饲料添加剂等农业投入品，保留购货凭证，对投入品实行定点存放，并做好记录。

4. 不使用国家禁用农药兽药、停用兽药和过期的农业投入品，不使用非法添加物，严格执行安全间隔期、休药期等规定。

5. 建立生产过程记录并存档，包括使用农业投入品的名称、来源、用法、用量和使用、停用日期，收获、出栏、屠宰或捕捞日期等信息记录。记录档案至少保存两年。

6. 养殖者自行配制饲料的，严禁在自配料中添加禁用药物、禁用物质以及其他有毒有害物质。

7. 使用符合要求的工具及容器采收、运输、存储农产品，收获的农产品应与农药、兽药、饲料等农业投入品分开储存。

8. 销售的农产品质量应符合食品安全国家标准。有条件的，在产品上市前鼓励开展自检或委托检测。

9. 包装的农产品应防止机械损伤和二次污染。包装和标识材料符合国家强制性技术规范要求，安全、卫生、环保、无毒，无挥发性物质产生。

10. 产品贮运应符合有关规定，有专门的产品贮藏场所，保持通风、清洁卫生、无异味，并注意防鼠、防潮，不与农业投入品及有毒、有害、有异味的物品混装混放。

11. 农药包装废弃物、质量安全不合格产品、病死畜禽等污染物应分类收集并按规定进行无害化处理。

12. 使用的防腐剂、保鲜剂、添加剂、消毒剂，应符合国家强制性规范要求并按规定合理使用、做好记录。

附录 2　承诺达标合格证制度实施情况自查表

承诺达标合格证制度实施情况自查表

填表日期			自查单位		
填表人			联系电话		
序号	类别	自查内容	符合性	详细描述具体如何开展工作	
1	生产主体名录建立情况	是否建立完善的生产主体名录（不是临时的纸张表格，至少应有专门的管理机制）	□是□否		
2		生产主体名录是否覆盖所有企业、合作社、家庭农场	□是□否		
3		所有实施承诺达标合格证制度的生产主体是否均在生产主体名录中有明确标识，每月统计的开证主体数量是否准确	□是□否		
4		是否通过生产主体名录开展“双随机”抽查	□是□否		
5		是否建立信息化生产主体名录	□是□否		
6	指导生产主体安全生产情况	是否对开证主体，特别是家庭农场和小农户开展生产指导	□是□否		
7		是否对没有能力自检的家庭农场或农户采取指导帮扶措施，具体采取怎样的措施	□是□否		
8	强化监管情况	是否开展辖区内生产主体的安全生产培训，培训的主体覆盖率为多少	□是□否		
9		是否加强对开证主体的日常巡查，平均多长时间能够将全部开证主体巡查一次	□是□否		
10		在日常巡查中，是否发现开证主体存在问题，如何处理	□是□否		
11		是否将带证农产品纳入本级监督抽查计划，占计划总数比例为多少	□是□否		
12		是否将带证农产品纳入本级风险监测计划，占计划总数比例为多少（风险监测需区分快检和定量检测）	□是□否		

参考文献

[1] 付登灿．打造云南“绿色食品牌”领军企业［J］．中国农垦，2019（01）：49－50.

[2] 刘晓旭．绽放品牌风采传承品牌基因三元食品亮相中国品牌日．环球网，2021. 5. 11.

[3] 豆丁网．东西方企业差异研究，2020. 8. 18.

[4] 人民日报海外版．科技底气足中国饭碗稳，2020. 4. 7.

[5] 余姚时报．余姚市农业加工企业首例商标权质押诞生，2021. 4. 29.

[6] 环球网．数字农业新风口：从盒马村、盒马县到盒马市，2020. 5. 29.

[7] 中国网．鲜丰水果与中国农业银行达成50亿战略合作，2020. 6. 28.

[8] 环球网．“飞鹤向月”以航天标准打造飞鹤品质，2020. 11. 25.

[9] 新华网．中化农业MAP战略打造农业生产经营新模式，2019. 4. 30.

[10] 刘月姣．北京怀柔聚源德种植专业合作社 叫响“老栗树”品牌［J］．农产品市场周刊，2016（15）：16－18.

[11] 肖闽．大城市近郊“农旅综合体”乡村建设新形态——以上海市乡悦华亭乡村振兴项目为例［J］．上海国土资源，2020，41（03）：45－51.

[12] 2019年度环境、社会责任及公司治理报告［R］．河南双汇投资发展股份有限公司．2019.

[13] 刘之琳．论蒙牛集团的员工培训与开发［J］．全国商情，2016（35）：41－43.

[14] 网易网．董明珠：房地产已经没有支撑点了，以后格力员工人人分房，2021. 2. 16.

[15] 许宪春，王洋．大数据在企业生产经营中的应用［J］．改革，2021

(01)：18－35.

［16］钟恳．家禽行业“智慧·中国芯”盛大发布［J］．中国农垦，2018（10)：65－66.

［17］陈巧．农业企业科技发展的研究——基于“大北农”案例分析［J］．中国猪业，2020，15（04)：24－27.

［18］何忠伟，赵海燕，桂林等．农业企业经营管理学［M］．北京：中国商务出版社．2016. 7.

［19］王培章．农业企业管理的困境与发展对策研究［J］．核农学报，2022，36（03)：690－691.

［20］冯婷婷，汪超，张郁，李扬，石勇．我国食品安全监管研究的文献计量及可视化分析［J］．食品安全质量检测学报，2022，13（02).

［21］王健，张歆，周亮茹，倪志龙，李抒彧，吴文昊，刘国祥．食品安全规制影响及其评价方法［J］．食品安全质量检测学报，2021.

［22］李黔豫．食品安全信息监管机制研究［J］．食品研究与开发，2021，42（19)：250，12（20).

［23］王春艳，韩冰，李晶，侯韩芳，廖冲．综述我国食品安全标准体系建设现状［J］．中国食品学报，2021，21（10).

［24］冯艳娟．新时代构建食品安全监管体系的必要性及策略探究［J］．食品工业，2020，41（12)：196－200.

［25］范文虎，车璐．我国“三品一标”建设统计研究初探［J］．中国农业资源与区划，2019，40（07)：11－16.

［26］尹昌斌，李福夺，张英楠，尹彦舒．农业生产“三品一标”的内涵、推进逻辑与实现路径［J］．中国农业资源与区划，2021，42（08)：1－5.

［27］北京市农村工作委员会、北京市农业局．《中共中央、国务院关于全面推进乡村振兴加快农业农村现代化的意见》．2019.

［28］黄蝶君．双元—共赢：农业企业生态创新内涵及环境规制的影响效应研究［D］．华南农业大学，2017.

［29］阿露斯．大环境下农业企业经营管理的模式、问题及对策分析［J］．农村经济与科技，2020，31（16)：123－124.

[30] 伍琴兰，巢喜剑．ERP 系统框架下的农业企业环境成本管理研究——评《生产者责任延伸制度下企业环境成本控制》[J]. 灌溉排水学报，2020，39（12）：164.

[31] 韩青，文洪星．食品质量认证与财务绩效的关系——研发强度与竞争地位的调节作用 [J]. 经济与管理评论，2019，35（02）.

[32] 于冬菊．蔬菜供应链质量安全管理体系研究 [D]. 山东大学，2020.

[33] 柯铭华．标准化视域下福建特色农产品质量管理研究 [D]. 福建农林大学，2016.

[34] 贾璐．我国农业上市公司生物资产信息披露状况的探究．中国集体经济．2013 年 06 期．

[35] 青岛新闻，互联网 + 流通" 农产品订单式生产．2015. 12. 20.

[36] 新华社，农业上市公司：靠天吃饭还是靠天造假？2014. 11. 06.

[37] 中国证券报·中证网（北京），农业企业成本核算的准确性及合规性．2015. 03. 21.

[38] 中国日报网（北京）．生猪价格飙升伤及屠宰场利润不升反降．2015. 06. 23

[39] 猪场动力网，规模养猪场的盈利关键点．2015. 07. 10.

[40] 魏延安，骗人的农业企业利润率．价值中国网，2014. 3. 30.

[41] 养猪网，出栏猪头均效益分析法．2015. 7. 24

[42] 刘畅，企业资金集中管控模式与实践研究．现代商业，2019 – 10 – 08，P118 – 119.

[43] 王棣华，企业如何管理现金？中国会计报/2021 年/6 月/4 日/第 008 版.

[44] 金融时报，中国农业保险再保险共同体成立．2014. 11. 22.

[45] 农业经济与科技，大连獐子岛集团股份有限公司"黑天鹅事件"风险分析．2015 年第 9 期．

[46] 中国经济网，保险风险证券化破题——我国巨灾保险迈出扎实一步．2015. 8. 21.

[47] 华尔街见闻．证监会决定停止审核 IPO 首发和再融资．2015. 07. 9.

[48] 中华慈善新闻网．我国自然灾害致直接经济损失605.7亿．2015.08.10.

[49] 安徽日报，完善“订单农业”规避种植风险．2015.11.5.

[50] 中国农业信息网，北京创新农业风险管理工具为生猪价格上保险养殖户吃上“定心丸”.2014.12.12.

[51] 人民网．北京频道．北京市将农业自然灾害划定四大等级.2015.5.13.